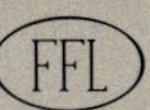

BY

MACHI
SUEHIRO

I want us to be
mutual friends(?) as
well as good rivals.

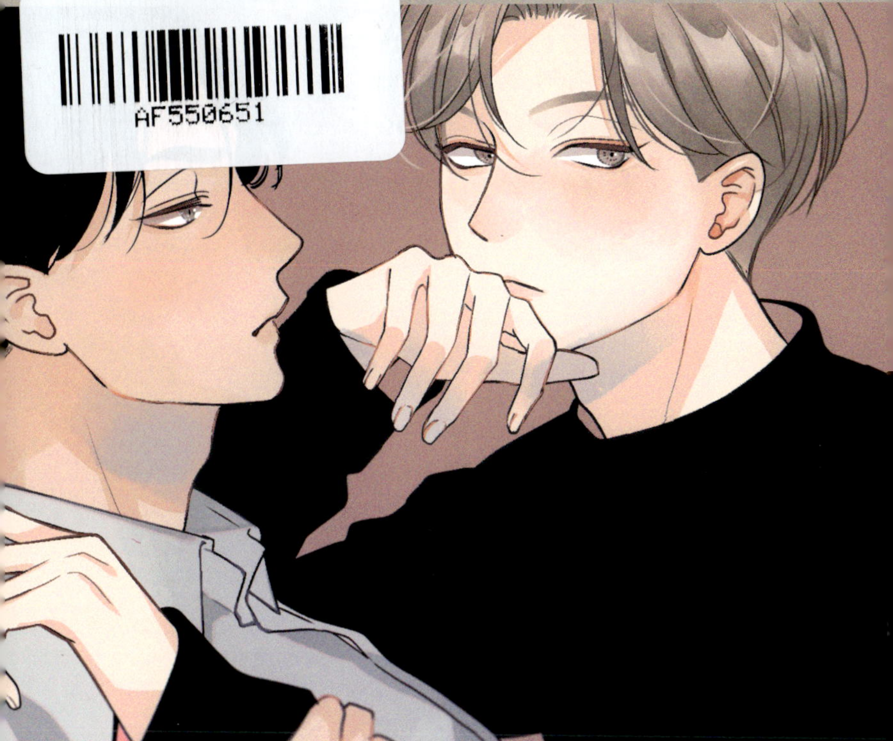

Fake Fact Lips

Machi Suehiro

aus dem Japanischen von Anne Klink

INHALT

I want us to be mutual friends(?) as well as good rivals.

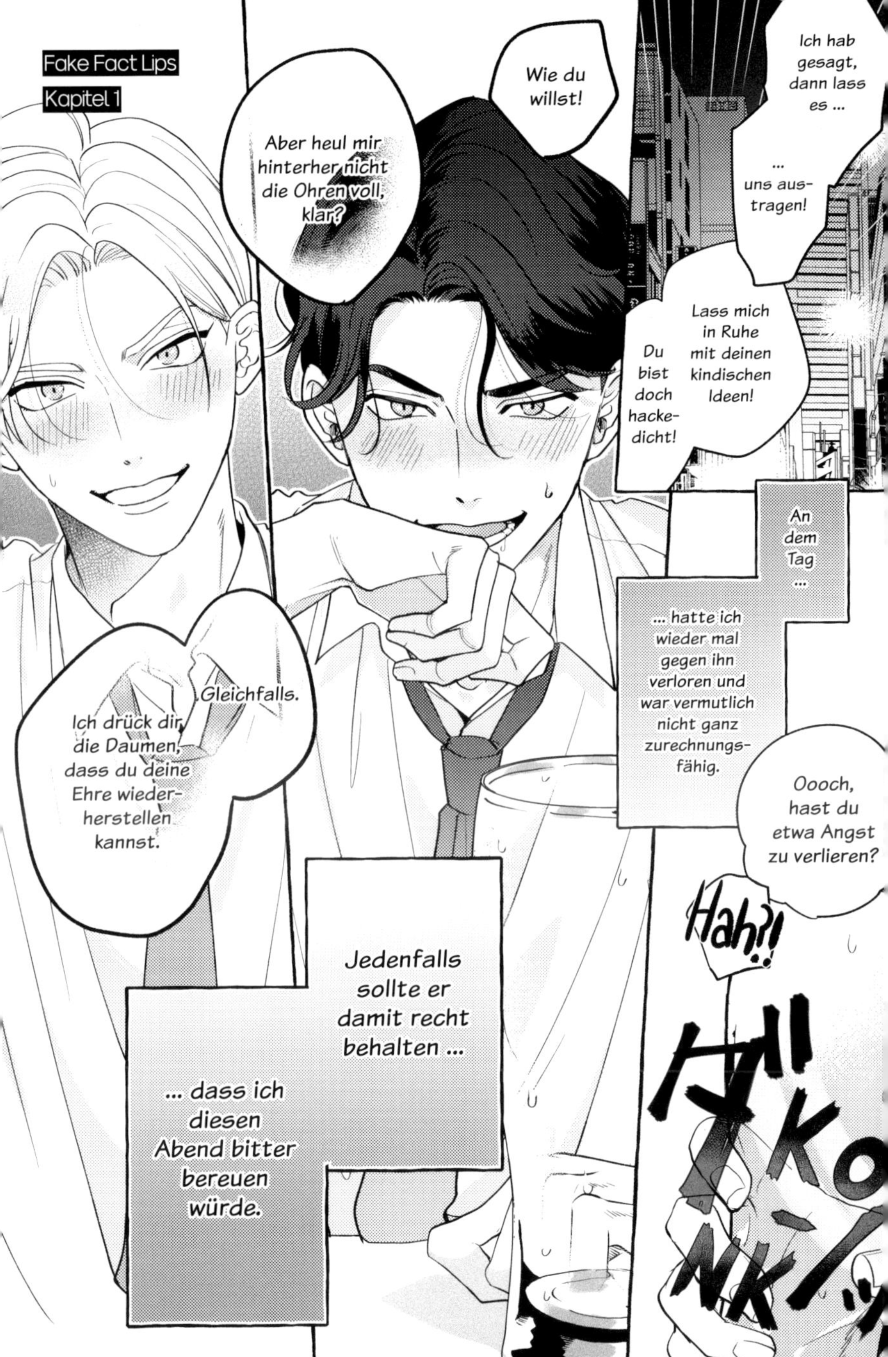

Ich hab gesagt, dann lass es ...
... uns austragen!
Lass mich in Ruhe mit deinen kindischen Ideen!
Du bist doch hackedicht!
Wie du willst!
Aber heul mir hinterher nicht die Ohren voll, klar?
Fake Fact Lips
Kapitel 1
An dem Tag ...
... hatte ich wieder mal gegen ihn verloren und war vermutlich nicht ganz zurechnungsfähig.
Oooch, hast du etwa Angst zu verlieren?
Hah?!
Gleichfalls.
Ich drück dir die Daumen, dass du deine Ehre wiederherstellen kannst.
Jedenfalls sollte er damit recht behalten ...
... dass ich diesen Abend bitter bereuen würde.

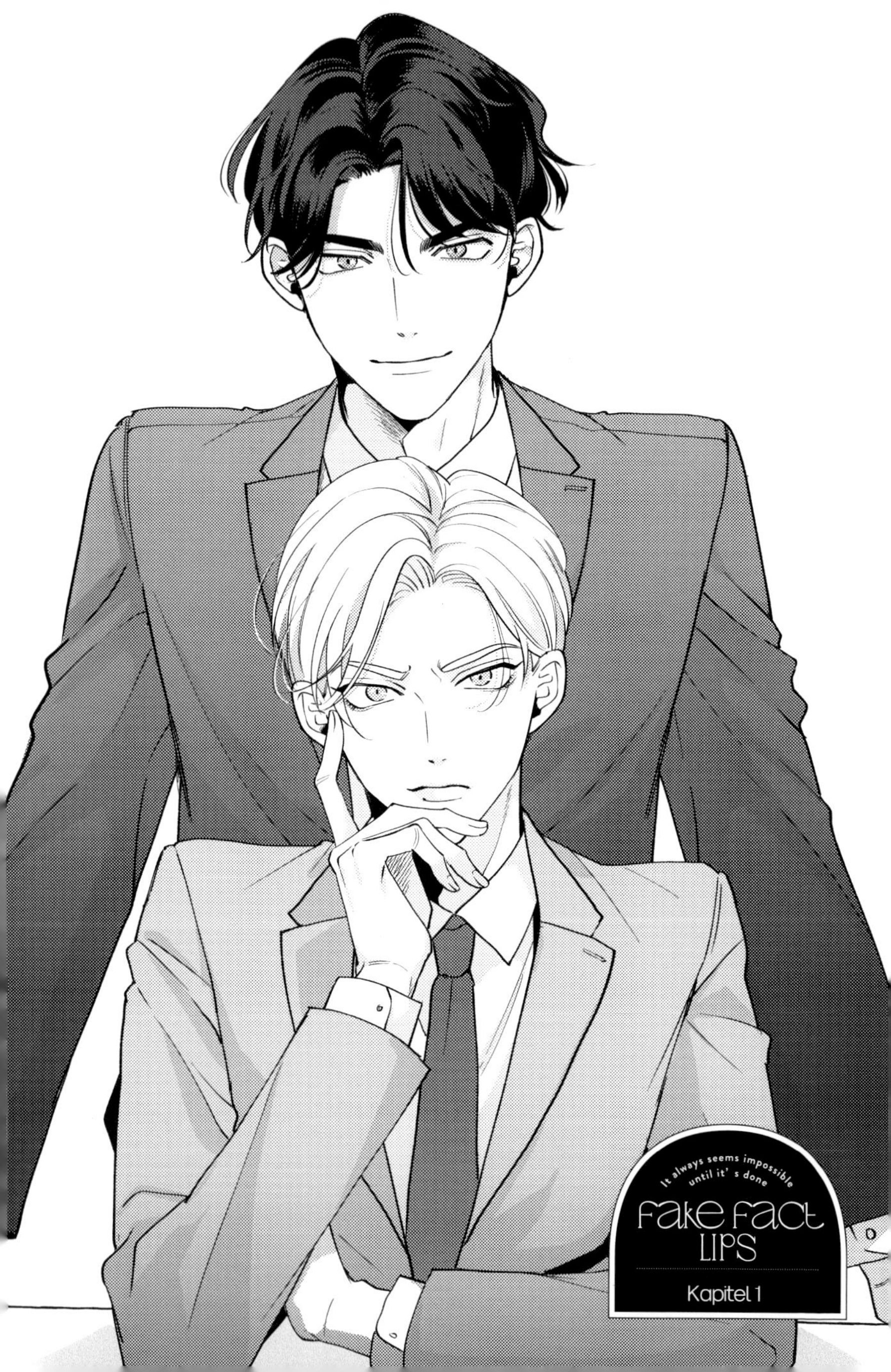
It always seems impossible until it' s done
Fake Fact LIPS
Kapitel 1

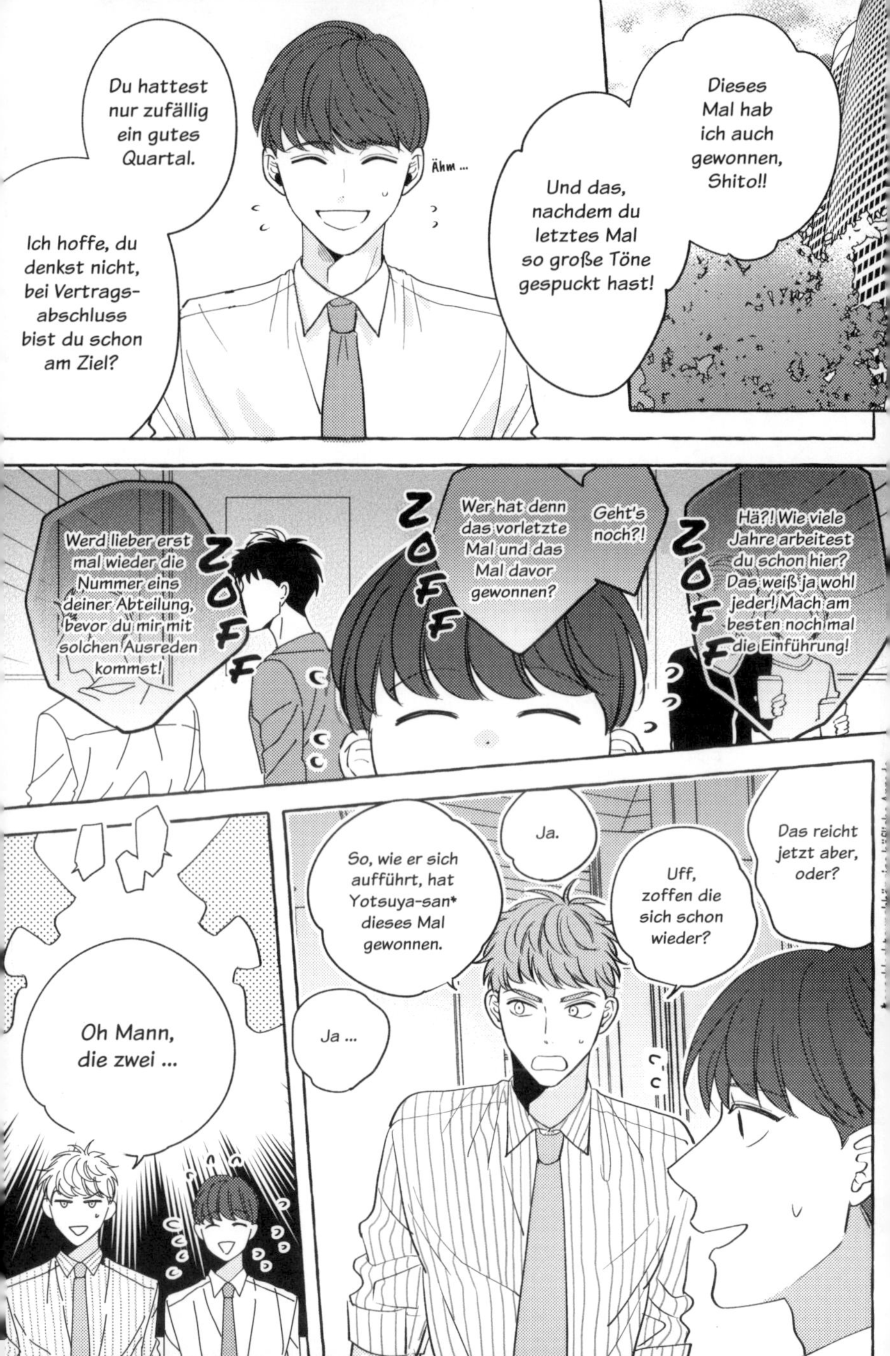

Dieses Mal hab ich auch gewonnen, Shito!!
Und das, nachdem du letztes Mal so große Töne gespuckt hast!
Ähm ...
Du hattest nur zufällig ein gutes Quartal.
Ich hoffe, du denkst nicht, bei Vertrags-abschluss bist du schon am Ziel?
Hä?! Wie viele Jahre arbeitest du schon hier? Das weiß ja wohl jeder! Mach am besten noch mal die Einführung!
ZOFF
Geht's noch?!
Wer hat denn das vorletzte Mal und das Mal davor gewonnen?
ZOFF
Werd lieber erst mal wieder die Nummer eins deiner Abteilung, bevor du mir mit solchen Ausreden kommst!
ZOFF
Das reicht jetzt aber, oder?
Uff, zoffen die sich schon wieder?
Ja.
So, wie er sich aufführt, hat Yotsuya-san* dieses Mal gewonnen.
Ja ...
Oh Mann, die zwei ...

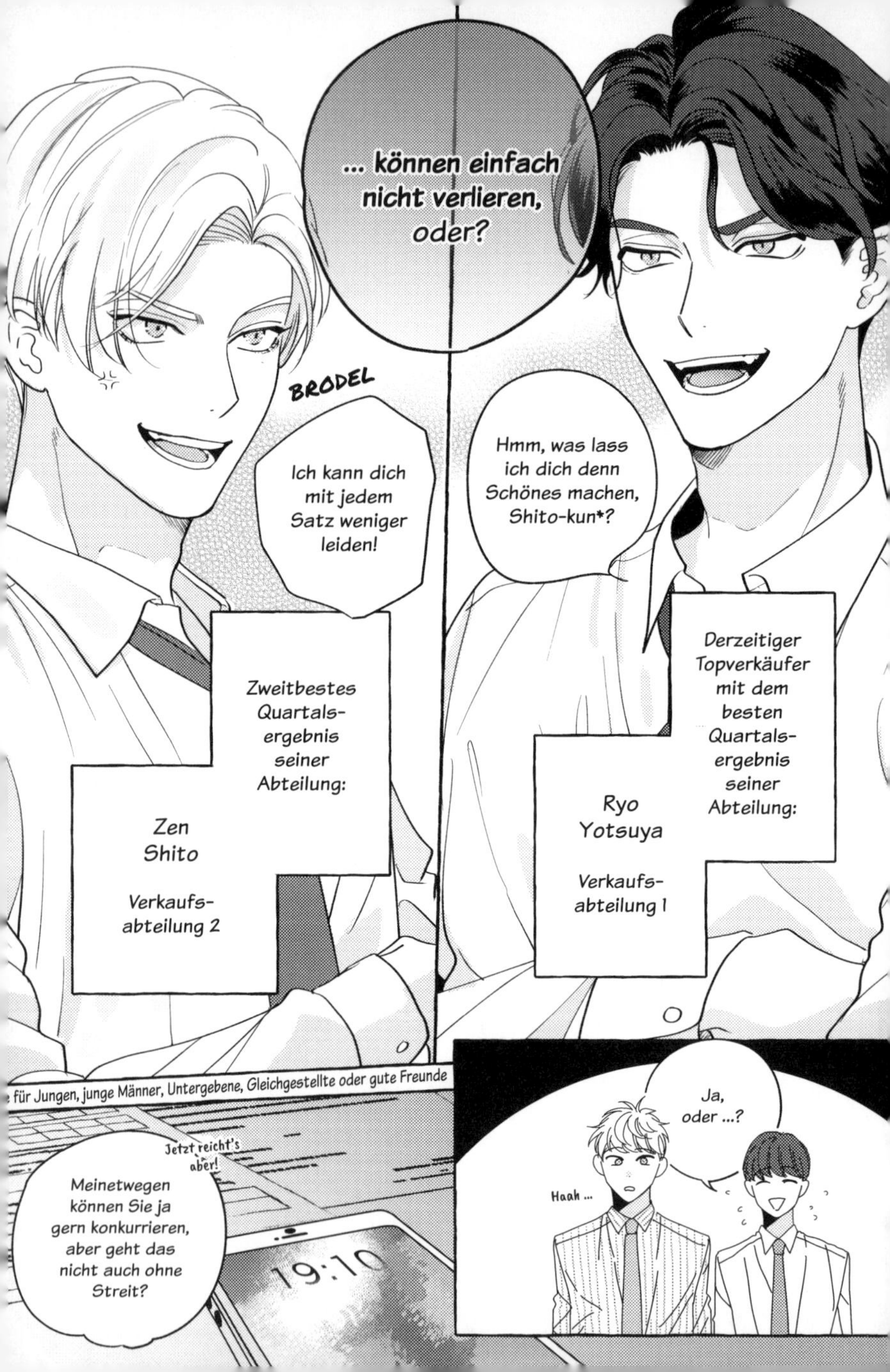
... können einfach nicht verlieren, oder?
Hmm, was lass ich dich denn Schönes machen, Shito-kun*?
Derzeitiger Topverkäufer mit dem besten Quartalsergebnis seiner Abteilung:
Ryo Yotsuya
Verkaufsabteilung 1
BRODEL
Ich kann dich mit jedem Satz weniger leiden!
Zweitbestes Quartalsergebnis seiner Abteilung:
Zen Shito
Verkaufsabteilung 2
e für Jungen, junge Männer, Untergebene, Gleichgestellte oder gute Freunde
Ja, oder ...?
Haah ...
Jetzt reicht's aber!
Meinetwegen können Sie ja gern konkurrieren, aber geht das nicht auch ohne Streit?
19:10

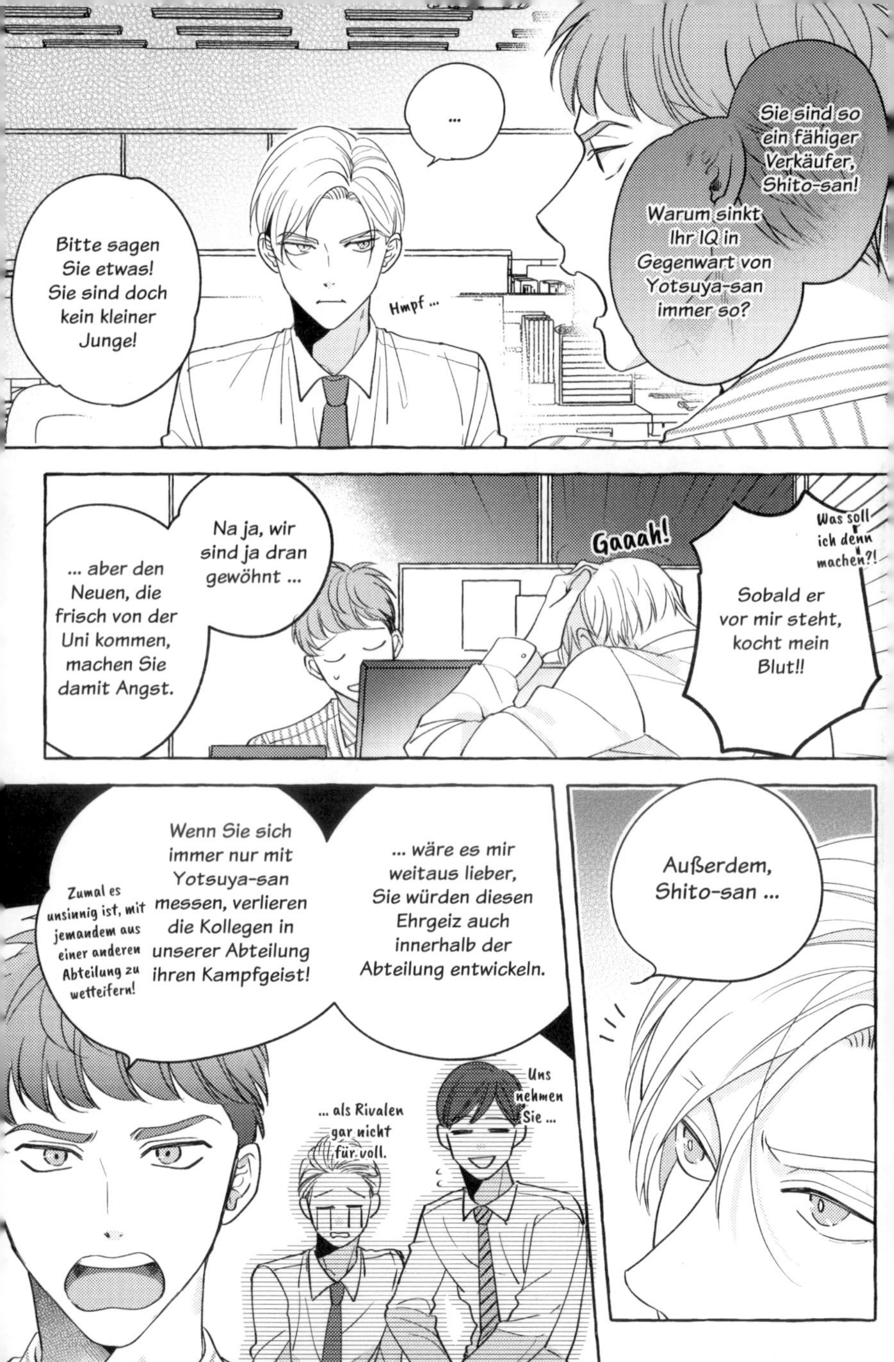
Sie sind so ein fähiger Verkäufer, Shito-san!
Warum sinkt Ihr IQ in Gegenwart von Yotsuya-san immer so?
...
Hmpf ...
Bitte sagen Sie etwas! Sie sind doch kein kleiner Junge!
Was soll ich denn machen?!
Sobald er vor mir steht, kocht mein Blut!!
Gaaah!
Na ja, wir sind ja dran gewöhnt ...
... aber den Neuen, die frisch von der Uni kommen, machen Sie damit Angst.
Außerdem, Shito-san ...
... wäre es mir weitaus lieber, Sie würden diesen Ehrgeiz auch innerhalb der Abteilung entwickeln.
Wenn Sie sich immer nur mit Yotsuya-san messen, verlieren die Kollegen in unserer Abteilung ihren Kampfgeist!
Zumal es unsinnig ist, mit jemandem aus einer anderen Abteilung zu wetteifern!
Uns nehmen Sie ...
... als Rivalen gar nicht für voll.

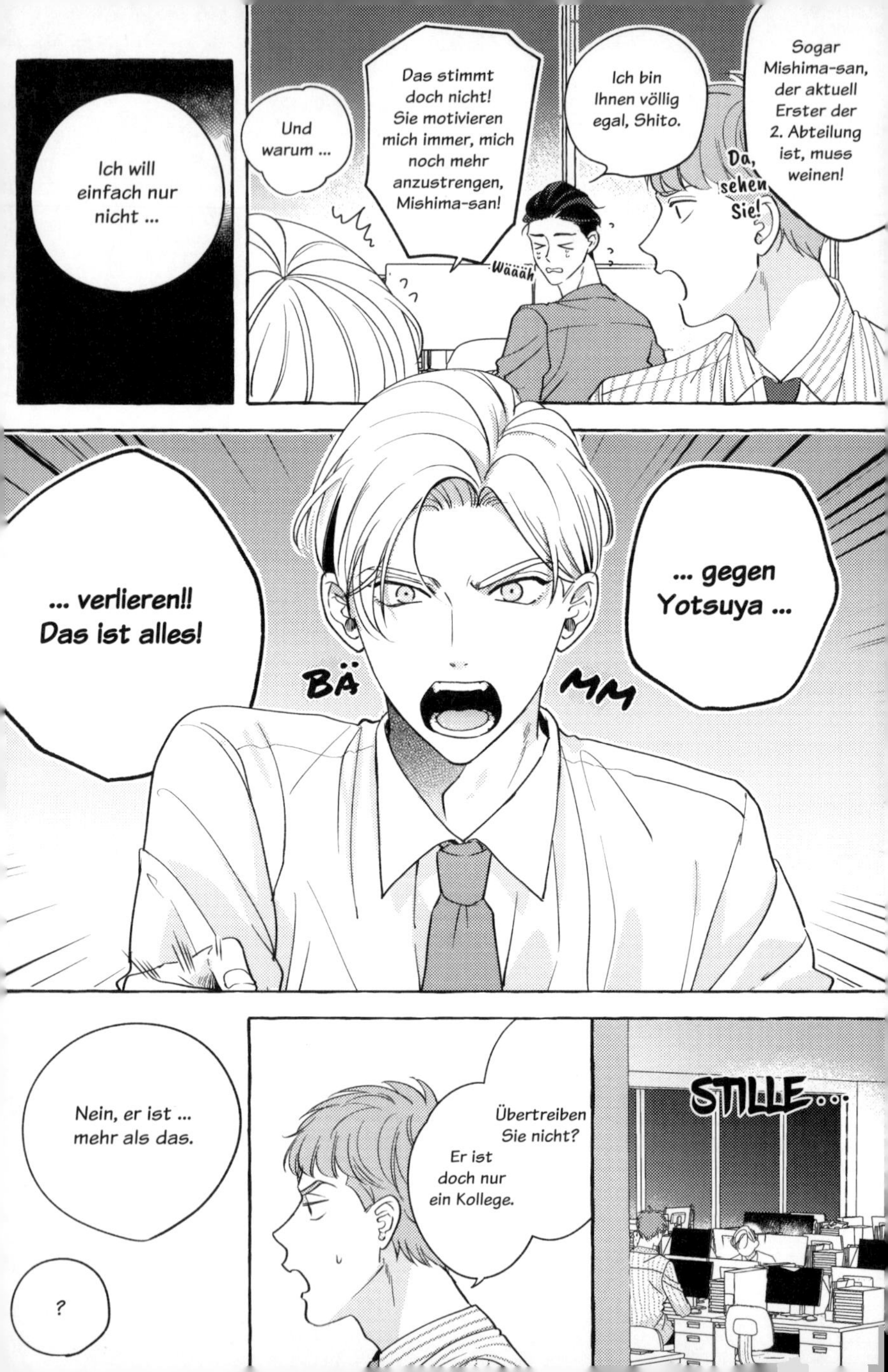
Sogar Mishima-san, der aktuell Erster der 2. Abteilung ist, muss weinen!
Da, sehen Sie!
Ich bin Ihnen völlig egal, Shito.
Wäääh
Das stimmt doch nicht! Sie motivieren mich immer, mich noch mehr anzustrengen, Mishima-san!
Und warum ...
Ich will einfach nur nicht ...
... gegen Yotsuya ...
BÄMM
... verlieren!! Das ist alles!
STILLE...
Übertreiben Sie nicht? Er ist doch nur ein Kollege.
Nein, er ist ... mehr als das.
?

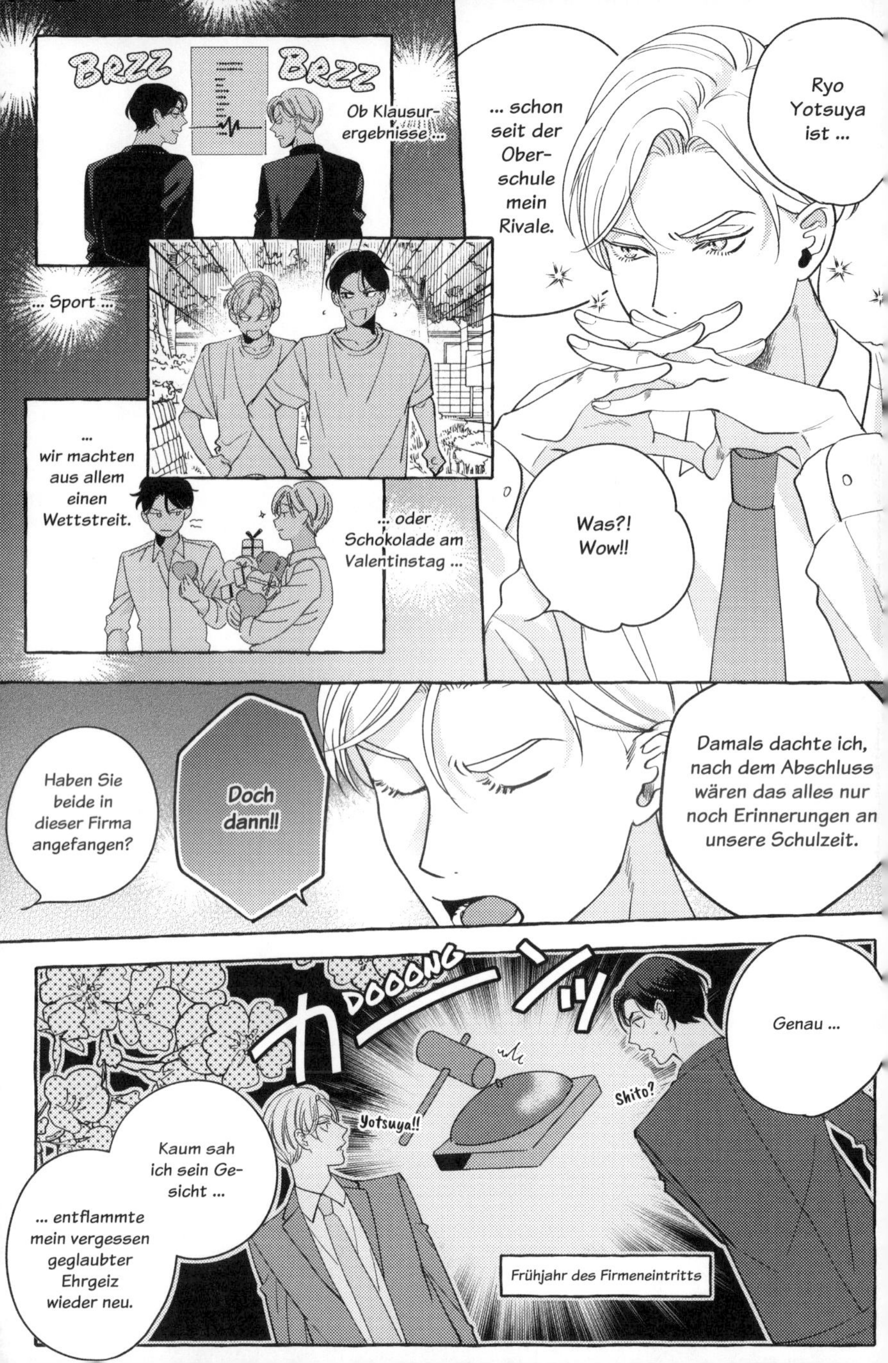
Ryo Yotsuya ist ...
... schon seit der Oberschule mein Rivale.
BRZZ BRZZ
Ob Klausurergebnisse ...
... Sport ...
... wir machten aus allem einen Wettstreit.
... oder Schokolade am Valentinstag ...
Was?! Wow!!
Damals dachte ich, nach dem Abschluss wären das alles nur noch Erinnerungen an unsere Schulzeit.
Doch dann!!
Haben Sie beide in dieser Firma angefangen?
Genau ...
DOOONG
Shito?
Yotsuya!!
Kaum sah ich sein Gesicht ...
... entflammte mein vergessen geglaubter Ehrgeiz wieder neu.
Frühjahr des Firmeneintritts

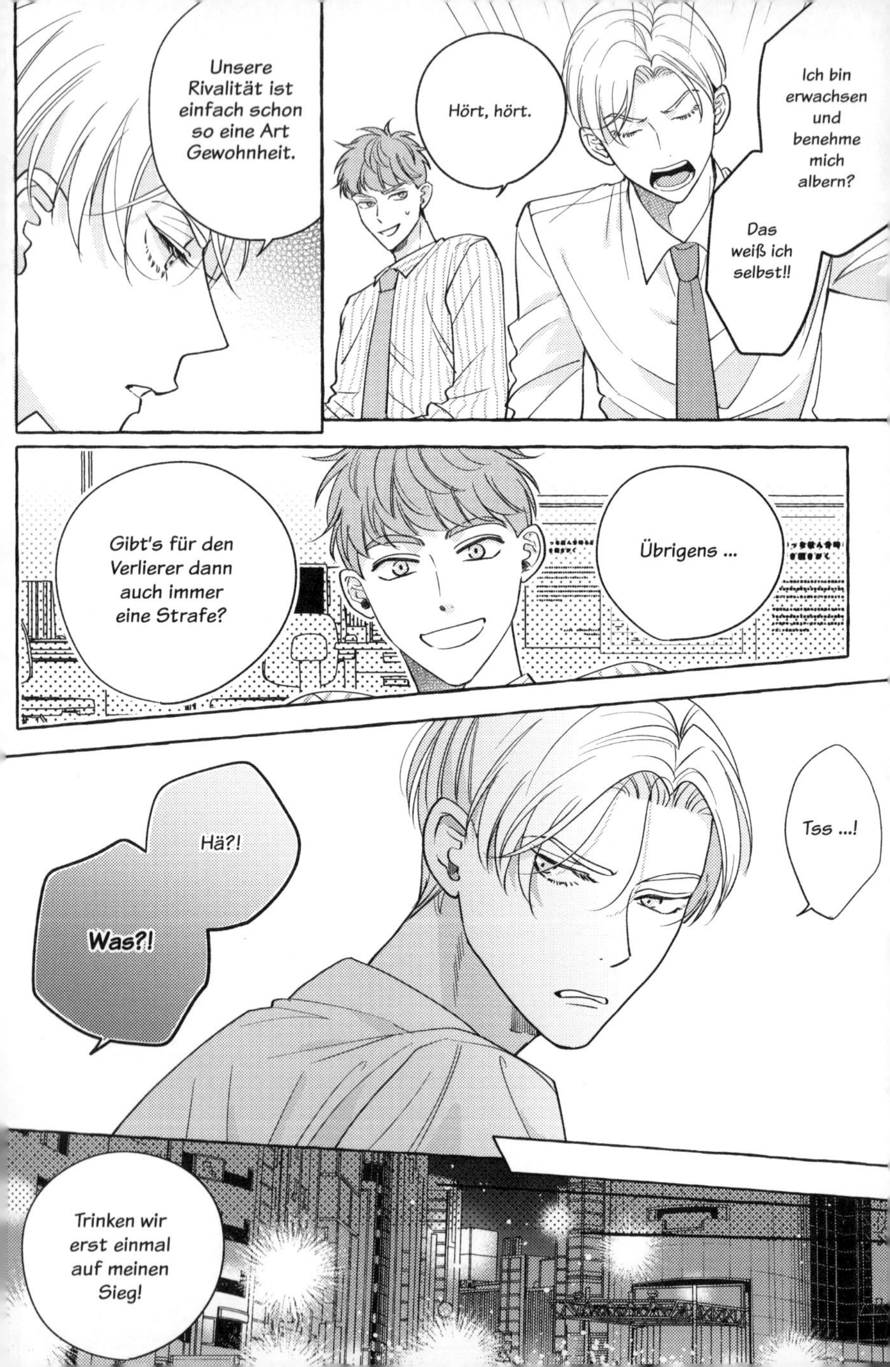

Ich bin erwachsen und benehme mich albern?
Das weiß ich selbst!!
Hört, hört.
Unsere Rivalität ist einfach schon so eine Art Gewohnheit.
Übrigens ...
Gibt's für den Verlierer dann auch immer eine Strafe?
Tss ...!
Hä?!
Was?!
Trinken wir erst einmal auf meinen Sieg!

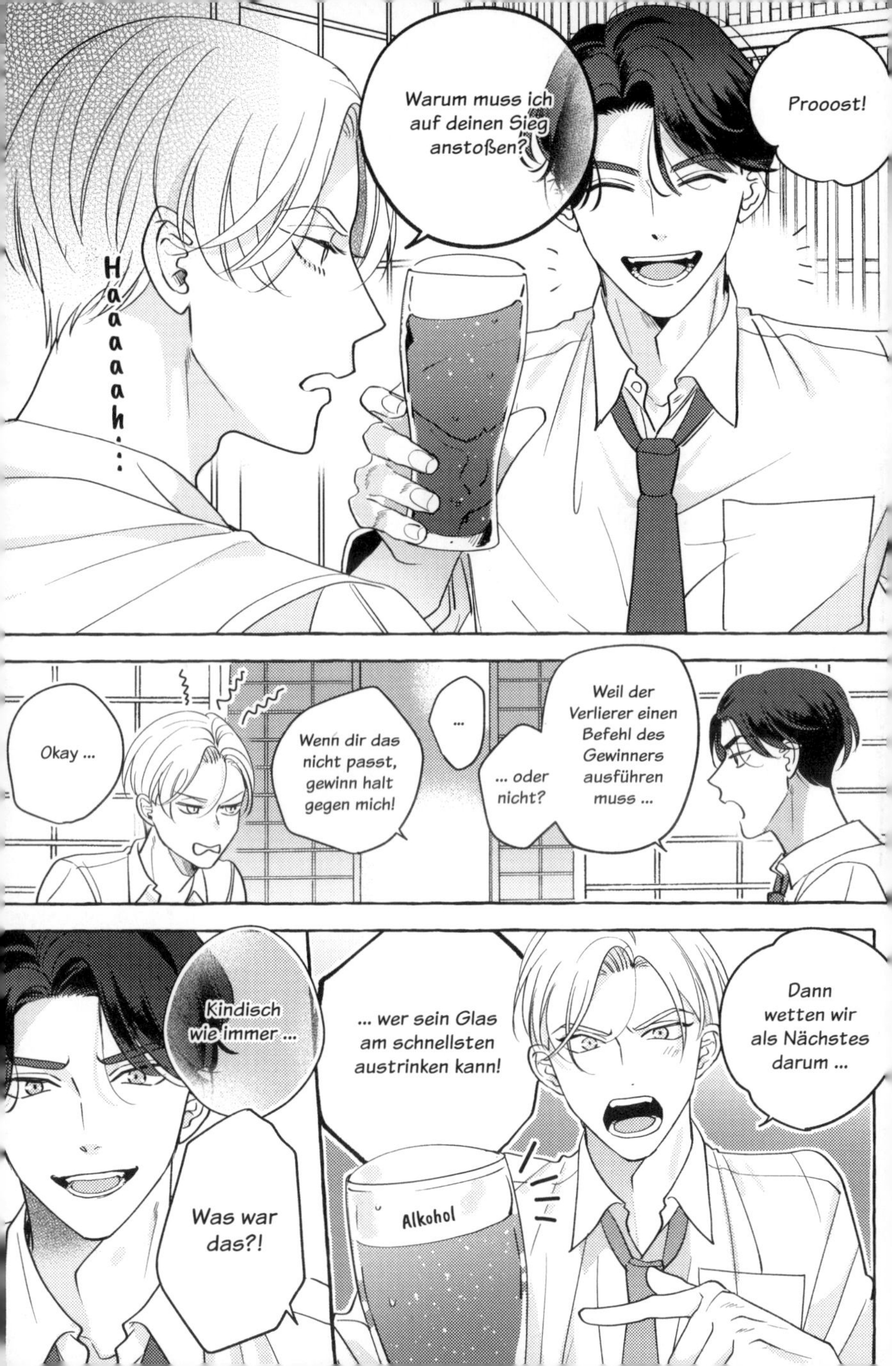
Prooost!
Warum muss ich auf deinen Sieg anstoßen?
Haaaaaah …
Weil der Verlierer einen Befehl des Gewinners ausführen muss …
… oder nicht?
…
Wenn dir das nicht passt, gewinn halt gegen mich!
Okay …
Dann wetten wir als Nächstes darum …
… wer sein Glas am schnellsten austrinken kann!
Alkohol
Kindisch wie immer …
Was war das?!

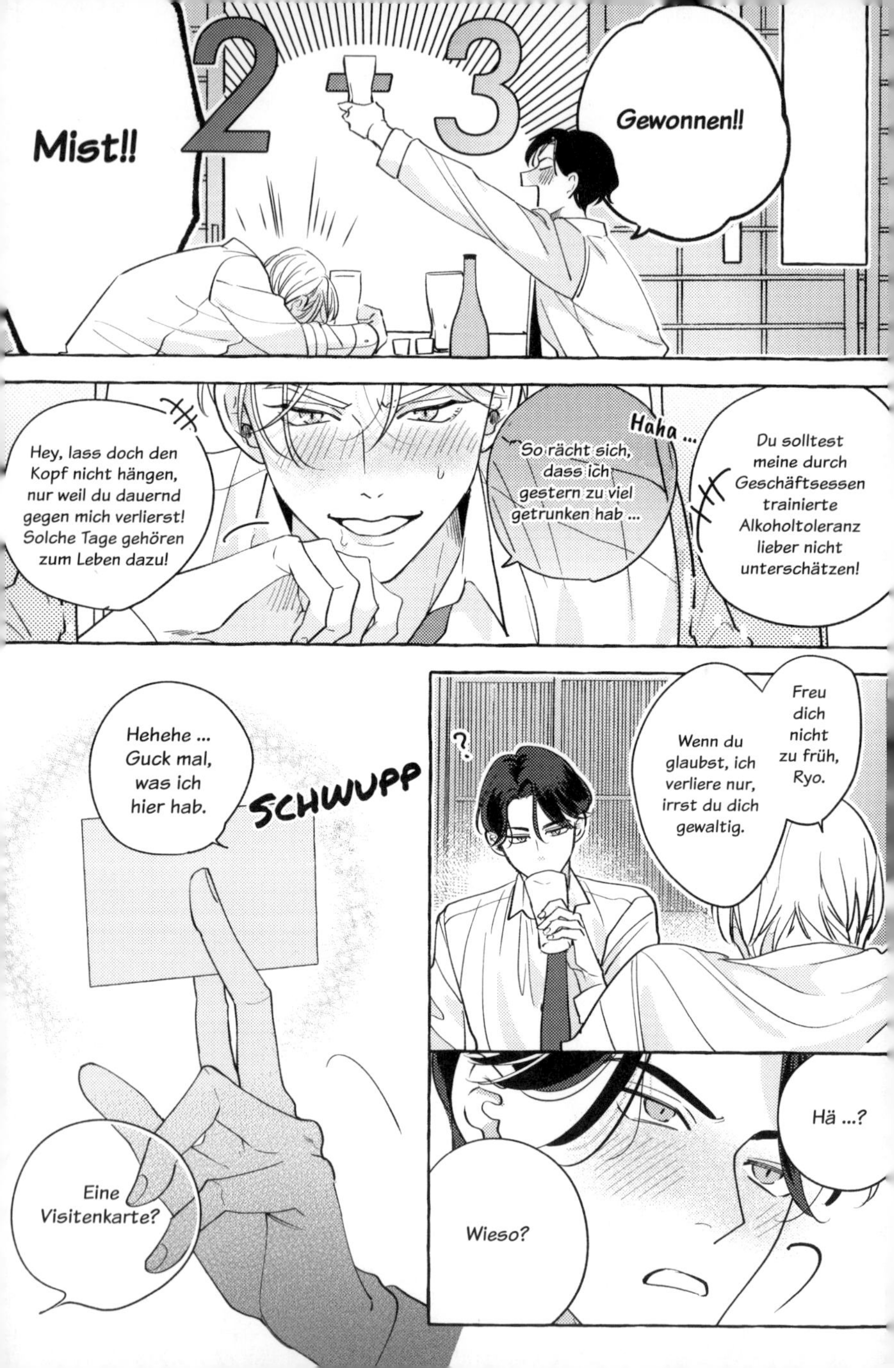
Gewonnen!!
Mist!!
2 : 3
Du solltest meine durch Geschäftsessen trainierte Alkoholtoleranz lieber nicht unterschätzen!
Haha ...
So rächt sich, dass ich gestern zu viel getrunken hab ...
Hey, lass doch den Kopf nicht hängen, nur weil du dauernd gegen mich verlierst! Solche Tage gehören zum Leben dazu!
Freu dich nicht zu früh, Ryo.
Wenn du glaubst, ich verliere nur, irrst du dich gewaltig.
?
Hehehe ... Guck mal, was ich hier hab.
SCHWUPP
Hä ...?
Wieso?
Eine Visitenkarte?

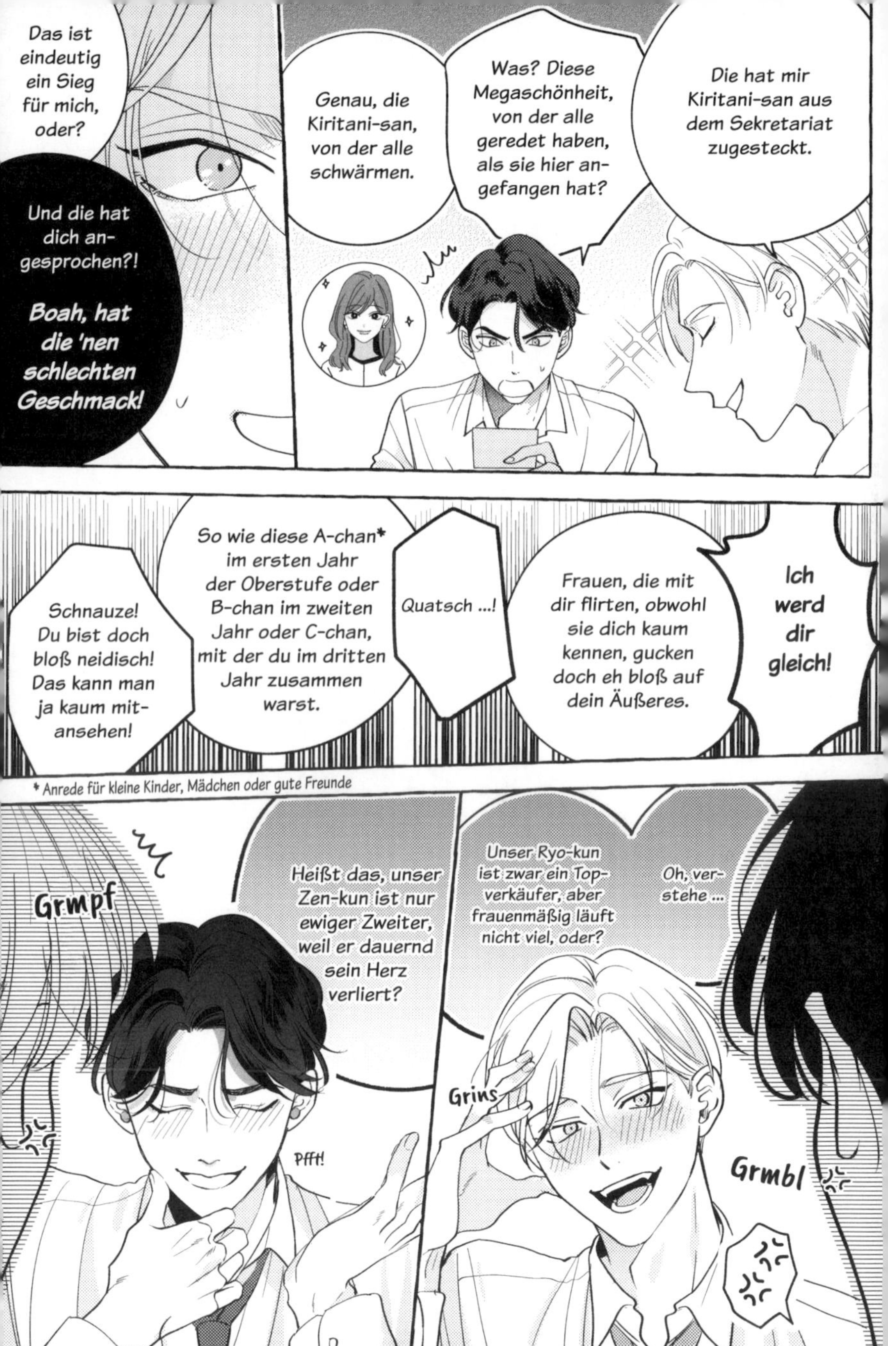

* Anrede für kleine Kinder, Mädchen oder gute Freunde

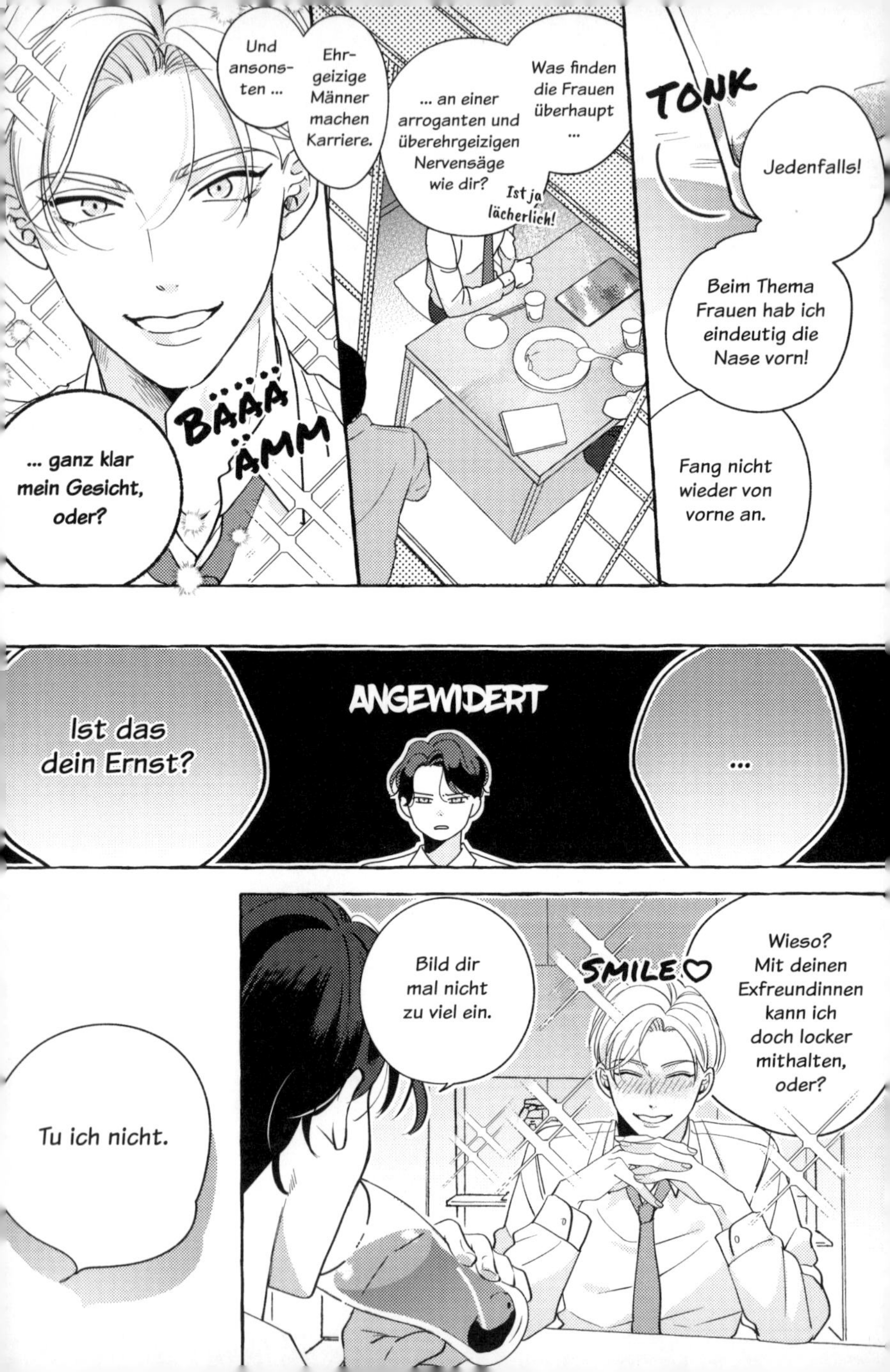

TONK
Jedenfalls!
Beim Thema Frauen hab ich eindeutig die Nase vorn!
Fang nicht wieder von vorne an.
Was finden die Frauen überhaupt ...
... an einer arroganten und überehrgeizigen Nervensäge wie dir?
Ist ja lächerlich!
Ehrgeizige Männer machen Karriere.
Und ansonsten ...
BÄÄÄ ... ÄMM
... ganz klar mein Gesicht, oder?

...
ANGEWIDERT
Ist das dein Ernst?

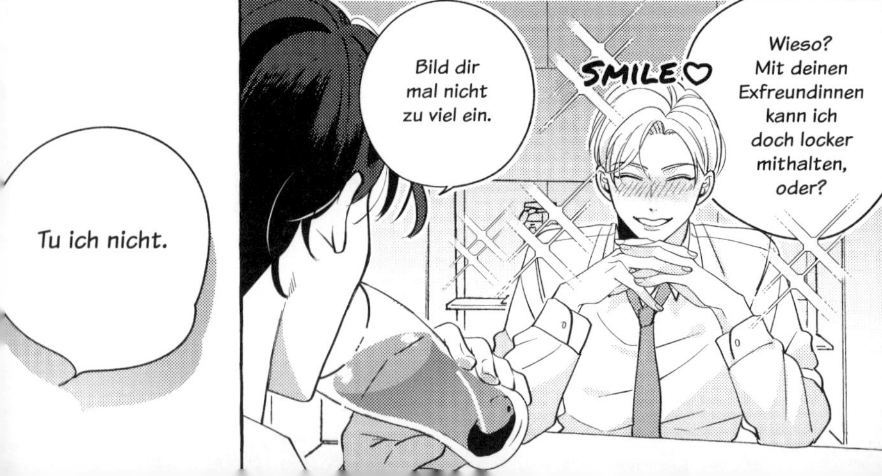

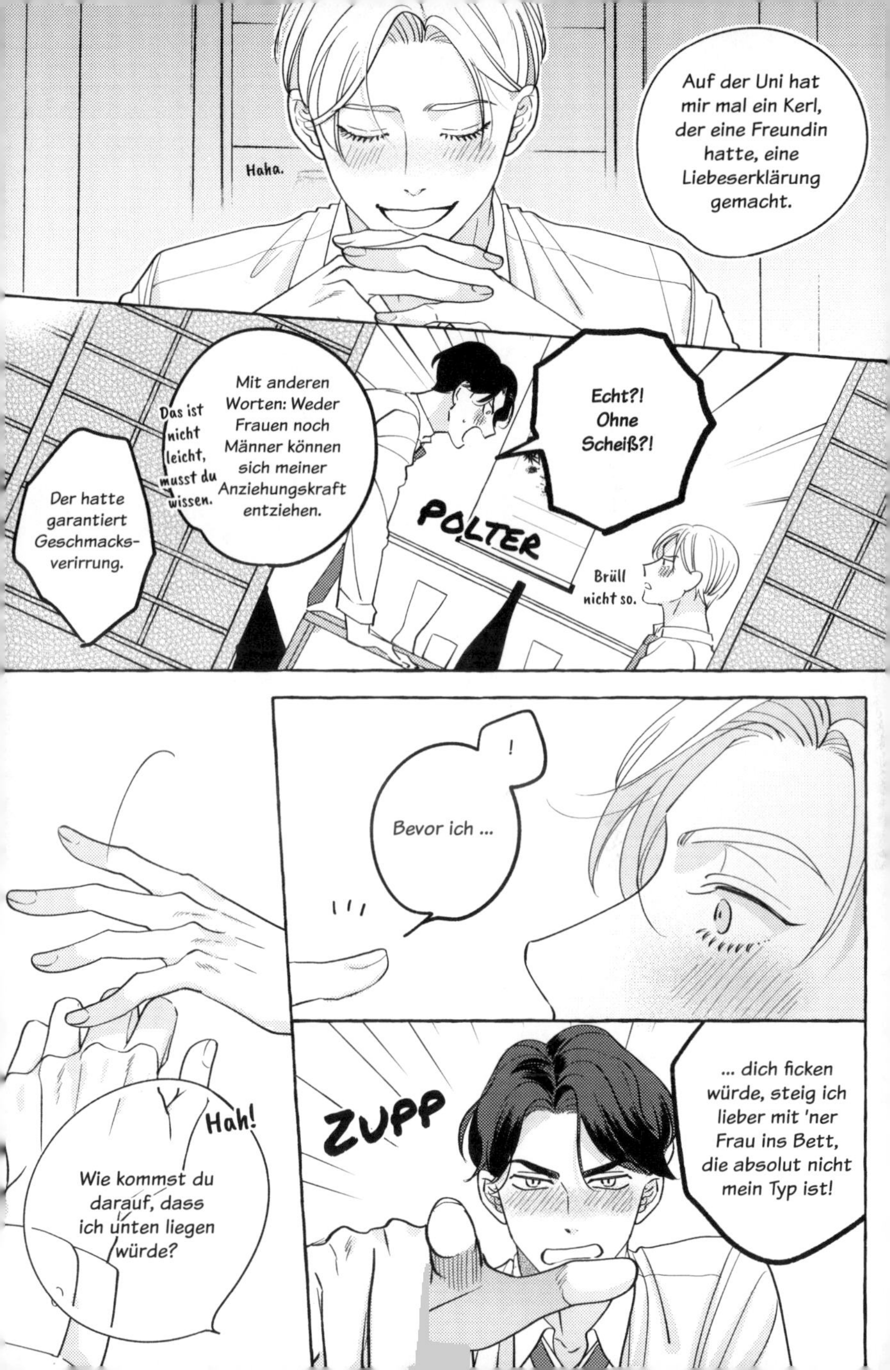
Auf der Uni hat mir mal ein Kerl, der eine Freundin hatte, eine Liebeserklärung gemacht.
Haha.
Mit anderen Worten: Weder Frauen noch Männer können sich meiner Anziehungskraft entziehen.
Das ist nicht leicht, musst du wissen.
Der hatte garantiert Geschmacksverirrung.
Echt?! Ohne Scheiß?!
POLTER
Brüll nicht so.
!
Bevor ich ...
... dich ficken würde, steig ich lieber mit 'ner Frau ins Bett, die absolut nicht mein Typ ist!
ZUPP
Hah!
Wie kommst du darauf, dass ich unten liegen würde?

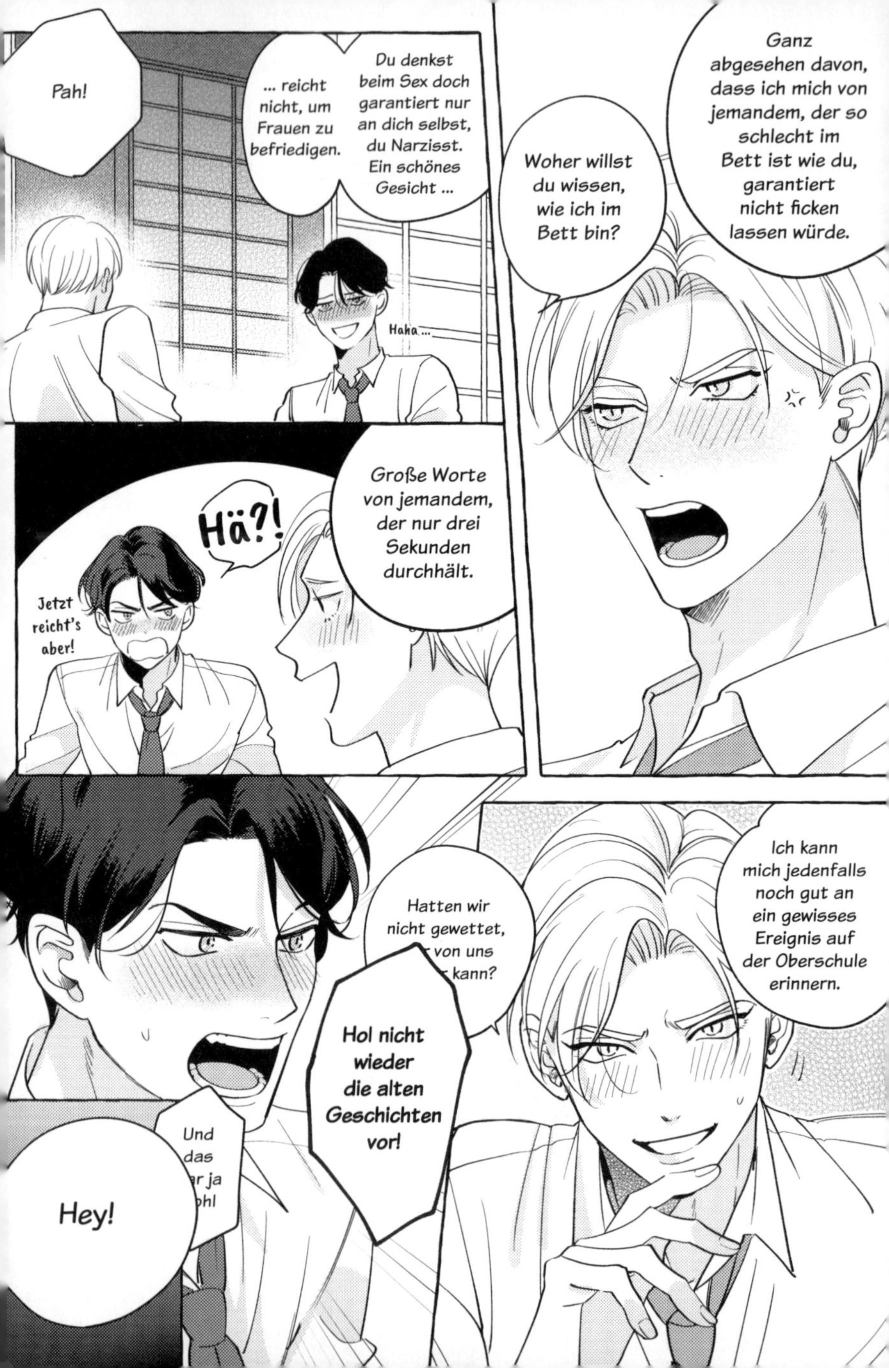
Du denkst beim Sex doch garantiert nur an dich selbst, du Narzisst. Ein schönes Gesicht ...
... reicht nicht, um Frauen zu befriedigen.
Pah!
Haha ...
Woher willst du wissen, wie ich im Bett bin?
Ganz abgesehen davon, dass ich mich von jemandem, der so schlecht im Bett ist wie du, garantiert nicht ficken lassen würde.
Große Worte von jemandem, der nur drei Sekunden durchhält.
Hä?!
Jetzt reicht's aber!
Ich kann mich jedenfalls noch gut an ein gewisses Ereignis auf der Oberschule erinnern.
Hatten wir nicht gewettet, von uns kann?
Hol nicht wieder die alten Geschichten vor!
Und das
Hey!

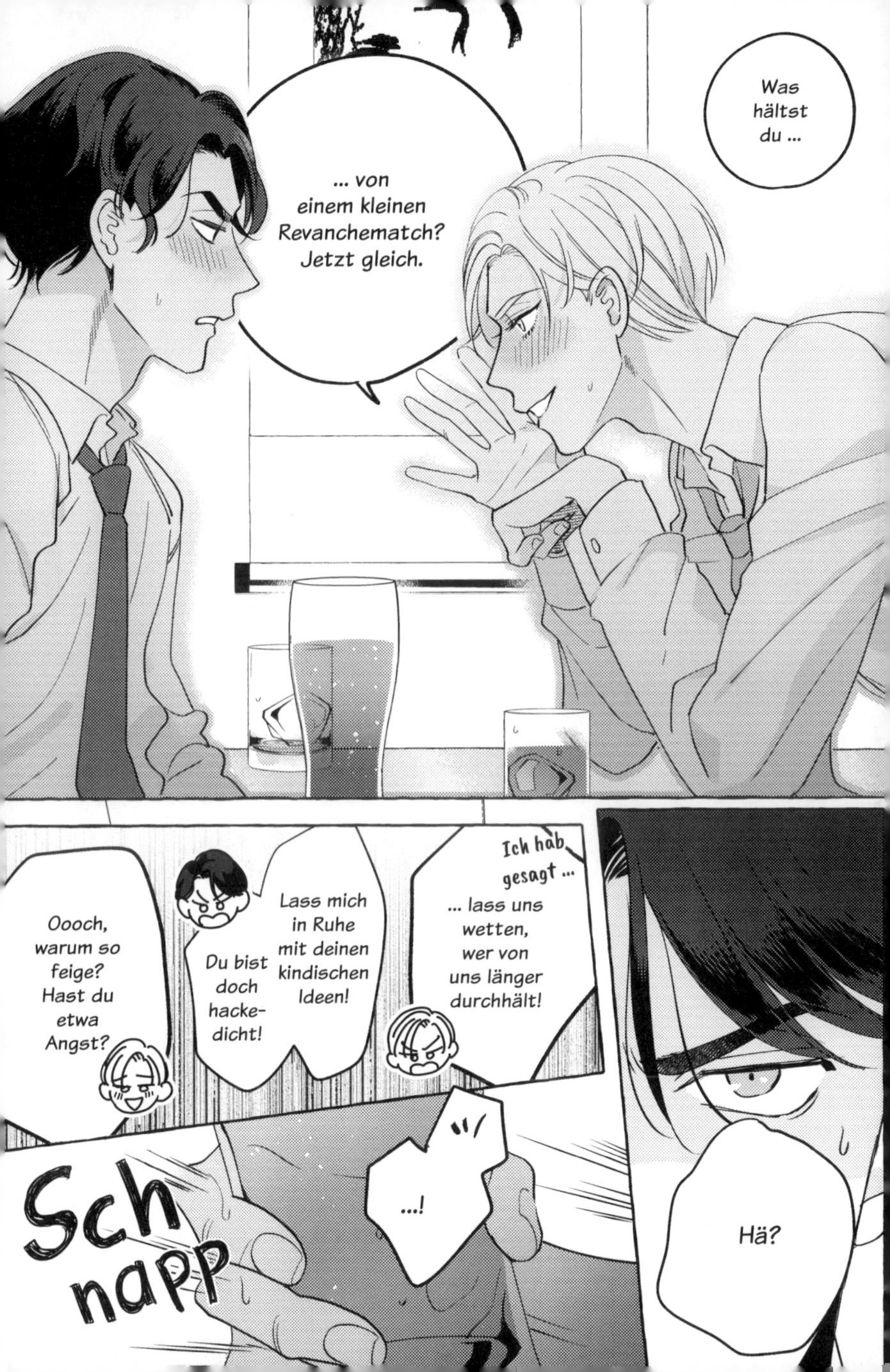
Was hältst du ...
... von einem kleinen Revanchematch? Jetzt gleich.
Ich hab gesagt ...
... lass uns wetten, wer von uns länger durchhält!
Lass mich in Ruhe mit deinen kindischen Ideen!
Du bist doch hacke-dicht!
Oooch, warum so feige? Hast du etwa Angst?
Hä?
...!
Sch napp

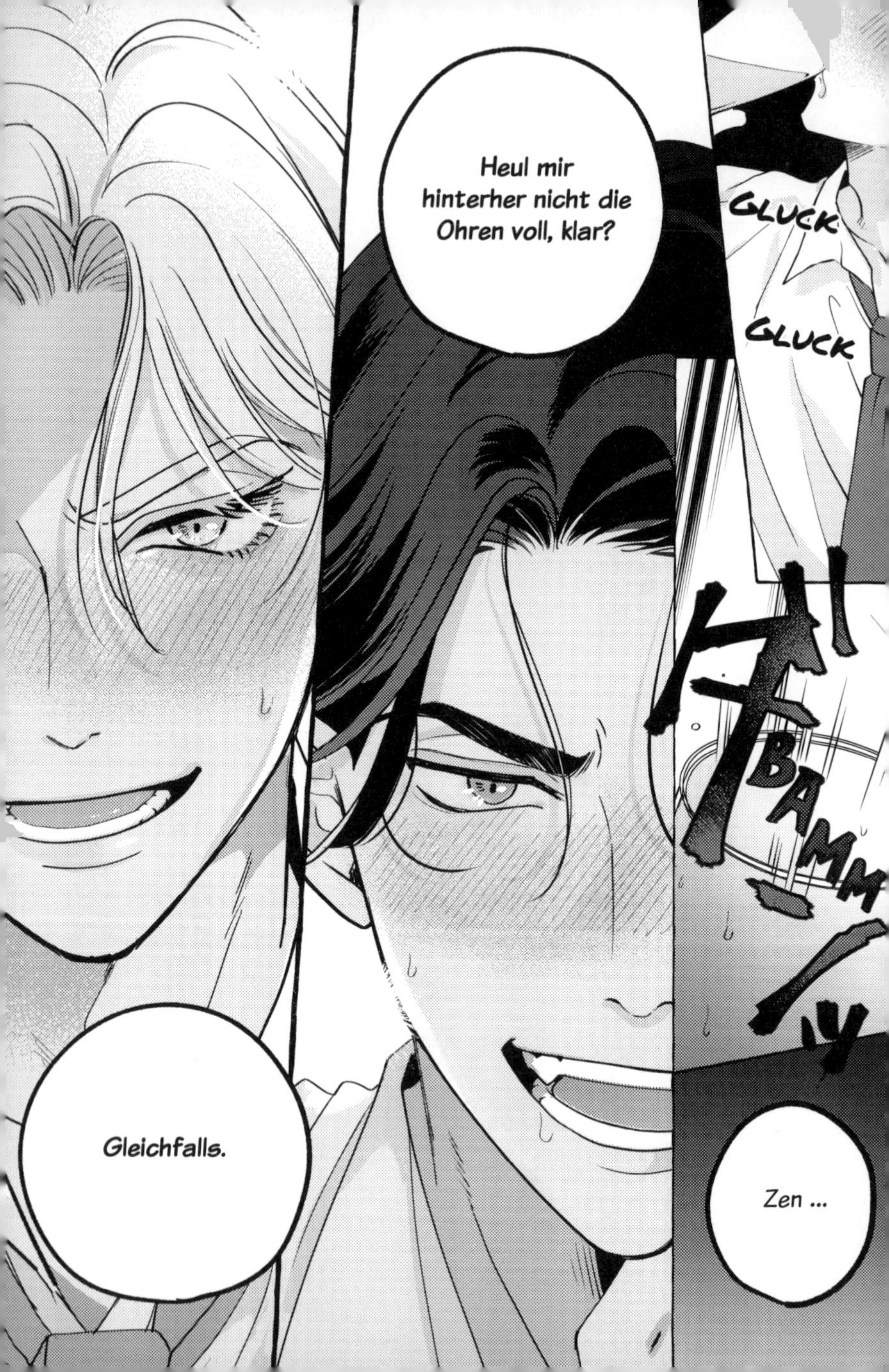
GLUCK
GLUCK
BAMM
Zen ...
Heul mir hinterher nicht die Ohren voll, klar?
Gleichfalls.

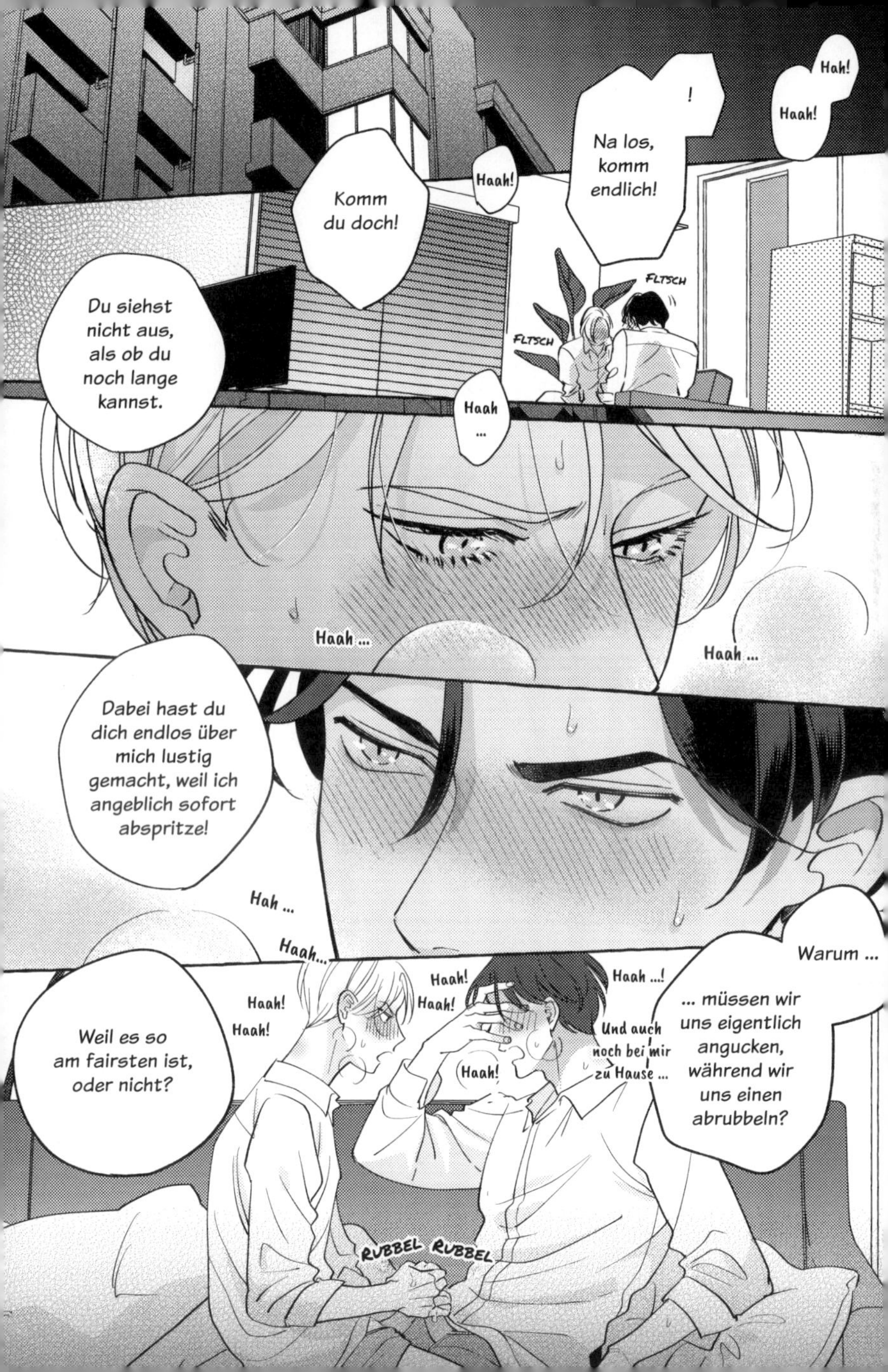
Hah!
Haah!
!
Na los,
komm
endlich!
Haah!
Komm
du doch!
FLTSCH
FLTSCH
Du siehst
nicht aus,
als ob du
noch lange
kannst.
Haah
...
Haah ...
Haah ...
Dabei hast du
dich endlos über
mich lustig
gemacht, weil ich
angeblich sofort
abspritze!
Hah ...
Haah...
Warum ...
... müssen wir
uns eigentlich
angucken,
während wir
uns einen
abrubbeln?
Haah ...!
Und auch
noch bei mir
zu Hause ...
Haah!
Haah!
Haah!
Weil es so
am fairsten ist,
oder nicht?
Haah!
Haah!
RUBBEL RUBBEL

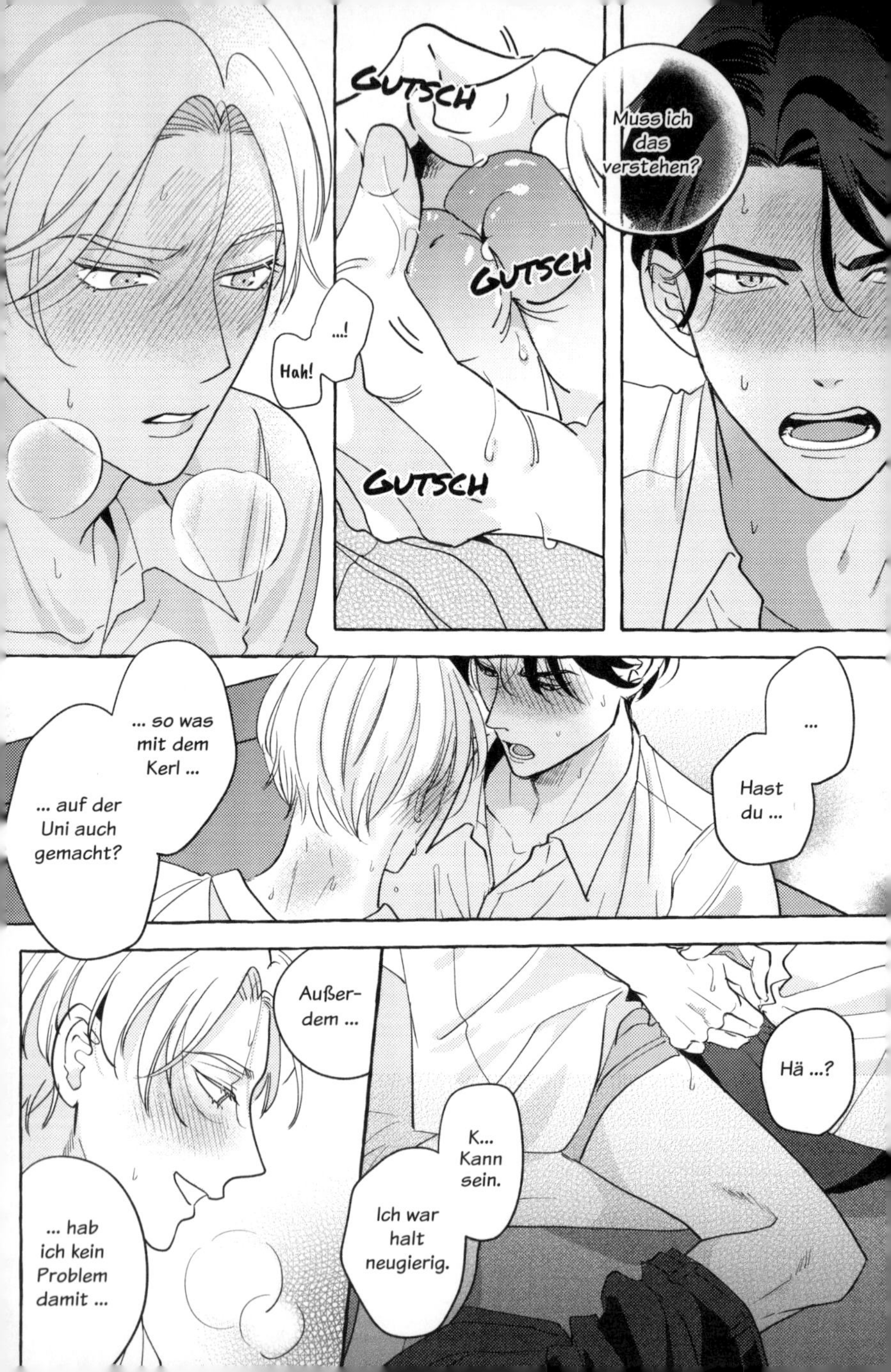
Muss ich das verstehen?
GUTSCH
GUTSCH
GUTSCH
...!
Hah!
... Hast du ...
... so was mit dem Kerl ...
... auf der Uni auch gemacht?
Hä ...?
K... Kann sein.
Ich war halt neugierig.
Außer- dem ...
... hab ich kein Problem damit ...

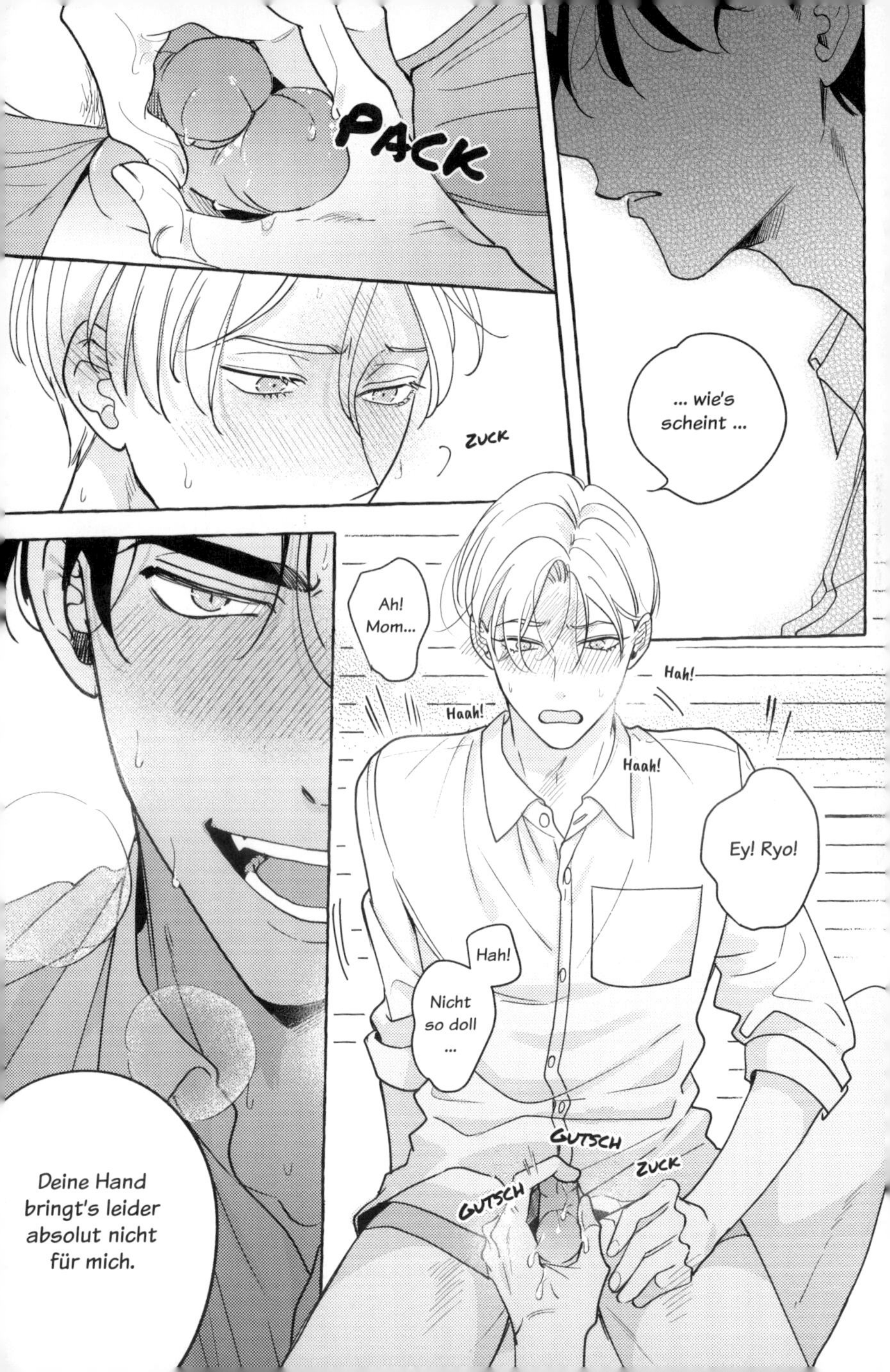
... wie's scheint ...
PACK
ZUCK
Ey! Ryo!
Hah!
Haah!
Haah!
Ah! Mom...
Hah!
Nicht so doll ...
GUTSCH
ZUCK
GUTSCH
Deine Hand bringt's leider absolut nicht für mich.

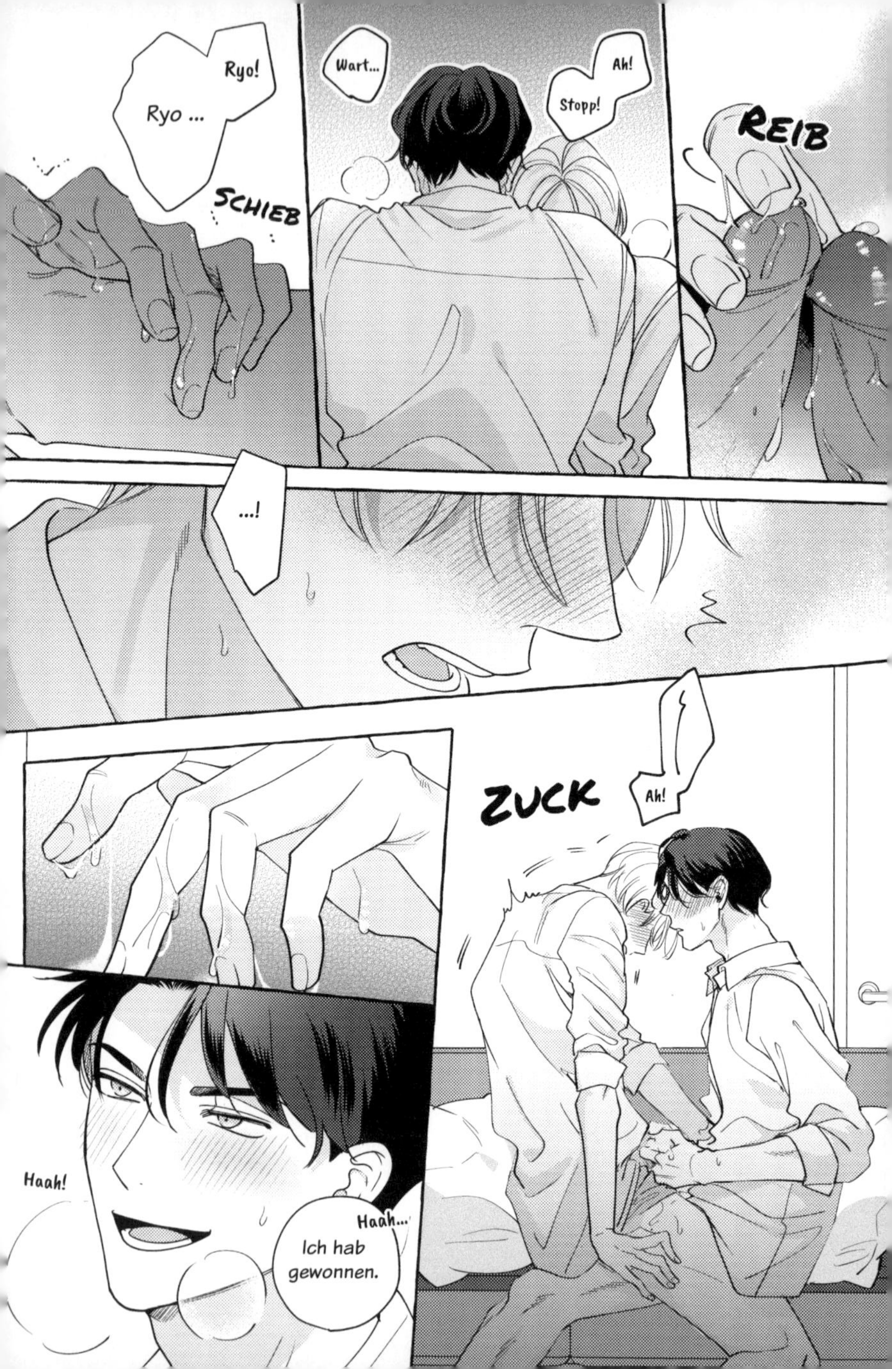
Ryo!
Ryo ...
SCHIEB
Wart...
Ah!
Stopp!
REIB
...!
ZUCK
Ah!
Haah!
Haah...
Ich hab gewonnen.

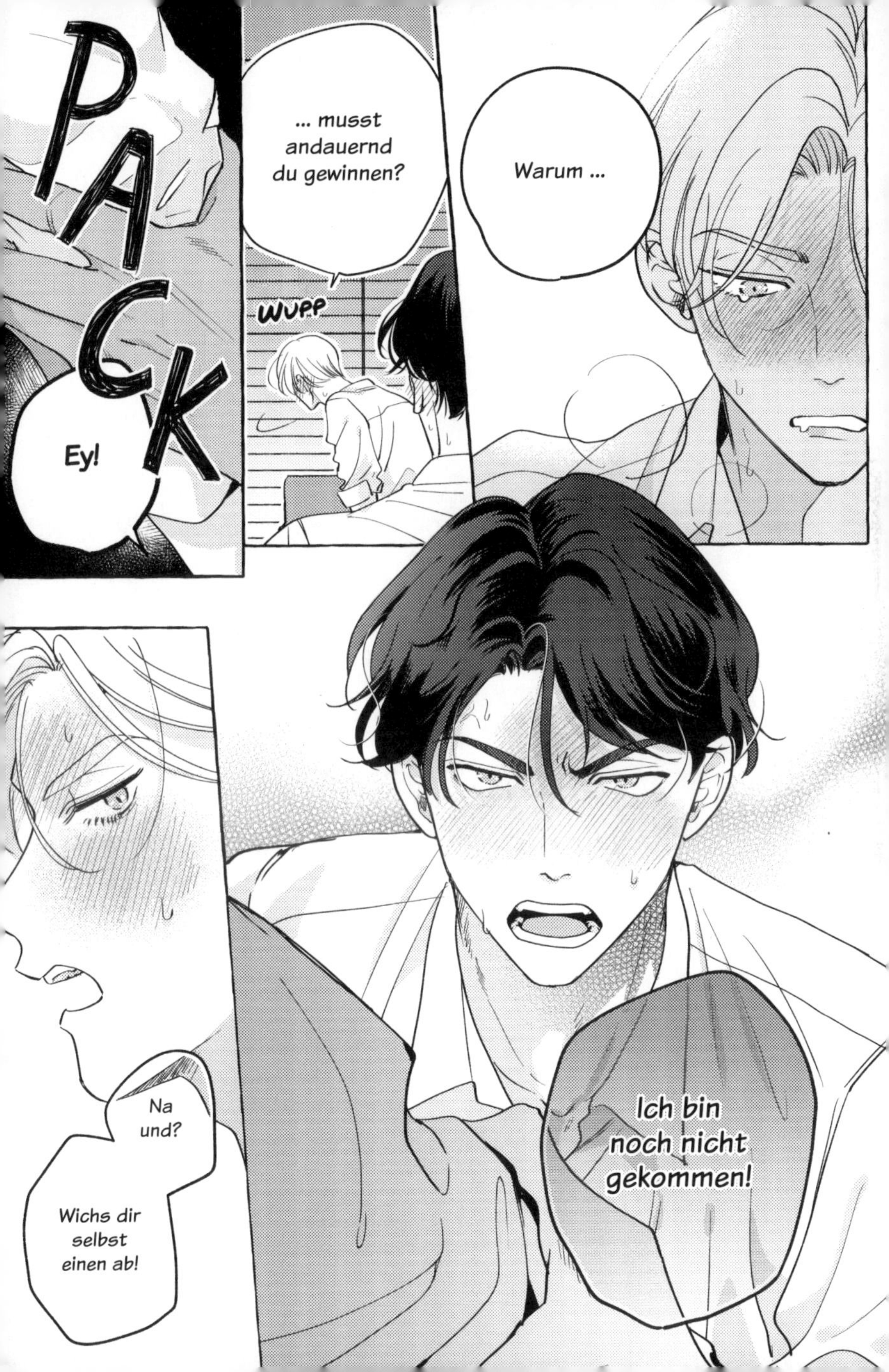
Warum ...
... musst andauernd du gewinnen?
WUPP
PACK
Ey!
Ich bin noch nicht gekommen!
Na und?
Wichs dir selbst einen ab!

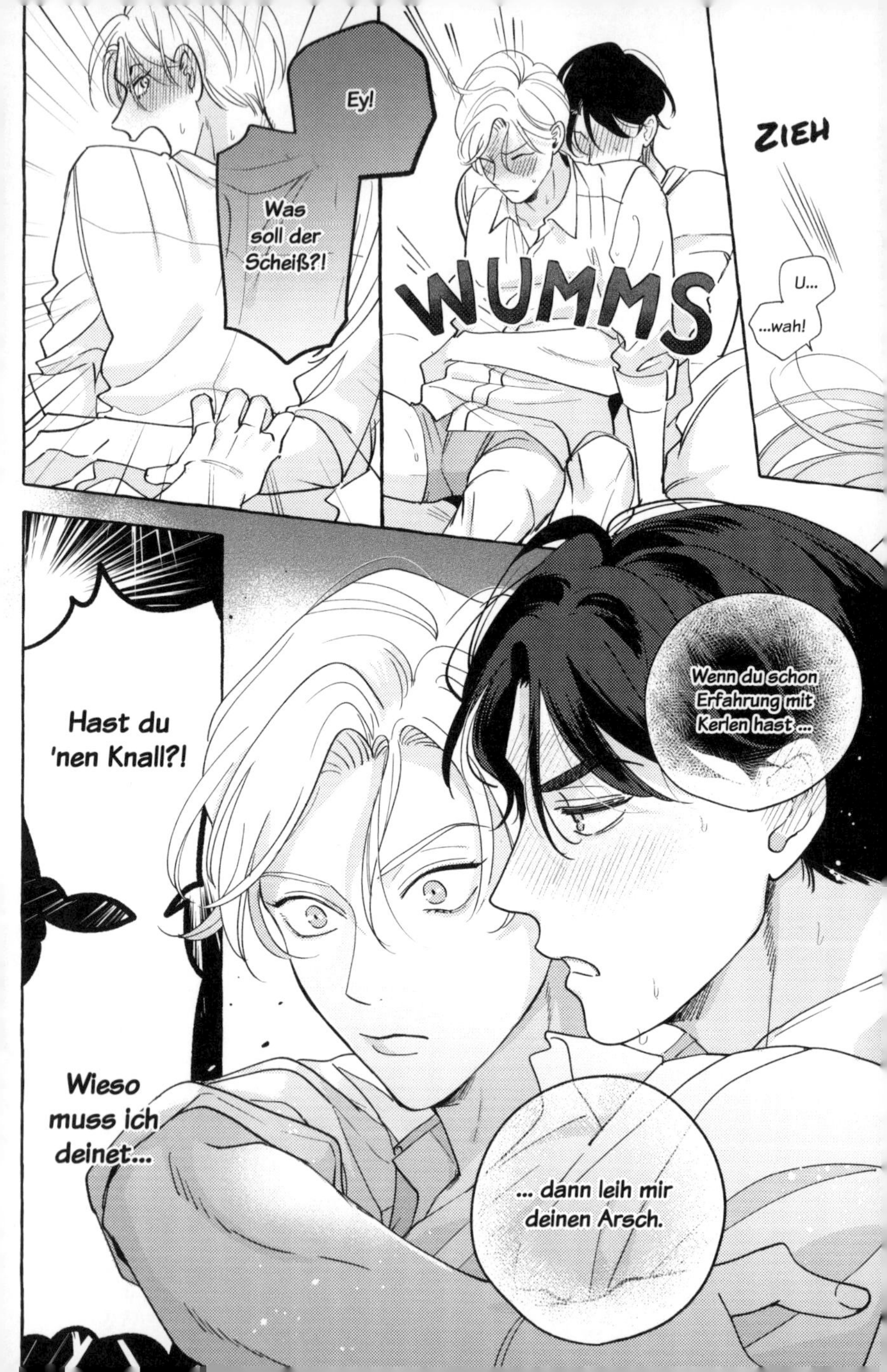
ZIEH
U...
...wah!
WUMMS
Ey!
Was soll der Scheiß?!
Wenn du schon Erfahrung mit Kerlen hast ...
... dann leih mir deinen Arsch.
Hast du 'nen Knall?!
Wieso muss ich deinet...

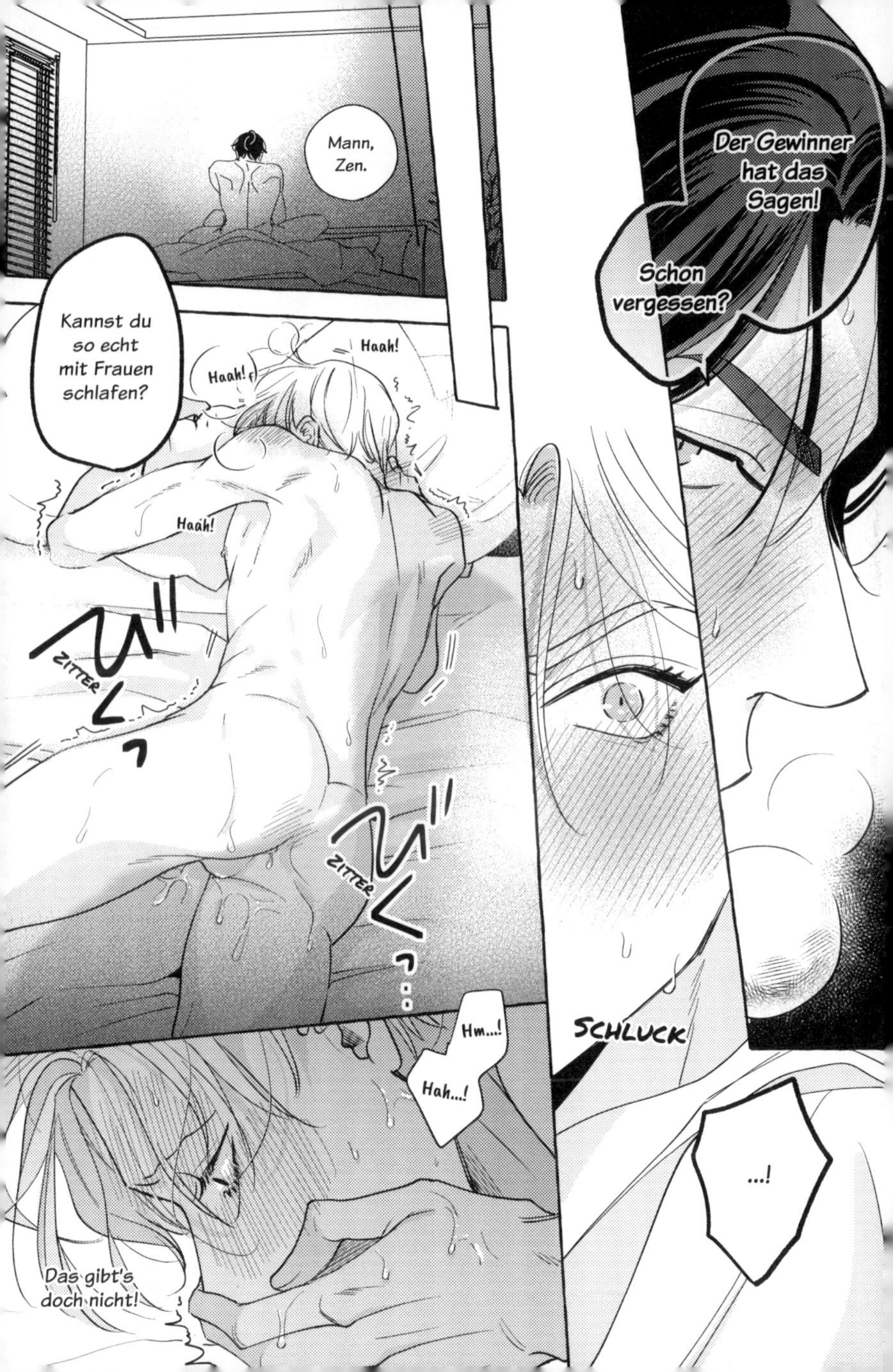

Der Gewinner hat das Sagen!
Schon vergessen?
Mann, Zen.
Kannst du so echt mit Frauen schlafen?
Haah!
Haah!
Haah!
ZITTER
ZITTER
SCHLUCK
...!
Hm...!
Hah...!
Das gibt's doch nicht!

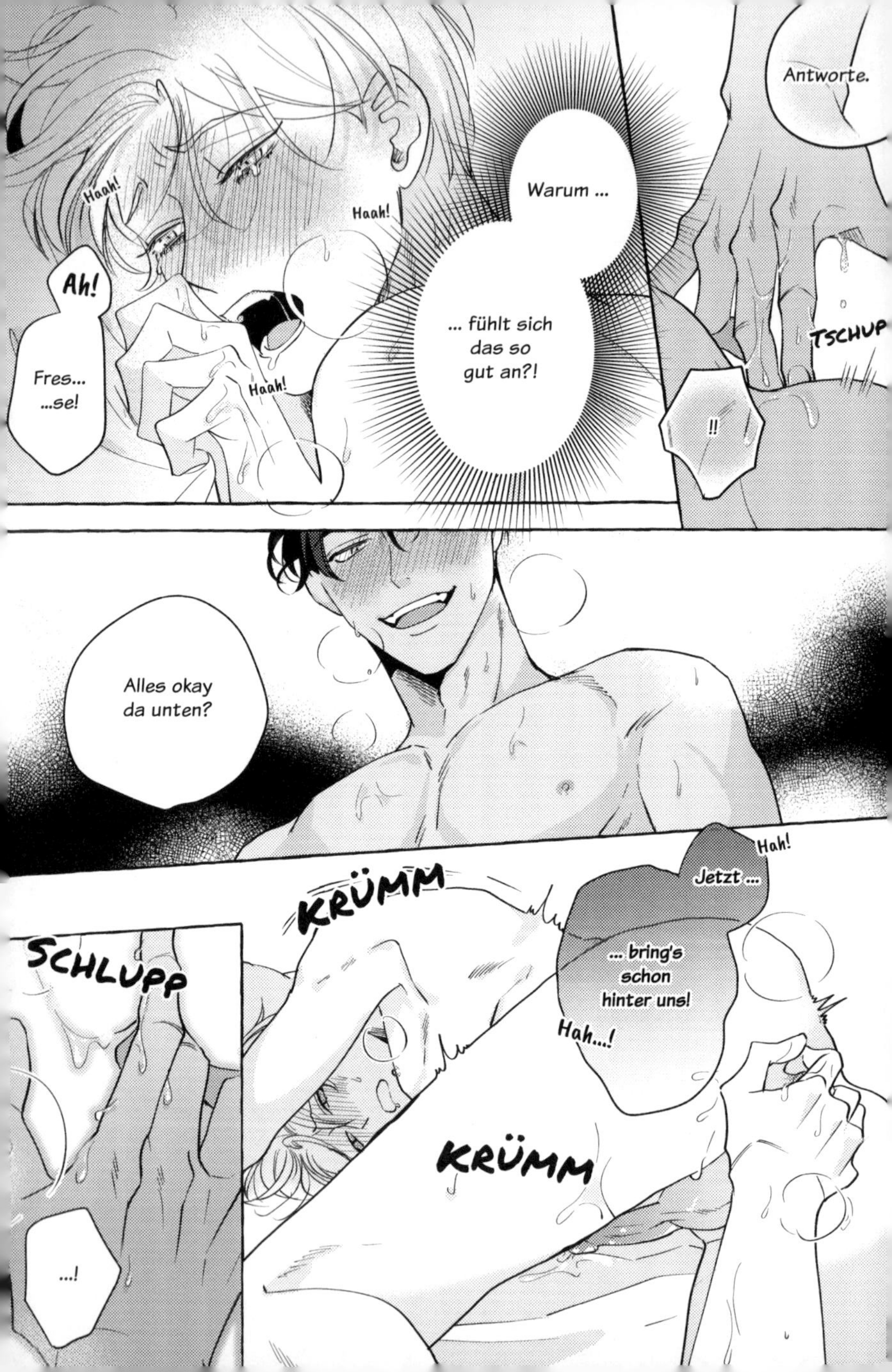
Antworte.
Warum ...
... fühlt sich das so gut an?!
Haah!
Haah!
Ah!
Fres... ...se!
Haah!
TSCHUP
!!
Alles okay da unten?
Hah!
Jetzt ...
... bring's schon hinter uns!
Hah...!
KRÜMM
SCHLUPP
KRÜMM
...!

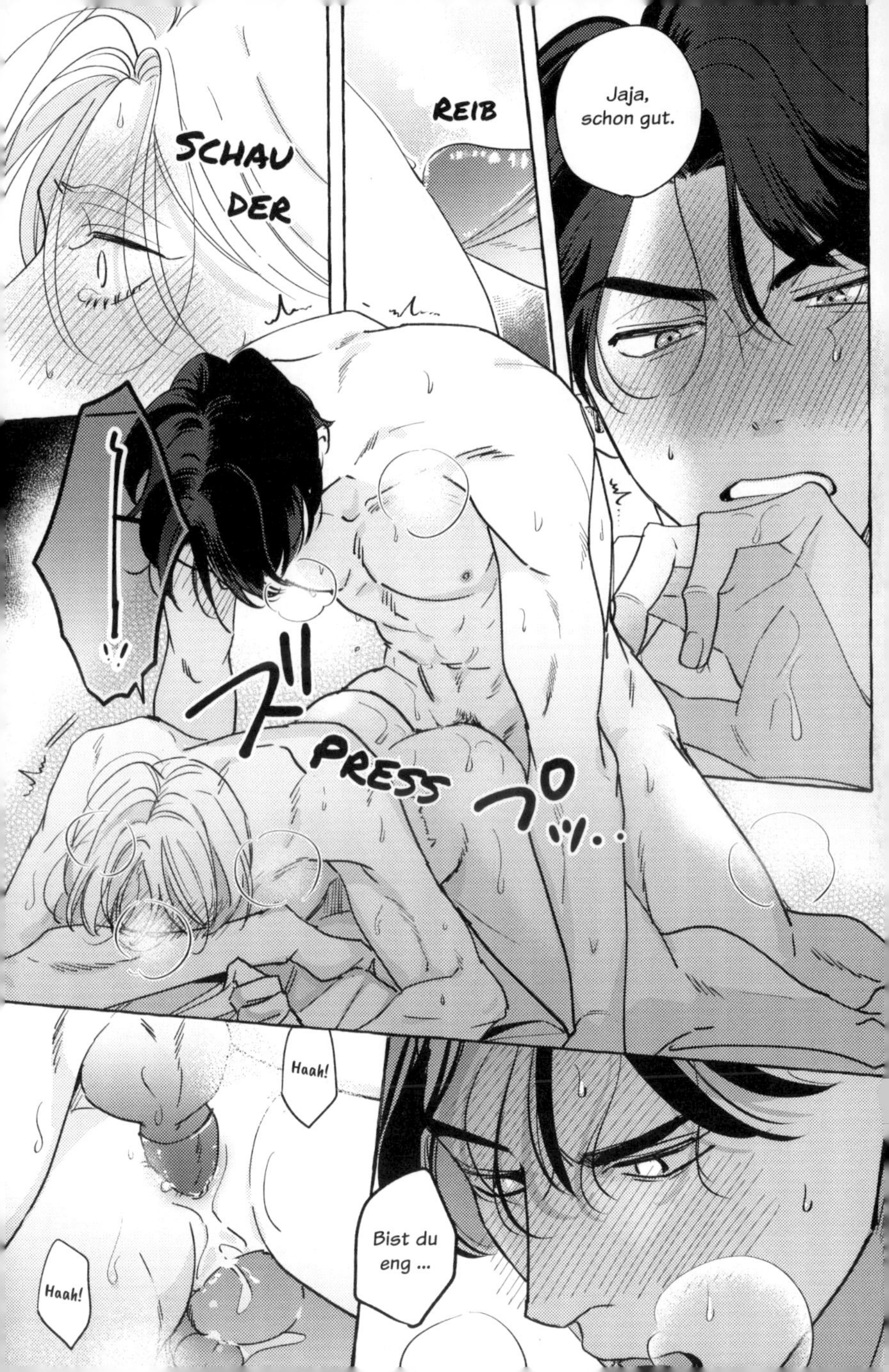
Jaja, schon gut.
REIB
SCHAUDER
ズ
PRESS
プッ..
Bist du eng ...
Haah!
Haah!

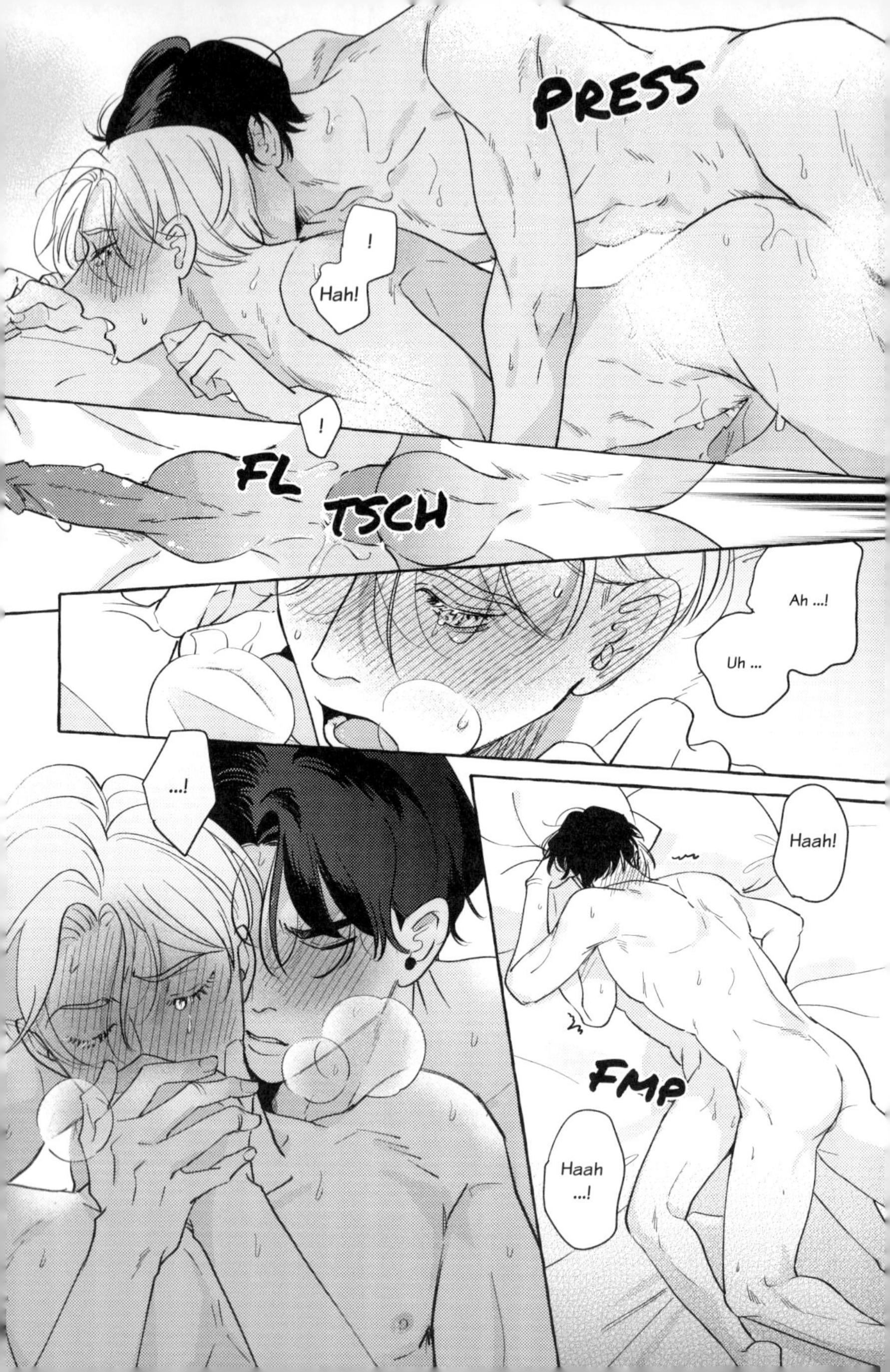
PRESS
!
Hah!
!
FL
TSCH
Ah ...!
Uh ...
Haah!
FMP
Haah ...!
...!

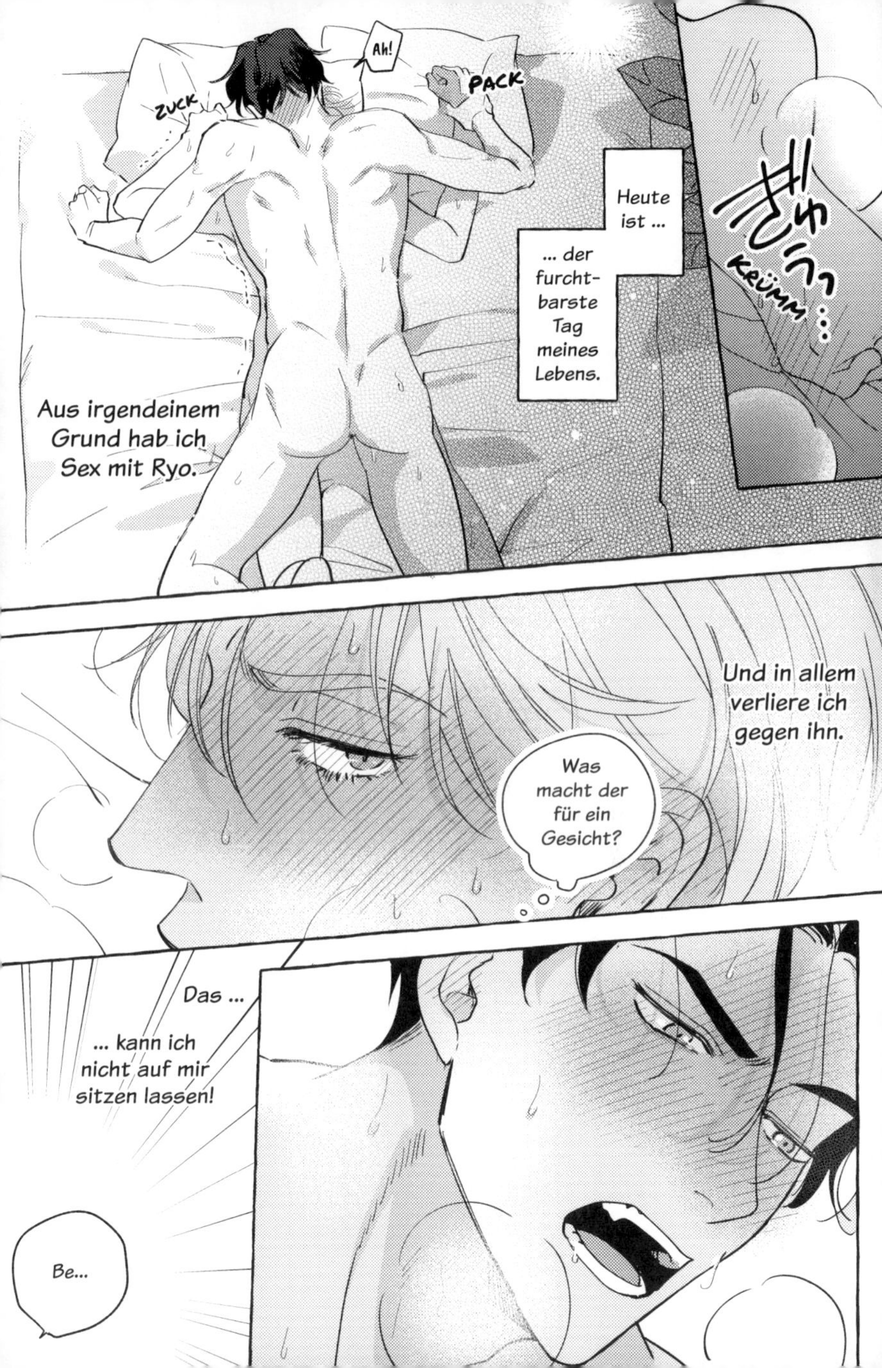
KRÜMM
Heute ist ...
... der furchtbarste Tag meines Lebens.
PACK
Ah!
ZUCK
Aus irgendeinem Grund hab ich Sex mit Ryo.
Und in allem verliere ich gegen ihn.
Was macht der für ein Gesicht?
Das ...
... kann ich nicht auf mir sitzen lassen!
Be...

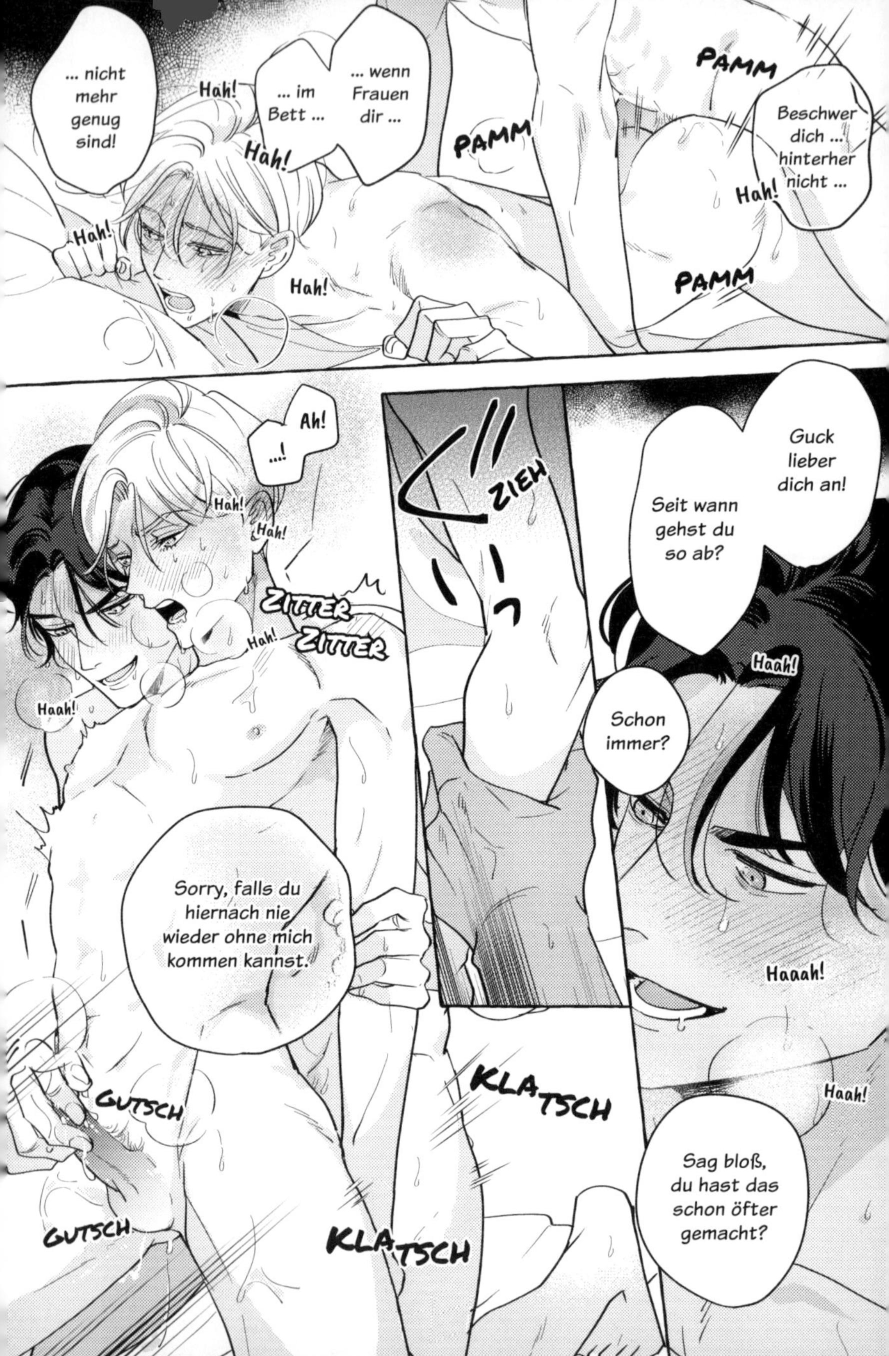
PAMM
Beschwer dich ... hinterher nicht ...
Hah!
PAMM
PAMM
... wenn Frauen dir ...
... im Bett ...
Hah!
Hah!
... nicht mehr genug sind!
Hah!
Hah!
Guck lieber dich an!
Seit wann gehst du so ab?
Haah!
Schon immer?
Haaah!
ZIEH
Ah!
...!
Hah!
Hah!
ZITTER
ZITTER
Hah!
Haah!
Haah!
Sag bloß, du hast das schon öfter gemacht?
KLATSCH
KLATSCH
Sorry, falls du hiernach nie wieder ohne mich kommen kannst.
GUTSCH
GUTSCH

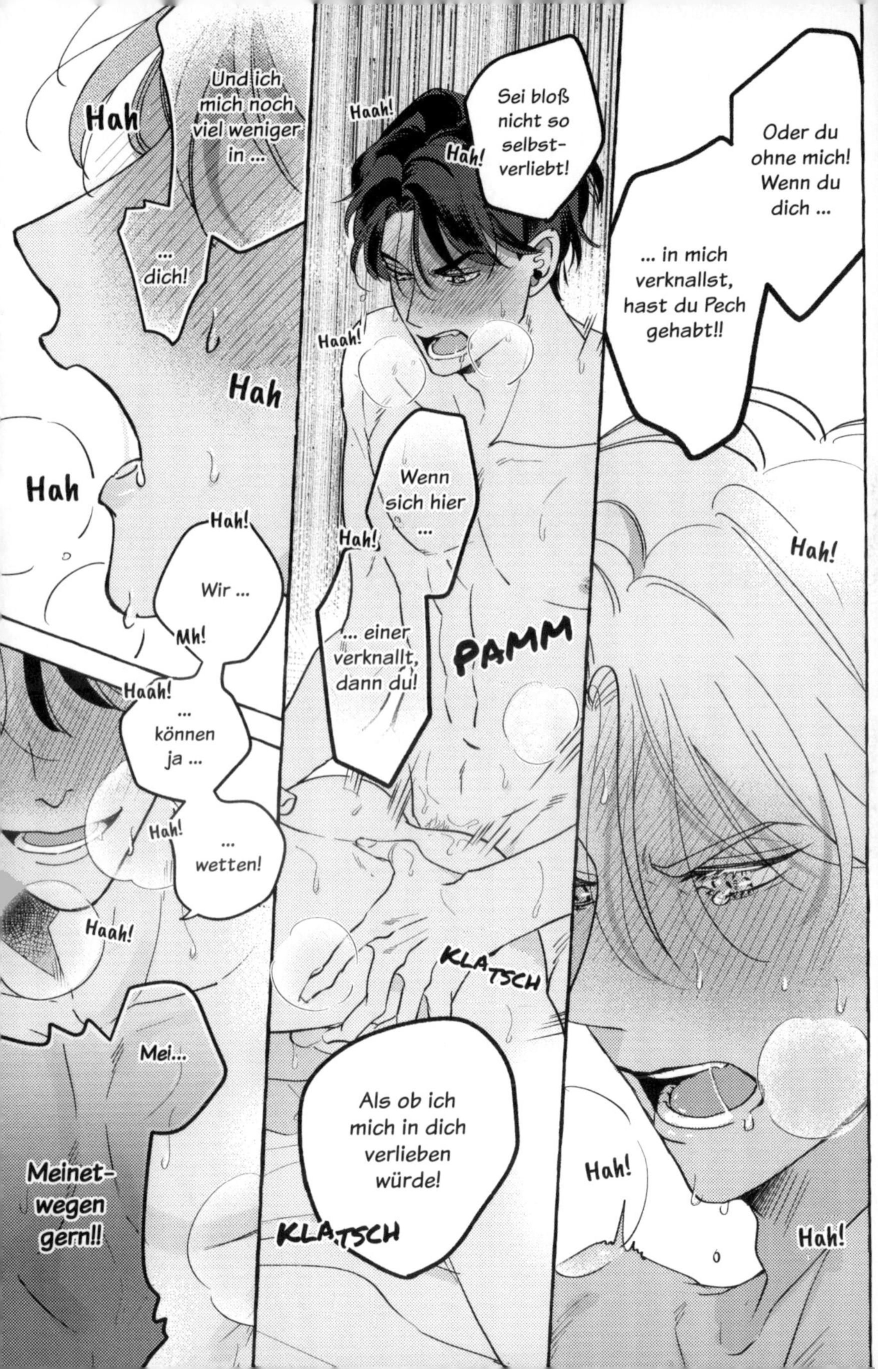

Oder du ohne mich! Wenn du dich ...
... in mich verknallst, hast du Pech gehabt!!
Hah!
Hah!
Hah!
Sei bloß nicht so selbst-verliebt!
Haah!
Hah!
Haah!
Wenn sich hier ...
Hah!
... einer verknallt, dann du!
PAMM
KLATSCH
Als ob ich mich in dich verlieben würde!
KLATSCH
Und ich mich noch viel weniger in ...
... dich!
Hah
Hah
Hah
Hah!
Wir ...
Mh!
Haah!
... können ja ...
Hah!
... wetten!
Haah!
Mei...
Meinet-wegen gern!!

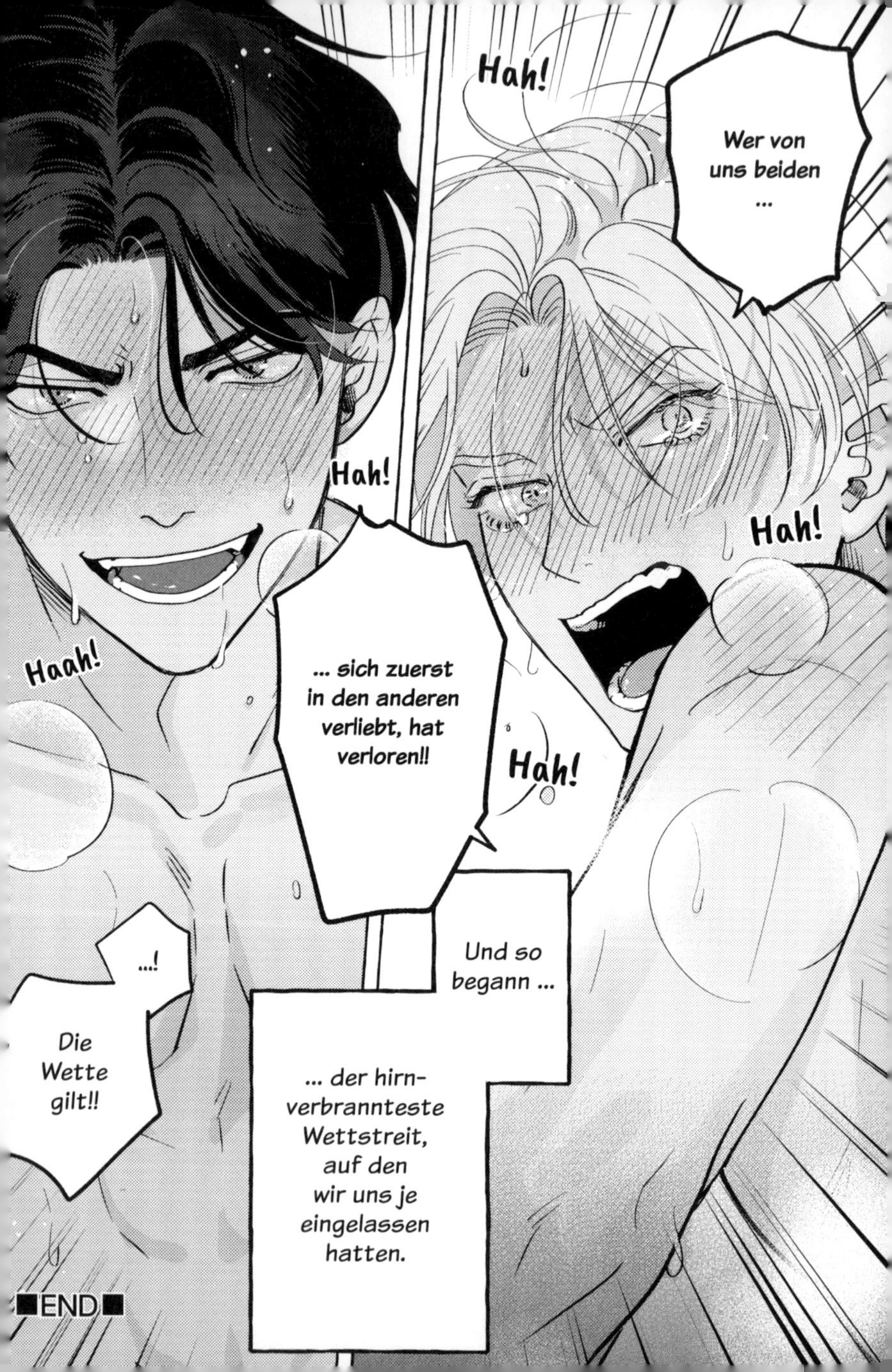
Hah!
Wer von uns beiden ...
Hah!
Hah!
... sich zuerst in den anderen verliebt, hat verloren!!
Haah!
Hah!
...!
Die Wette gilt!!
Und so begann ...
... der hirn-verbrannteste Wettstreit, auf den wir uns je eingelassen hatten.
■END■

Fake Fact
LIPS It always seems impossible
until it' s done

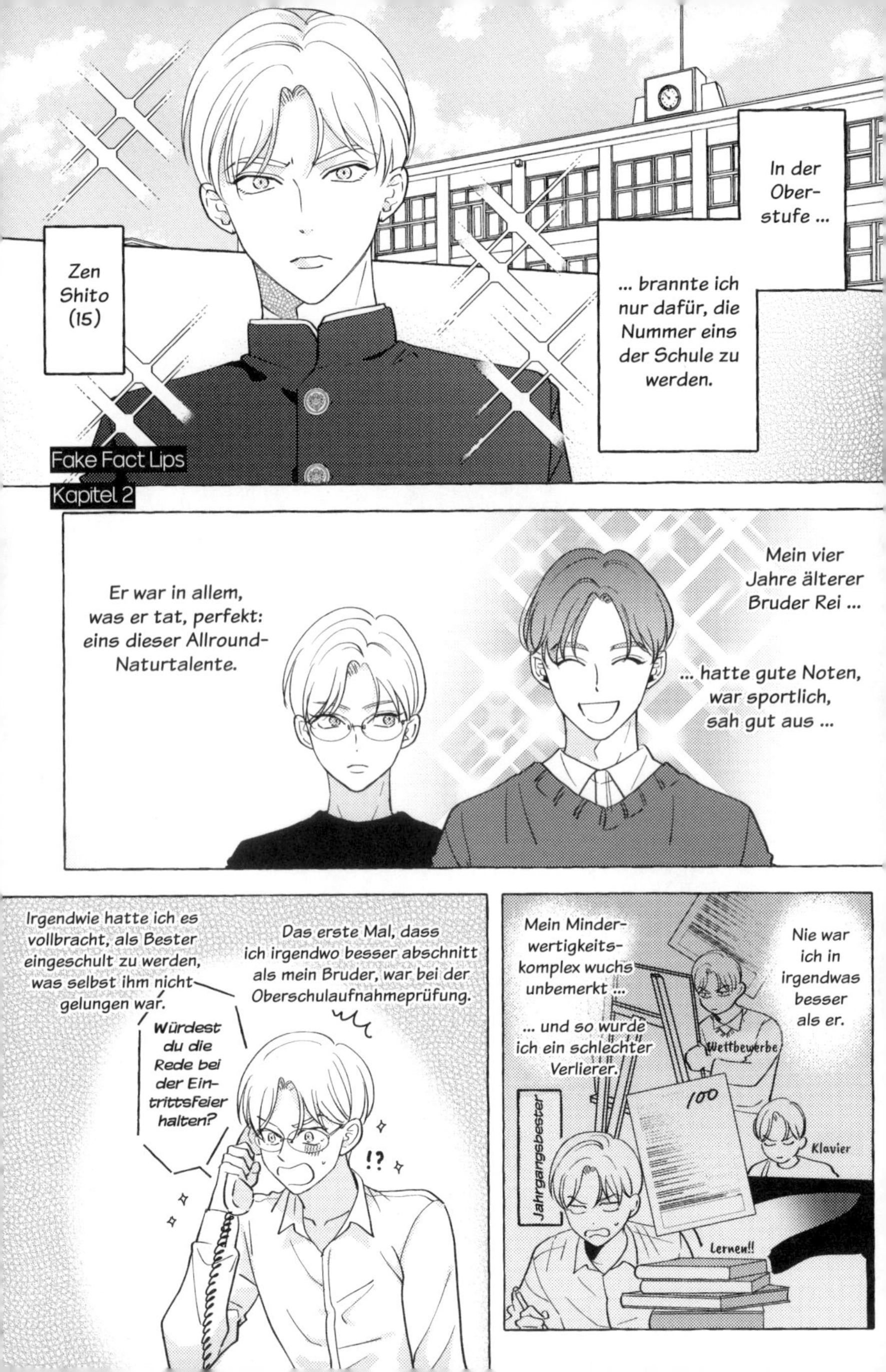

In der Oberstufe ...

... brannte ich nur dafür, die Nummer eins der Schule zu werden.

Zen Shito (15)

Fake Fact Lips

Kapitel 2

Mein vier Jahre älterer Bruder Rei ...

... hatte gute Noten, war sportlich, sah gut aus ...

Er war in allem, was er tat, perfekt: eins dieser Allround-Naturtalente.

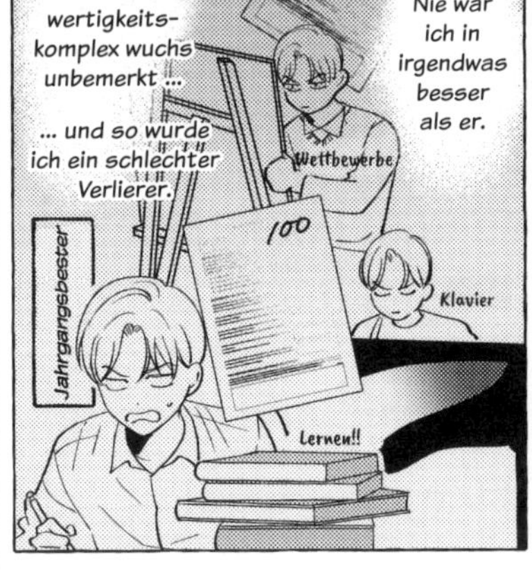

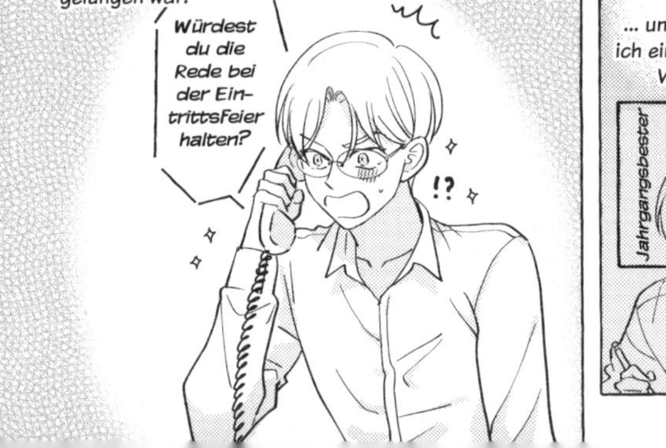

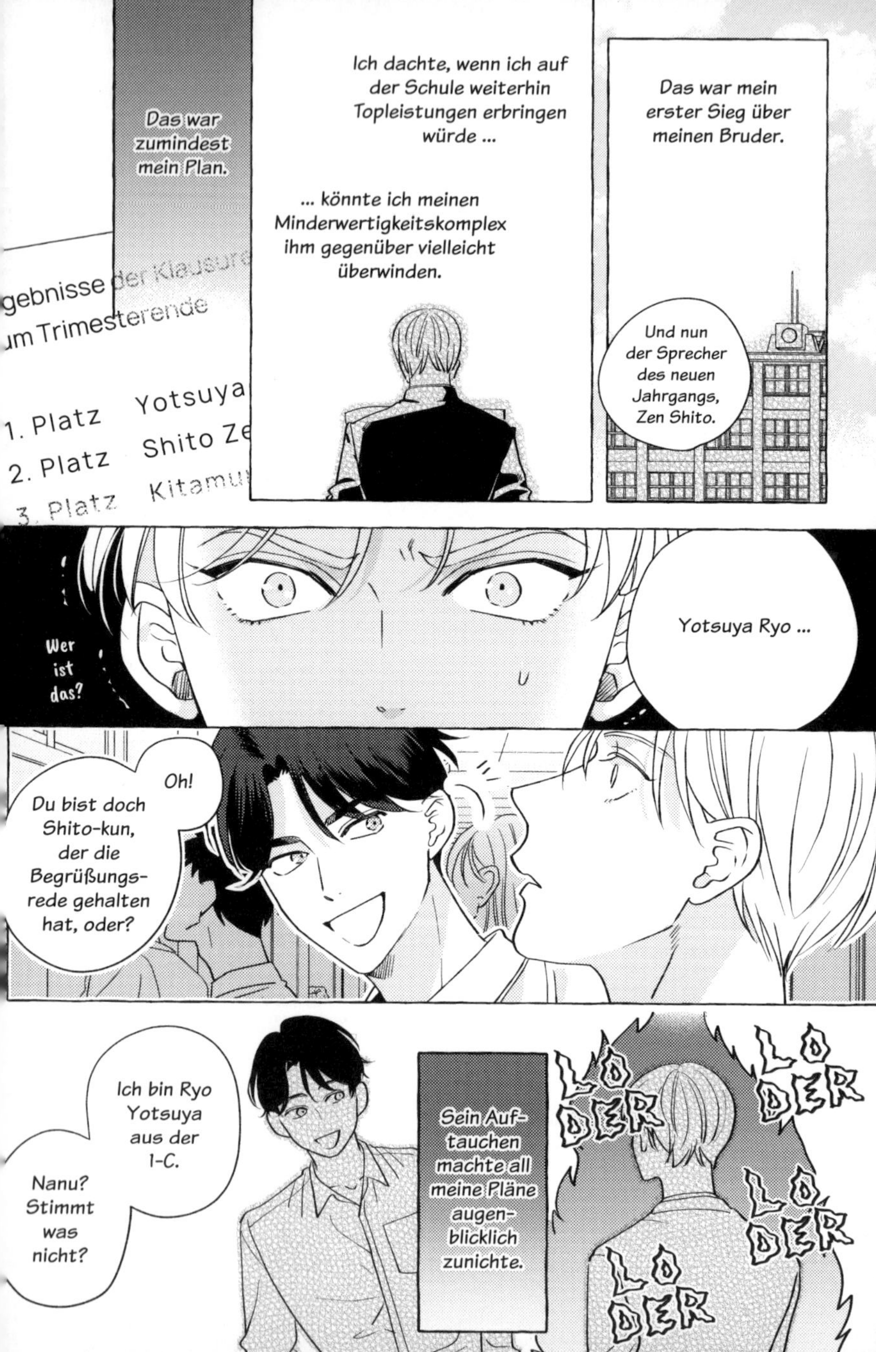
Das war mein erster Sieg über meinen Bruder.
Und nun der Sprecher des neuen Jahrgangs, Zen Shito.
Ich dachte, wenn ich auf der Schule weiterhin Topleistungen erbringen würde ...
... könnte ich meinen Minderwertigkeitskomplex ihm gegenüber vielleicht überwinden.
Das war zumindest mein Plan.
gebnisse der Klausur
um Trimesterende
1. Platz Yotsuya
2. Platz Shito Ze
3. Platz Kitamu
Yotsuya Ryo ...
Wer ist das?
Oh!
Du bist doch Shito-kun, der die Begrüßungs-rede gehalten hat, oder?
LODER
LODER
LODER
LODER
Sein Auf-tauchen machte all meine Pläne augen-blicklich zunichte.
Ich bin Ryo Yotsuya aus der 1-C.
Nanu? Stimmt was nicht?

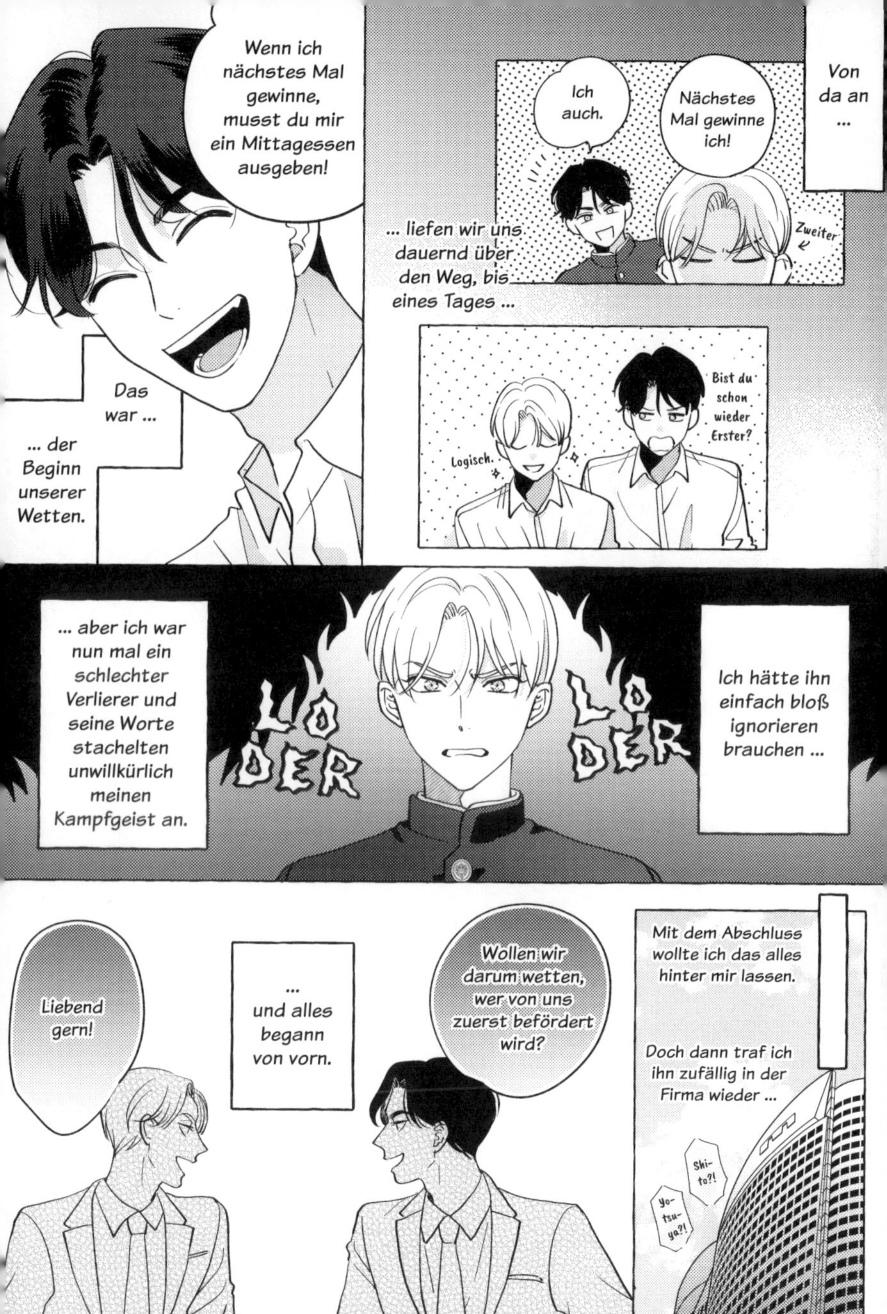
Von da an ...
Nächstes Mal gewinne ich!
Ich auch.
Zweiter
... liefen wir uns dauernd über den Weg, bis eines Tages ...
Wenn ich nächstes Mal gewinne, musst du mir ein Mittagessen ausgeben!
Das war ...
... der Beginn unserer Wetten.
Bist du schon wieder Erster?
Logisch.
Ich hätte ihn einfach bloß ignorieren brauchen ...
LODER
LODER
... aber ich war nun mal ein schlechter Verlierer und seine Worte stachelten unwillkürlich meinen Kampfgeist an.
Mit dem Abschluss wollte ich das alles hinter mir lassen.
Doch dann traf ich ihn zufällig in der Firma wieder ...
Shito?!
Yotsuya?!
Wollen wir darum wetten, wer von uns zuerst befördert wird?
... und alles begann von vorn.
Liebend gern!

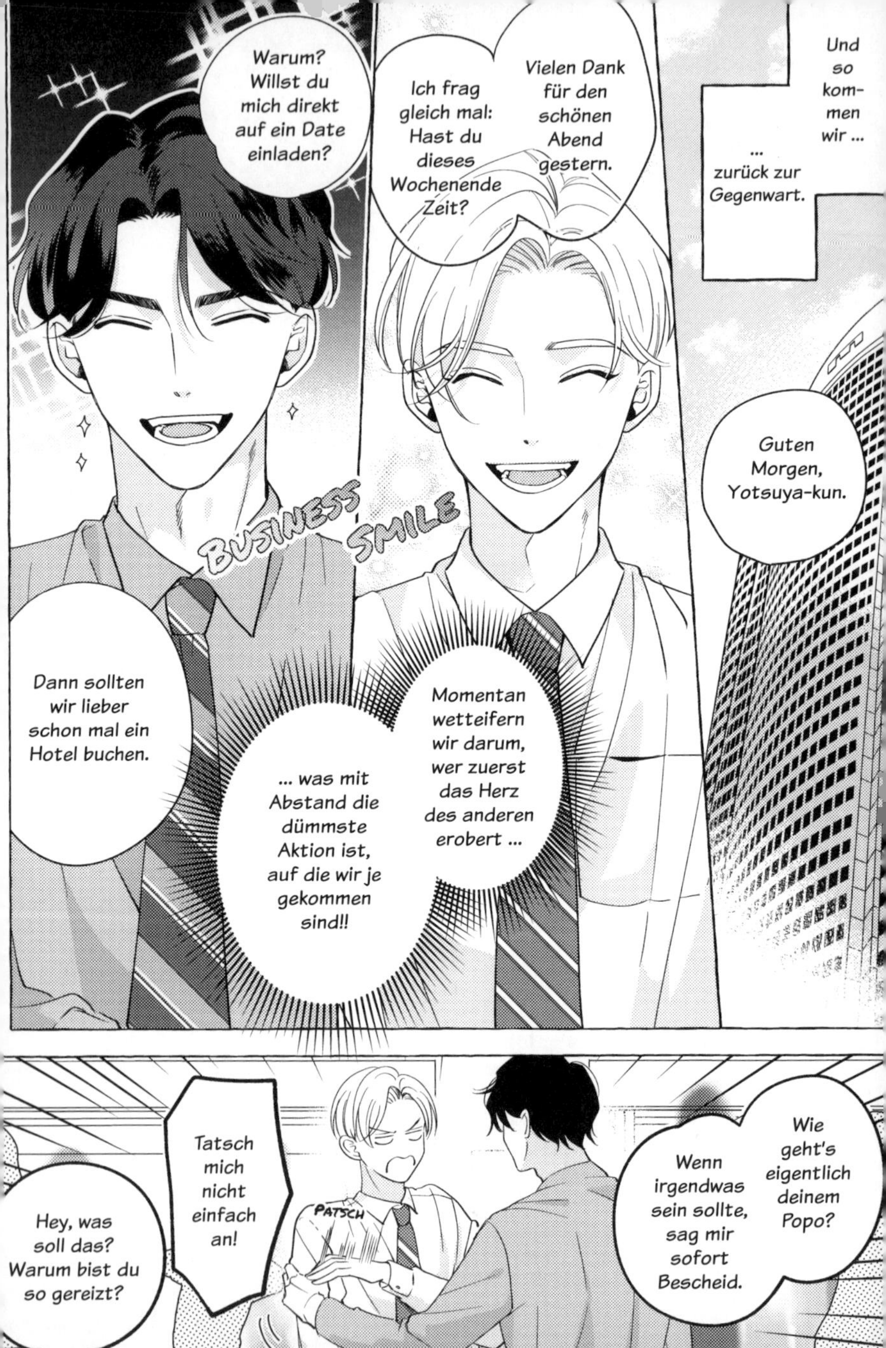

Und so kom- men wir ...
... zurück zur Gegenwart.
Guten Morgen, Yotsuya-kun.
Vielen Dank für den schönen Abend gestern.
Ich frag gleich mal: Hast du dieses Wochenende Zeit?
Warum? Willst du mich direkt auf ein Date einladen?
BUSINESS SMILE
Dann sollten wir lieber schon mal ein Hotel buchen.
Momentan wetteifern wir darum, wer zuerst das Herz des anderen erobert ...
... was mit Abstand die dümmste Aktion ist, auf die wir je gekommen sind!!
Wie geht's eigentlich deinem Popo?
Wenn irgendwas sein sollte, sag mir sofort Bescheid.
PATSCH
Tatsch mich nicht einfach an!
Hey, was soll das? Warum bist du so gereizt?

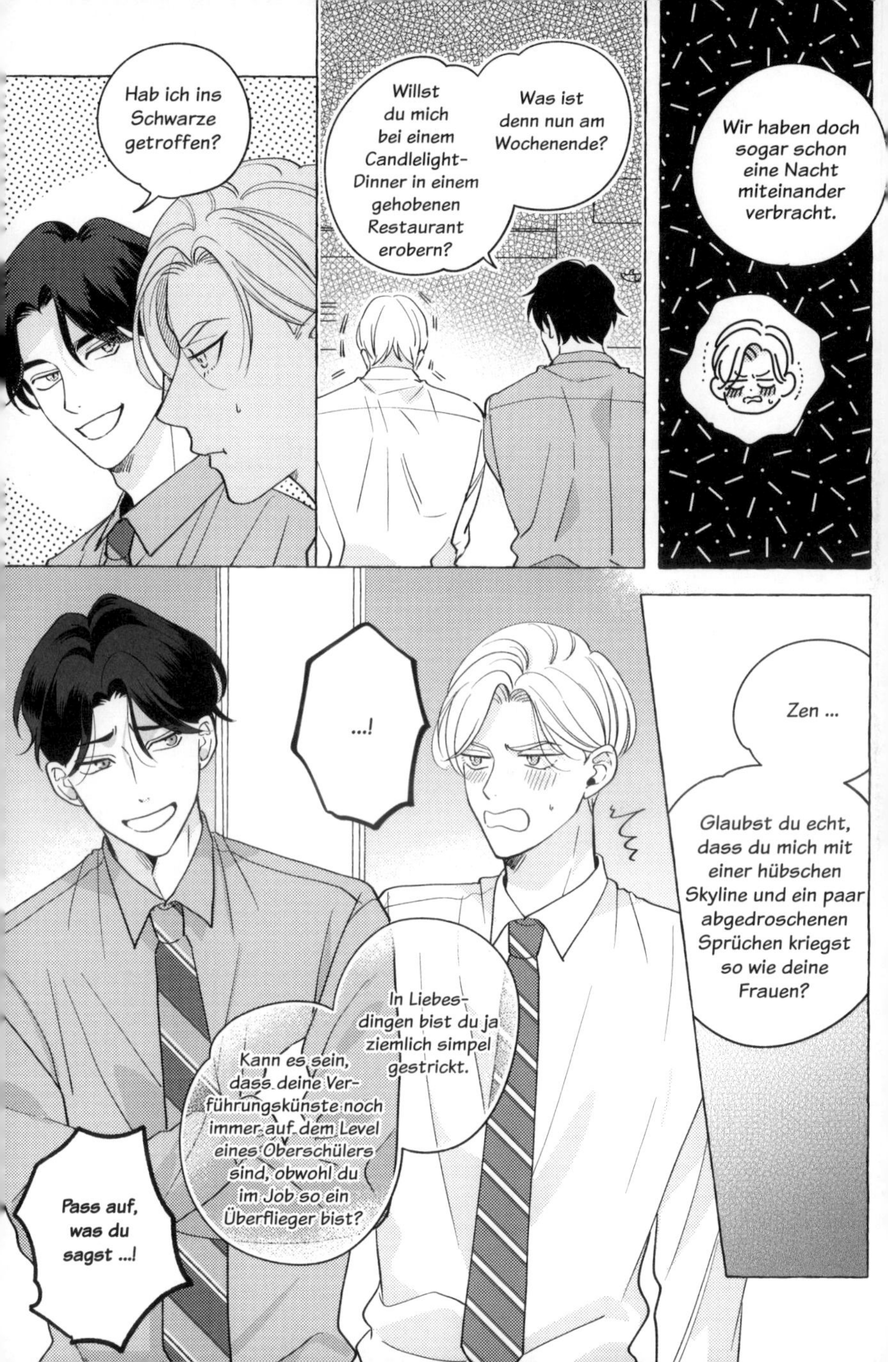
Hab ich ins Schwarze getroffen?
Was ist denn nun am Wochenende?
Willst du mich bei einem Candlelight-Dinner in einem gehobenen Restaurant erobern?
Wir haben doch sogar schon eine Nacht miteinander verbracht.
Zen ...
Glaubst du echt, dass du mich mit einer hübschen Skyline und ein paar abgedroschenen Sprüchen kriegst so wie deine Frauen?
...!
In Liebesdingen bist du ja ziemlich simpel gestrickt.
Kann es sein, dass deine Verführungskünste noch immer auf dem Level eines Oberschülers sind, obwohl du im Job so ein Überflieger bist?
Pass auf, was du sagst ...!

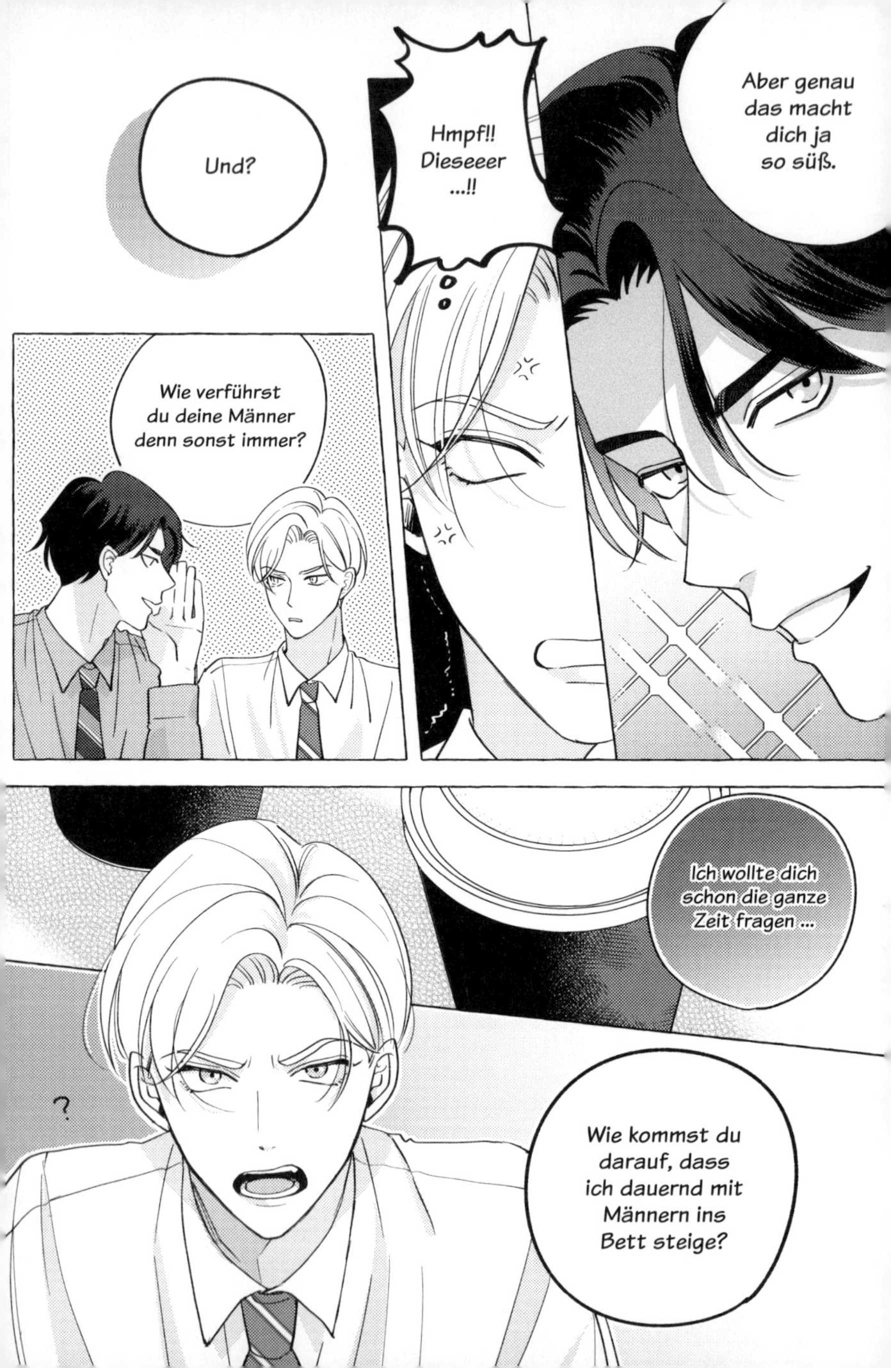
Aber genau das macht dich ja so süß.
Hmpf!! Dieseeer ...!!
Und?
Wie verführst du deine Männer denn sonst immer?
Ich wollte dich schon die ganze Zeit fragen ...
?
Wie kommst du darauf, dass ich dauernd mit Männern ins Bett steige?

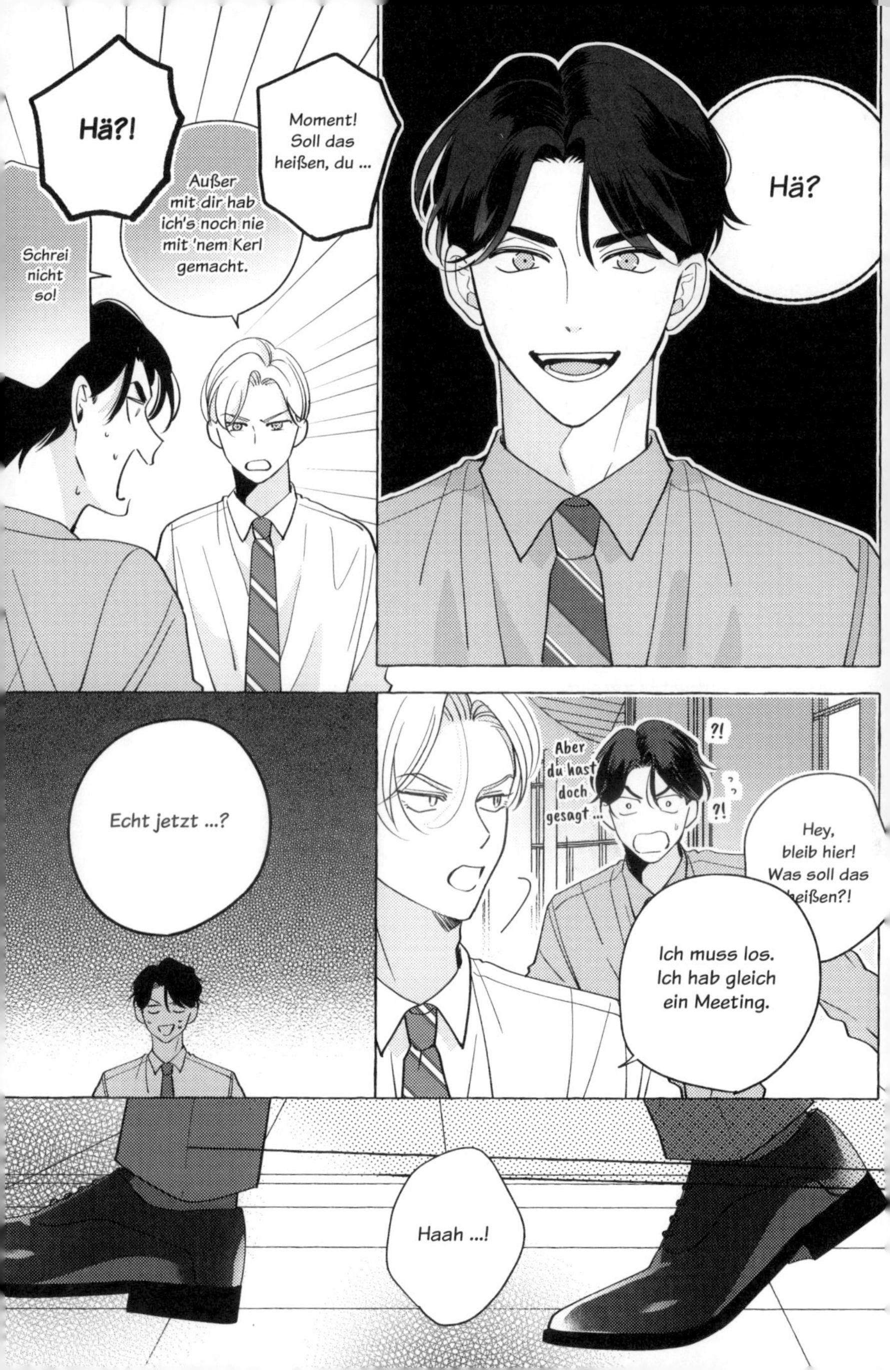
Hä?
Moment! Soll das heißen, du ...
Außer mit dir hab ich's noch nie mit 'nem Kerl gemacht.
Hä?!
Schrei nicht so!
Aber du hast doch gesagt ...
?!
?!
Hey, bleib hier! Was soll das heißen?!
Ich muss los. Ich hab gleich ein Meeting.
Echt jetzt ...?
Haah ...!

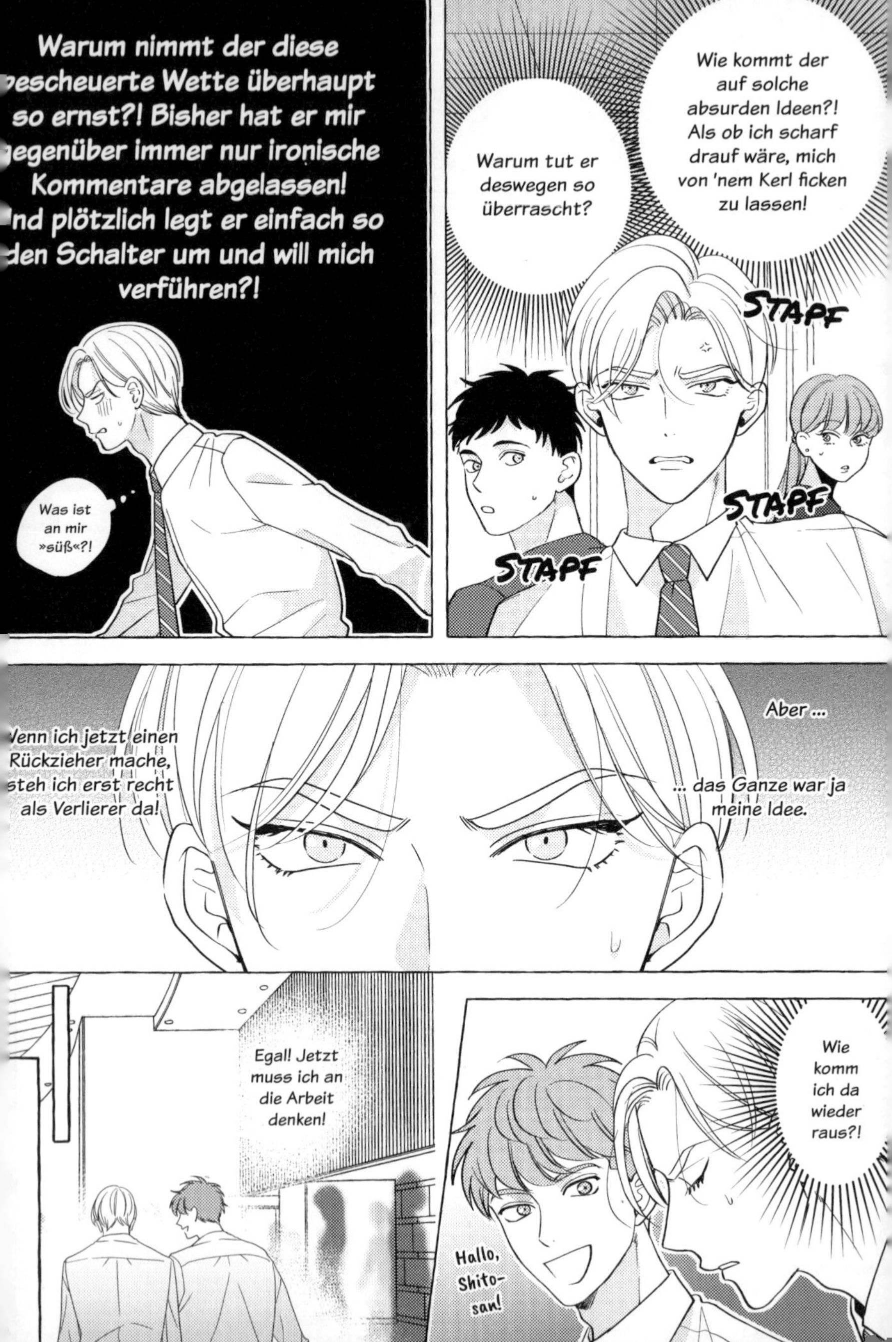
Warum nimmt der diese
escheuerte Wette überhaupt
so ernst?! Bisher hat er mir
egenüber immer nur ironische
Kommentare abgelassen!
nd plötzlich legt er einfach so
den Schalter um und will mich
verführen?!
Was ist an mir »süß«?!
Wie kommt der auf solche absurden Ideen?! Als ob ich scharf drauf wäre, mich von 'nem Kerl ficken zu lassen!
Warum tut er deswegen so überrascht?
STAPF
STAPF
STAPF
Aber ...
Venn ich jetzt einen Rückzieher mache, steh ich erst recht als Verlierer da!
... das Ganze war ja meine Idee.
Egal! Jetzt muss ich an die Arbeit denken!
Wie komm ich da wieder raus?!
Hallo, Shito-san!

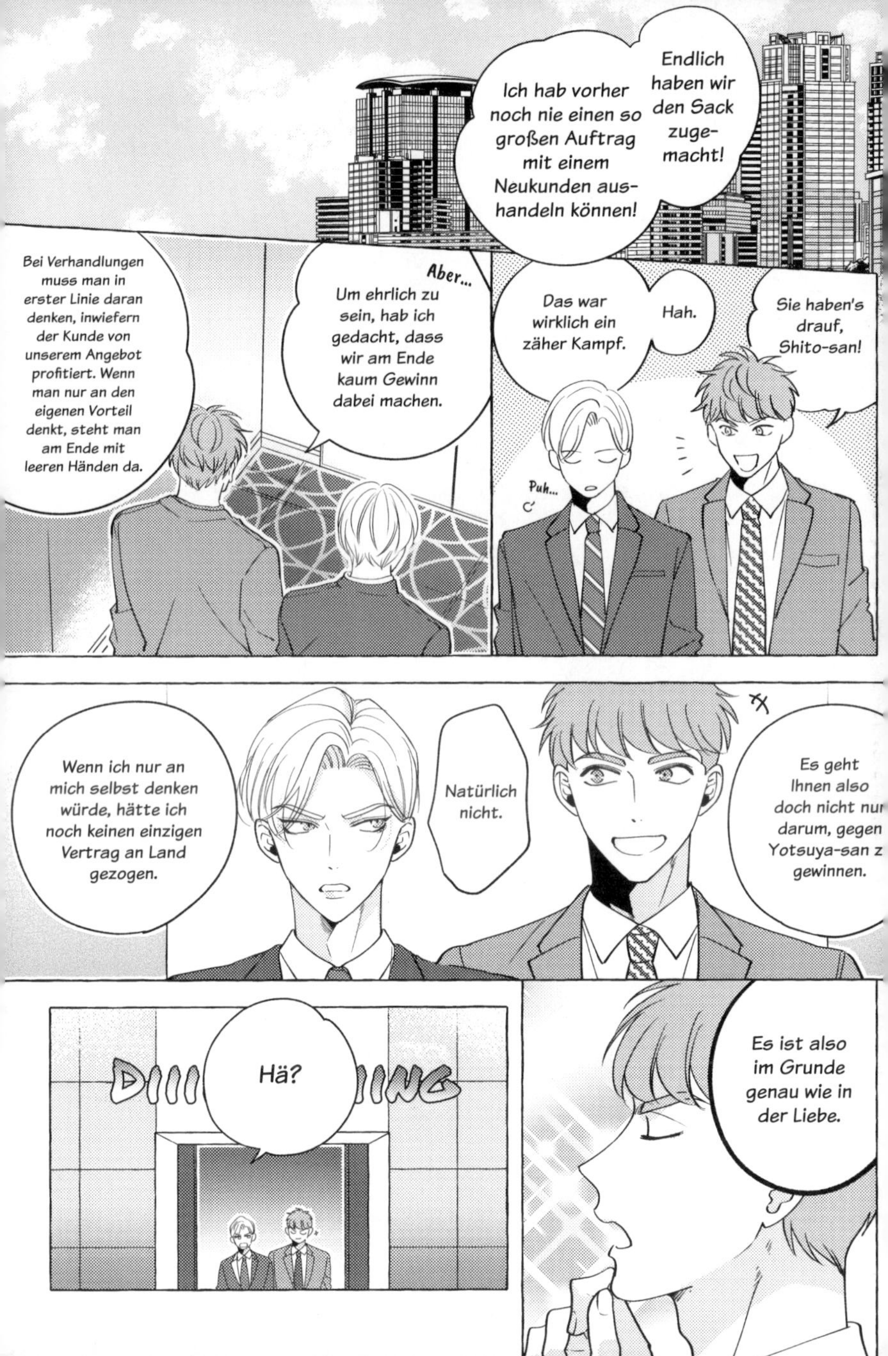
Endlich haben wir den Sack zugemacht!
Ich hab vorher noch nie einen so großen Auftrag mit einem Neukunden aushandeln können!
Sie haben's drauf, Shito-san!
Hah.
Das war wirklich ein zäher Kampf.
Puh...
Aber...
Um ehrlich zu sein, hab ich gedacht, dass wir am Ende kaum Gewinn dabei machen.
Bei Verhandlungen muss man in erster Linie daran denken, inwiefern der Kunde von unserem Angebot profitiert. Wenn man nur an den eigenen Vorteil denkt, steht man am Ende mit leeren Händen da.
Es geht Ihnen also doch nicht nur darum, gegen Yotsuya-san z gewinnen.
Natürlich nicht.
Wenn ich nur an mich selbst denken würde, hätte ich noch keinen einzigen Vertrag an Land gezogen.
Es ist also im Grunde genau wie in der Liebe.
DIII
ING
Hä?

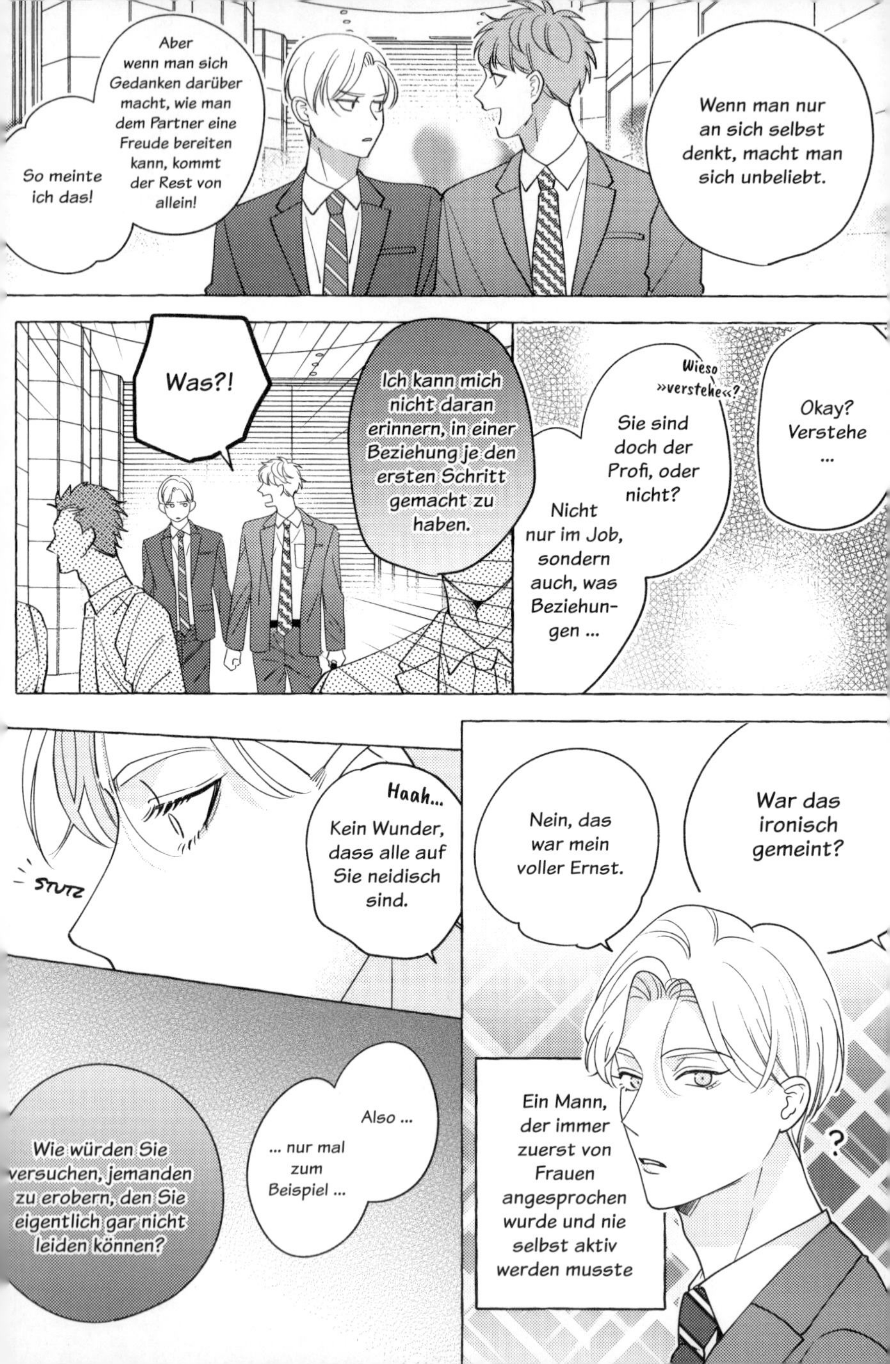

Wenn man nur an sich selbst denkt, macht man sich unbeliebt.
Aber wenn man sich Gedanken darüber macht, wie man dem Partner eine Freude bereiten kann, kommt der Rest von allein!
So meinte ich das!
Okay? Verstehe ...
Wieso »verstehe«?
Sie sind doch der Profi, oder nicht?
Nicht nur im Job, sondern auch, was Beziehungen ...
Ich kann mich nicht daran erinnern, in einer Beziehung je den ersten Schritt gemacht zu haben.
Was?!
War das ironisch gemeint?
Nein, das war mein voller Ernst.
Ein Mann, der immer zuerst von Frauen angesprochen wurde und nie selbst aktiv werden musste
?
Haah...
Kein Wunder, dass alle auf Sie neidisch sind.
STUTZ
Also ...
... nur mal zum Beispiel ...
Wie würden Sie versuchen, jemanden zu erobern, den Sie eigentlich gar nicht leiden können?

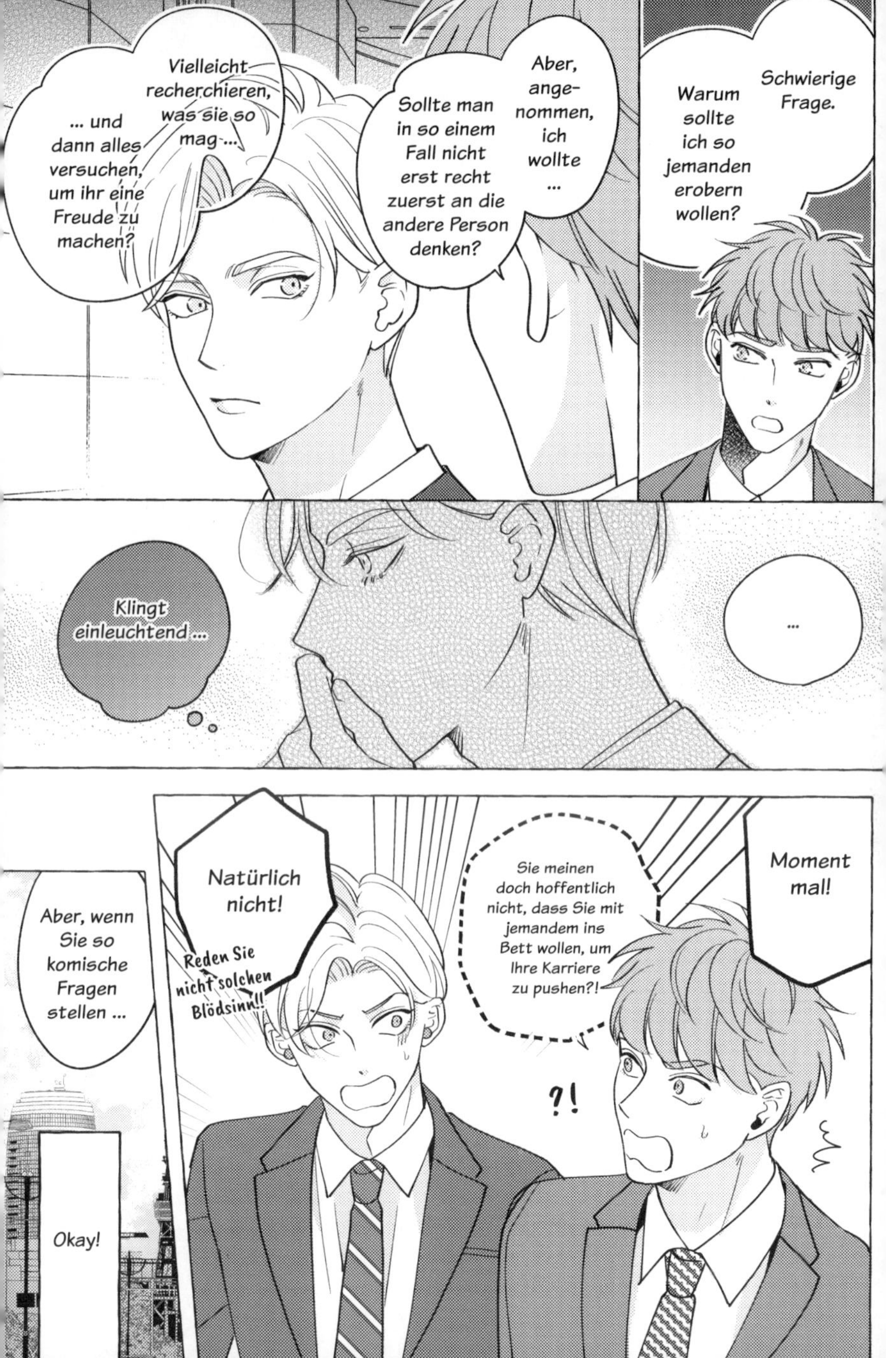
Schwierige Frage.
Warum sollte ich so jemanden erobern wollen?
Aber, angenommen, ich wollte ...
Sollte man in so einem Fall nicht erst recht zuerst an die andere Person denken?
Vielleicht recherchieren, was sie so mag ...
... und dann alles versuchen, um ihr eine Freude zu machen?
...
Klingt einleuchtend ...
Moment mal!
Sie meinen doch hoffentlich nicht, dass Sie mit jemandem ins Bett wollen, um Ihre Karriere zu pushen?!
?!
Natürlich nicht!
Reden Sie nicht solchen Blödsinn!!
Aber, wenn Sie so komische Fragen stellen ...
Okay!

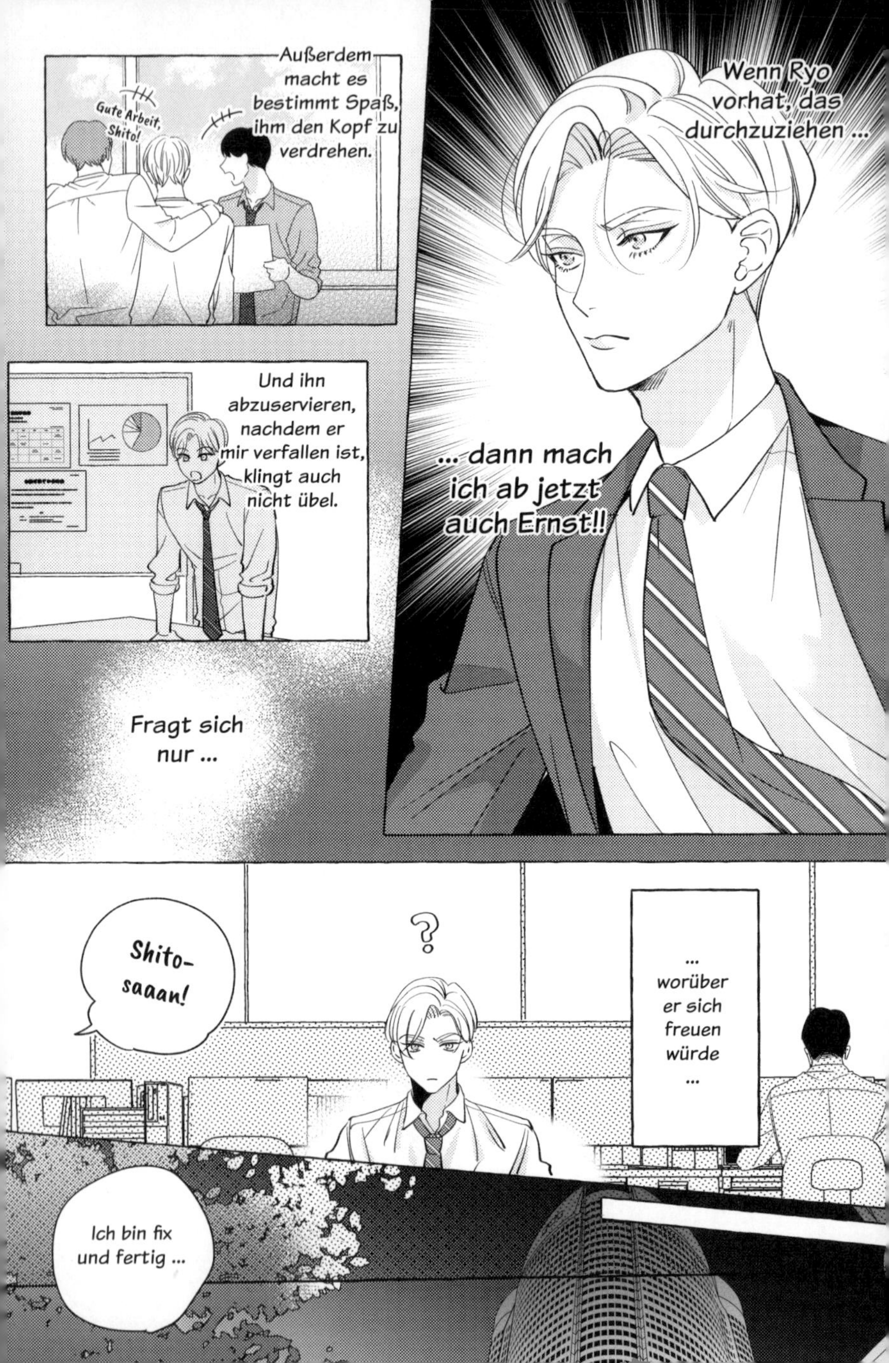
Wenn Ryo vorhat, das durchzuziehen ...
... dann mach ich ab jetzt auch Ernst!!
Außerdem macht es bestimmt Spaß, ihm den Kopf zu verdrehen.
Gute Arbeit, Shito!
Und ihn abzuservieren, nachdem er mir verfallen ist, klingt auch nicht übel.
Fragt sich nur ...
... worüber er sich freuen würde ...
?
Shito-saaan!
Ich bin fix und fertig ...

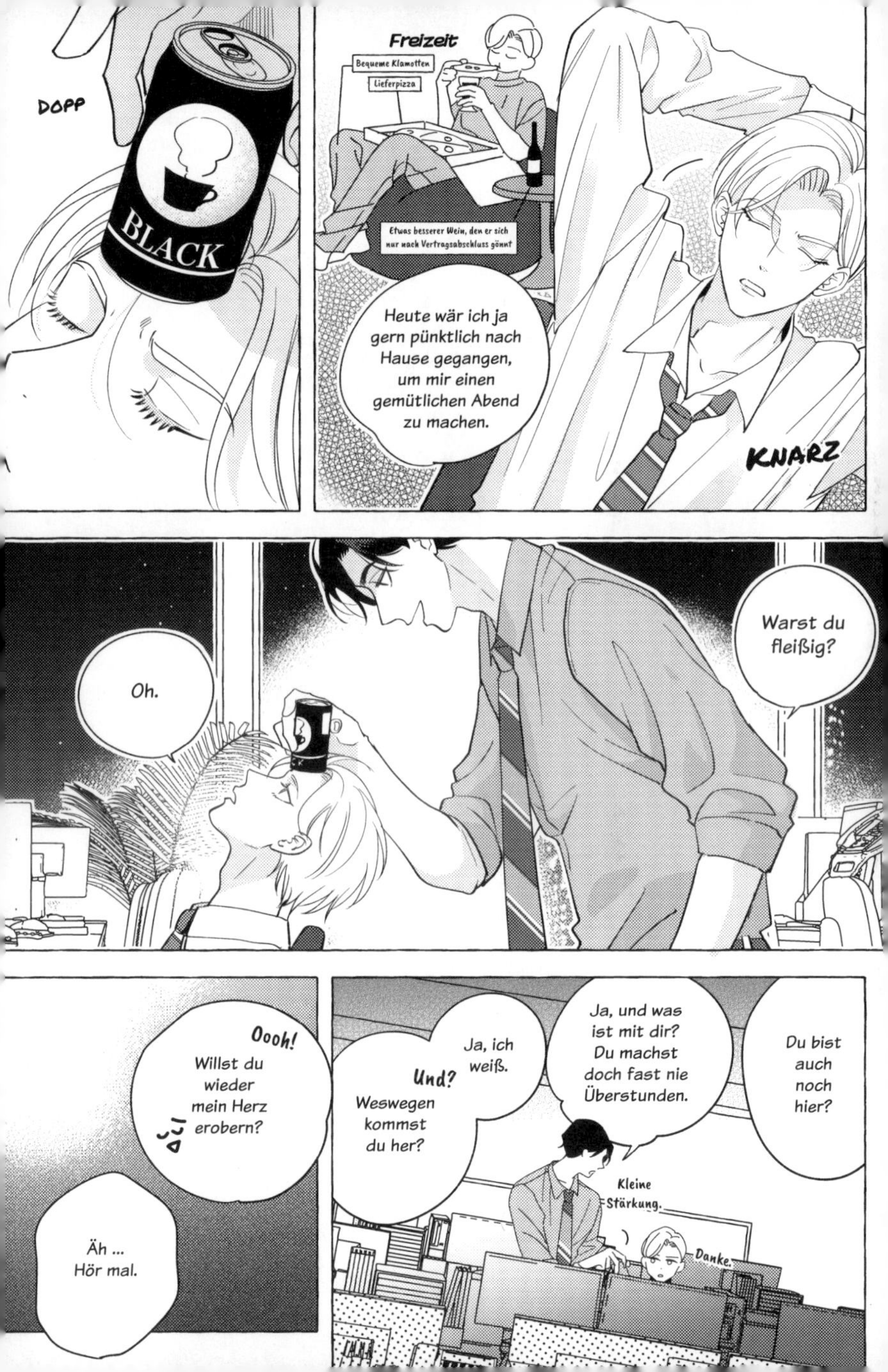

Heute wär ich ja gern pünktlich nach Hause gegangen, um mir einen gemütlichen Abend zu machen.
Freizeit
Bequeme Klamotten
Lieferpizza
Etwas besserer Wein, den er sich nur nach Vertragsabschluss gönnt
KNARZ
DOPP

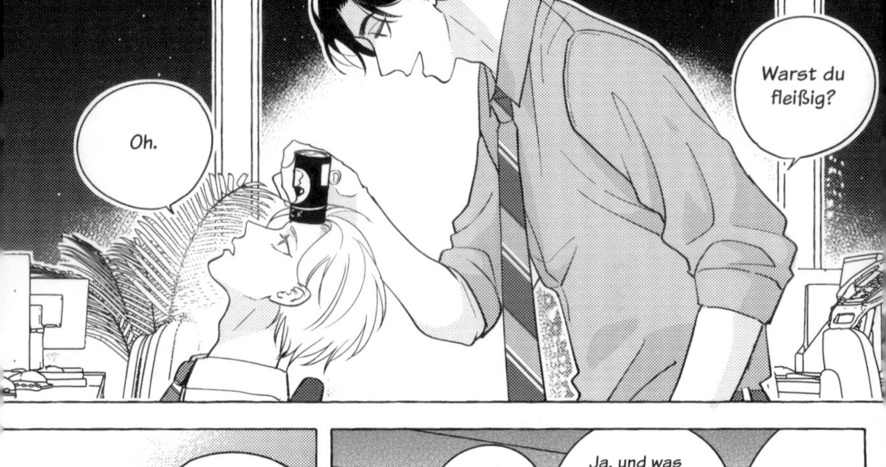

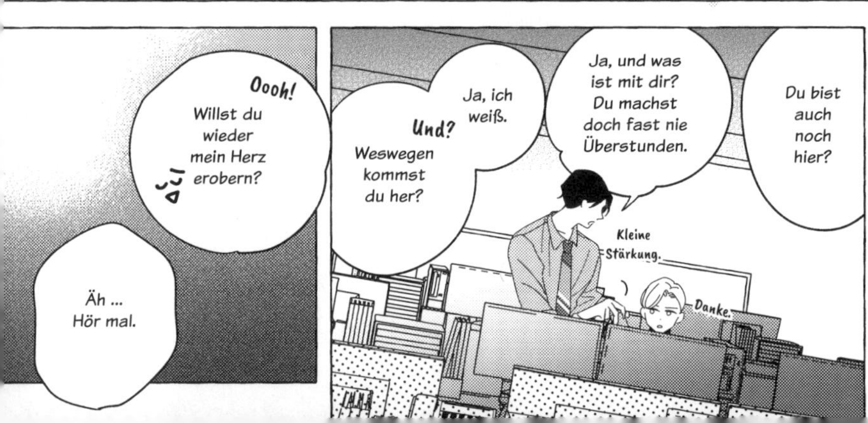

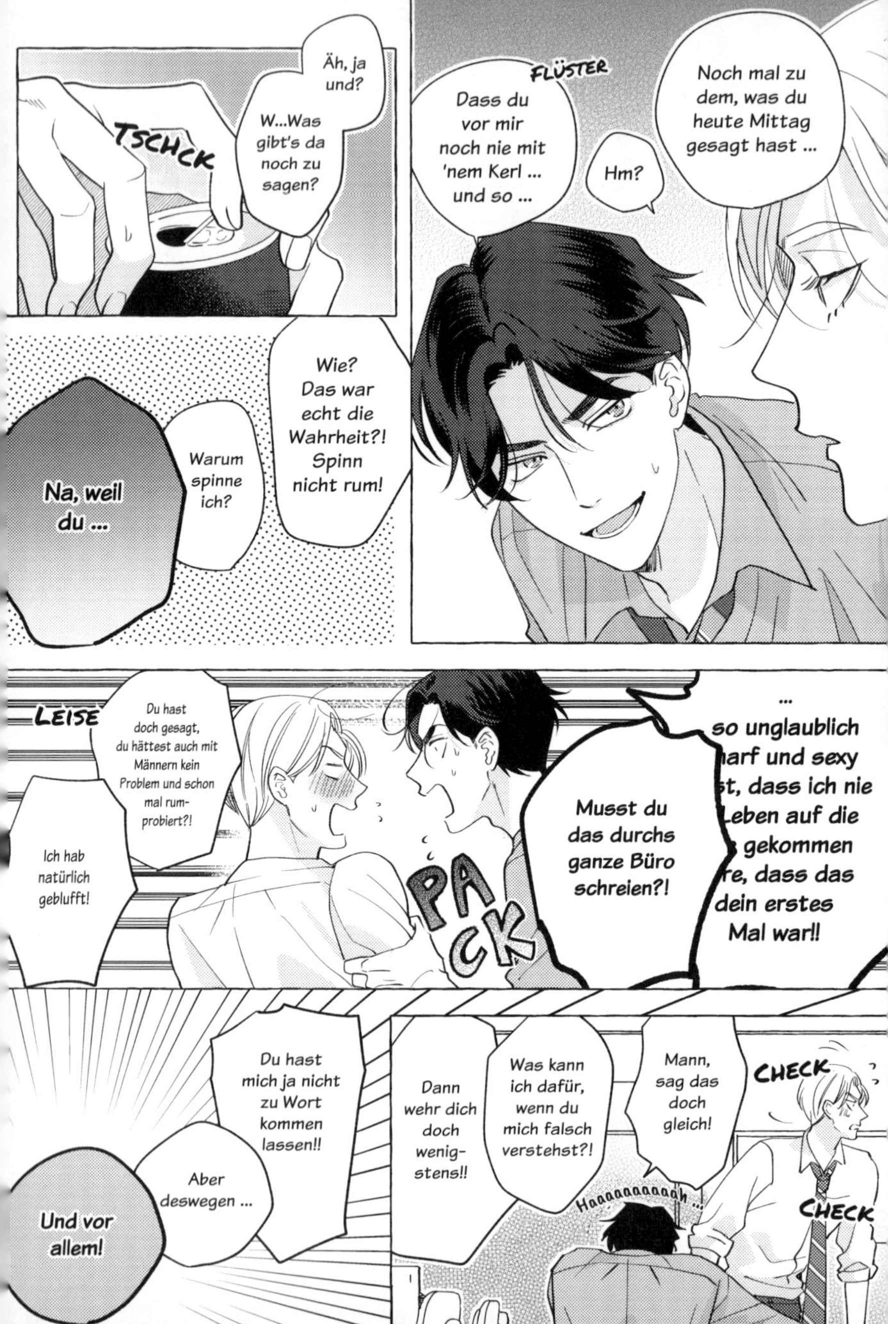
Noch mal zu dem, was du heute Mittag gesagt hast ...
Hm?
FLÜSTER
Dass du vor mir noch nie mit 'nem Kerl ... und so ...
Äh, ja und?
W...Was gibt's da noch zu sagen?
TSCHCK
Wie? Das war echt die Wahrheit?! Spinn nicht rum!
Warum spinne ich?
Na, weil du ...
... so unglaublich arf und sexy st, dass ich nie Leben auf die gekommen re, dass das dein erstes Mal war!!
Musst du das durchs ganze Büro schreien?!
PACK
Du hast doch gesagt, du hättest auch mit Männern kein Problem und schon mal rumprobiert?!
LEISE
Ich hab natürlich geblufft!
CHECK
Mann, sag das doch gleich!
CHECK
Was kann ich dafür, wenn du mich falsch verstehst?!
Dann wehr dich doch wenigstens!!
Haaaaaaaaaah ...
Du hast mich ja nicht zu Wort kommen lassen!!
Aber deswegen ...
Und vor allem!

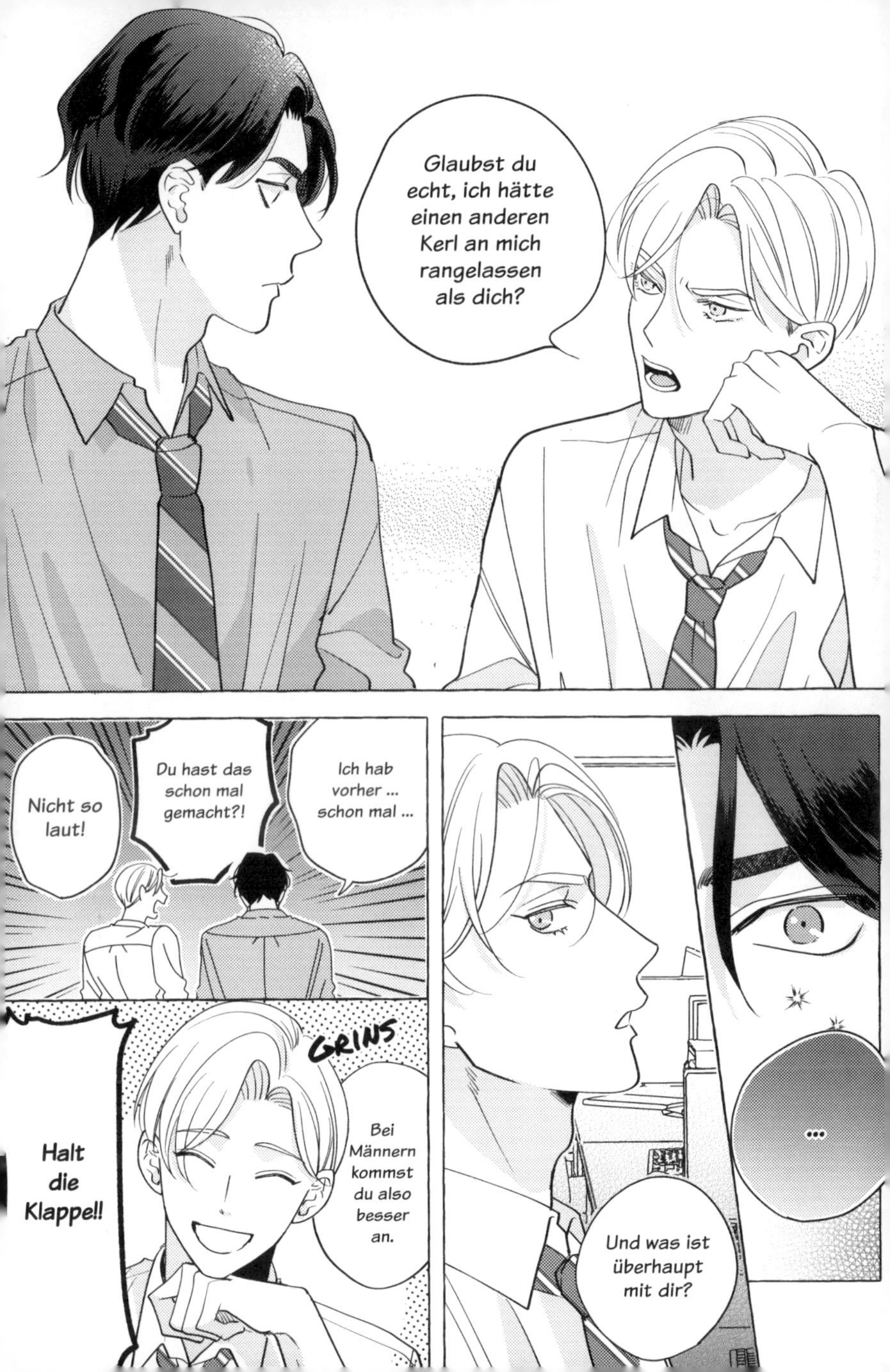

Glaubst du echt, ich hätte einen anderen Kerl an mich rangelassen als dich?

Ich hab vorher ... schon mal ...

Du hast das schon mal gemacht?!

Nicht so laut!

GRINS

Bei Männern kommst du also besser an.

Halt die Klappe!!

Und was ist überhaupt mit dir?

...

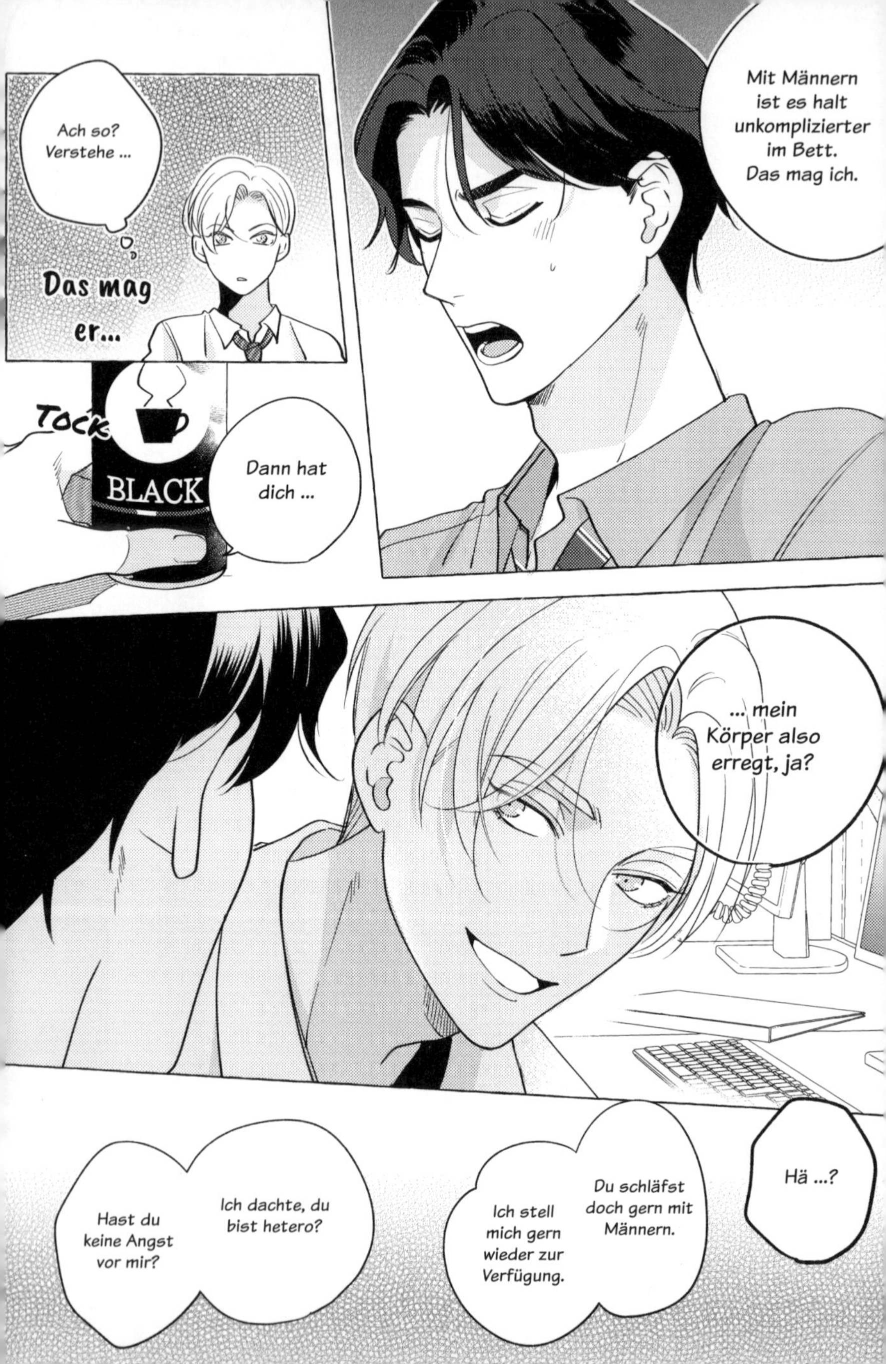

Mit Männern ist es halt unkomplizierter im Bett. Das mag ich.
Ach so? Verstehe ...
Das mag er...
TOCK
BLACK
Dann hat dich ...
... mein Körper also erregt, ja?
Hä ...?
Du schläfst doch gern mit Männern.
Ich stell mich gern wieder zur Verfügung.
Ich dachte, du bist hetero?
Hast du keine Angst vor mir?

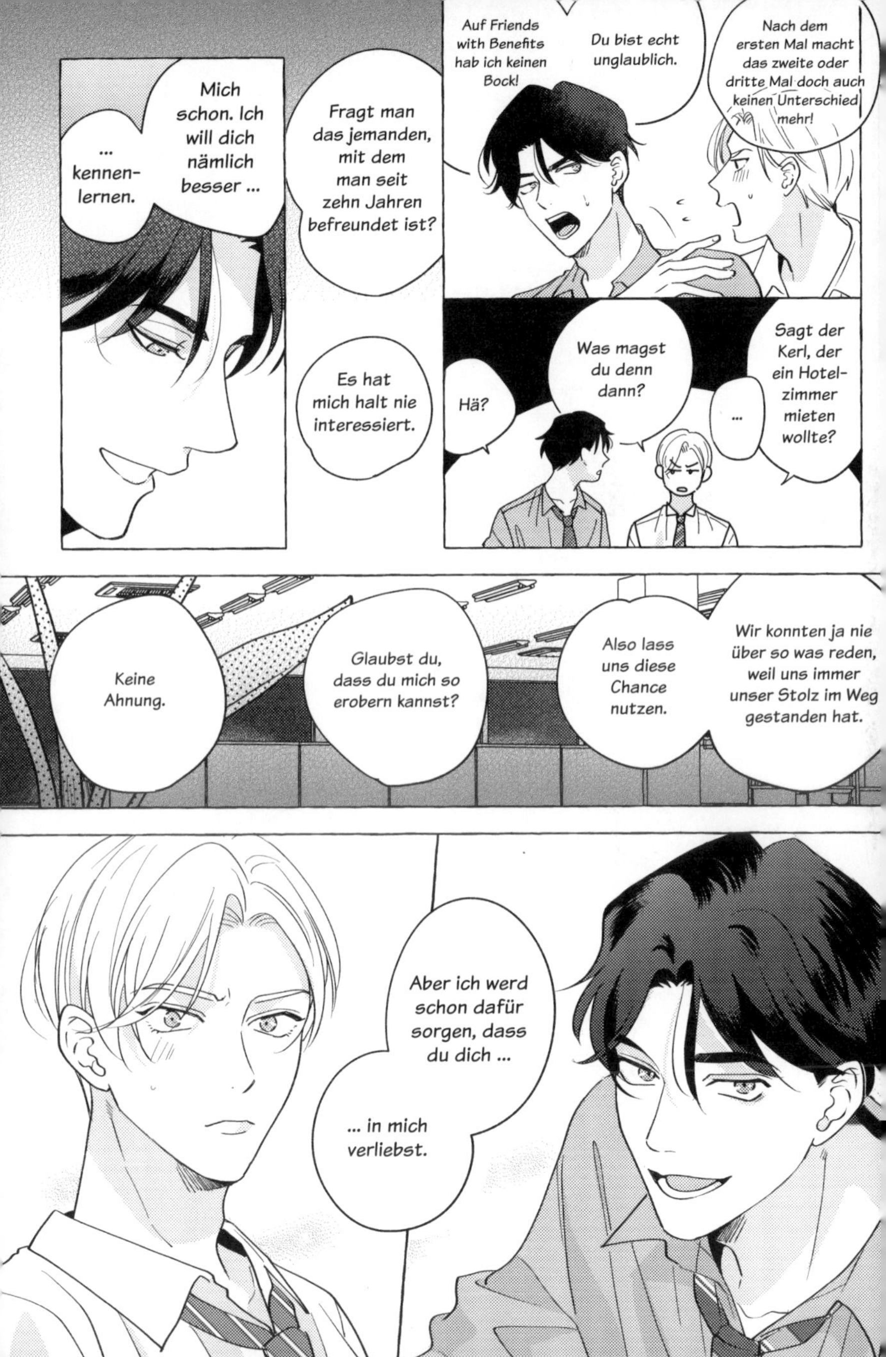
Nach dem ersten Mal macht das zweite oder dritte Mal doch auch keinen Unterschied mehr!
Du bist echt unglaublich.
Auf Friends with Benefits hab ich keinen Bock!
Sagt der Kerl, der ein Hotel-zimmer mieten wollte?
...
Was magst du denn dann?
Hä?
Fragt man das jemanden, mit dem man seit zehn Jahren befreundet ist?
Es hat mich halt nie interessiert.
Mich schon. Ich will dich nämlich besser ...
... kennen-lernen.
Wir konnten ja nie über so was reden, weil uns immer unser Stolz im Weg gestanden hat.
Also lass uns diese Chance nutzen.
Glaubst du, dass du mich so erobern kannst?
Keine Ahnung.
Aber ich werd schon dafür sorgen, dass du dich ...
... in mich verliebst.

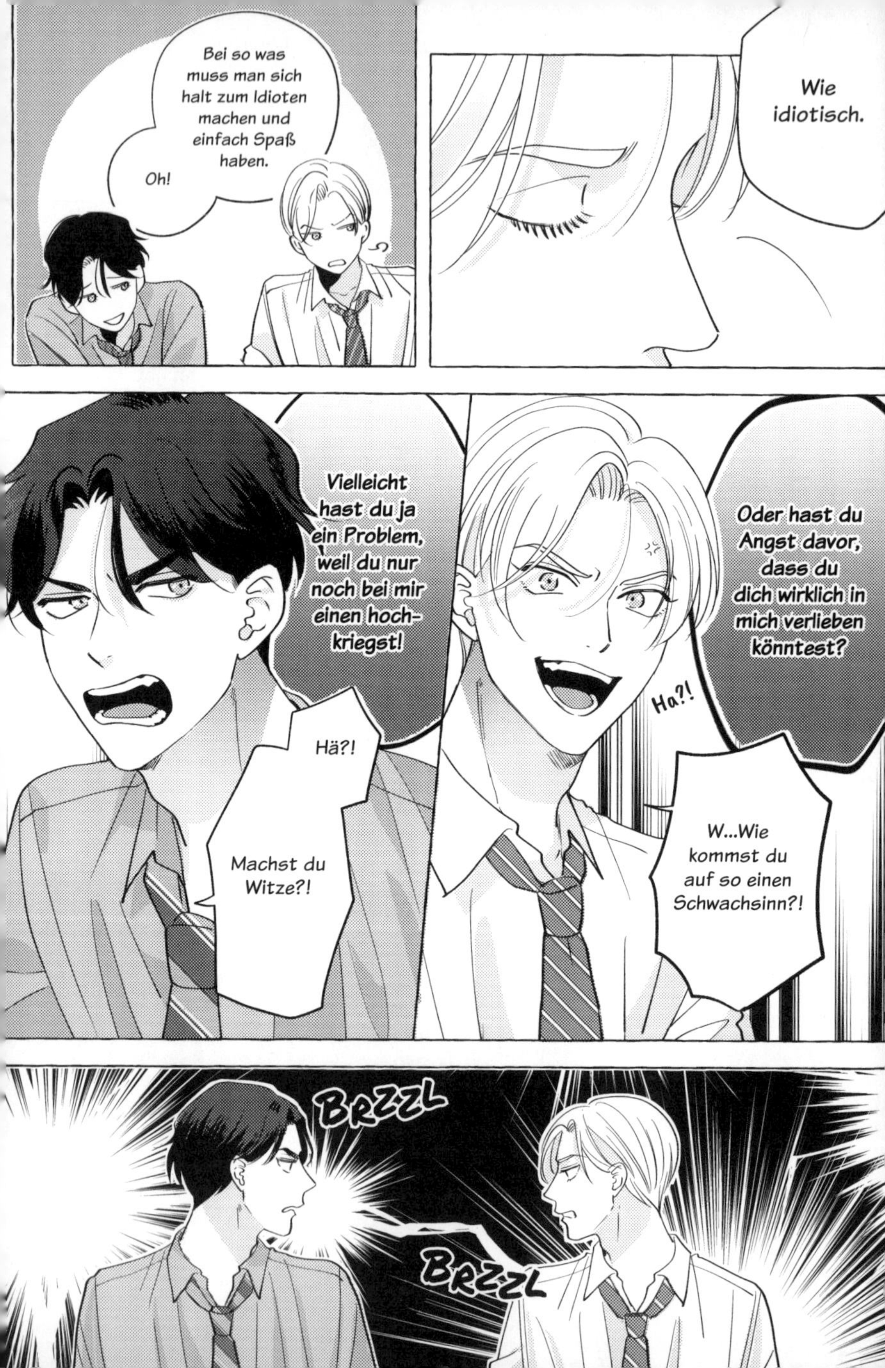
Wie idiotisch.
Bei so was muss man sich halt zum Idioten machen und einfach Spaß haben.
Oh!
Oder hast du Angst davor, dass du dich wirklich in mich verlieben könntest?
Ha?!
W...Wie kommst du auf so einen Schwachsinn?!
Vielleicht hast du ja ein Problem, weil du nur noch bei mir einen hoch-kriegst!
Hä?!
Machst du Witze?!
BRZZL
BRZZL

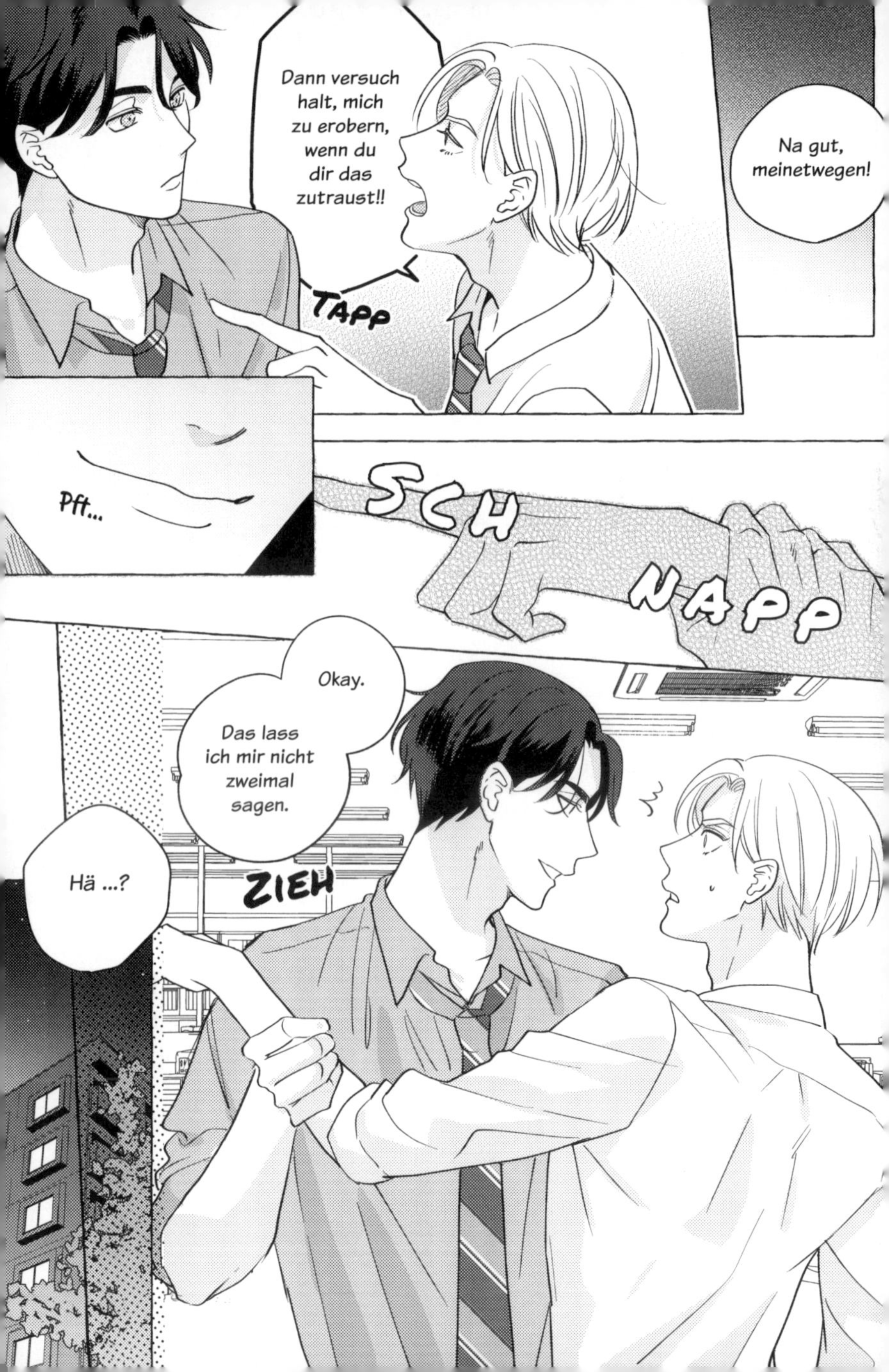
Na gut, meinetwegen!
Dann versuch halt, mich zu erobern, wenn du dir das zutraust!!
TAPP
SCH
NAPP
Pft...
Okay.
Das lass ich mir nicht zweimal sagen.
ZIEH
Hä ...?

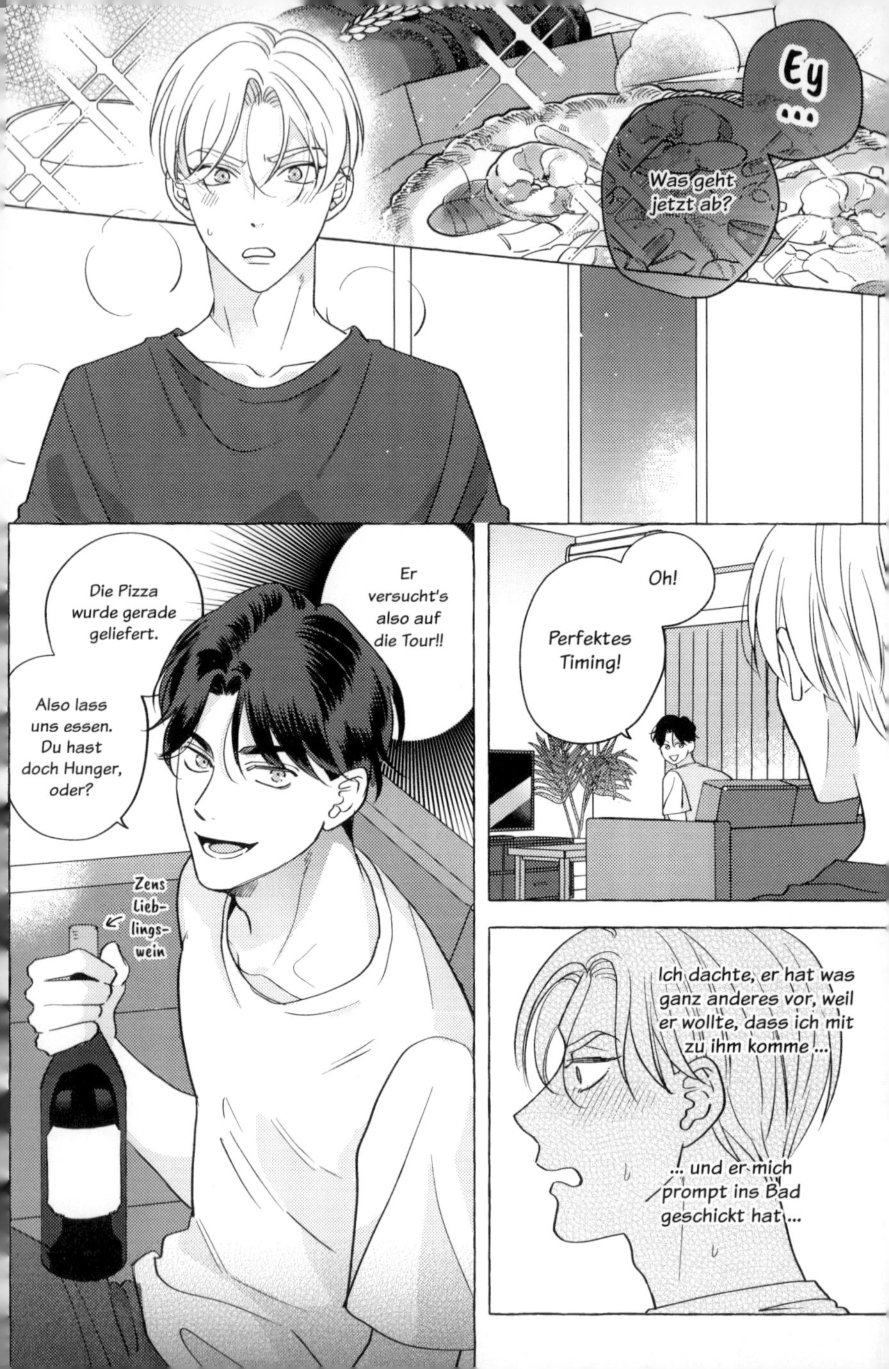
Ey …
Was geht jetzt ab?
Die Pizza wurde gerade geliefert.
Er versucht's also auf die Tour!!
Also lass uns essen. Du hast doch Hunger, oder?
Zens Lieblingswein
Oh!
Perfektes Timing!
Ich dachte, er hat was ganz anderes vor, weil er wollte, dass ich mit zu ihm komme …
… und er mich prompt ins Bad geschickt hat …

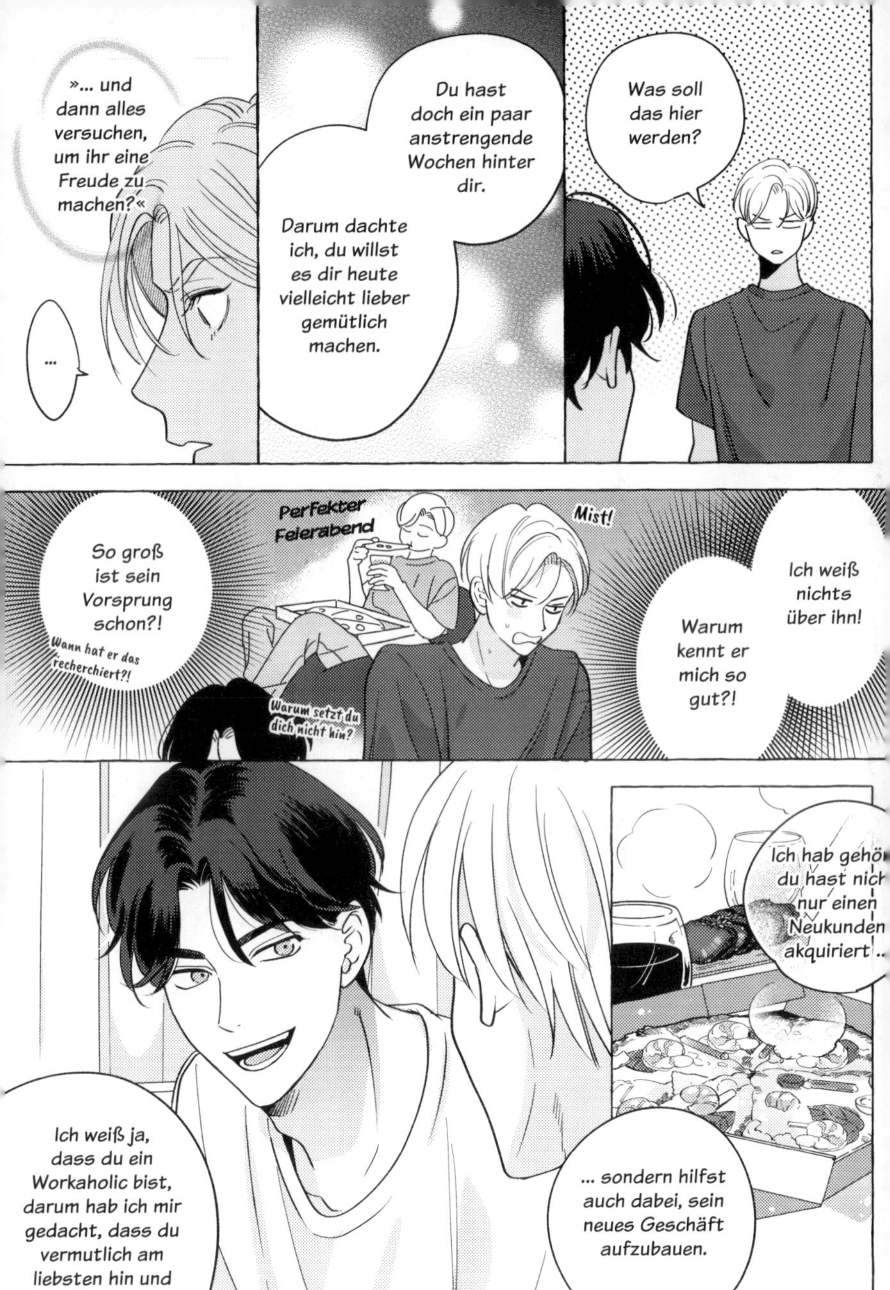
»... und dann alles versuchen, um ihr eine Freude zu machen?«
...
Du hast doch ein paar anstrengende Wochen hinter dir.
Darum dachte ich, du willst es dir heute vielleicht lieber gemütlich machen.
Was soll das hier werden?
So groß ist sein Vorsprung schon?!
Wann hat er das recherchiert?!
Perfekter Feierabend
Warum setzt du dich nicht hin?
Mist!
Ich weiß nichts über ihn!
Warum kennt er mich so gut?!
Ich weiß ja, dass du ein Workaholic bist, darum hab ich mir gedacht, dass du vermutlich am liebsten hin und wieder so entspannst.
Ich hab gehö du hast nich nur einen Neukunden akquiriert ..
... sondern hilfst auch dabei, sein neues Geschäft aufzubauen.

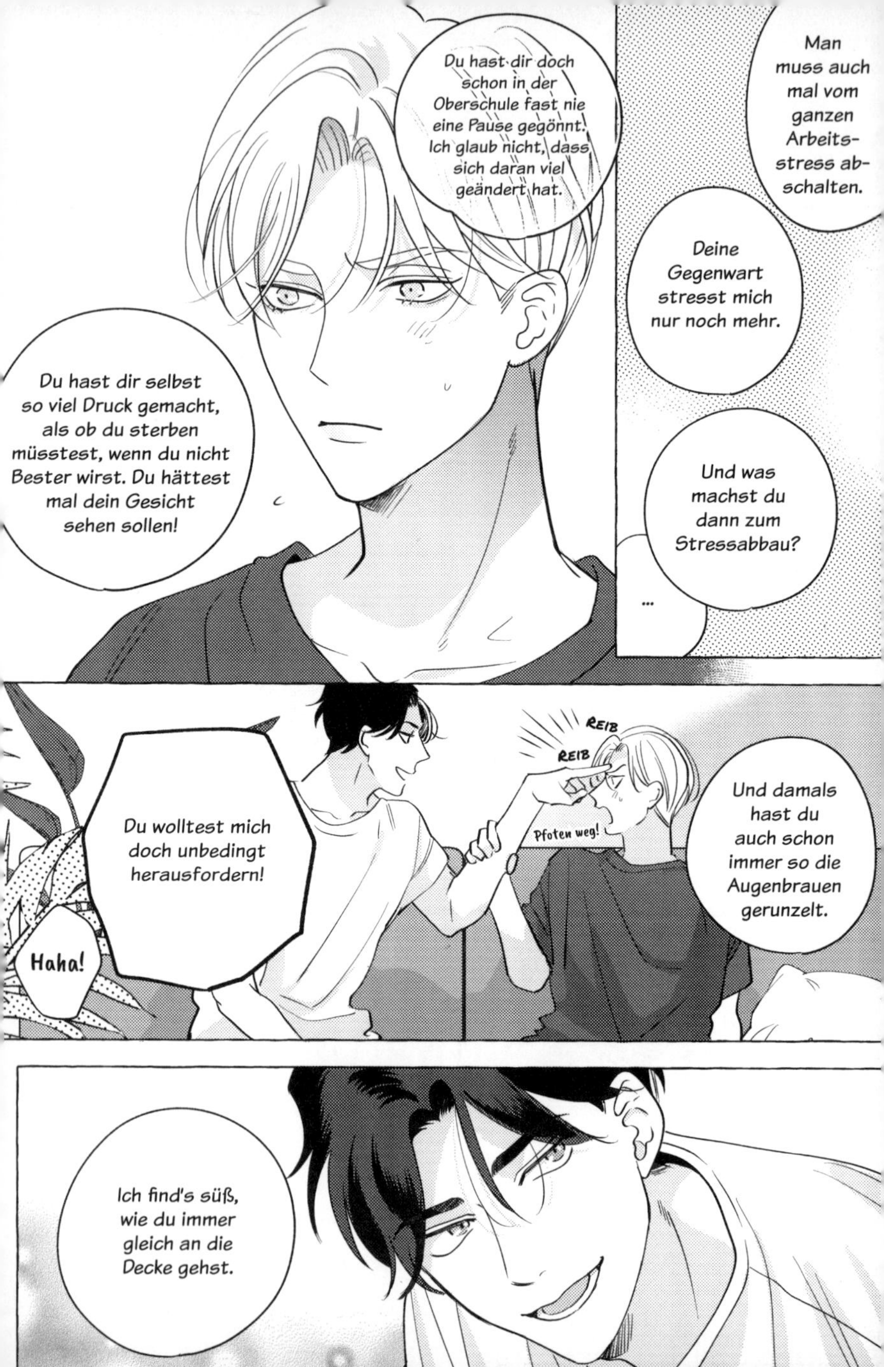
Man muss auch mal vom ganzen Arbeitsstress abschalten.
Deine Gegenwart stresst mich nur noch mehr.
Und was machst du dann zum Stressabbau?
...
Du hast dir doch schon in der Oberschule fast nie eine Pause gegönnt. Ich glaub nicht, dass sich daran viel geändert hat.
Du hast dir selbst so viel Druck gemacht, als ob du sterben müsstest, wenn du nicht Bester wirst. Du hättest mal dein Gesicht sehen sollen!
Und damals hast du auch schon immer so die Augenbrauen gerunzelt.
REIB
REIB
Pfoten weg!
Du wolltest mich doch unbedingt herausfordern!
Haha!
Ich find's süß, wie du immer gleich an die Decke gehst.

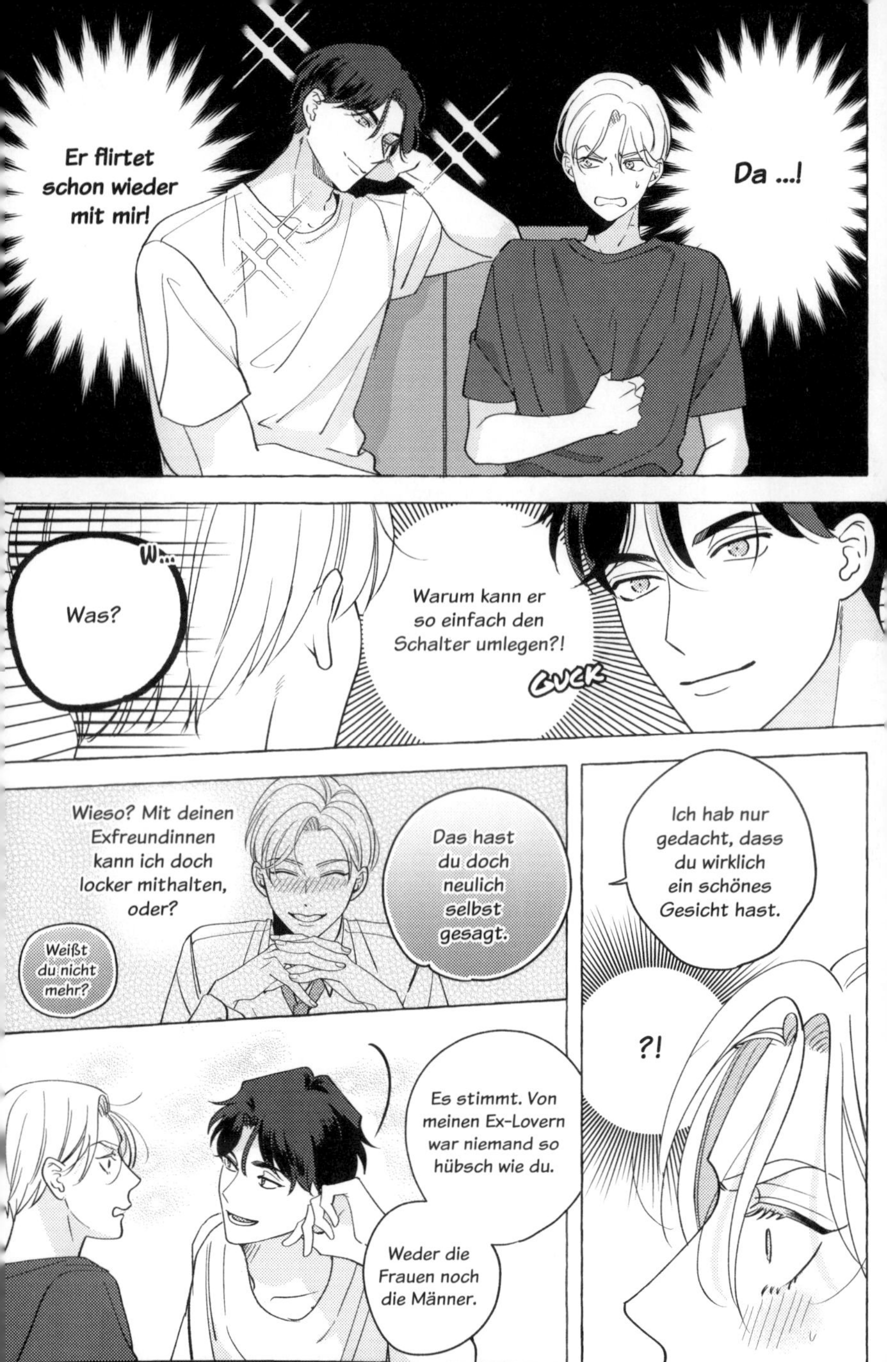
Da ...!
Er flirtet schon wieder mit mir!
Warum kann er so einfach den Schalter umlegen?!
GUCK
W...
Was?
Ich hab nur gedacht, dass du wirklich ein schönes Gesicht hast.
Das hast du doch neulich selbst gesagt.
Wieso? Mit deinen Exfreundinnen kann ich doch locker mithalten, oder?
Weißt du nicht mehr?
?!
Es stimmt. Von meinen Ex-Lovern war niemand so hübsch wie du.
Weder die Frauen noch die Männer.

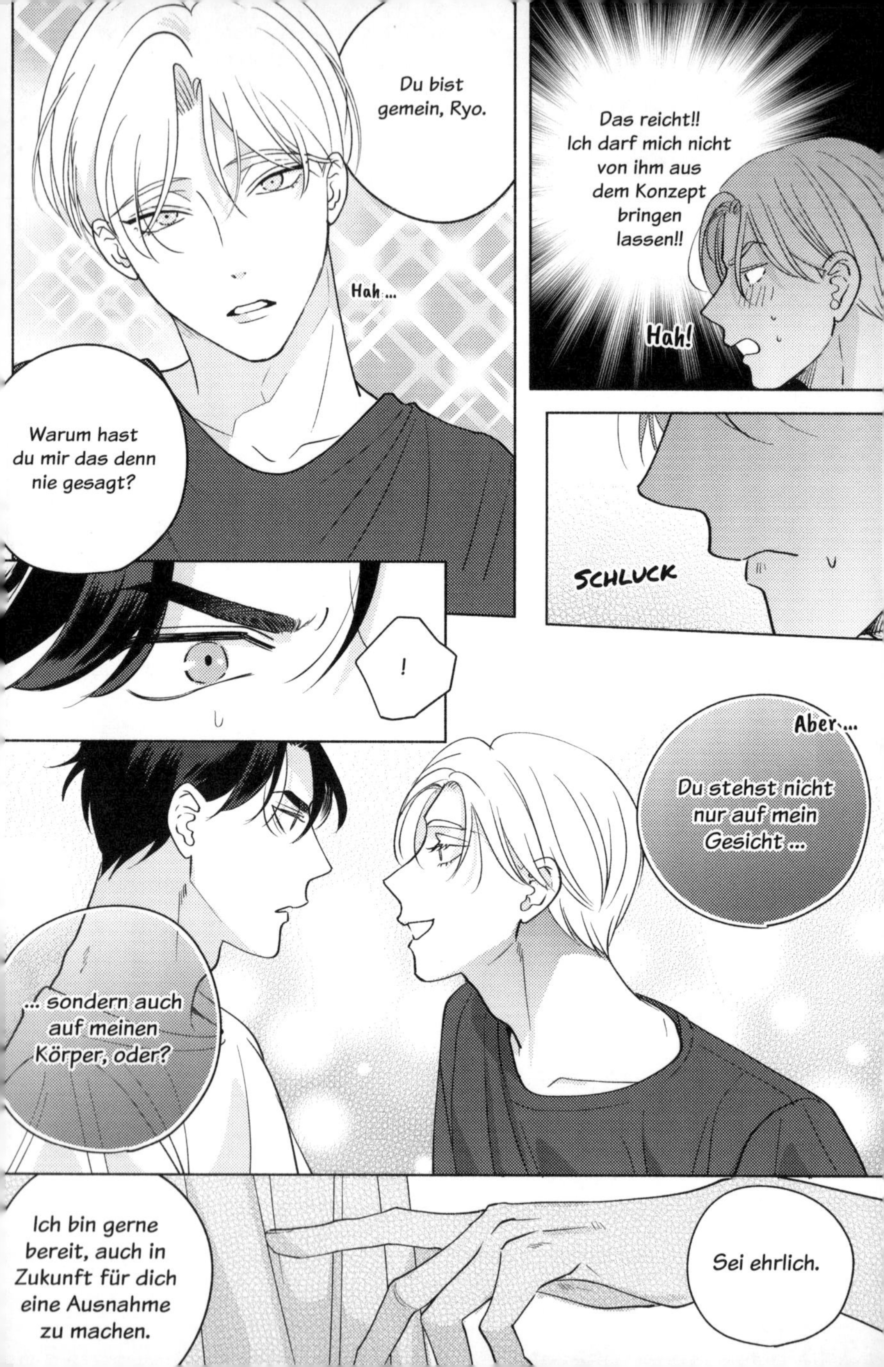
Du bist gemein, Ryo.
Hah ...
Warum hast du mir das denn nie gesagt?
Das reicht!! Ich darf mich nicht von ihm aus dem Konzept bringen lassen!!
Hah!
SCHLUCK
!
Aber ...
Du stehst nicht nur auf mein Gesicht ...
... sondern auch auf meinen Körper, oder?
Ich bin gerne bereit, auch in Zukunft für dich eine Ausnahme zu machen.
Sei ehrlich.

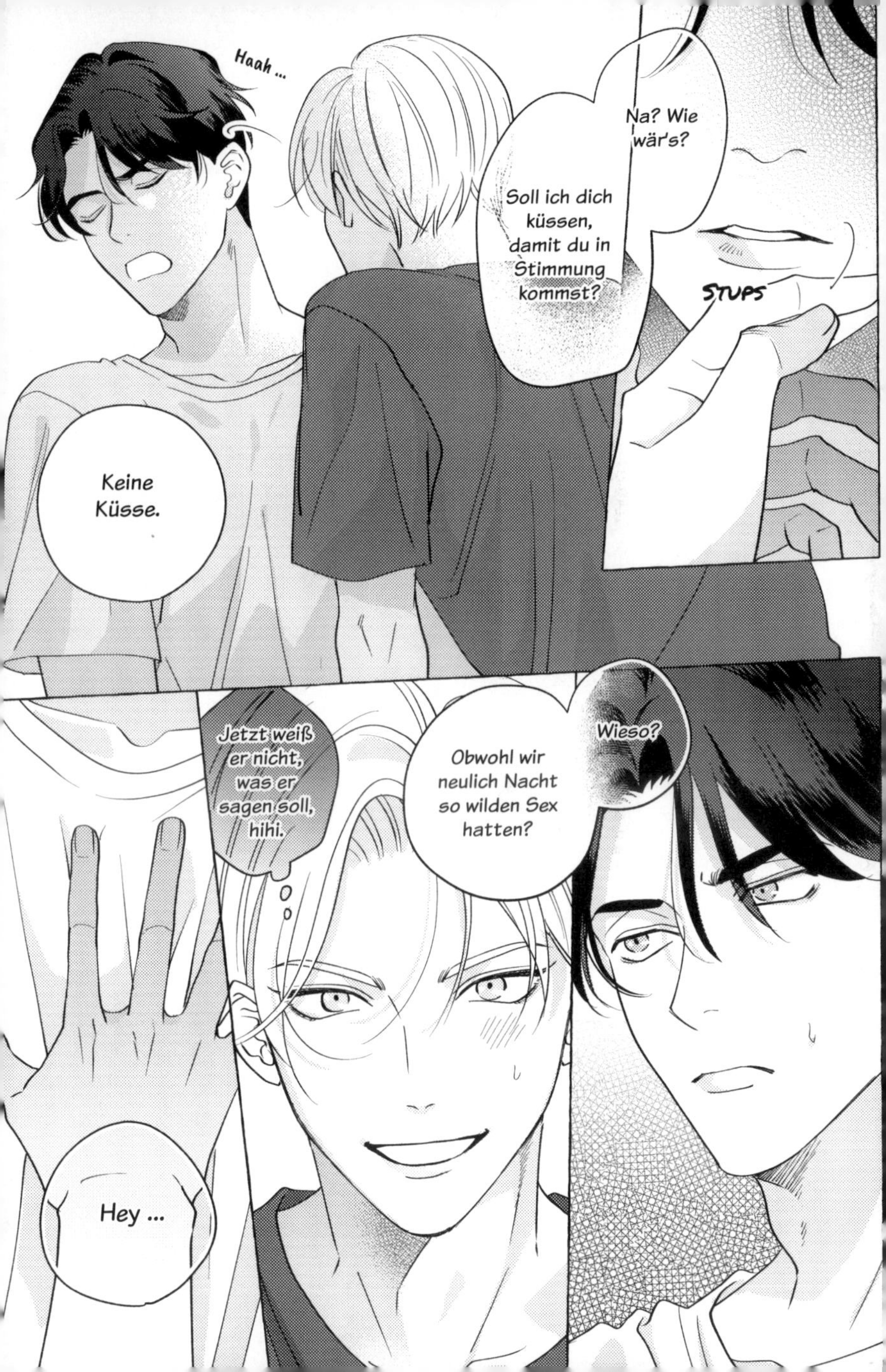
Na? Wie wär's?
Soll ich dich küssen, damit du in Stimmung kommst?
STUPS
Haah ...
Keine Küsse.
Wieso?
Obwohl wir neulich Nacht so wilden Sex hatten?
Jetzt weiß er nicht, was er sagen soll, hihi.
Hey ...

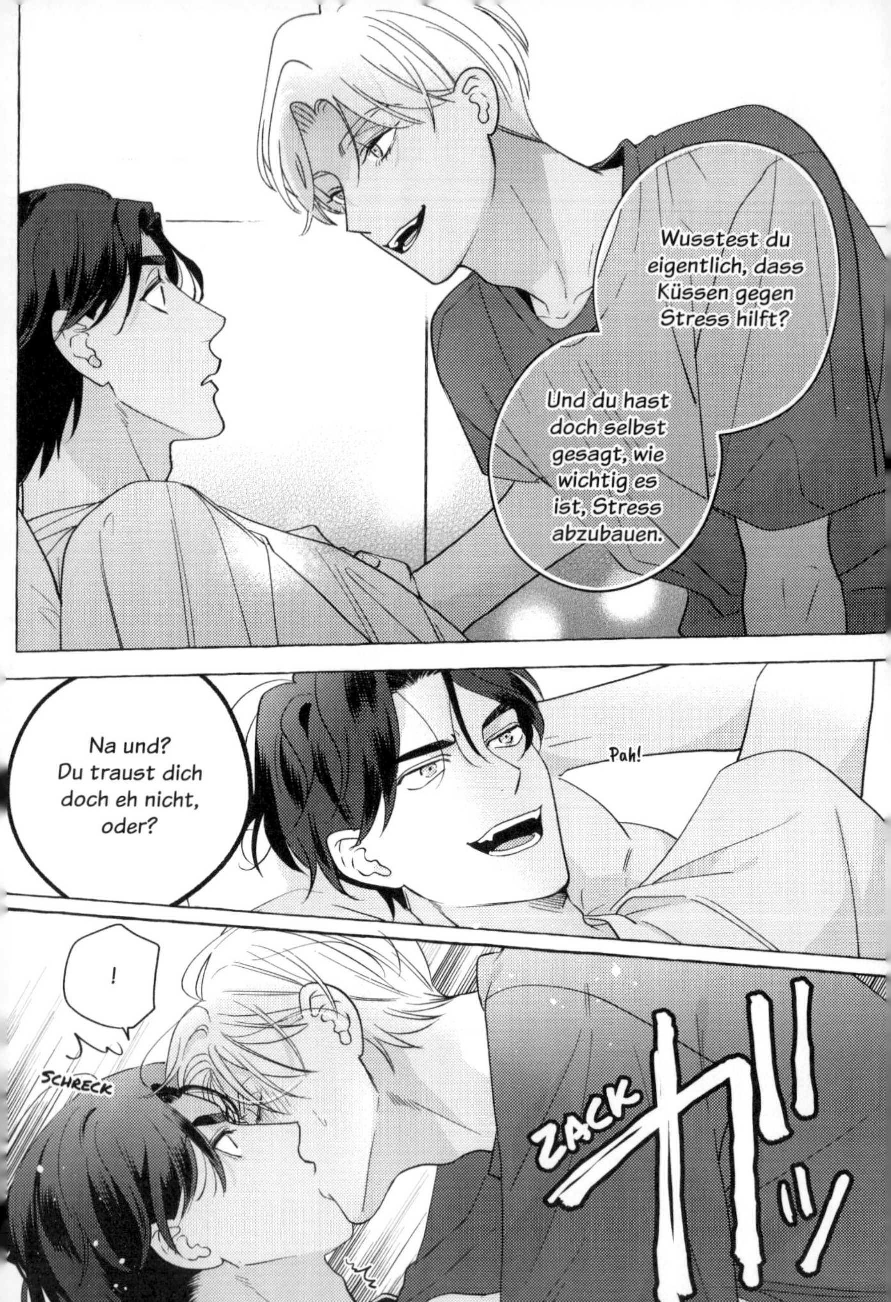
Wusstest du eigentlich, dass Küssen gegen Stress hilft?
Und du hast doch selbst gesagt, wie wichtig es ist, Stress abzubauen.
Na und? Du traust dich doch eh nicht, oder?
Pah!
!
SCHRECK
ZACK

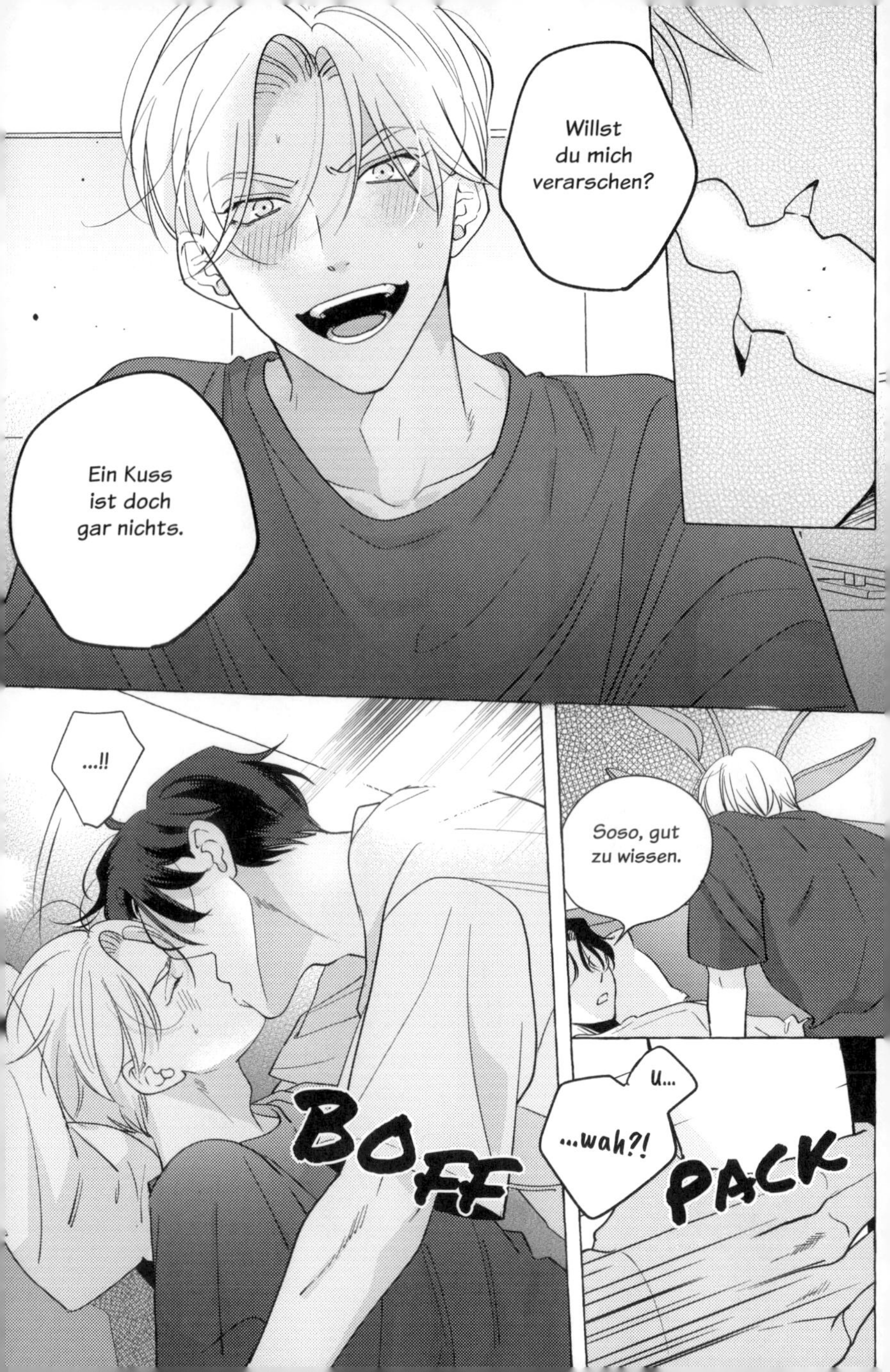
Willst du mich verarschen?
Ein Kuss ist doch gar nichts.
Soso, gut zu wissen.
...!!
BOFF
U...
...wah?!
PACK

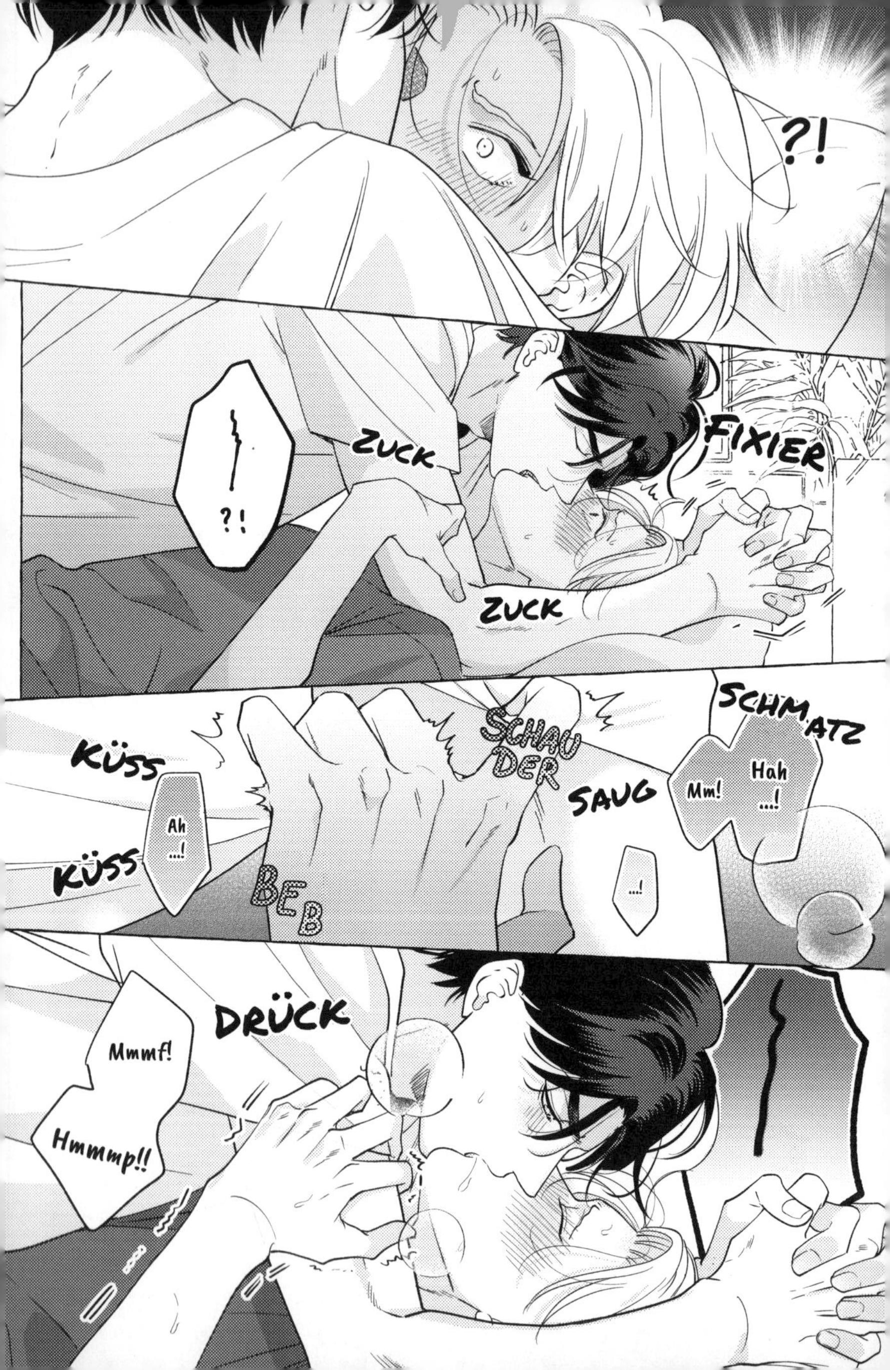
?!
FIXIER
ZUCK
ZUCK
?!
SCHMATZ
Hah ...!
Mm!
SCHAUDER
SAUG
...!
BEB
KÜSS
Ah ...!
KÜSS
DRÜCK
Mmmf!
Hmmmp!!

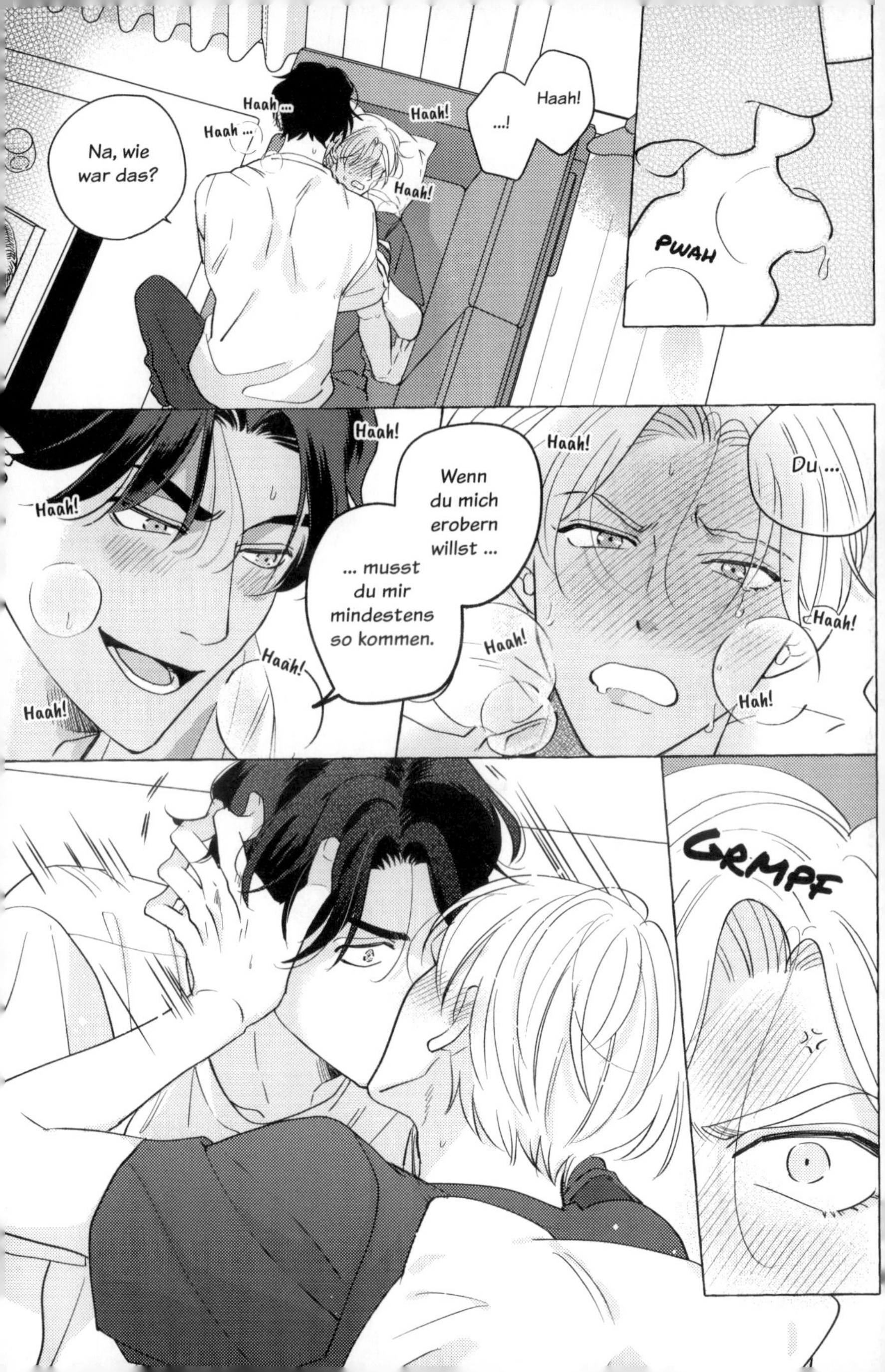
Haah!
...!
Haah ...
Haah ...
Haah!
Na, wie war das?
Haah!
PWAH
Du ...
Haah!
Hah!
Haah!
Haah!
Wenn du mich erobern willst ...
... musst du mir mindestens so kommen.
Haah!
Haah!
Haah!
Haah!
GRMPF

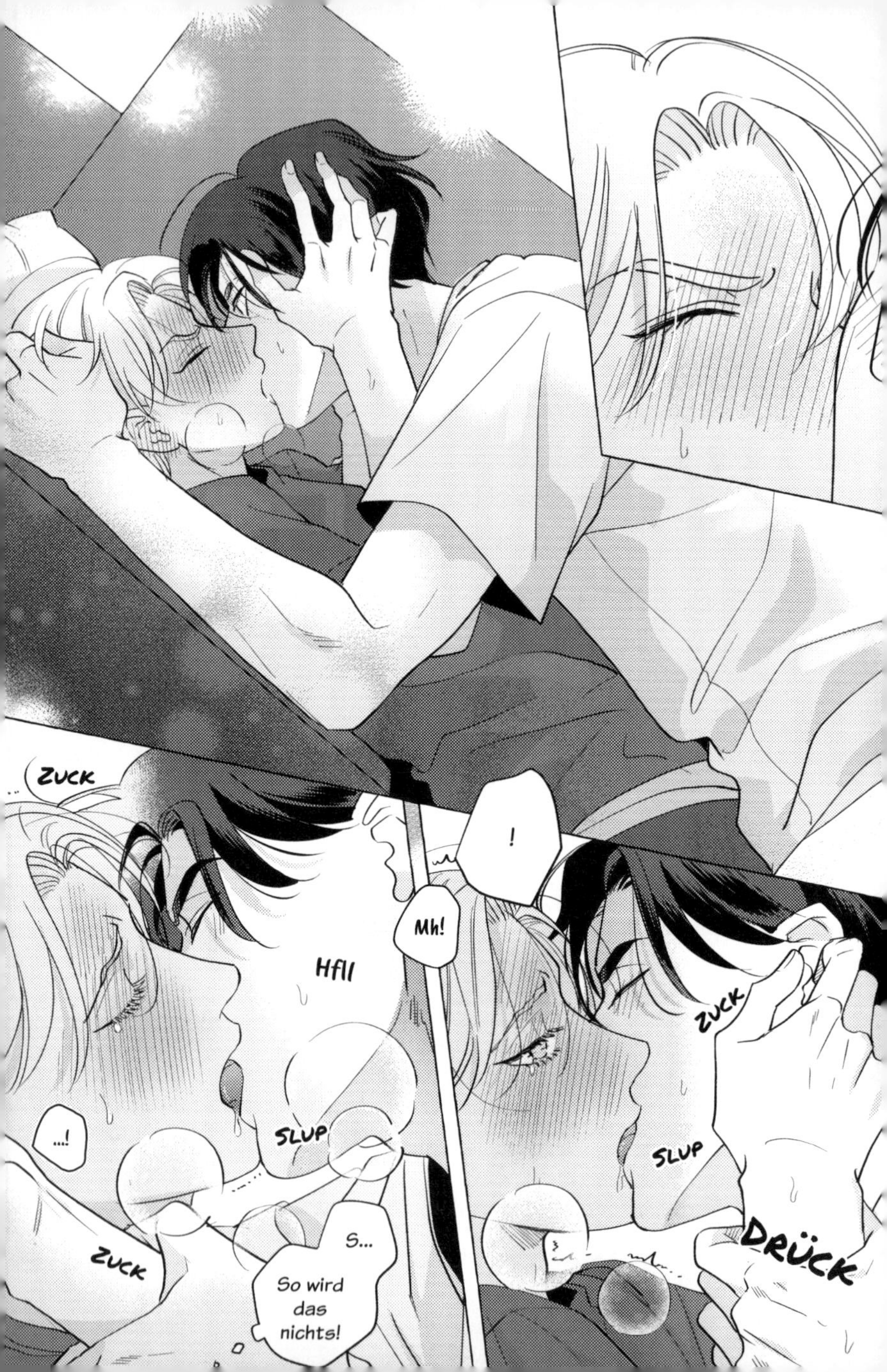
!
Mh!
ZUCK
SLUP
DRÜCK
ZUCK
Hfll
...!
SLUP
ZUCK
S...
So wird das nichts!

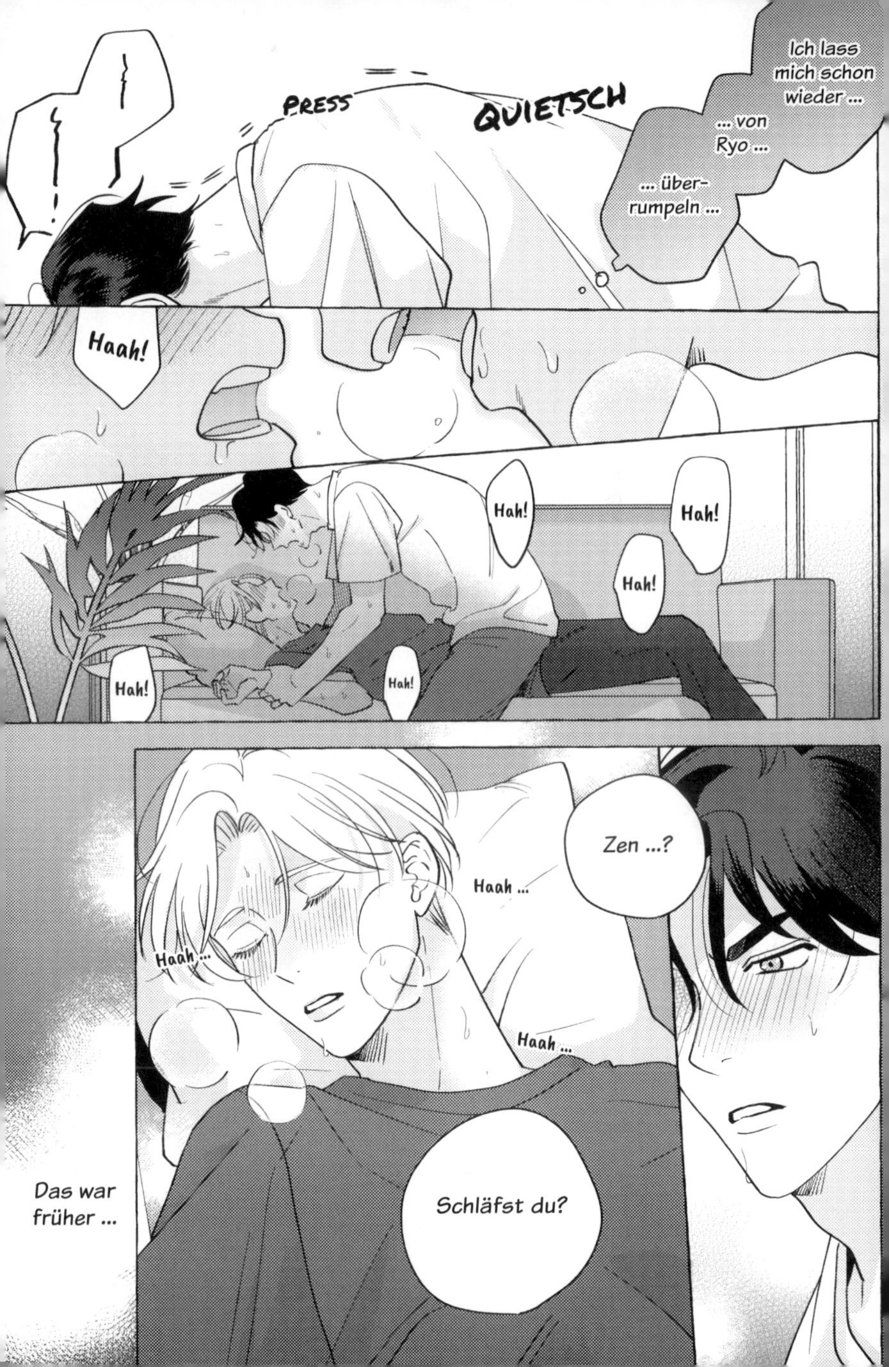
Ich lass mich schon wieder ...
... von Ryo ...
... über-rumpeln ...
QUIETSCH
PRESS
!
Haah!
Hah!
Hah!
Hah!
Hah!
Hah!
Zen ...?
Haah ...
Haah ...
Haah ...
Schläfst du?
Das war früher ...

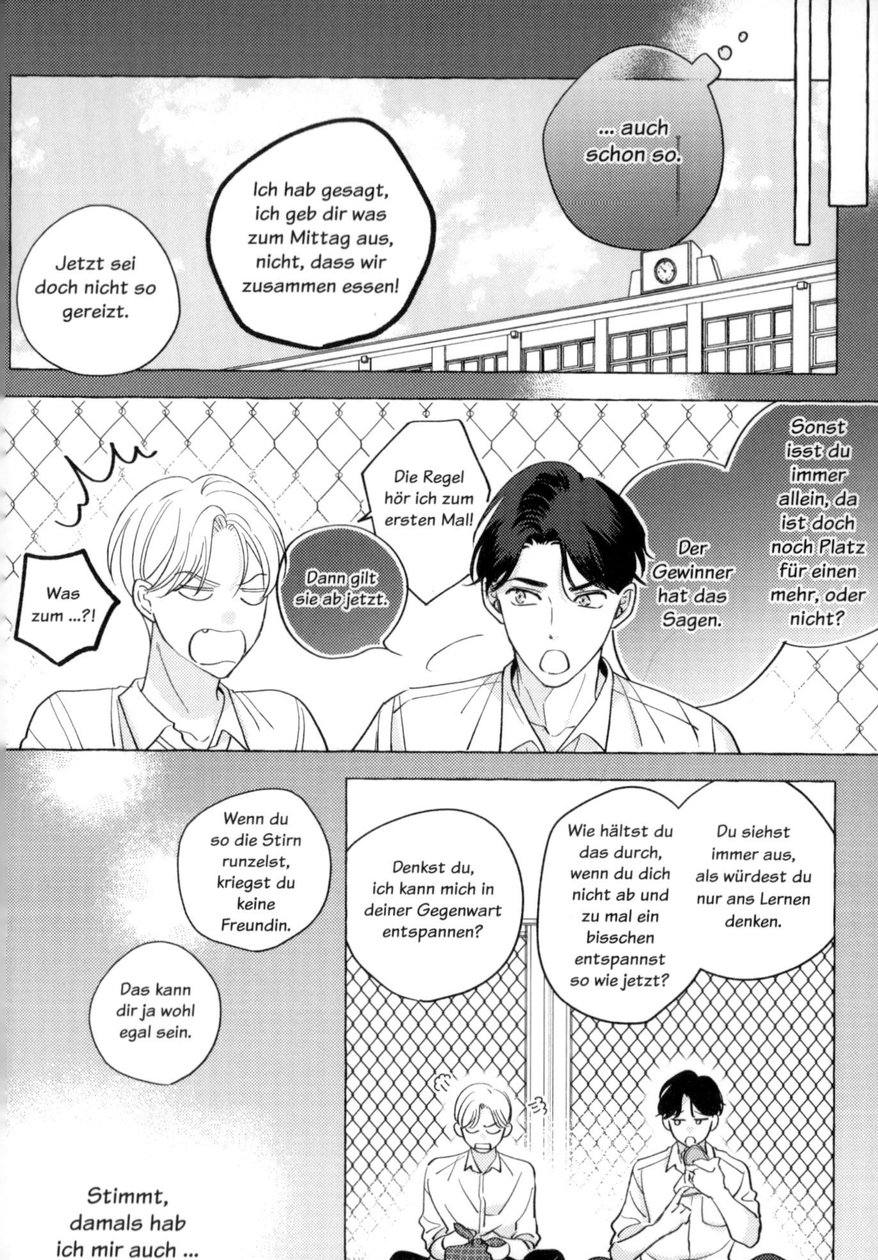

... auch schon so.
Ich hab gesagt, ich geb dir was zum Mittag aus, nicht, dass wir zusammen essen!
Jetzt sei doch nicht so gereizt.
Sonst isst du immer allein, da ist doch noch Platz für einen mehr, oder nicht?
Der Gewinner hat das Sagen.
Die Regel hör ich zum ersten Mal!
Dann gilt sie ab jetzt.
Was zum ...?!
Du siehst immer aus, als würdest du nur ans Lernen denken.
Wie hältst du das durch, wenn du dich nicht ab und zu mal ein bisschen entspannst so wie jetzt?
Denkst du, ich kann mich in deiner Gegenwart entspannen?
Wenn du so die Stirn runzelst, kriegst du keine Freundin.
Das kann dir ja wohl egal sein.
Stimmt, damals hab ich mir auch ...

... immer selbst ...

... Regeln auferlegt ...

... und nie daran gedacht, dass ich auch mal Zeit zum Abschalten bräuchte.

Aber Ryo ...

... hat es dauernd geschafft, mich abzulenken, so dass ich mich plötzlich bei dem Gedanken ertappte ...

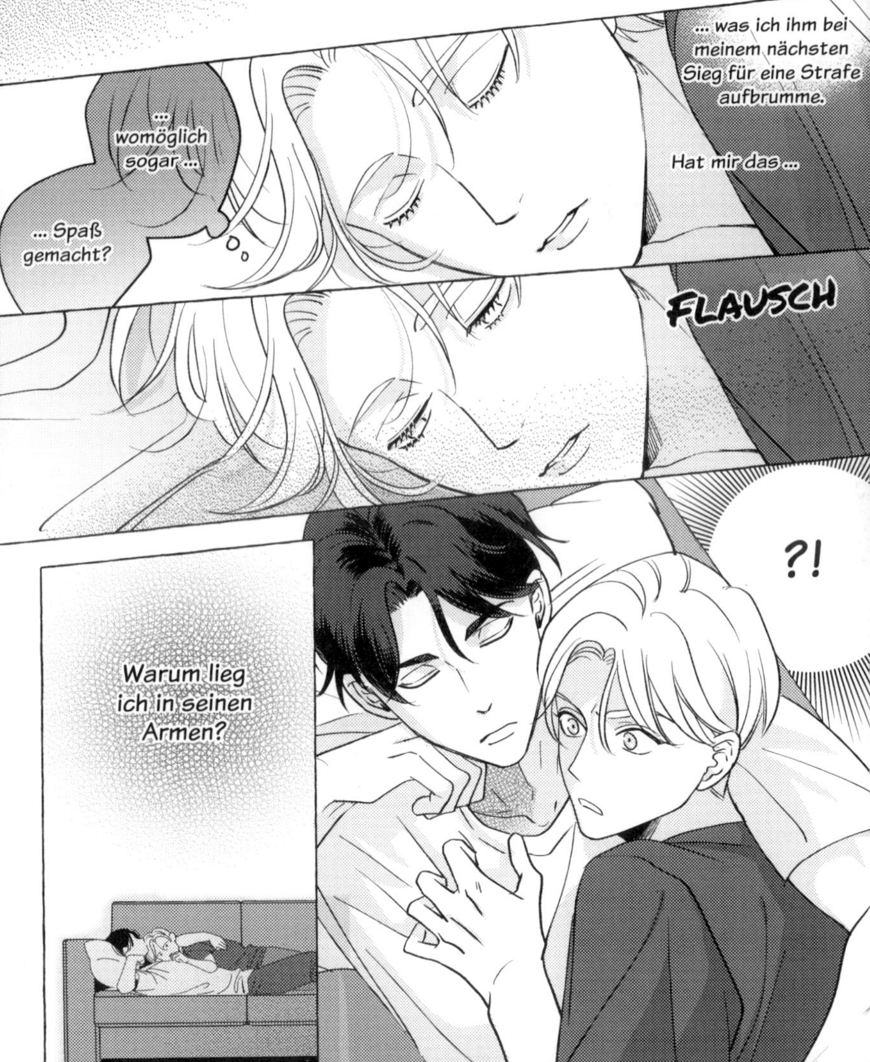

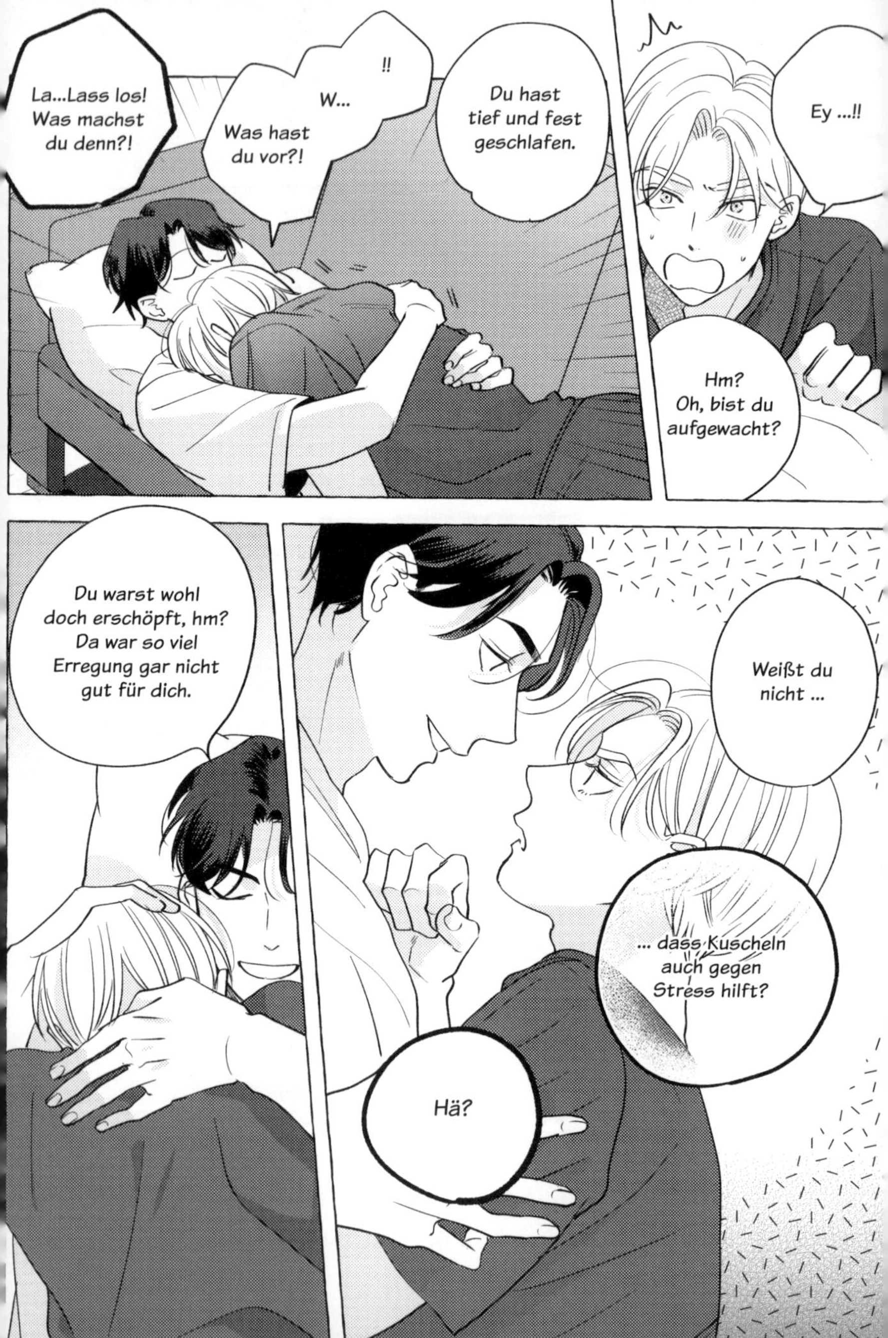
Ey ...!!
Hm? Oh, bist du aufgewacht?
Du hast tief und fest geschlafen.
W... !!
Was hast du vor?!
La...Lass los! Was machst du denn?!
Weißt du nicht ...
... dass Kuscheln auch gegen Stress hilft?
Hä?
Du warst wohl doch erschöpft, hm? Da war so viel Erregung gar nicht gut für dich.

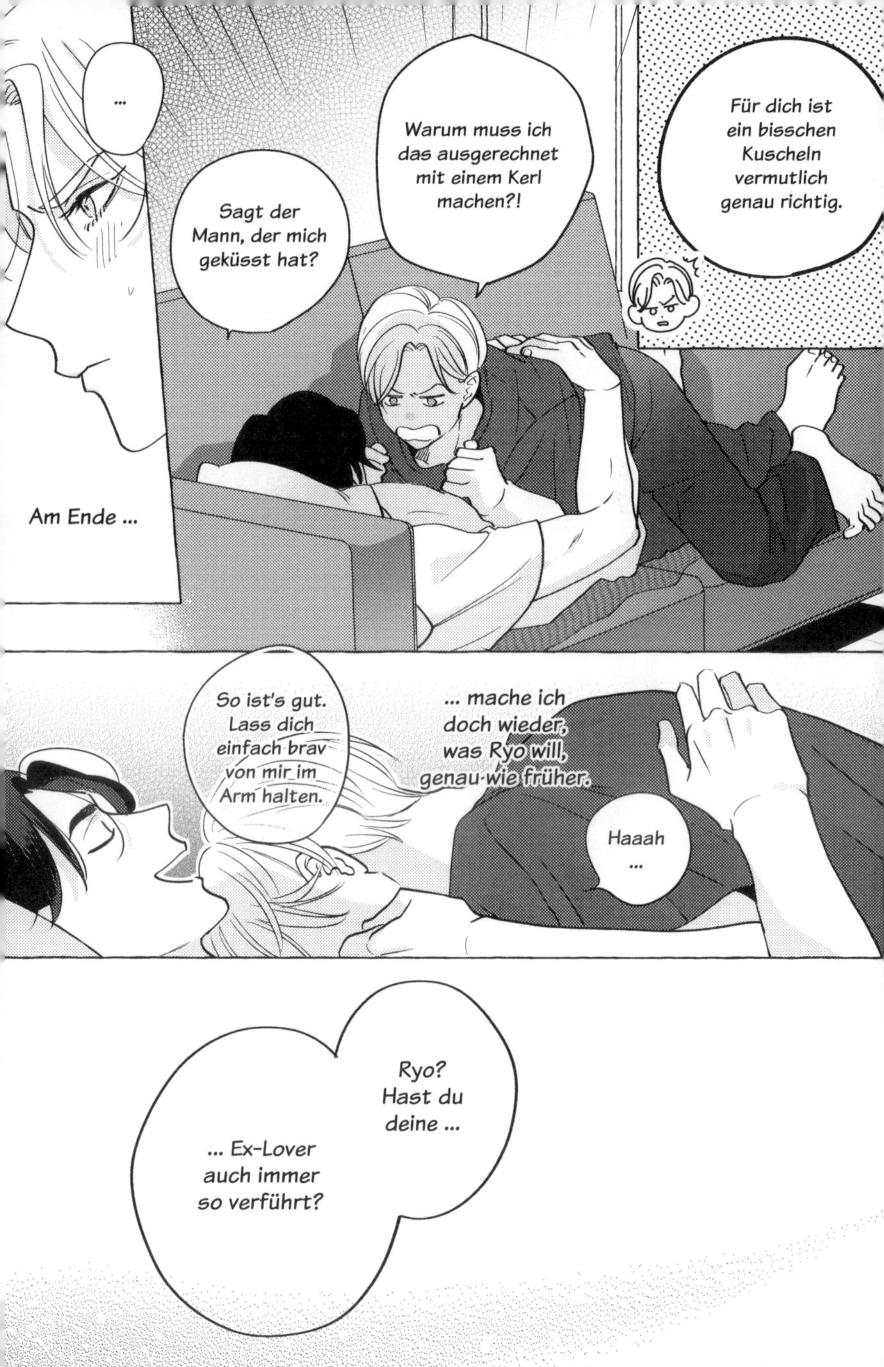
Für dich ist ein bisschen Kuscheln vermutlich genau richtig.
Warum muss ich das ausgerechnet mit einem Kerl machen?!
Sagt der Mann, der mich geküsst hat?
...
Am Ende ...
... mache ich doch wieder, was Ryo will, genau wie früher.
So ist's gut. Lass dich einfach brav von mir im Arm halten.
Haaah ...
Ryo? Hast du deine ...
... Ex-Lover auch immer so verführt?

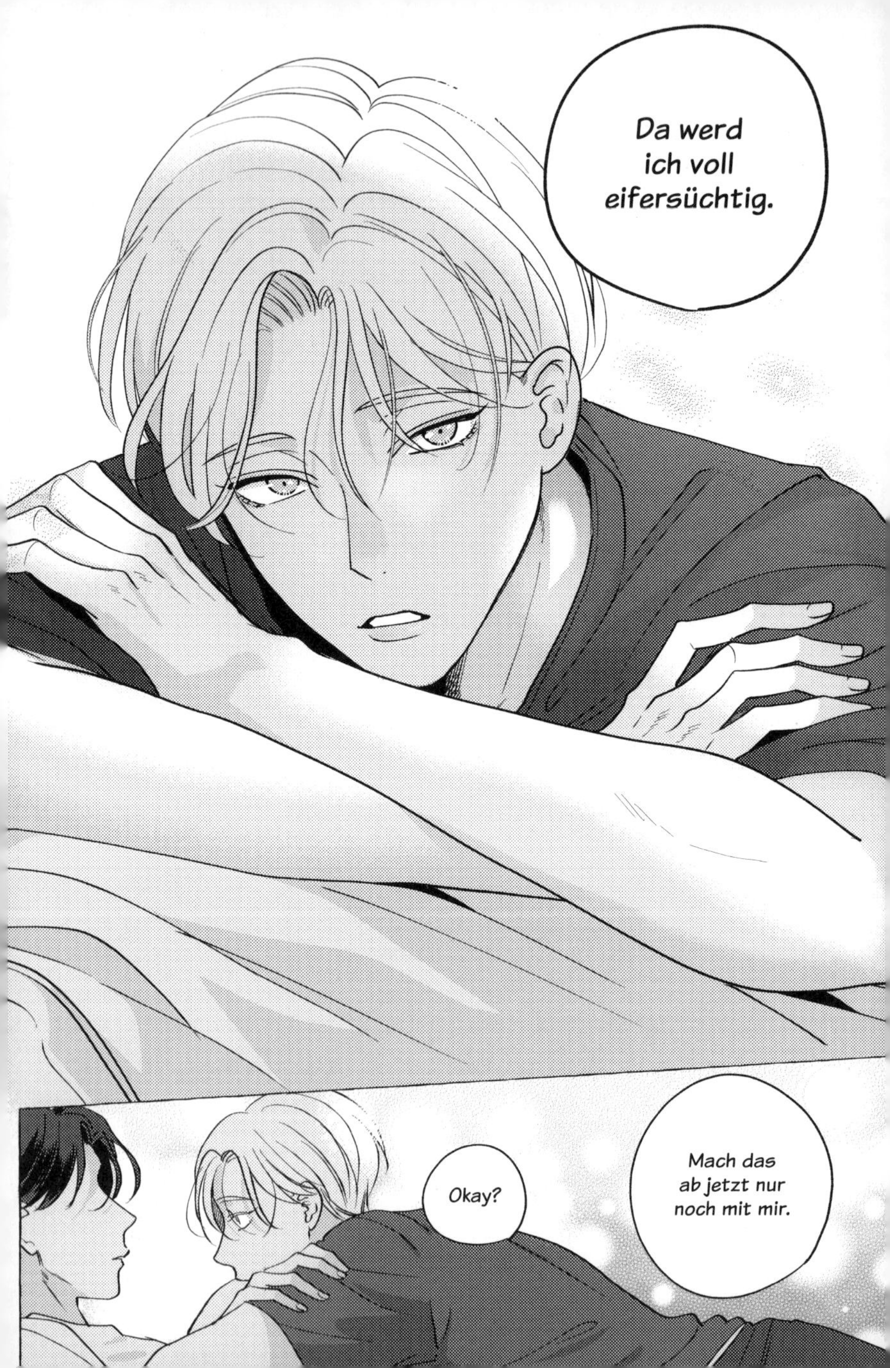
Da werd ich voll eifersüchtig.
Mach das ab jetzt nur noch mit mir.
Okay?

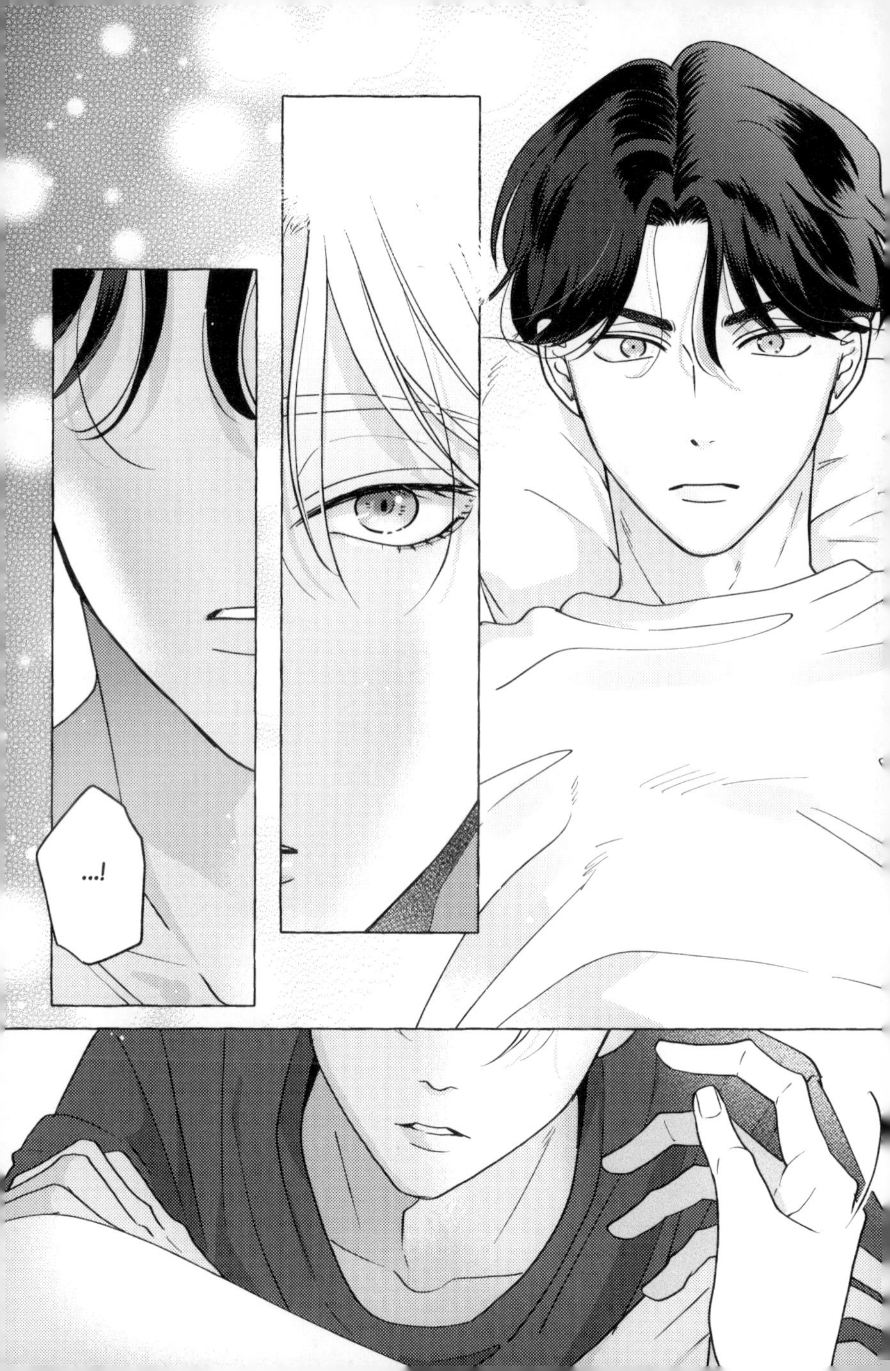

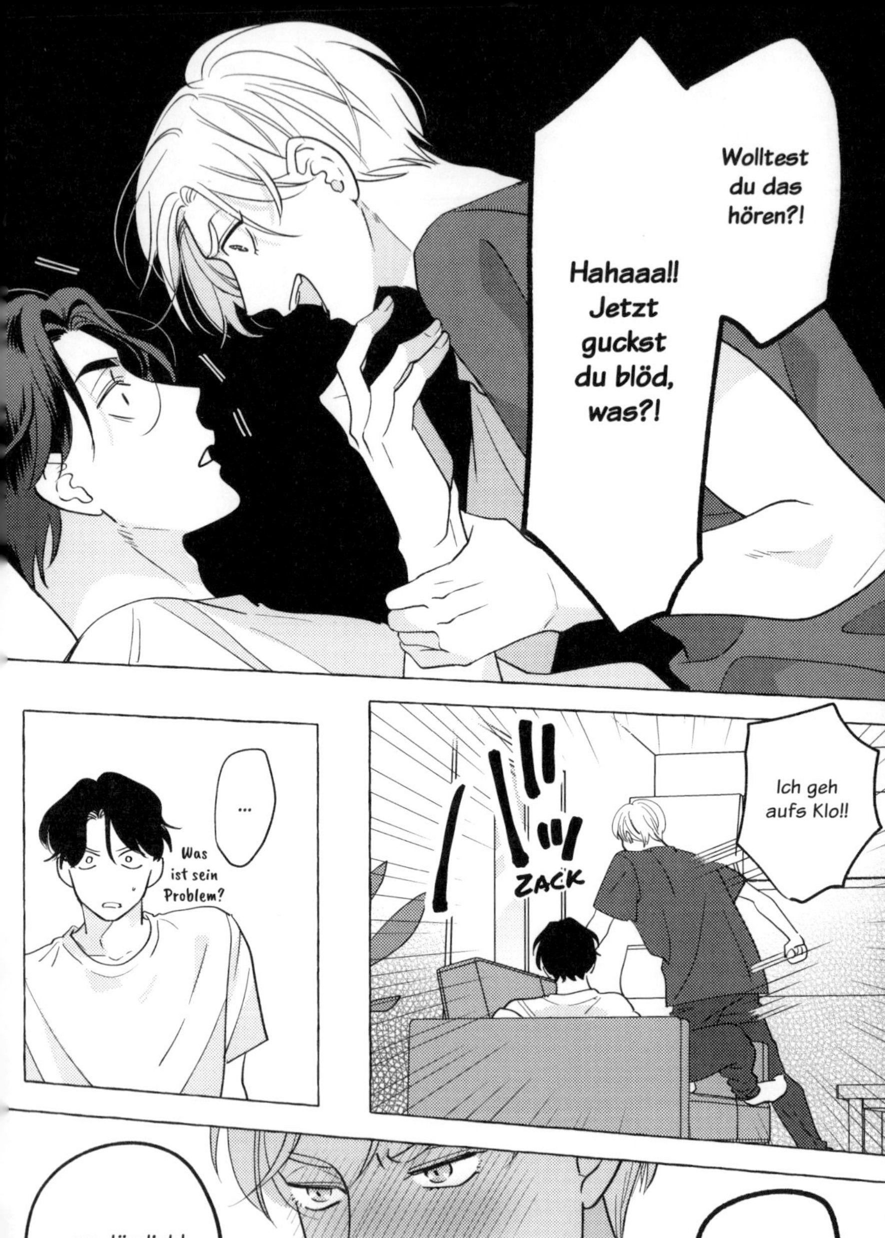

Das wird mir echt ...

... zu dämlich!

■END■

Fake Fact
LIPS
It always seems impossible
until it' s done

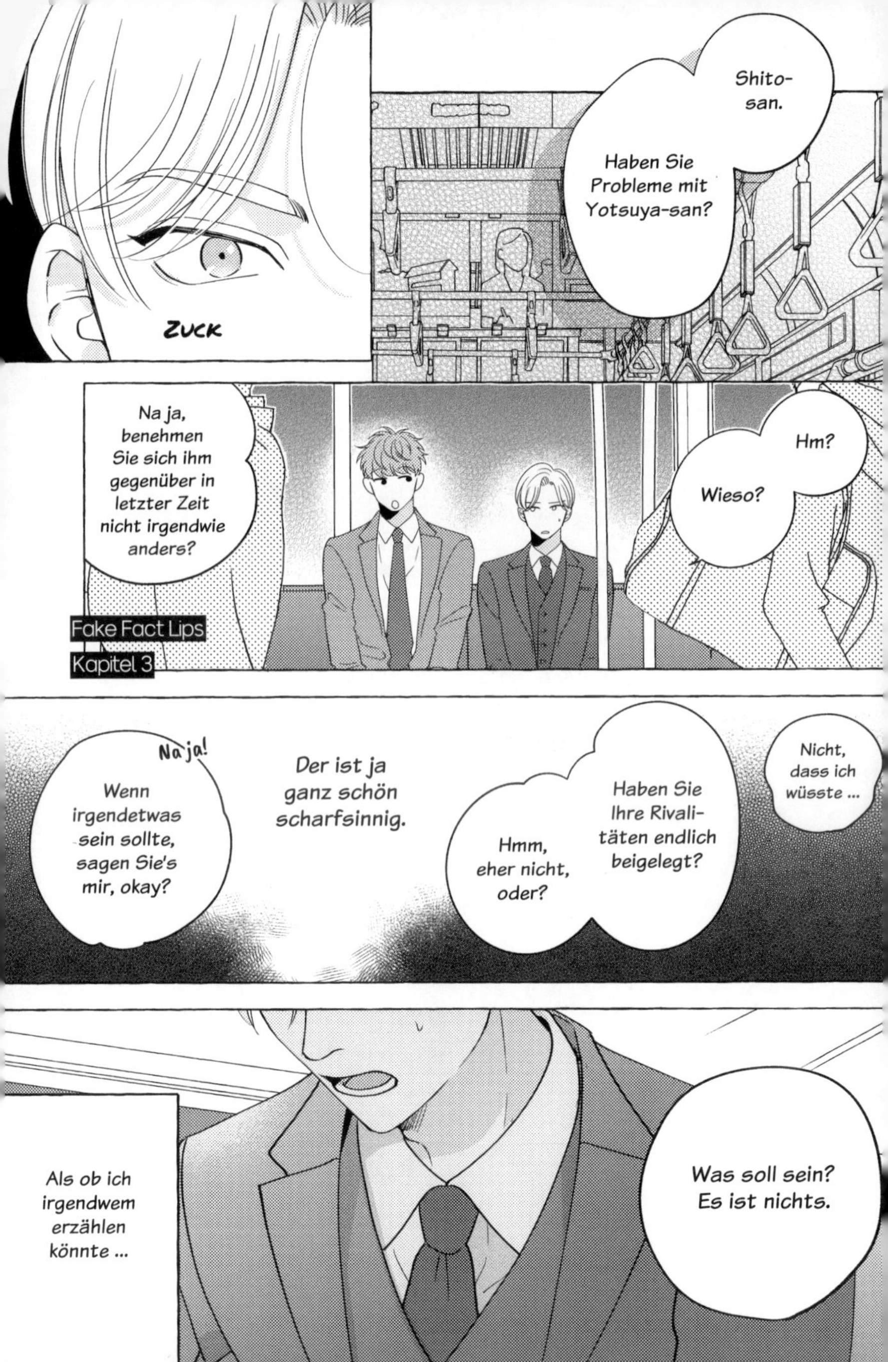
Shito-san.
Haben Sie Probleme mit Yotsuya-san?
ZUCK
Hm?
Wieso?
Na ja, benehmen Sie sich ihm gegenüber in letzter Zeit nicht irgendwie anders?
Fake Fact Lips
Kapitel 3
Nicht, dass ich wüsste ...
Haben Sie Ihre Rivalitäten endlich beigelegt?
Hmm, eher nicht, oder?
Der ist ja ganz schön scharfsinnig.
Na ja!
Wenn irgendetwas sein sollte, sagen Sie's mir, okay?
Was soll sein? Es ist nichts.
Als ob ich irgendwem erzählen könnte ...

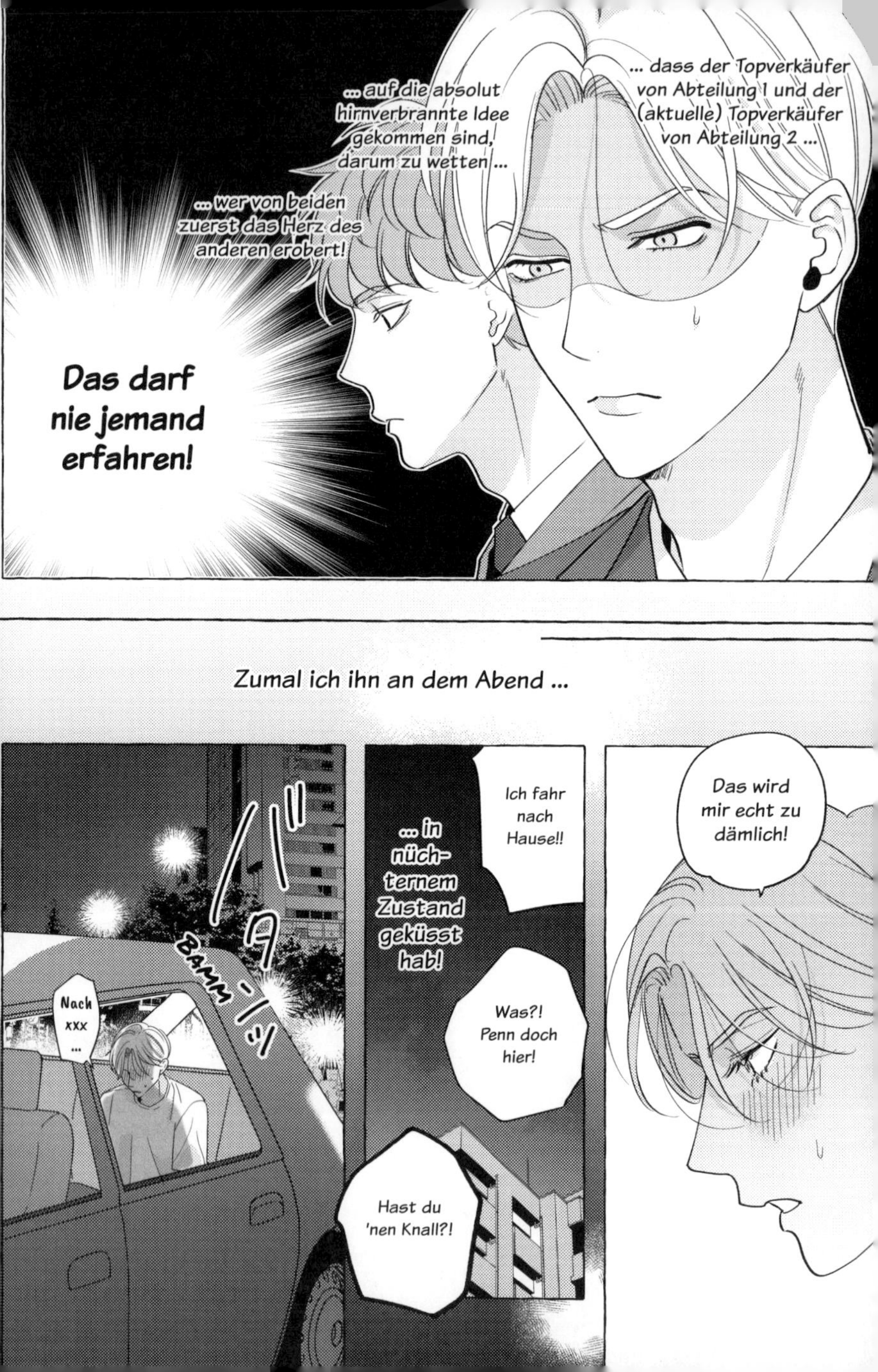

... dass der Topverkäufer von Abteilung 1 und der (aktuelle) Topverkäufer von Abteilung 2 ...

... auf die absolut hirnverbrannte Idee gekommen sind, darum zu wetten ...

... wer von beiden zuerst das Herz des anderen erobert!

Das darf nie jemand erfahren!

Zumal ich ihn an dem Abend ...

Das wird mir echt zu dämlich!

Ich fahr nach Hause!!

... in nüchternem Zustand geküsst hab!

Was?! Penn doch hier!

Hast du 'nen Knall?!

BAMM

Nach xxx ...

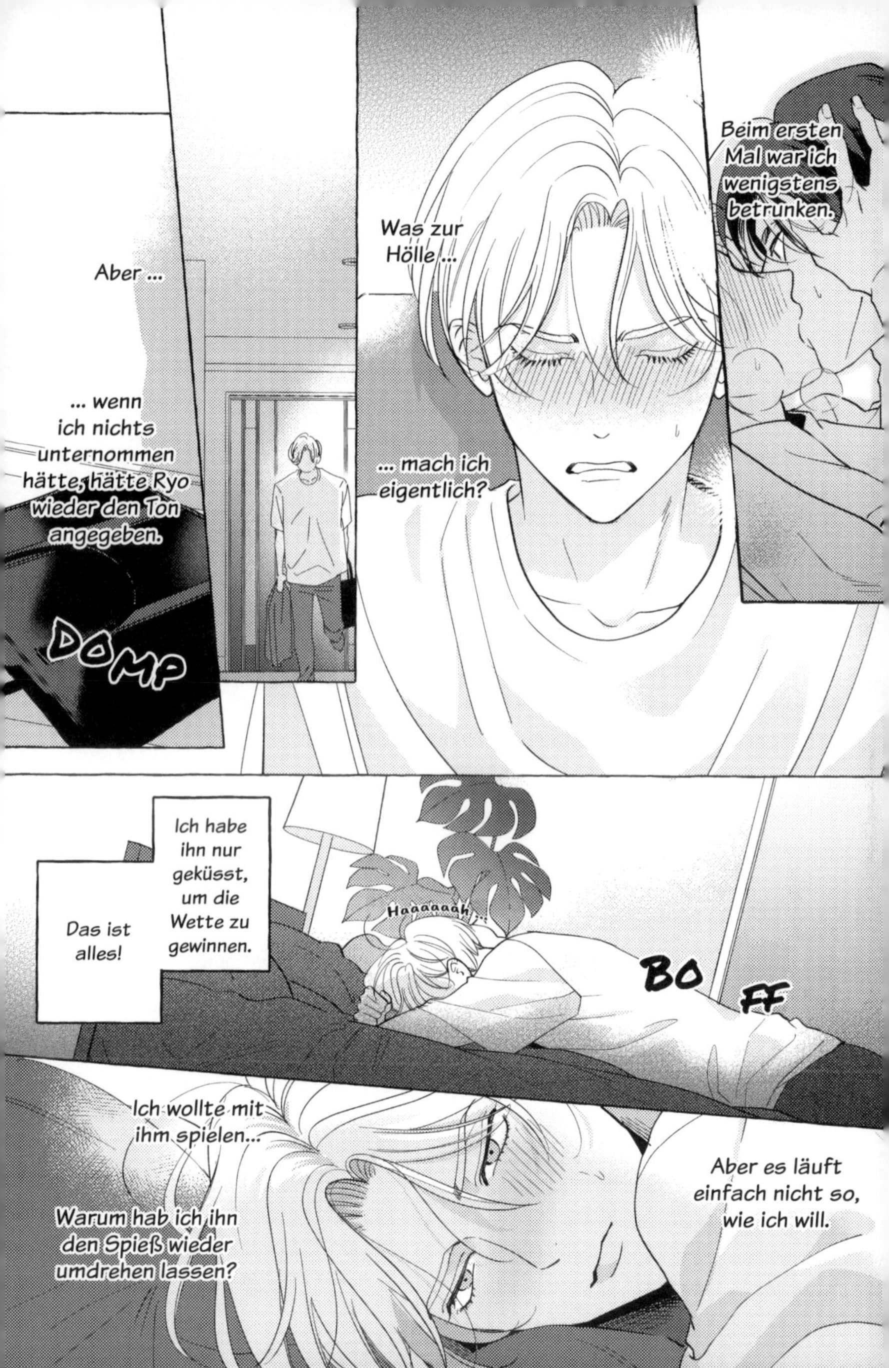

Beim ersten Mal war ich wenigstens betrunken.
Was zur Hölle ...
... mach ich eigentlich?
Aber ...
... wenn ich nichts unternommen hätte, hätte Ryo wieder den Ton angegeben.
DOMP
BOFF
Haaaaaah ...
Ich habe ihn nur geküsst, um die Wette zu gewinnen.
Das ist alles!
Aber es läuft einfach nicht so, wie ich will.
Ich wollte mit ihm spielen...
Warum hab ich ihn den Spieß wieder umdrehen lassen?

Aber ...

... mich wollte ja vor ihm auch noch nie ein Mann verführen.

Und dann ausgerechnet Ryo? Das fühlt sich halt erst recht komisch an.

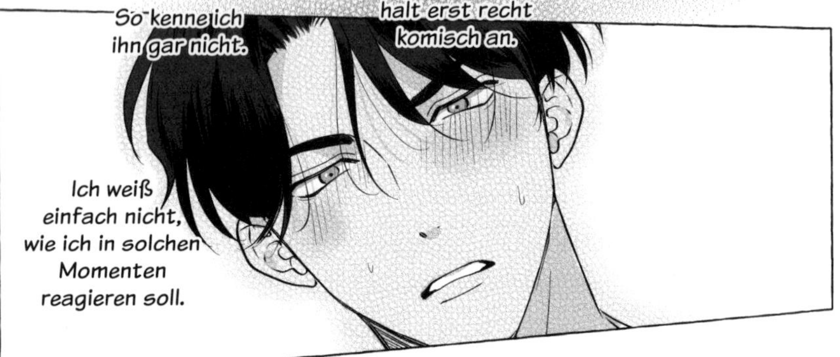

Außerdem ...

... war ich beim ersten Mal ja betrunken und konnte mich danach nur vage an die Nacht erinnern.

Aber heute ...

... weiß ich noch ganz genau, wie es sich angefühlt hat.

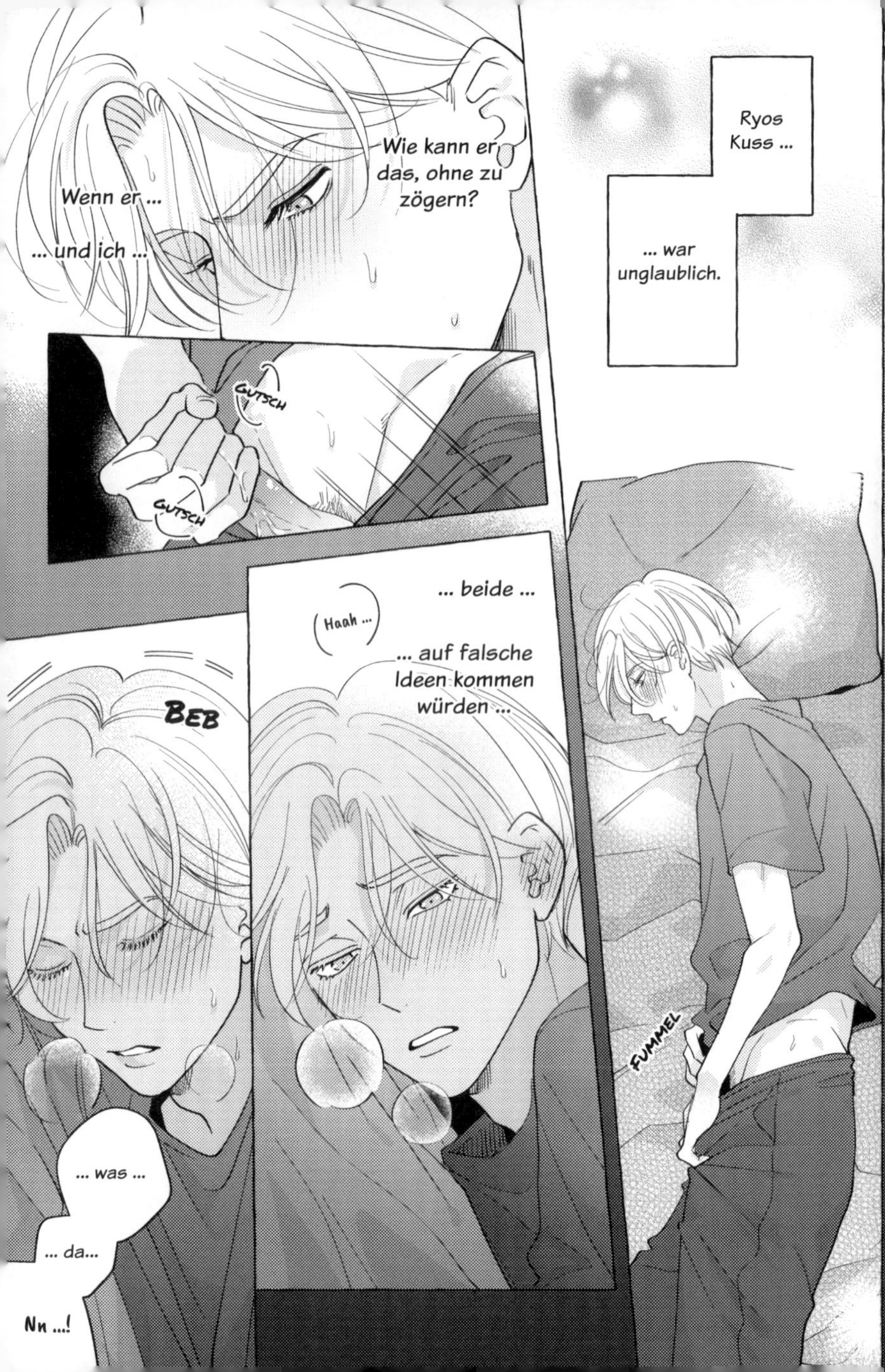
Ryos Kuss ...
... war unglaublich.
Wie kann er das, ohne zu zögern?
Wenn er ...
... und ich ...
GUTSCH
GUTSCH
FUMMEL
... beide ...
Haah ...
... auf falsche Ideen kommen würden ...
BEB
... was ...
... da...
Nn ...!

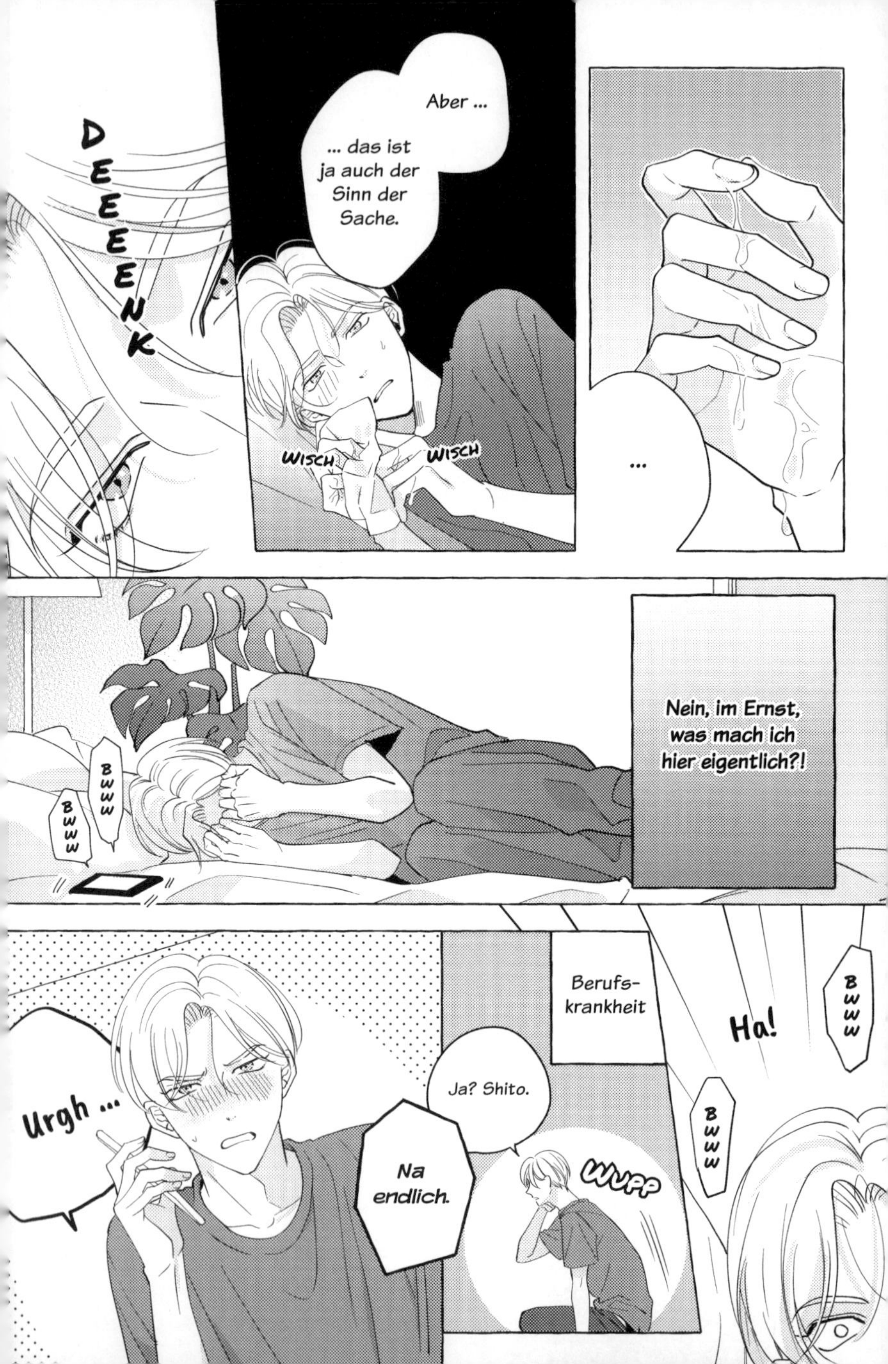

...
Aber ...
... das ist ja auch der Sinn der Sache.
WISCH
WISCH
DEEEENK
Nein, im Ernst, was mach ich hier eigentlich?!
BWWW
BWWW
BWWW
Ha!
BWWW
Berufs-krankheit
Ja? Shito.
WUPP
Na endlich.
Urgh ...

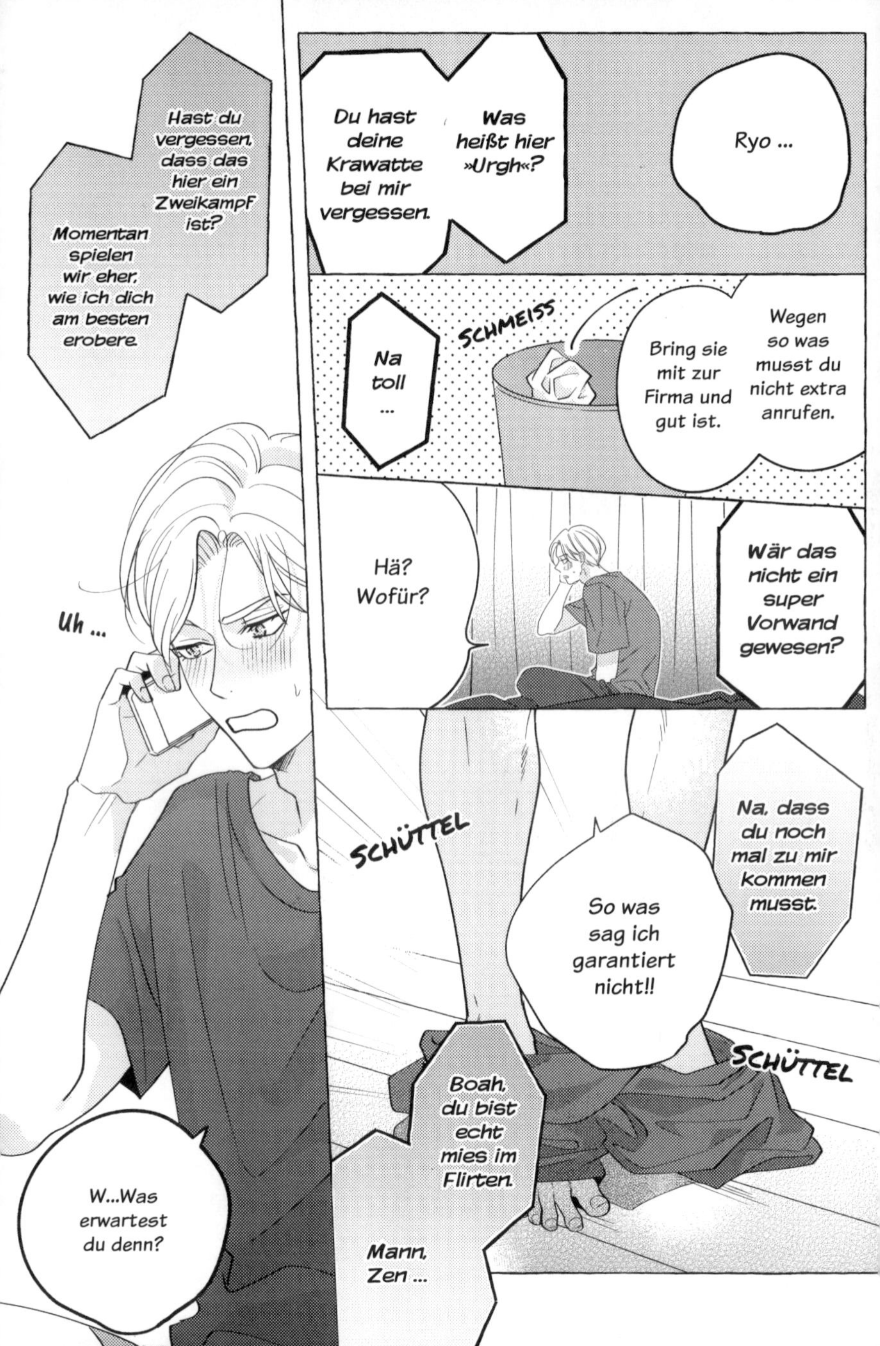

Ryo ...
Was heißt hier »Urgh«?
Du hast deine Krawatte bei mir vergessen.
Wegen so was musst du nicht extra anrufen.
Bring sie mit zur Firma und gut ist.
SCHMEISS
Na toll ...
Wär das nicht ein super Vorwand gewesen?
Hä? Wofür?
Na, dass du noch mal zu mir kommen musst.
So was sag ich garantiert nicht!!
SCHÜTTEL
SCHÜTTEL
Boah, du bist echt mies im Flirten.
Mann, Zen ...
Hast du vergessen, dass das hier ein Zweikampf ist?
Momentan spielen wir eher, wie ich dich am besten erobere.
Uh ...
W...Was erwartest du denn?

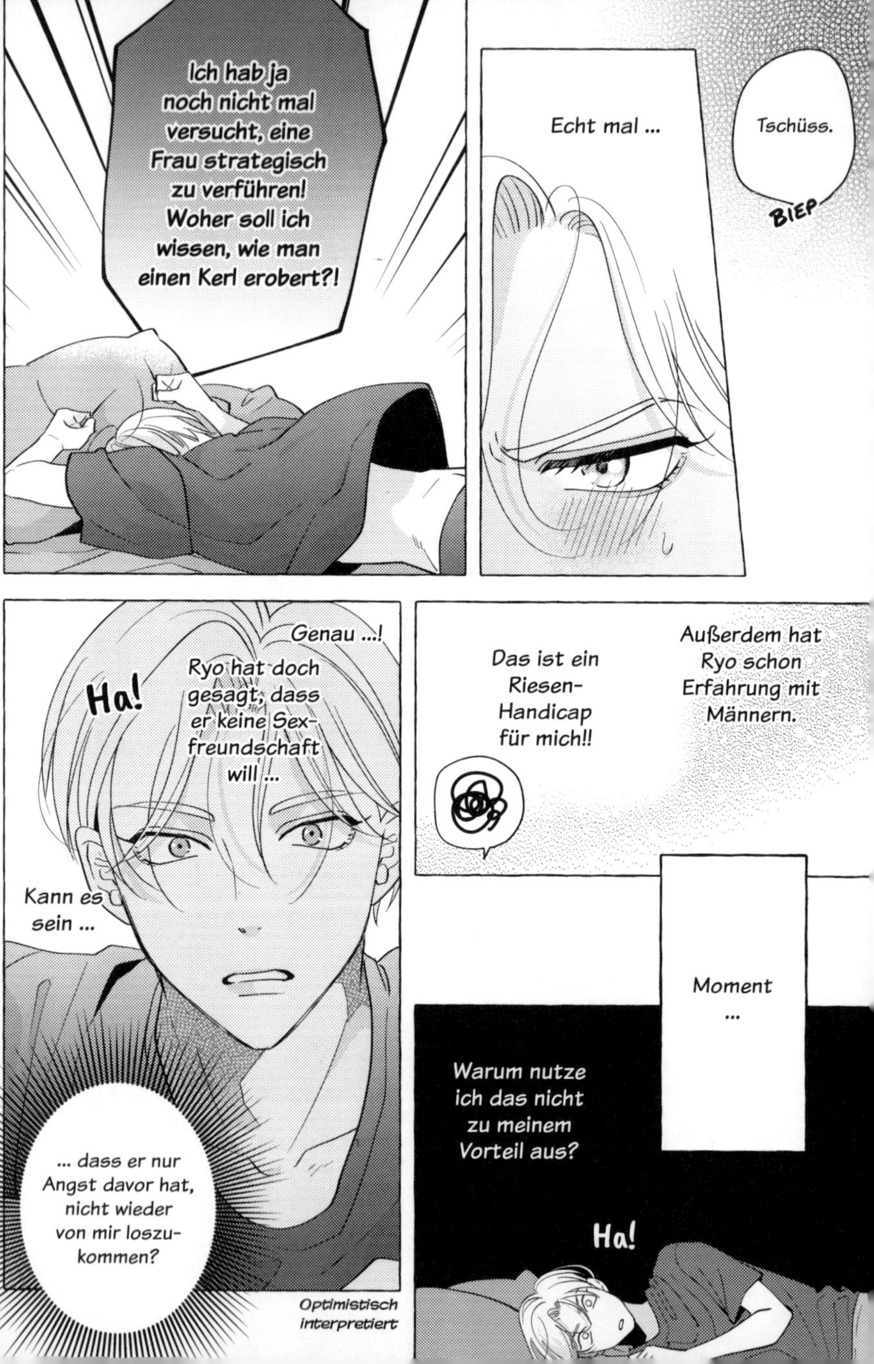

Tschüss.
BIEP
Echt mal ...
Ich hab ja noch nicht mal versucht, eine Frau strategisch zu verführen! Woher soll ich wissen, wie man einen Kerl erobert?!

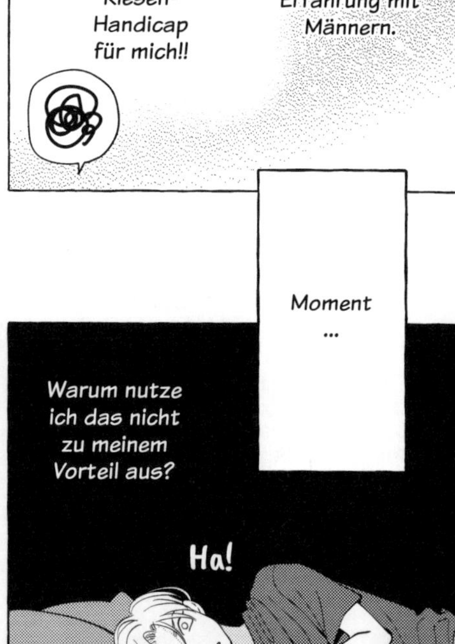

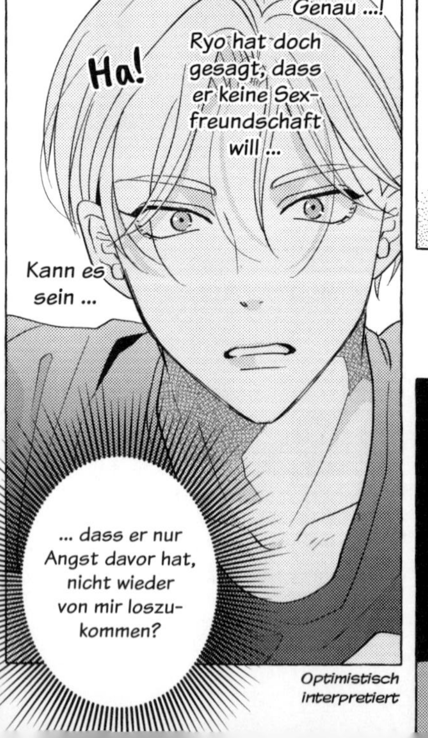

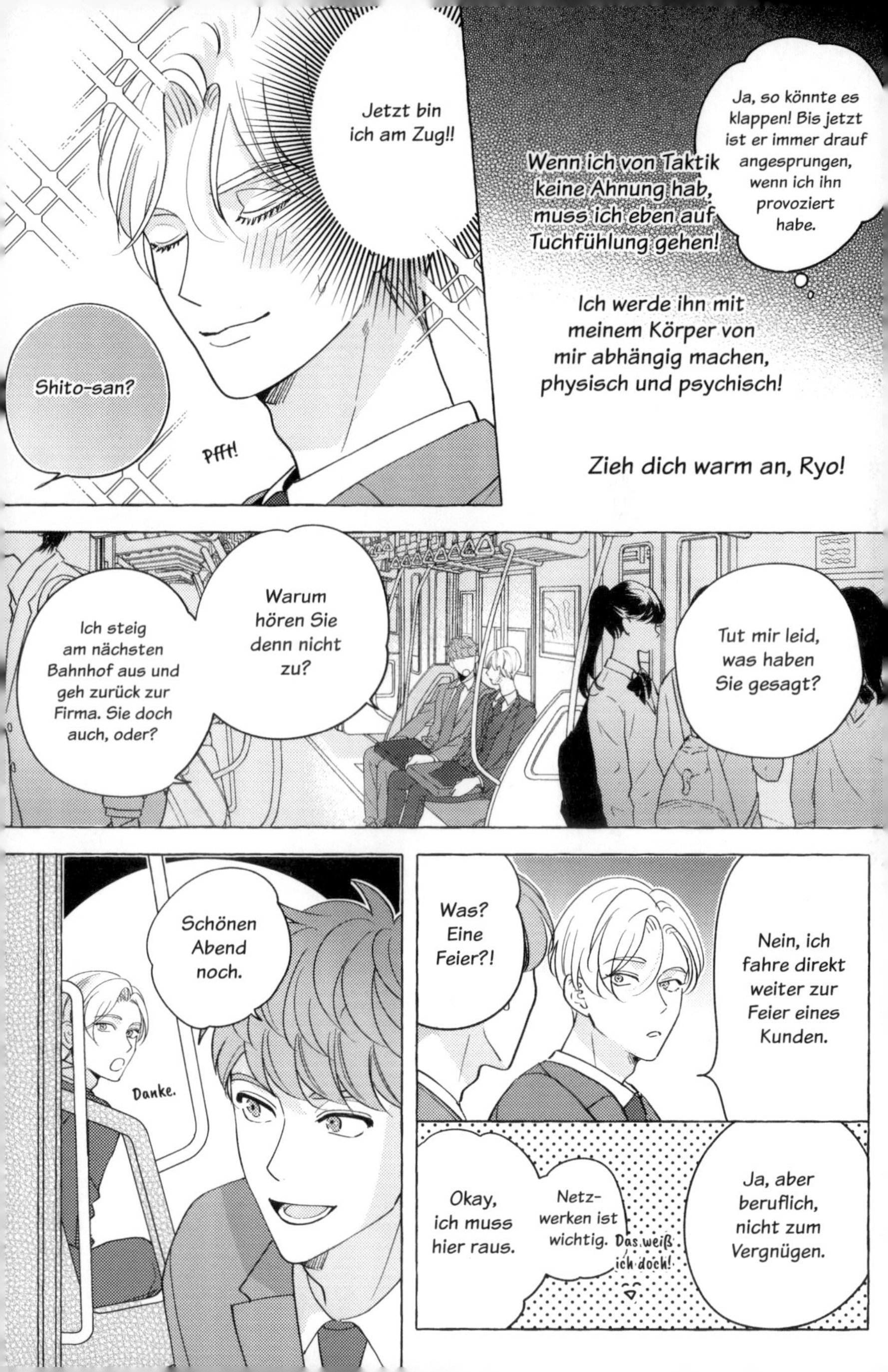

Ja, so könnte es klappen! Bis jetzt ist er immer drauf angesprungen, wenn ich ihn provoziert habe.

Wenn ich von Taktik keine Ahnung hab, muss ich eben auf Tuchfühlung gehen!

Ich werde ihn mit meinem Körper von mir abhängig machen, physisch und psychisch!

Zieh dich warm an, Ryo!

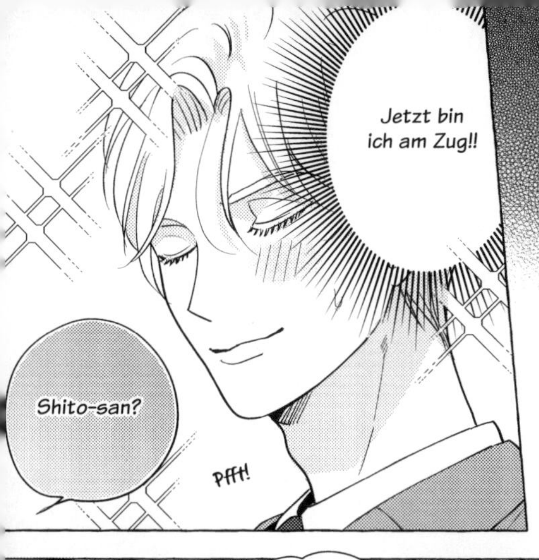

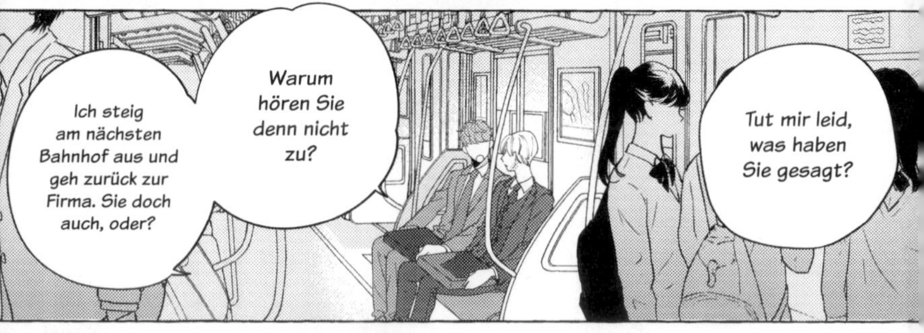

Nein, ich fahre direkt weiter zur Feier eines Kunden.

Was? Eine Feier?!

Ja, aber beruflich, nicht zum Vergnügen.

Netz-werken ist wichtig.

Das weiß ich doch!

Okay, ich muss hier raus.

Schönen Abend noch.

Danke.

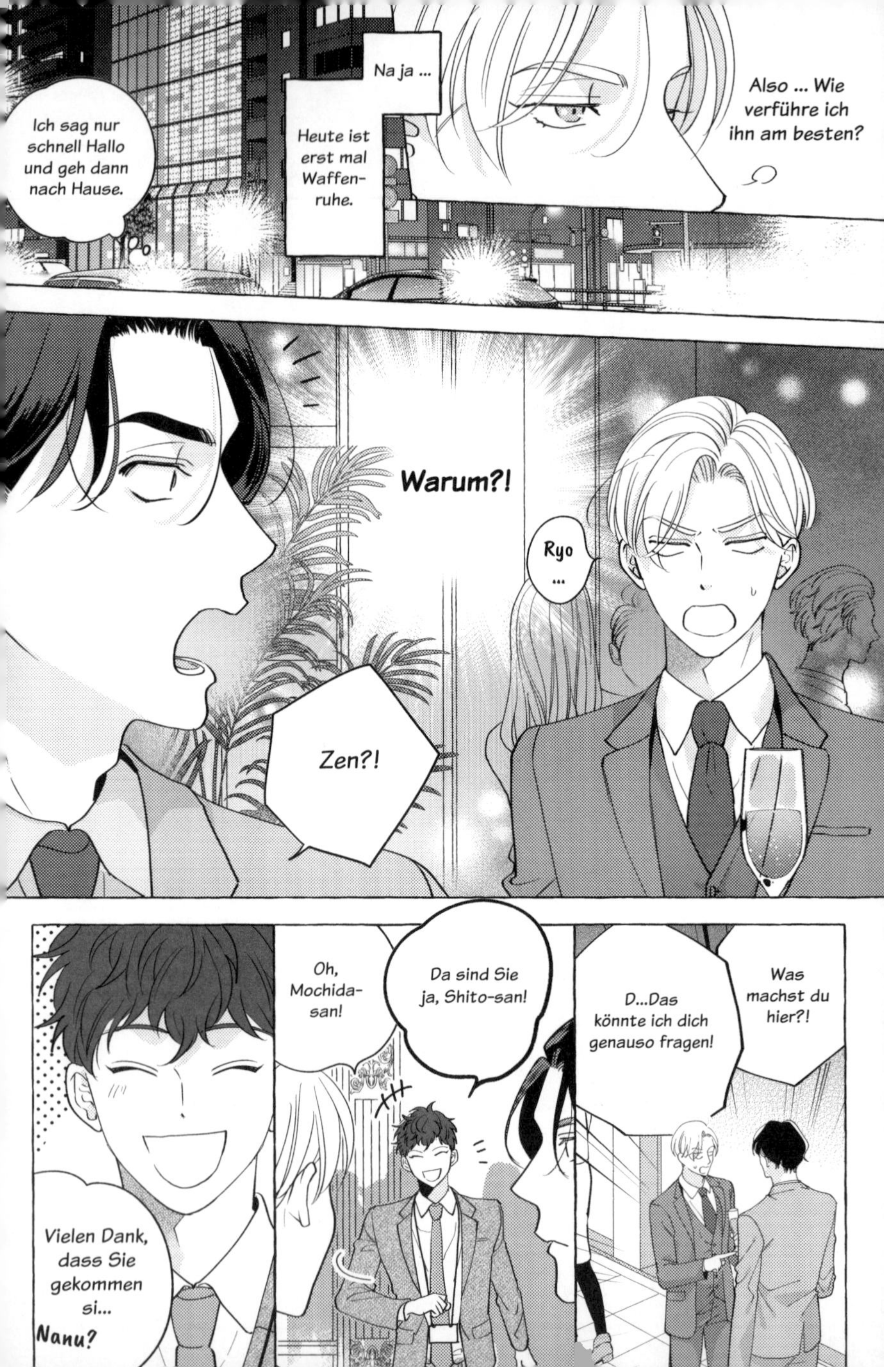
Also ... Wie verführe ich ihn am besten?
Na ja ...
Heute ist erst mal Waffenruhe.
Ich sag nur schnell Hallo und geh dann nach Hause.
Ryo ...
Warum?!
Zen?!
Was machst du hier?!
D...Das könnte ich dich genauso fragen!
Da sind Sie ja, Shito-san!
Oh, Mochida-san!
Vielen Dank, dass Sie gekommen si...
Nanu?

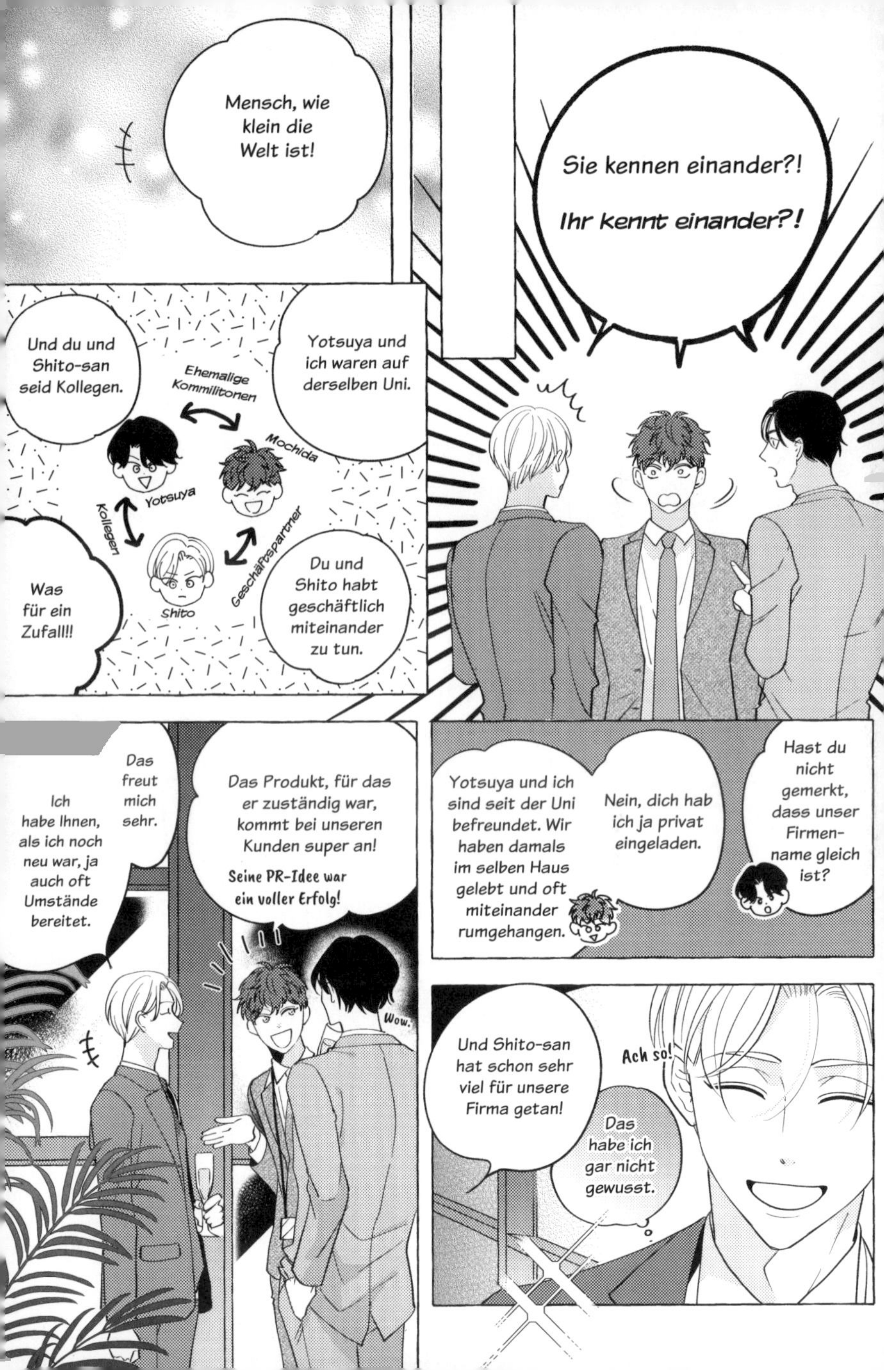
Sie kennen einander?!
Ihr kennt einander?!
Mensch, wie klein die Welt ist!
Yotsuya und ich waren auf derselben Uni.
Und du und Shito-san seid Kollegen.
Ehemalige Kommilitonen
Mochida
Yotsuya
Kollegen
Geschäftspartner
Shito
Du und Shito habt geschäftlich miteinander zu tun.
Was für ein Zufall!!
Hast du nicht gemerkt, dass unser Firmenname gleich ist?
Nein, dich hab ich ja privat eingeladen.
Yotsuya und ich sind seit der Uni befreundet. Wir haben damals im selben Haus gelebt und oft miteinander rumgehangen.
Das Produkt, für das er zuständig war, kommt bei unseren Kunden super an!
Seine PR-Idee war ein voller Erfolg!
Das freut mich sehr.
Ich habe Ihnen, als ich noch neu war, ja auch oft Umstände bereitet.
Wow.
Und Shito-san hat schon sehr viel für unsere Firma getan!
Ach so!
Das habe ich gar nicht gewusst.

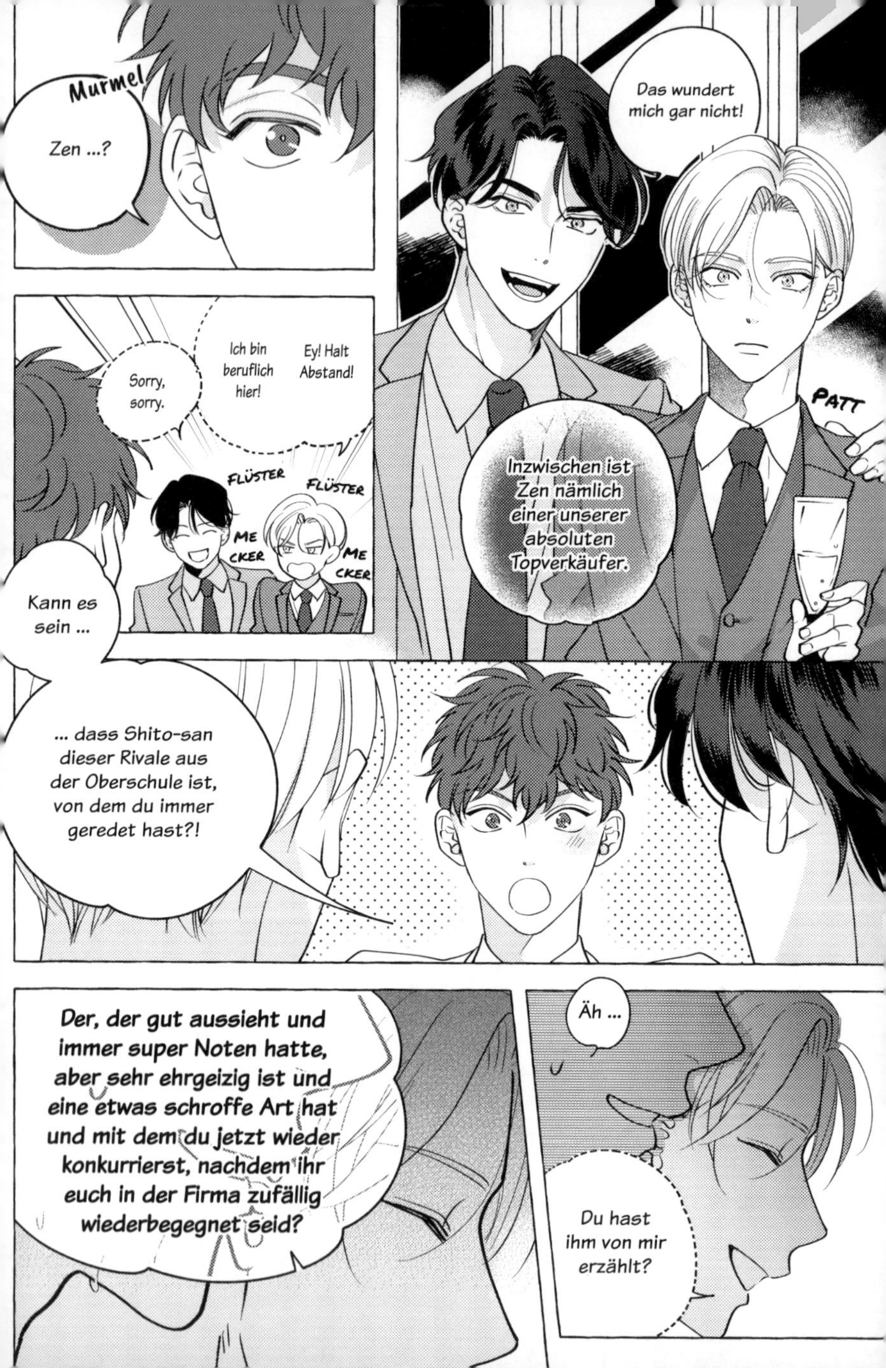
Das wundert mich gar nicht!
Inzwischen ist Zen nämlich einer unserer absoluten Topverkäufer.
PATT
Murmel
Zen ...?
Ey! Halt Abstand!
Ich bin beruflich hier!
Sorry, sorry.
FLÜSTER
FLÜSTER
MECKER
MECKER
Kann es sein ...
... dass Shito-san dieser Rivale aus der Oberschule ist, von dem du immer geredet hast?!
Der, der gut aussieht und immer super Noten hatte, aber sehr ehrgeizig ist und eine etwas schroffe Art hat und mit dem du jetzt wieder konkurrierst, nachdem ihr euch in der Firma zufällig wiederbegegnet seid?
Äh ...
Du hast ihm von mir erzählt?

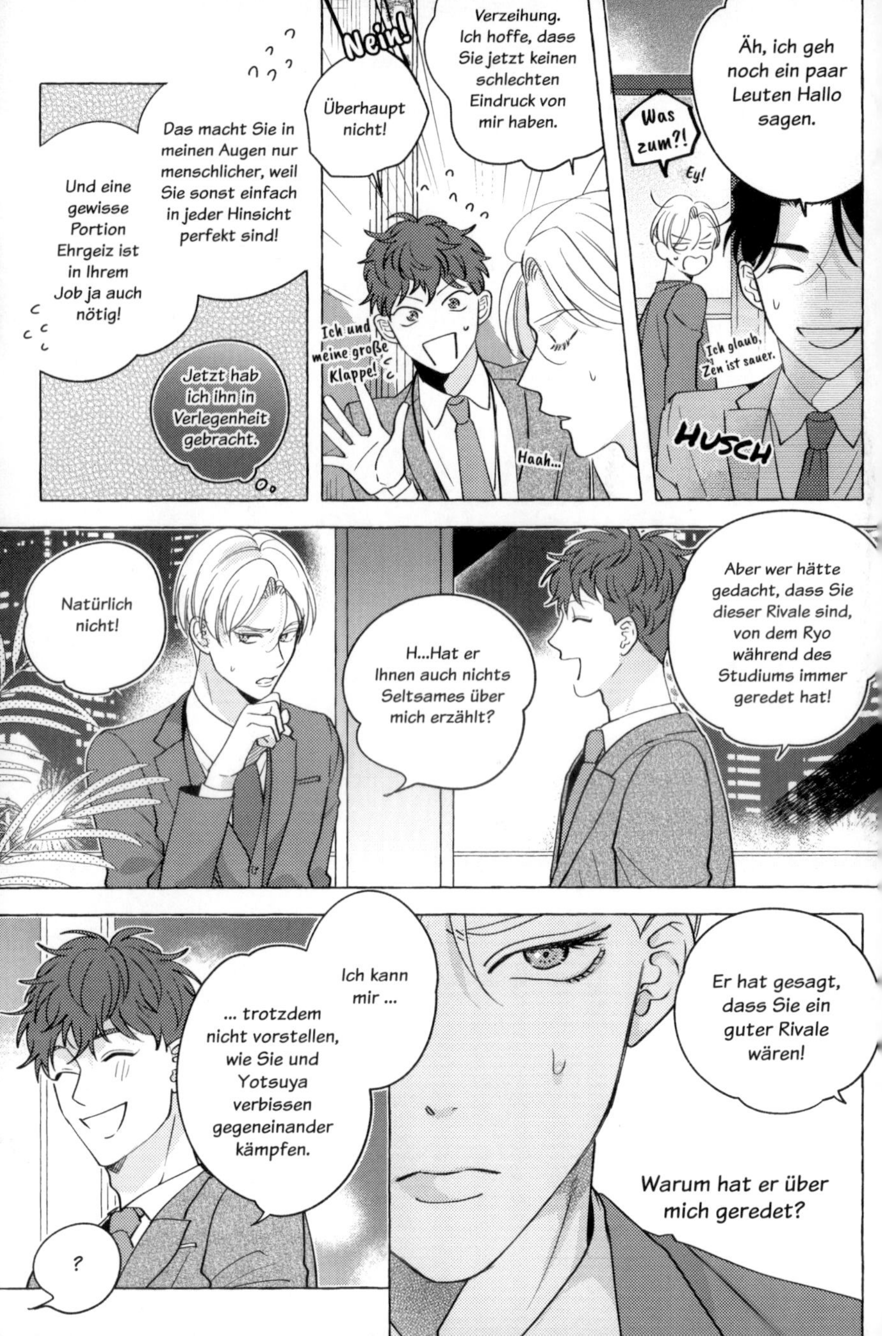
Äh, ich geh noch ein paar Leuten Hallo sagen.
Was zum?!
Ey!
Ich glaub, Zen ist sauer.
HUSCH
Verzeihung. Ich hoffe, dass Sie jetzt keinen schlechten Eindruck von mir haben.
Nein!
Überhaupt nicht!
Ich und meine große Klappe!
Haah...
Das macht Sie in meinen Augen nur menschlicher, weil Sie sonst einfach in jeder Hinsicht perfekt sind!
Und eine gewisse Portion Ehrgeiz ist in Ihrem Job ja auch nötig!
Jetzt hab ich ihn in Verlegenheit gebracht.
Aber wer hätte gedacht, dass Sie dieser Rivale sind, von dem Ryo während des Studiums immer geredet hat!
H...Hat er Ihnen auch nichts Seltsames über mich erzählt?
Natürlich nicht!
Er hat gesagt, dass Sie ein guter Rivale wären!
Warum hat er über mich geredet?
Ich kann mir ...
... trotzdem nicht vorstellen, wie Sie und Yotsuya verbissen gegeneinander kämpfen.
?

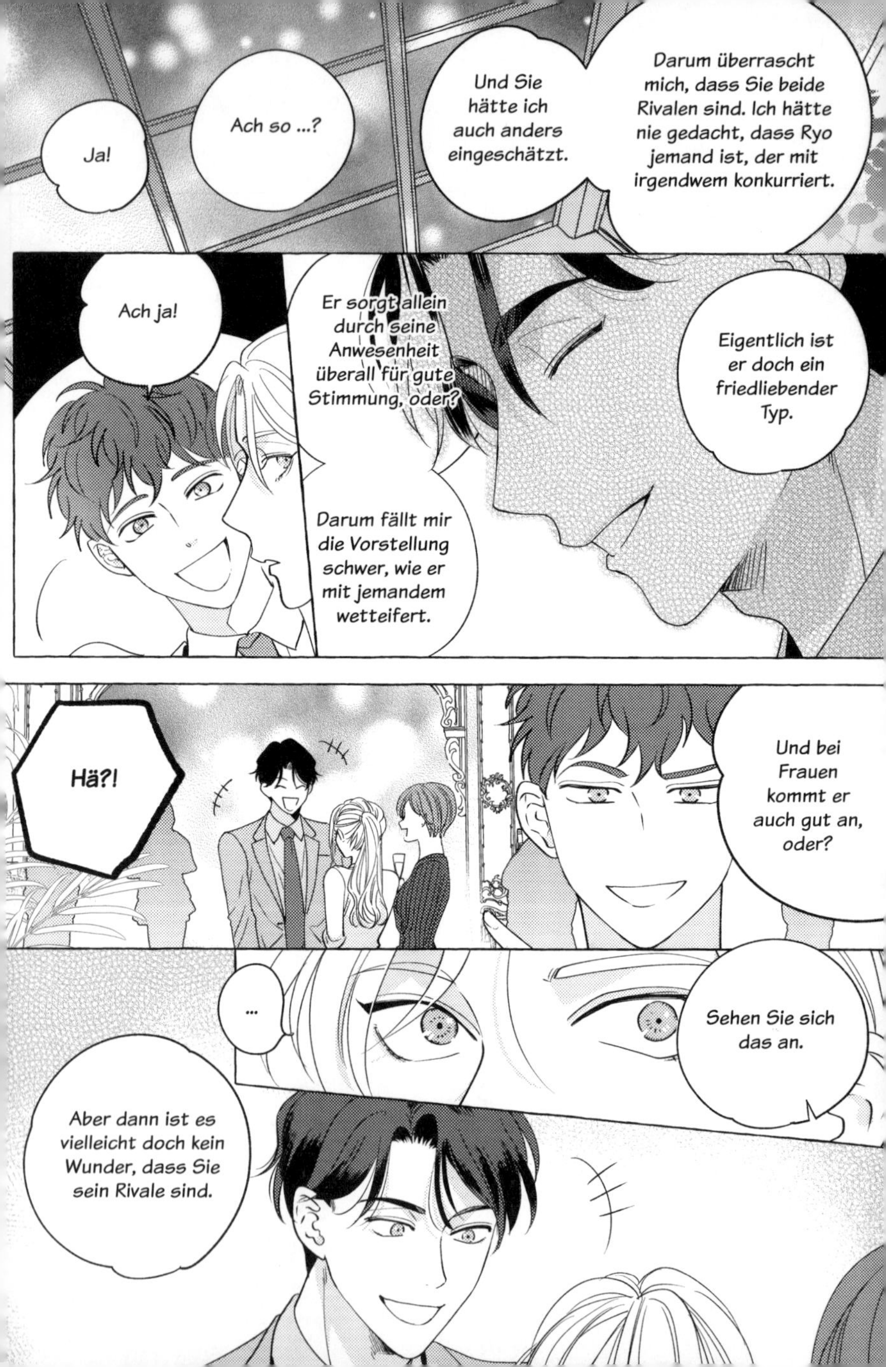

Darum überrascht mich, dass Sie beide Rivalen sind. Ich hätte nie gedacht, dass Ryo jemand ist, der mit irgendwem konkurriert.
Und Sie hätte ich auch anders eingeschätzt.
Ach so ...?
Ja!
Eigentlich ist er doch ein friedliebender Typ.
Er sorgt allein durch seine Anwesenheit überall für gute Stimmung, oder?
Darum fällt mir die Vorstellung schwer, wie er mit jemandem wetteifert.
Ach ja!
Und bei Frauen kommt er auch gut an, oder?
Hä?!
Sehen Sie sich das an.
...
Aber dann ist es vielleicht doch kein Wunder, dass Sie sein Rivale sind.

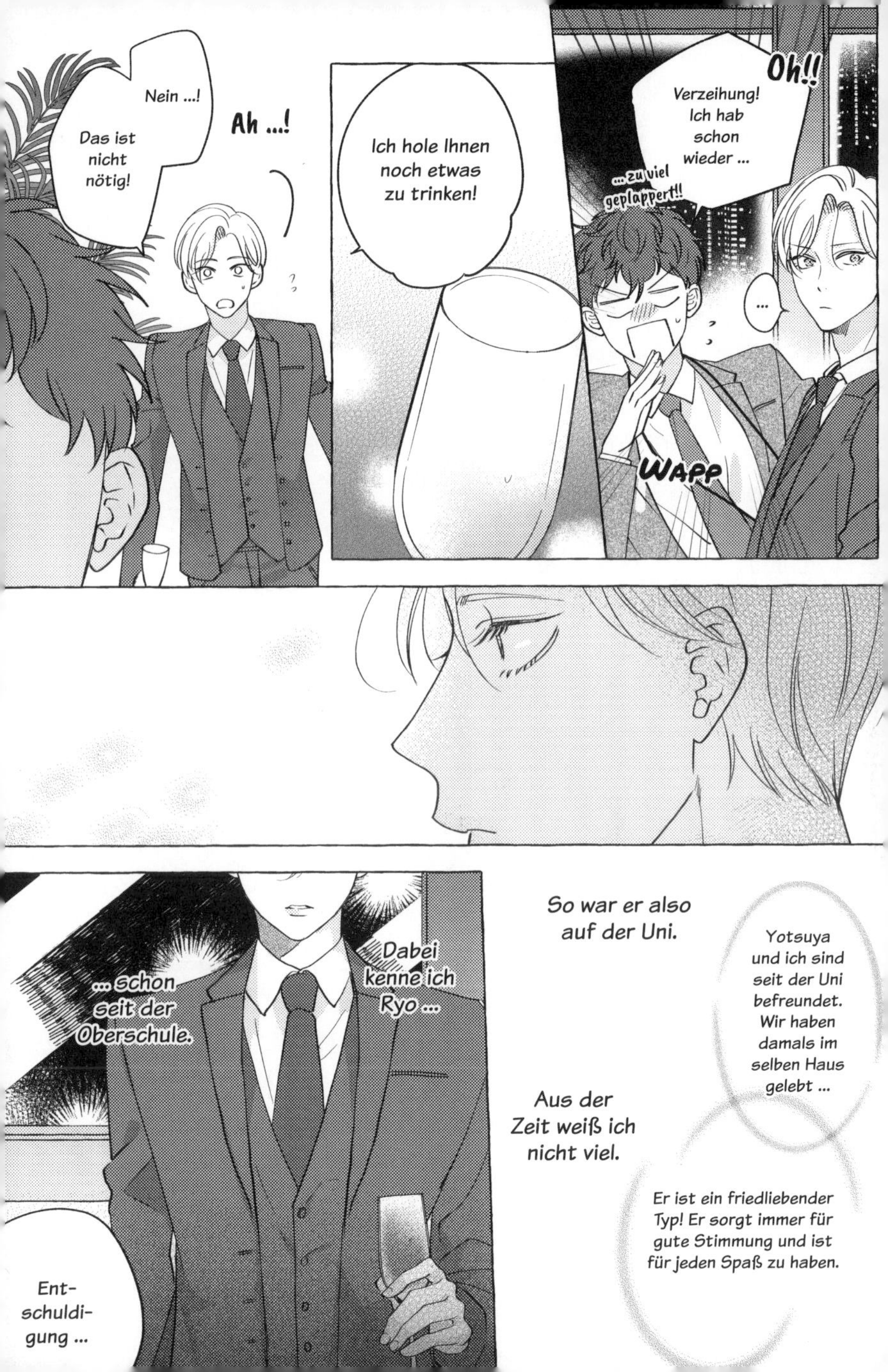

Oh!!
Verzeihung! Ich hab schon wieder ...
... zu viel geplappert!!
...
WAPP

Ich hole Ihnen noch etwas zu trinken!

Nein ...!
Das ist nicht nötig!
Ah ...!

So war er also auf der Uni.
Yotsuya und ich sind seit der Uni befreundet. Wir haben damals im selben Haus gelebt ...
Aus der Zeit weiß ich nicht viel.
Er ist ein friedliebender Typ! Er sorgt immer für gute Stimmung und ist für jeden Spaß zu haben.

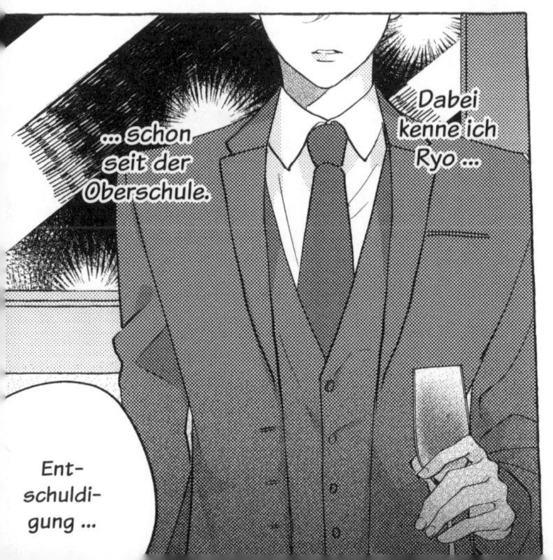

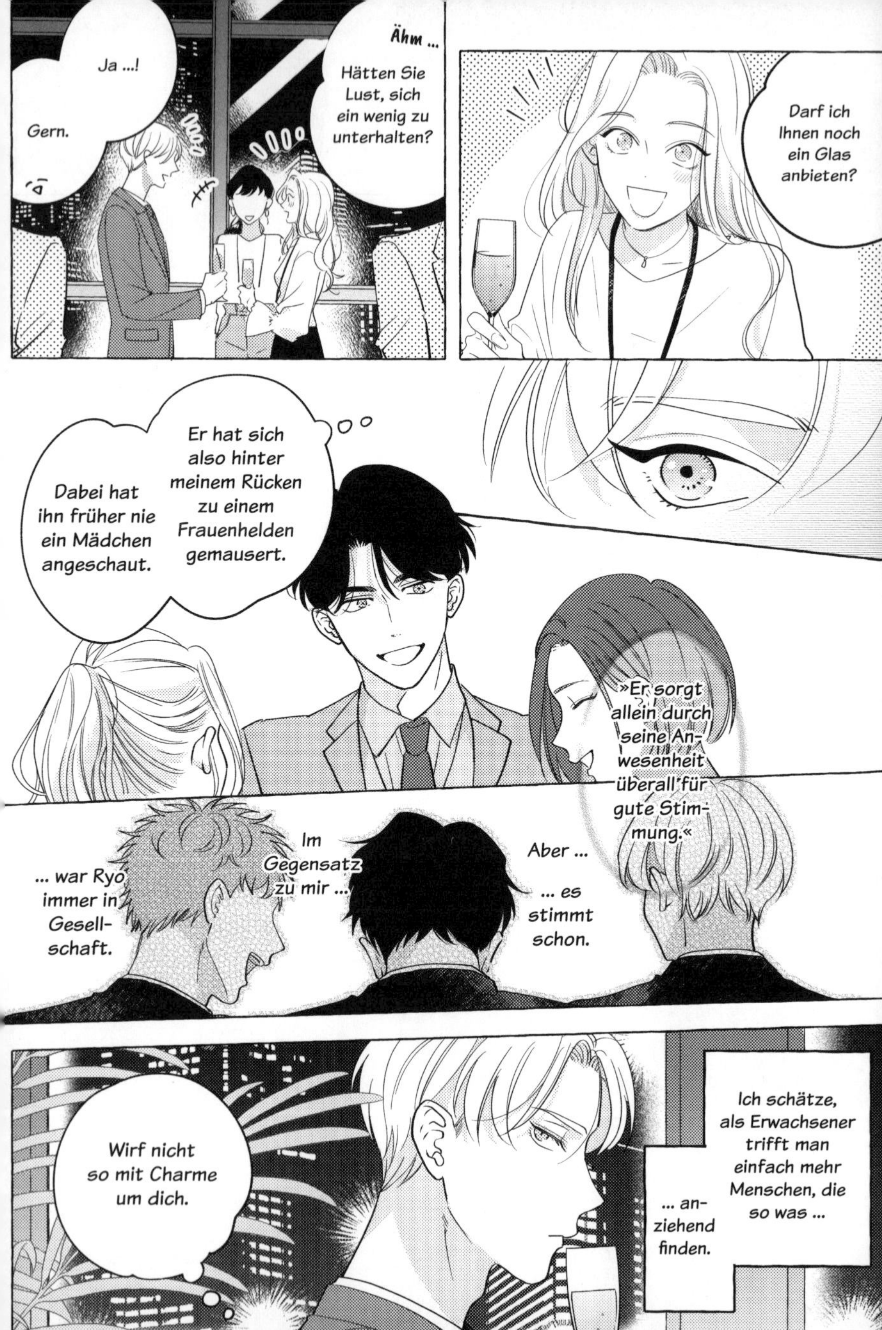
Darf ich Ihnen noch ein Glas anbieten?
Ähm ...
Hätten Sie Lust, sich ein wenig zu unterhalten?
Ja ...!
Gern.
»Er sorgt allein durch seine Anwesenheit überall für gute Stimmung.«
Er hat sich also hinter meinem Rücken zu einem Frauenhelden gemausert.
Dabei hat ihn früher nie ein Mädchen angeschaut.
Aber ...
... es stimmt schon.
Im Gegensatz zu mir ...
... war Ryo immer in Gesellschaft.
Ich schätze, als Erwachsener trifft man einfach mehr Menschen, die so was ...
... anziehend finden.
Wirf nicht so mit Charme um dich.

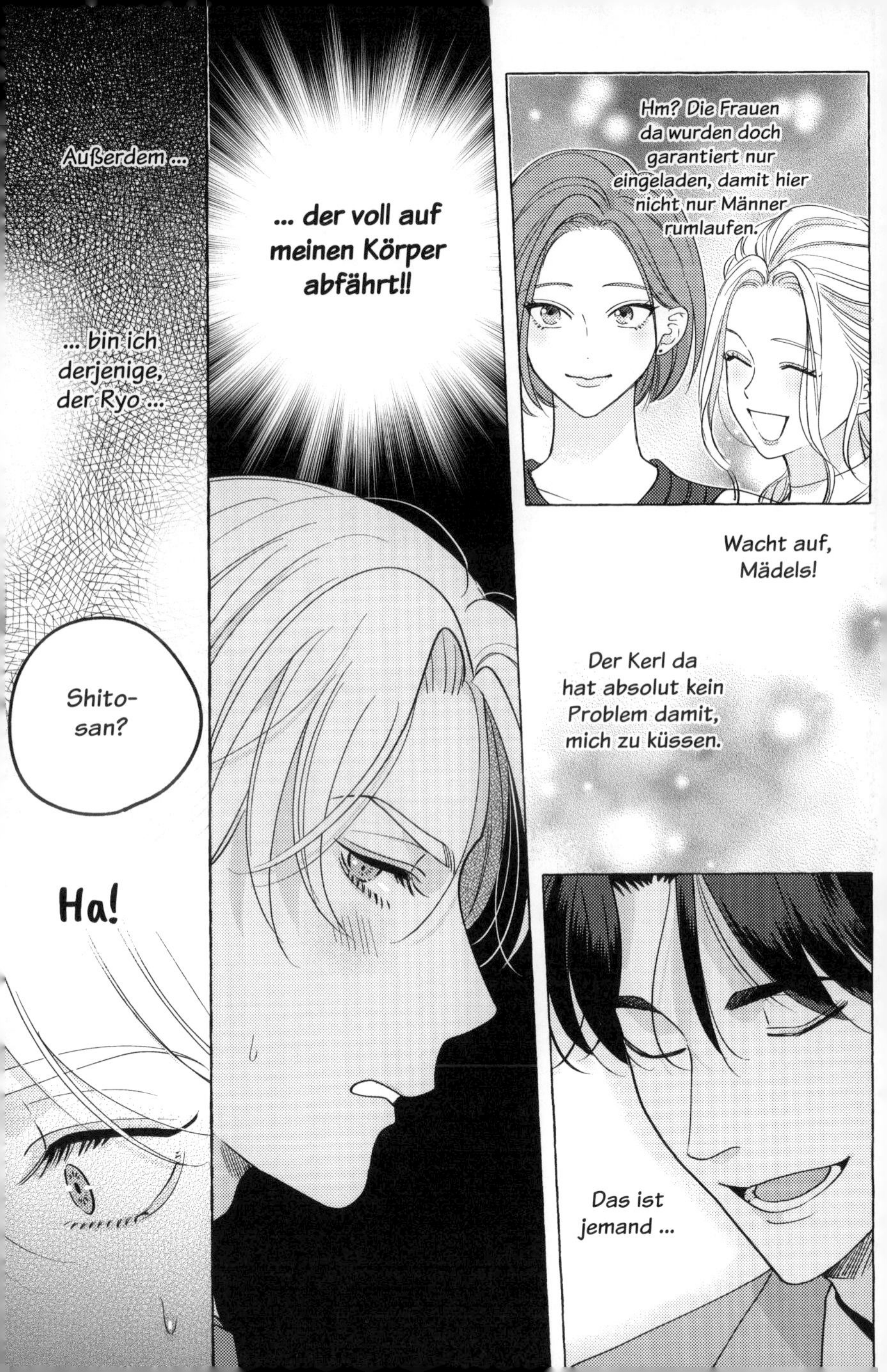

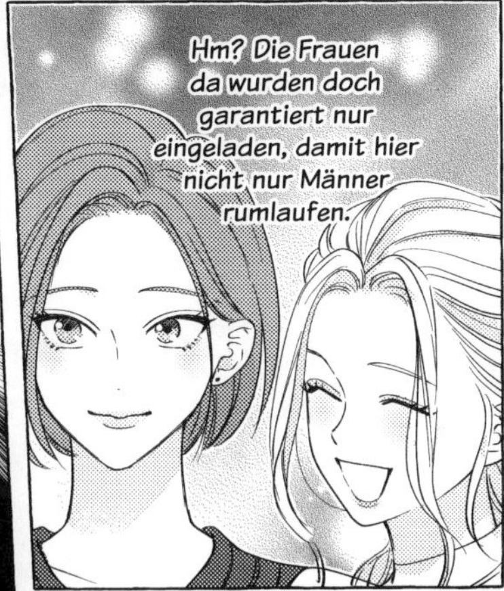

Wacht auf, Mädels!

Der Kerl da hat absolut kein Problem damit, mich zu küssen.

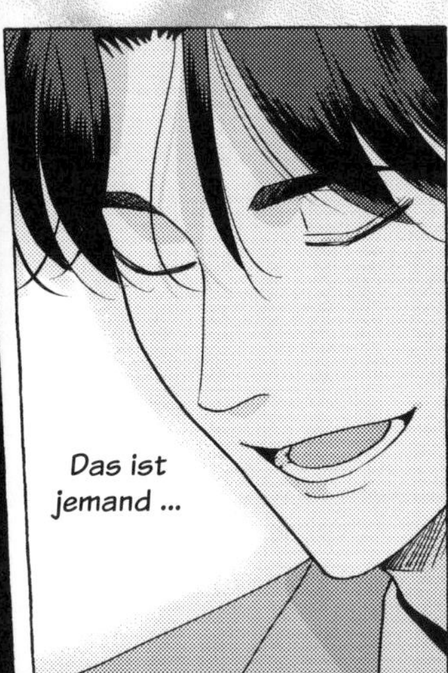

... der voll auf meinen Körper abfährt!!

Außerdem ...

... bin ich derjenige, der Ryo ...

Shito-san?

Ha!

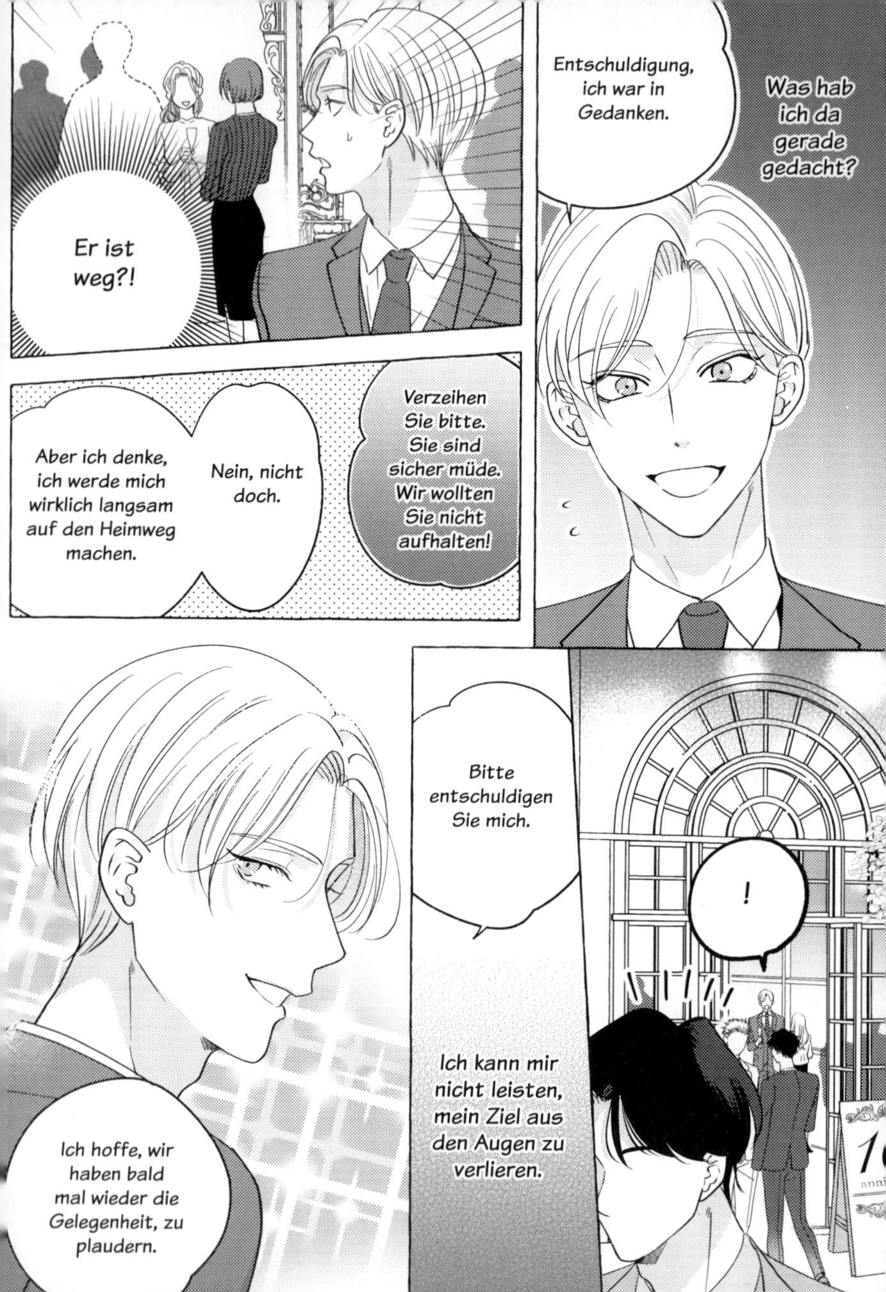
Entschuldigung, ich war in Gedanken.
Was hab ich da gerade gedacht?
Er ist weg?!
Verzeihen Sie bitte. Sie sind sicher müde. Wir wollten Sie nicht aufhalten!
Nein, nicht doch.
Aber ich denke, ich werde mich wirklich langsam auf den Heimweg machen.
Bitte entschuldigen Sie mich.
!
Ich kann mir nicht leisten, mein Ziel aus den Augen zu verlieren.
Ich hoffe, wir haben bald mal wieder die Gelegenheit, zu plaudern.

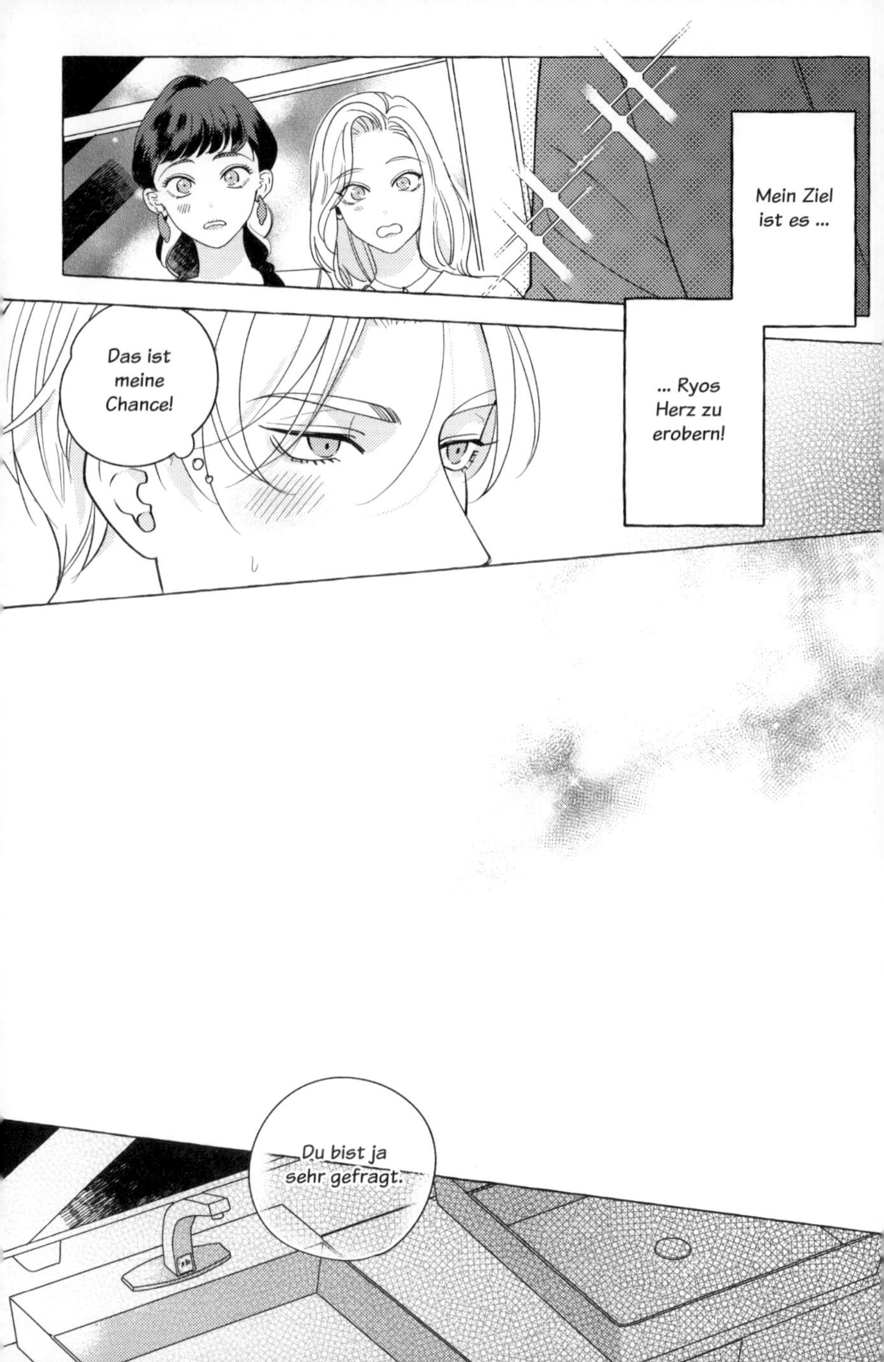
Mein Ziel ist es ...
... Ryos Herz zu erobern!
Das ist meine Chance!
Du bist ja sehr gefragt.

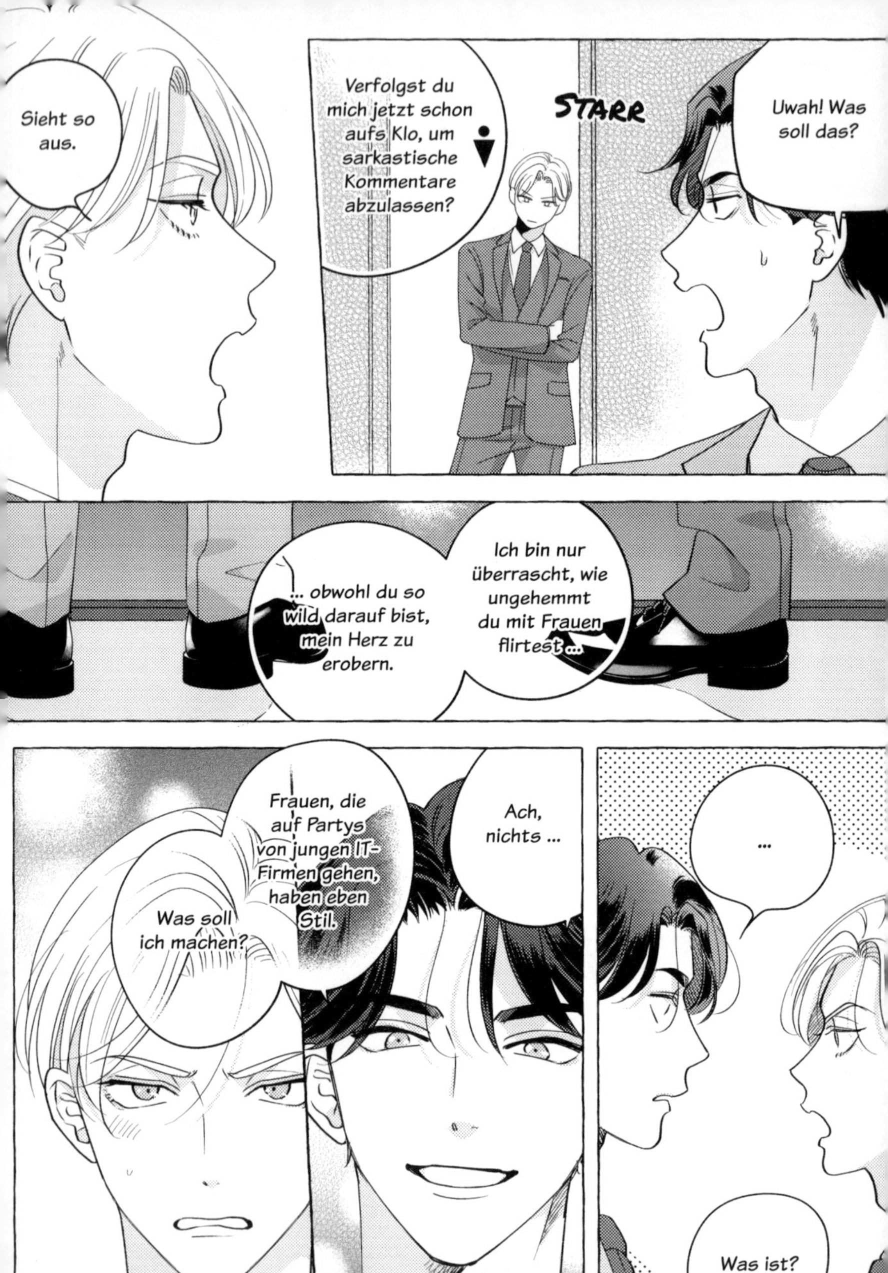
Uwah! Was soll das?
STARR
Verfolgst du mich jetzt schon aufs Klo, um sarkastische Kommentare abzulassen?
Sieht so aus.
Ich bin nur überrascht, wie ungehemmt du mit Frauen flirtest ...
... obwohl du so wild darauf bist, mein Herz zu erobern.
...
Was ist?
Ach, nichts ...
Frauen, die auf Partys von jungen IT-Firmen gehen, haben eben Stil.
Was soll ich machen?

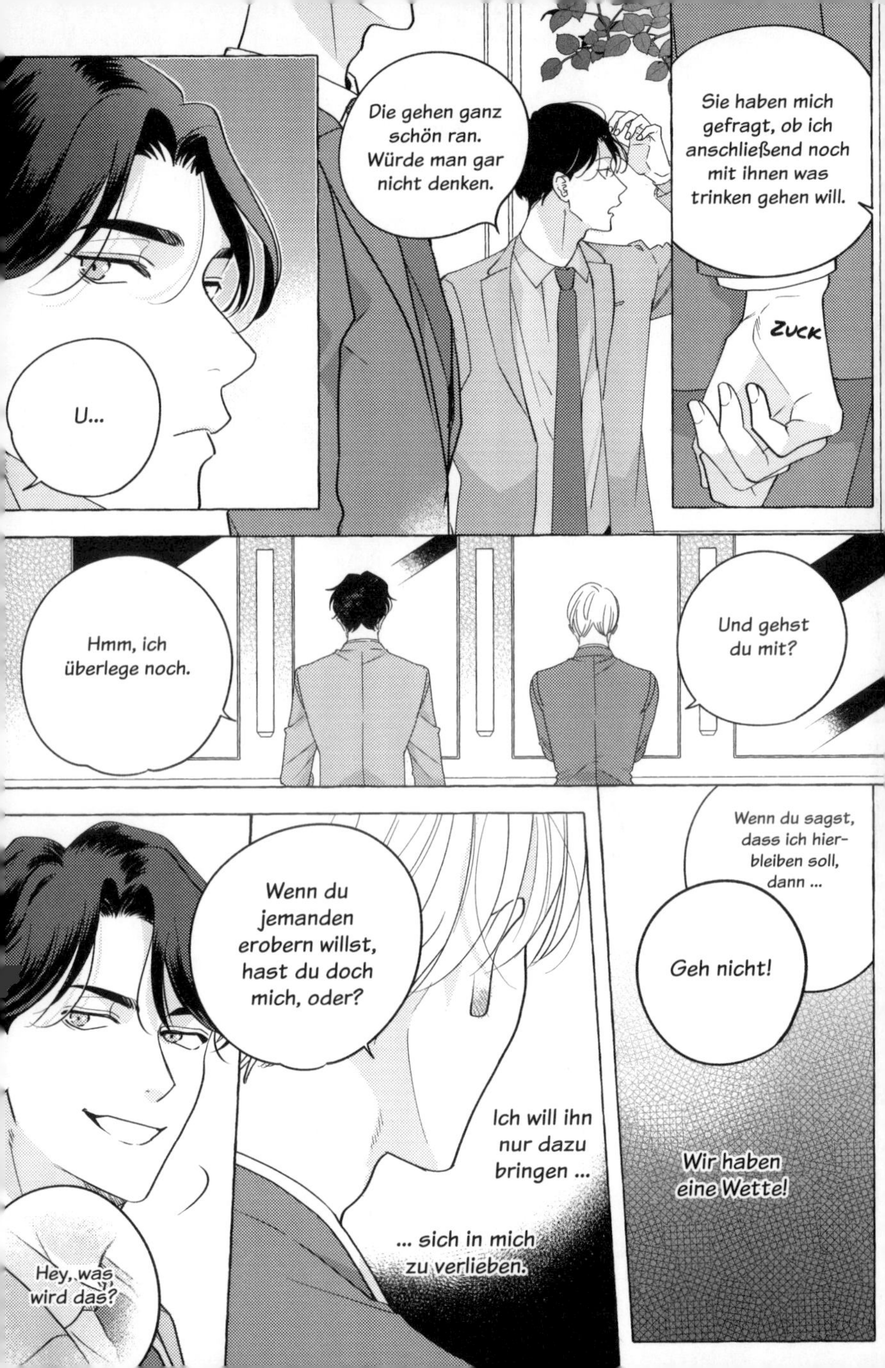
Die gehen ganz schön ran. Würde man gar nicht denken.
Sie haben mich gefragt, ob ich anschließend noch mit ihnen was trinken gehen will.
ZUCK
U...
Hmm, ich überlege noch.
Und gehst du mit?
Wenn du sagst, dass ich hierbleiben soll, dann ...
Geh nicht!
Wenn du jemanden erobern willst, hast du doch mich, oder?
Wir haben eine Wette!
Ich will ihn nur dazu bringen ...
... sich in mich zu verlieben.
Hey, was wird das?

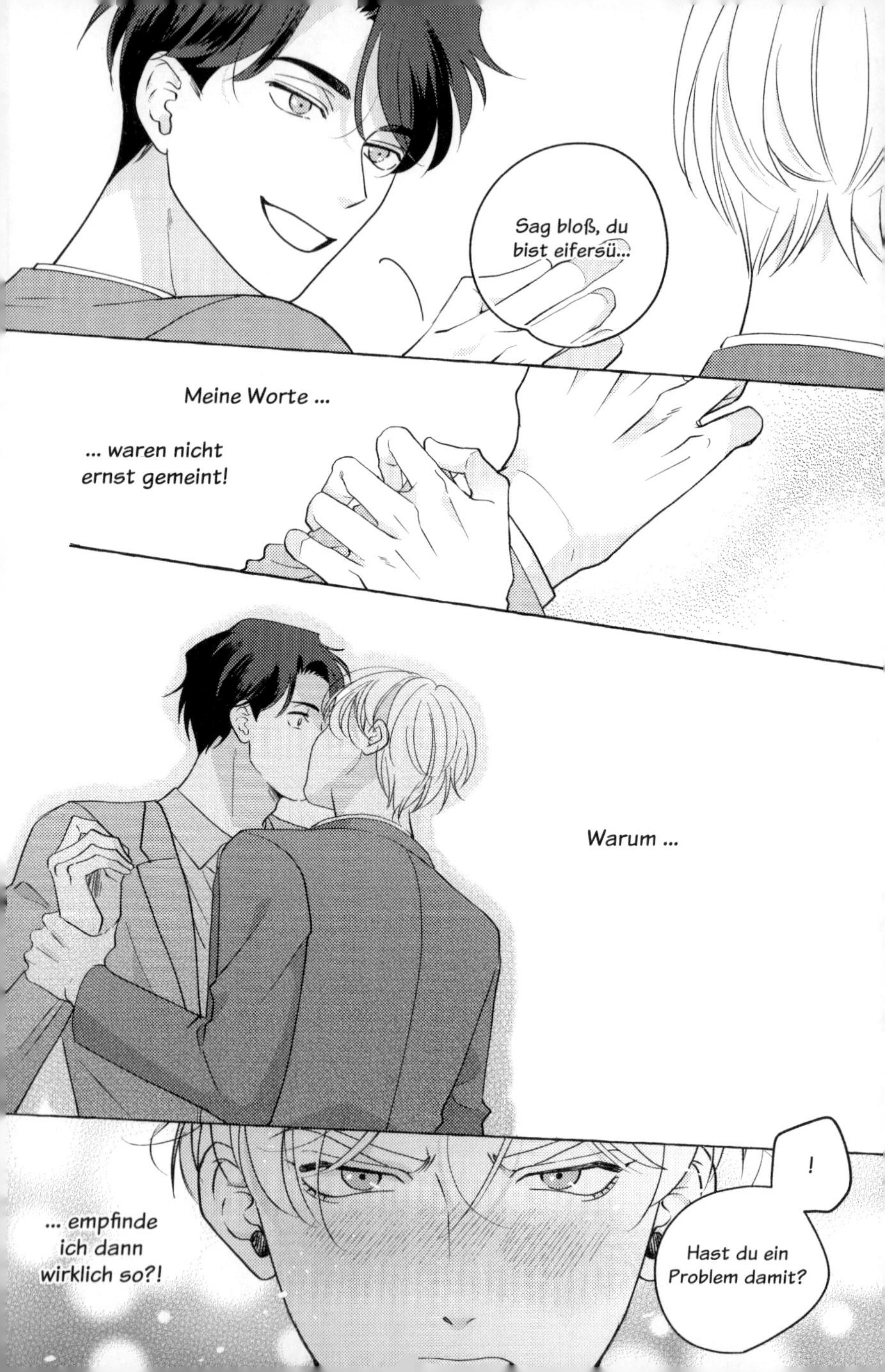
Sag bloß, du bist eifersü...
Meine Worte ...
... waren nicht ernst gemeint!
Warum ...
!
Hast du ein Problem damit?
... empfinde ich dann wirklich so?!

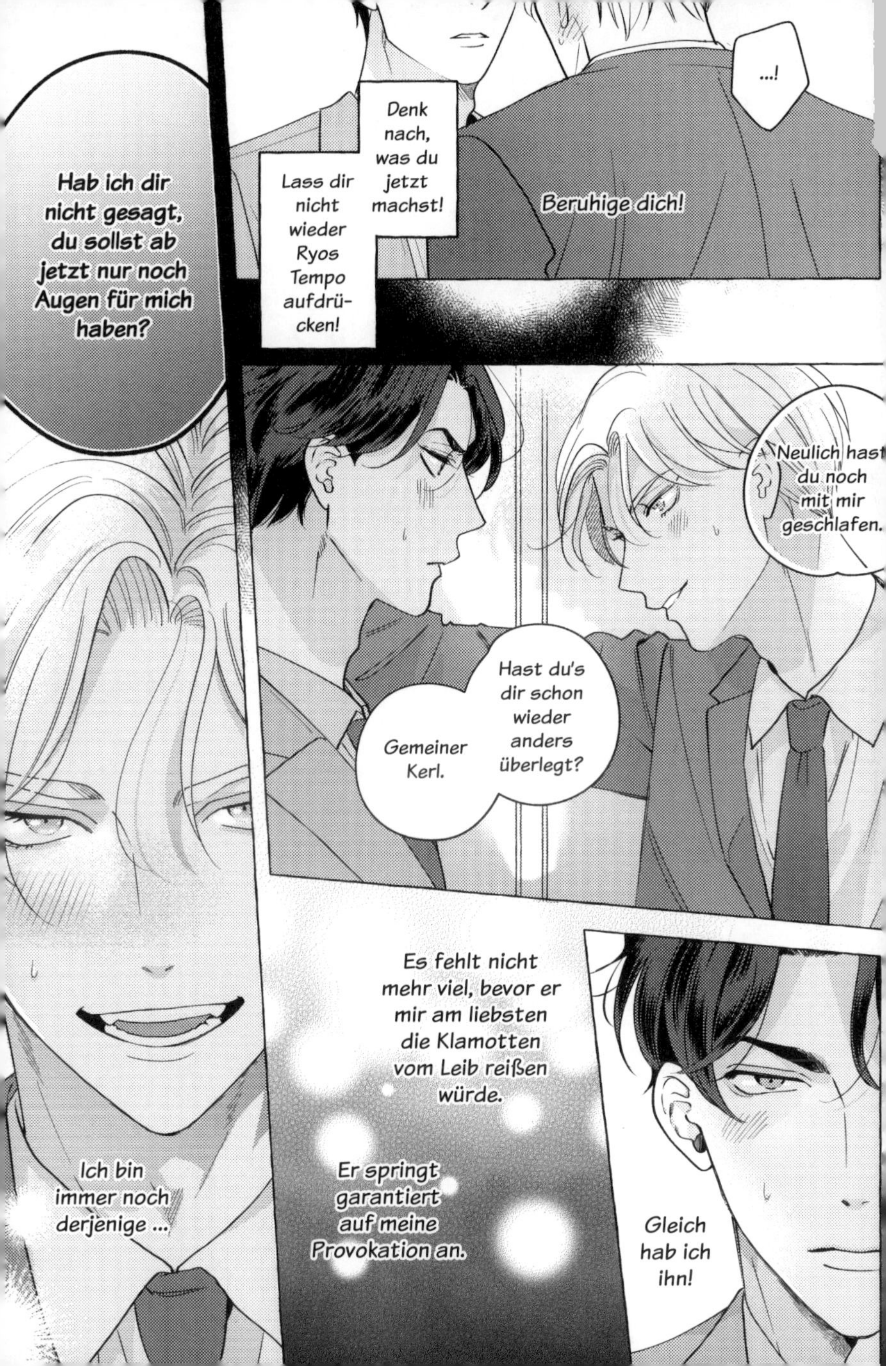
...!
Beruhige dich!
Denk nach, was du jetzt machst!
Lass dir nicht wieder Ryos Tempo aufdrücken!
Hab ich dir nicht gesagt, du sollst ab jetzt nur noch Augen für mich haben?
Neulich hast du noch mit mir geschlafen.
Hast du's dir schon wieder anders überlegt?
Gemeiner Kerl.
Es fehlt nicht mehr viel, bevor er mir am liebsten die Klamotten vom Leib reißen würde.
Gleich hab ich ihn!
Er springt garantiert auf meine Provokation an.
Ich bin immer noch derjenige ...

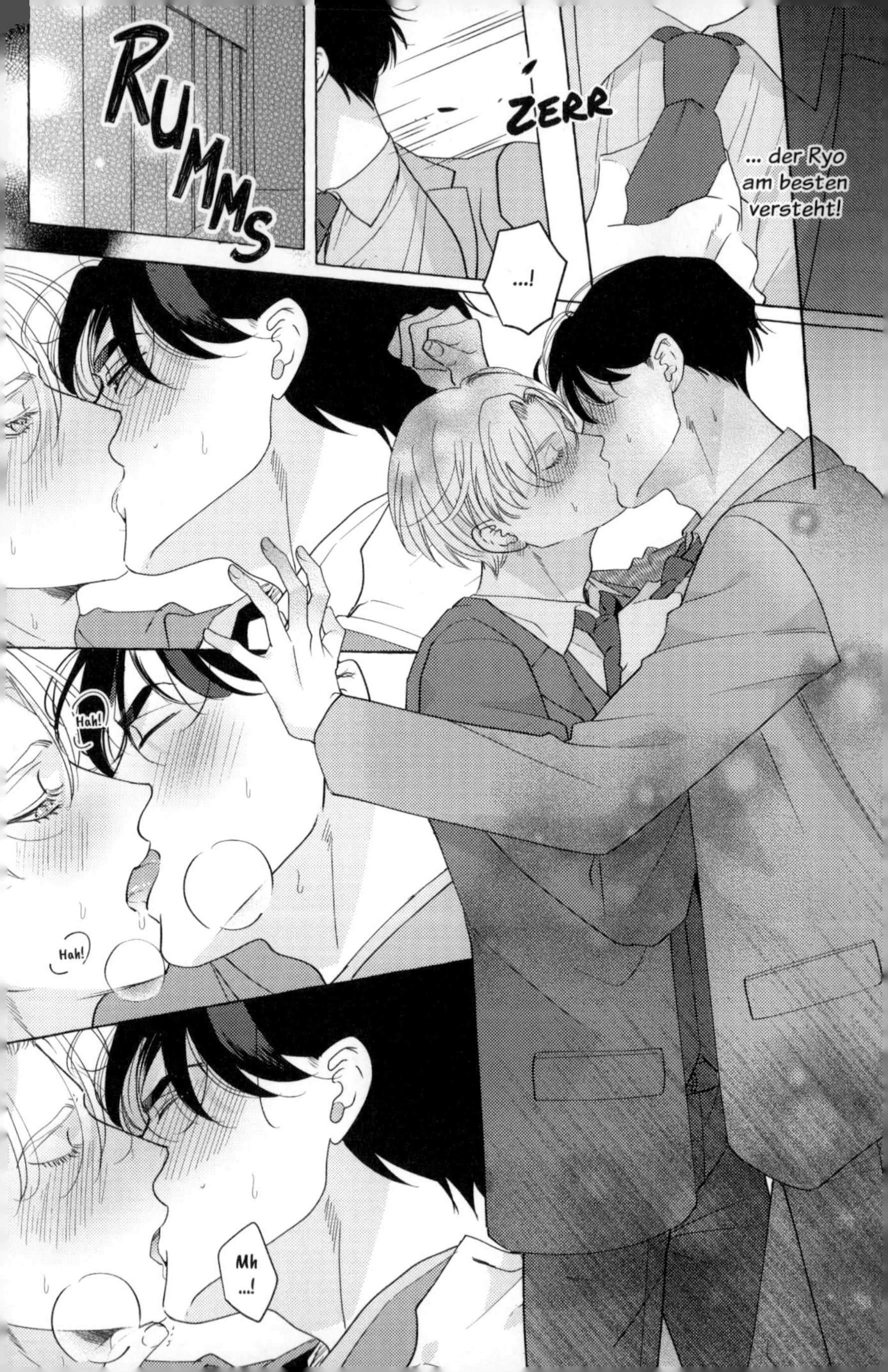
RUMMS
ZERR
... der Ryo am besten versteht!
...!
Hah!
Hah!
Mh ...!

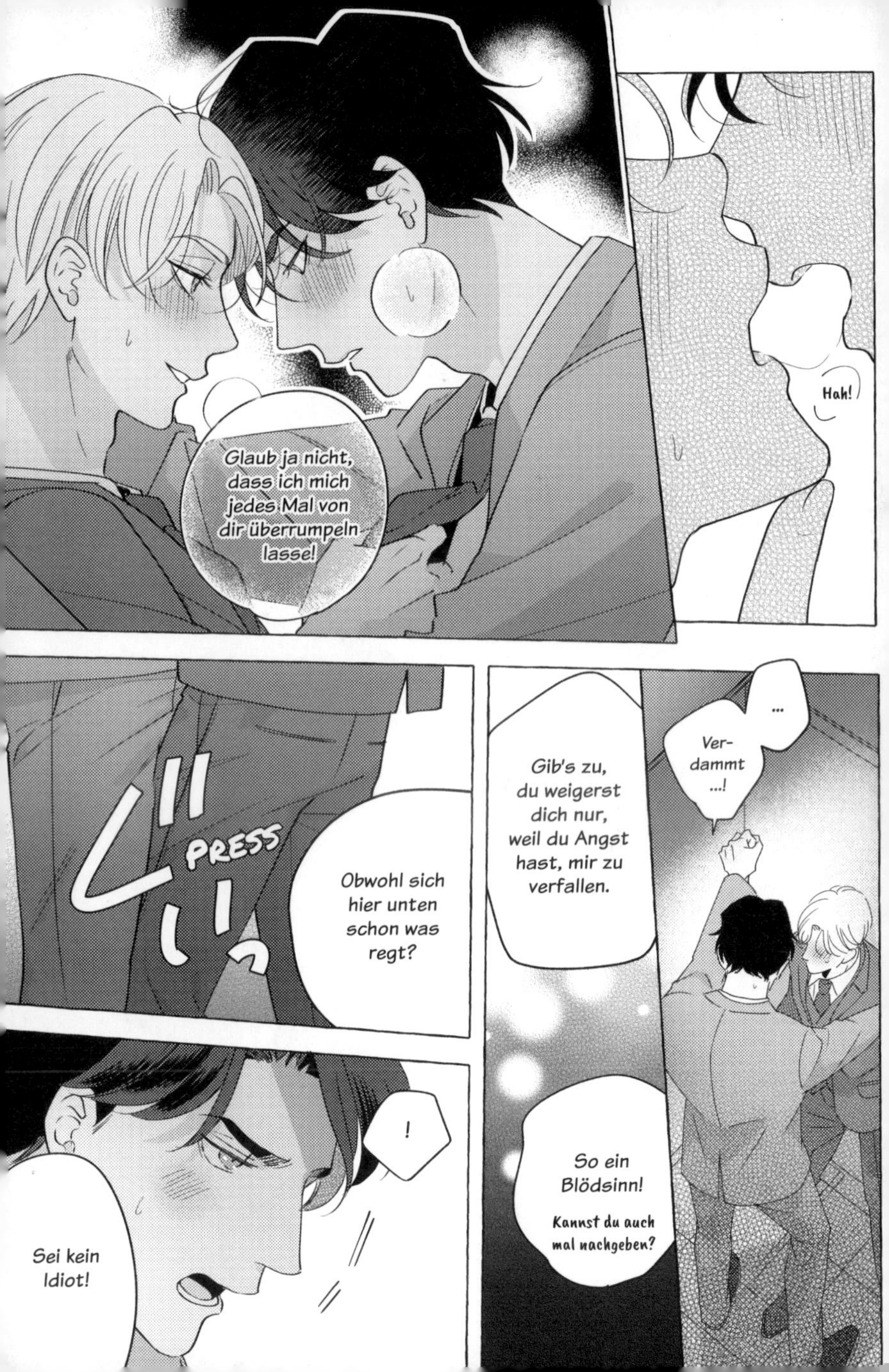

Hah!

Glaub ja nicht, dass ich mich jedes Mal von dir überrumpeln lasse!

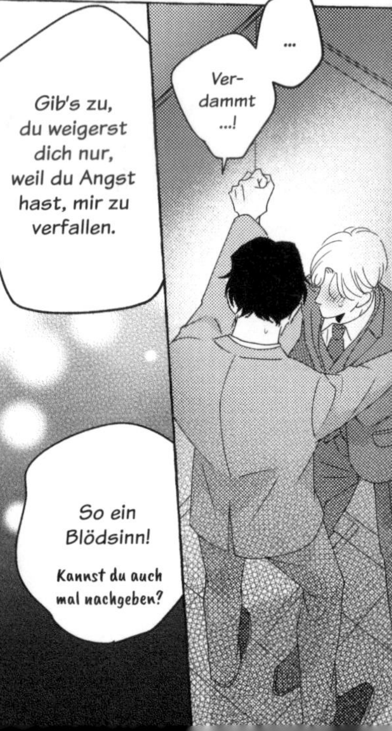

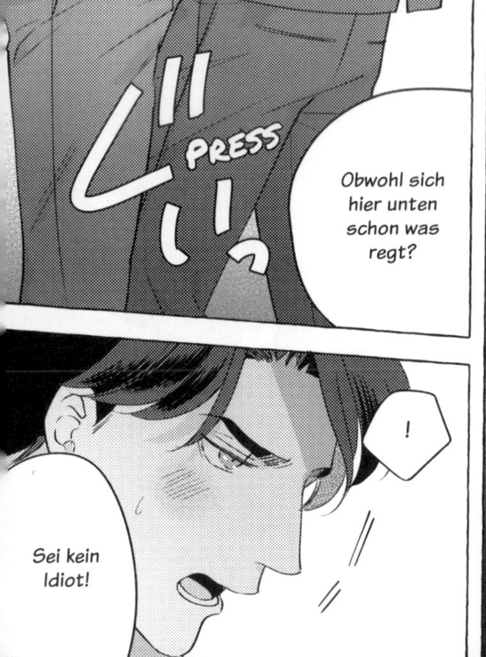

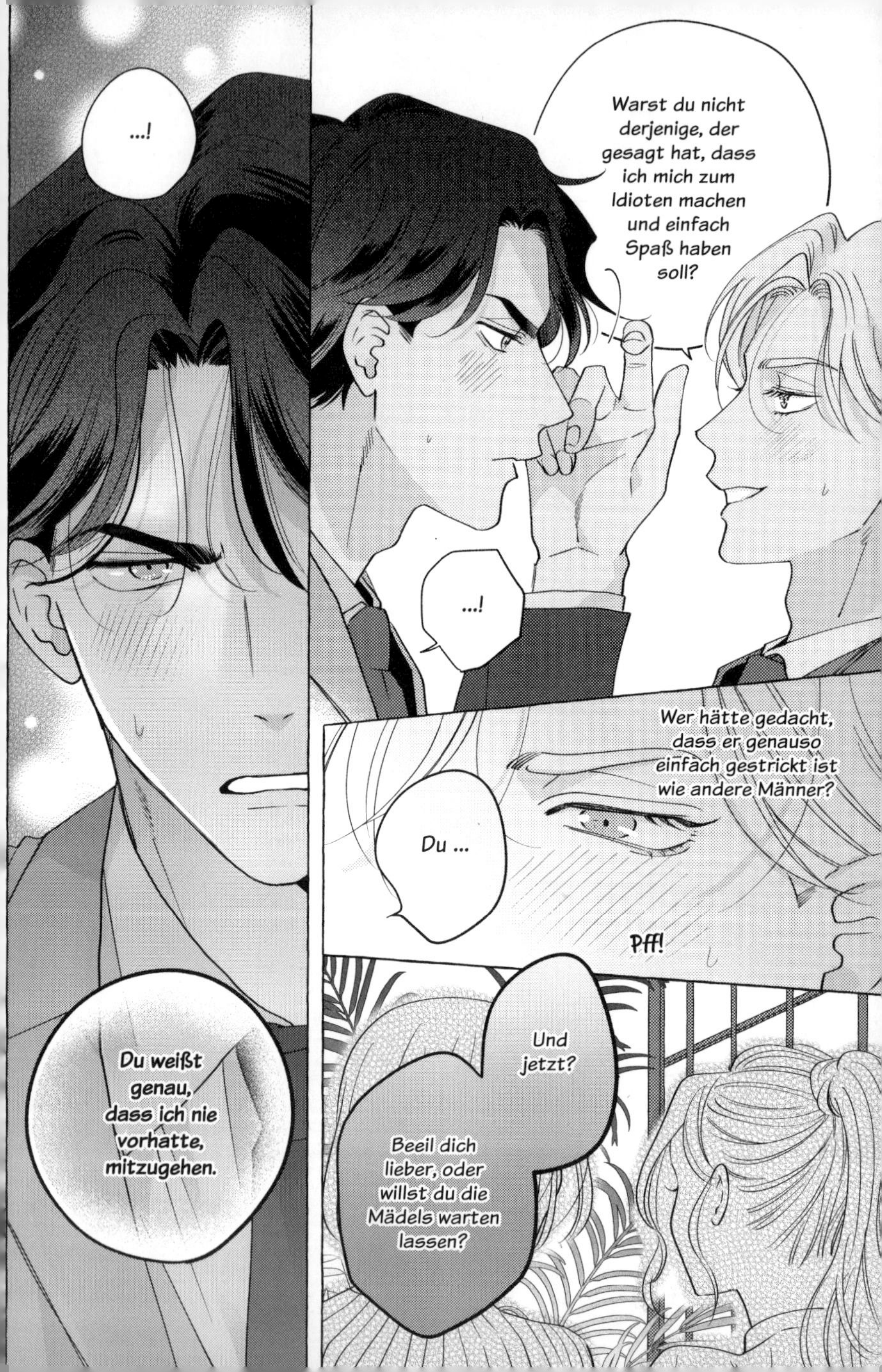
...!
Du weißt genau, dass ich nie vorhatte, mitzugehen.
Warst du nicht derjenige, der gesagt hat, dass ich mich zum Idioten machen und einfach Spaß haben soll?
...!
Wer hätte gedacht, dass er genauso einfach gestrickt ist wie andere Männer?
Du ...
Pff!
Und jetzt?
Beeil dich lieber, oder willst du die Mädels warten lassen?

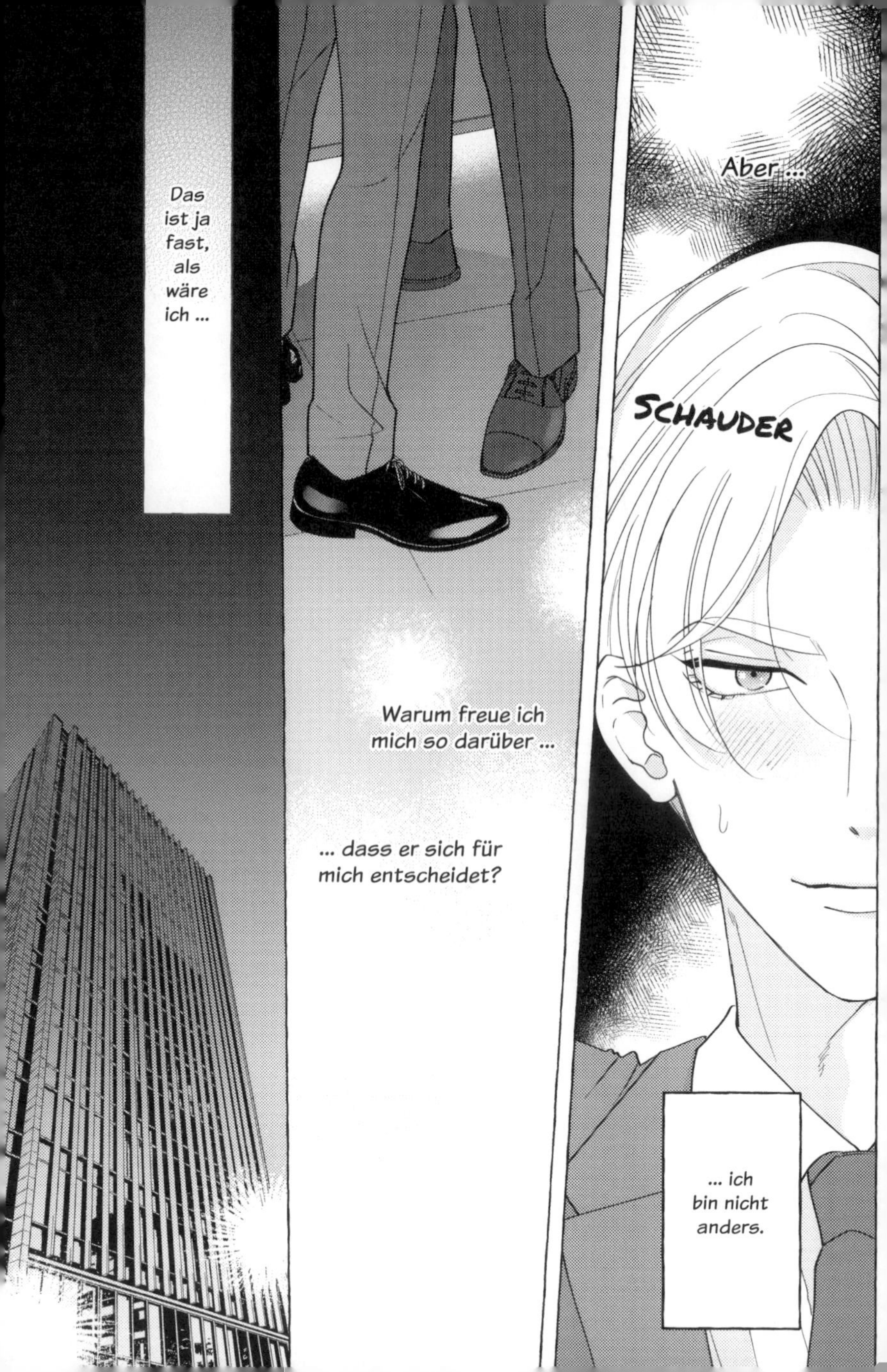
Aber ...
SCHAUDER
... ich bin nicht anders.
Warum freue ich mich so darüber ...
... dass er sich für mich entscheidet?
Das ist ja fast, als wäre ich ...

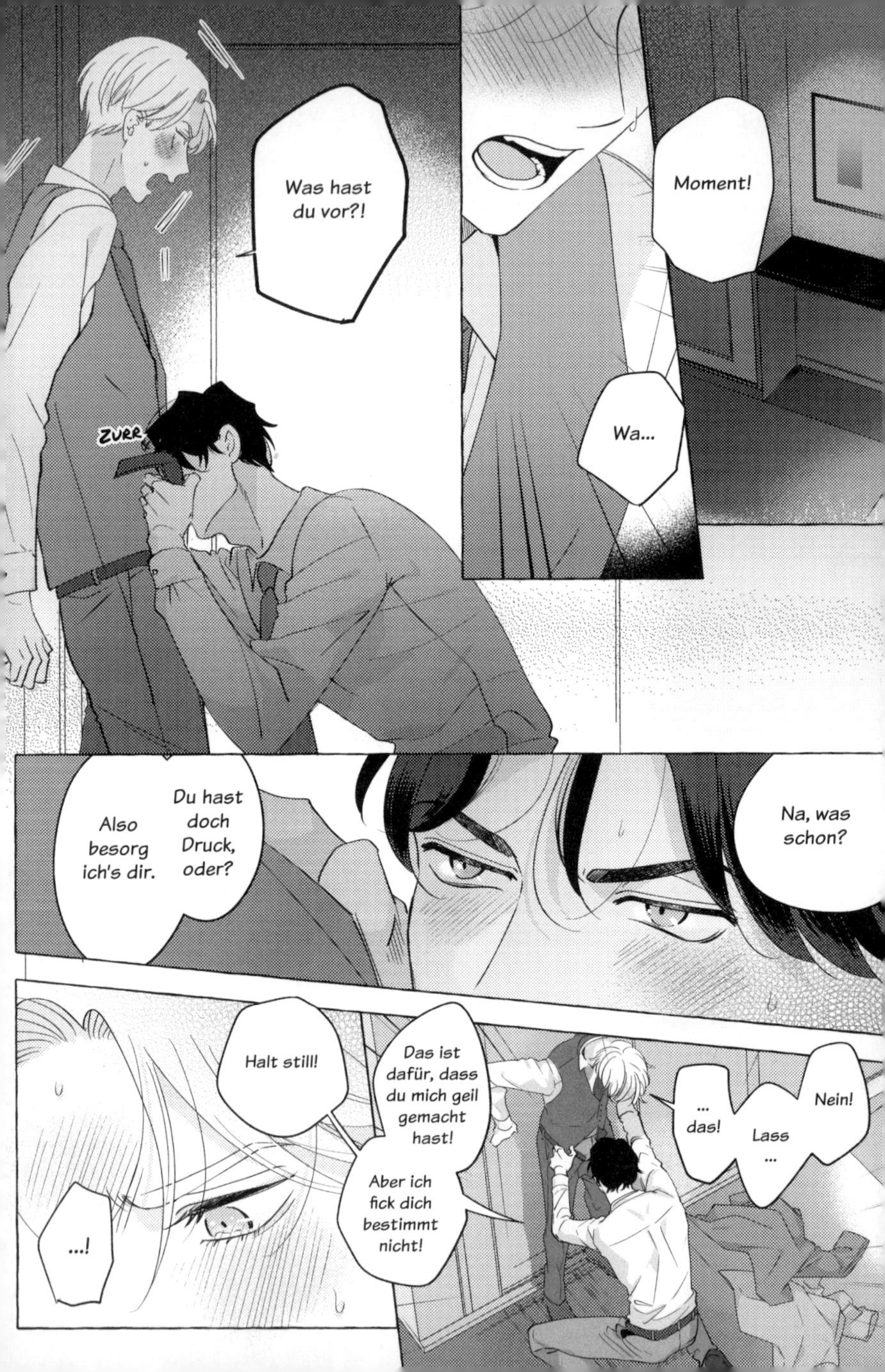
Moment!
Wa...
Was hast du vor?!
ZURR
Na, was schon?
Du hast doch Druck, oder?
Also besorg ich's dir.
Nein!
Lass ...
... das!
Halt still!
Das ist dafür, dass du mich geil gemacht hast!
Aber ich fick dich bestimmt nicht!
...!

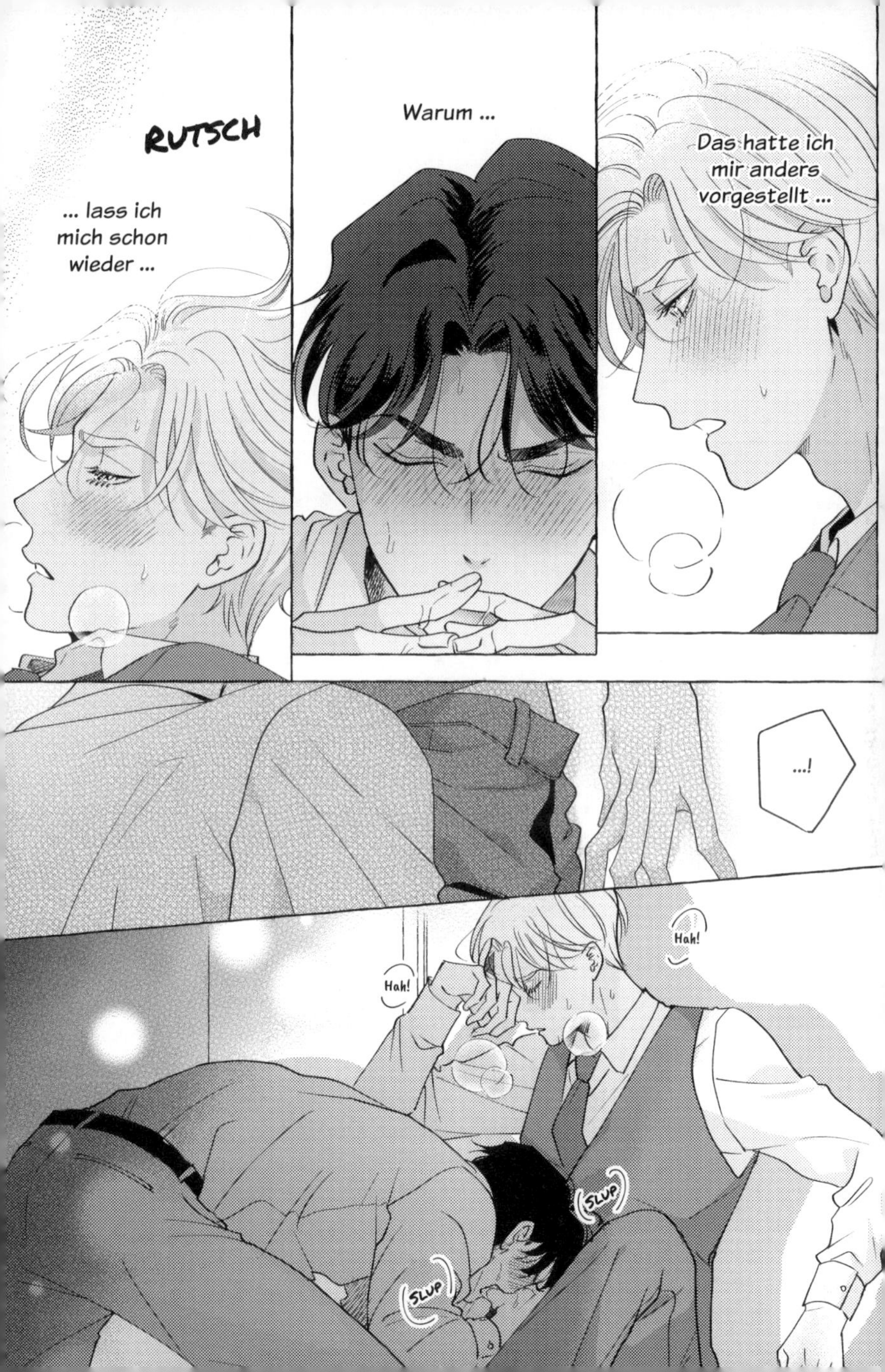
Das hatte ich mir anders vorgestellt ...
Warum ...
RUTSCH
... lass ich mich schon wieder ...
...!
Hah!
Hah!
SLUP
SLUP

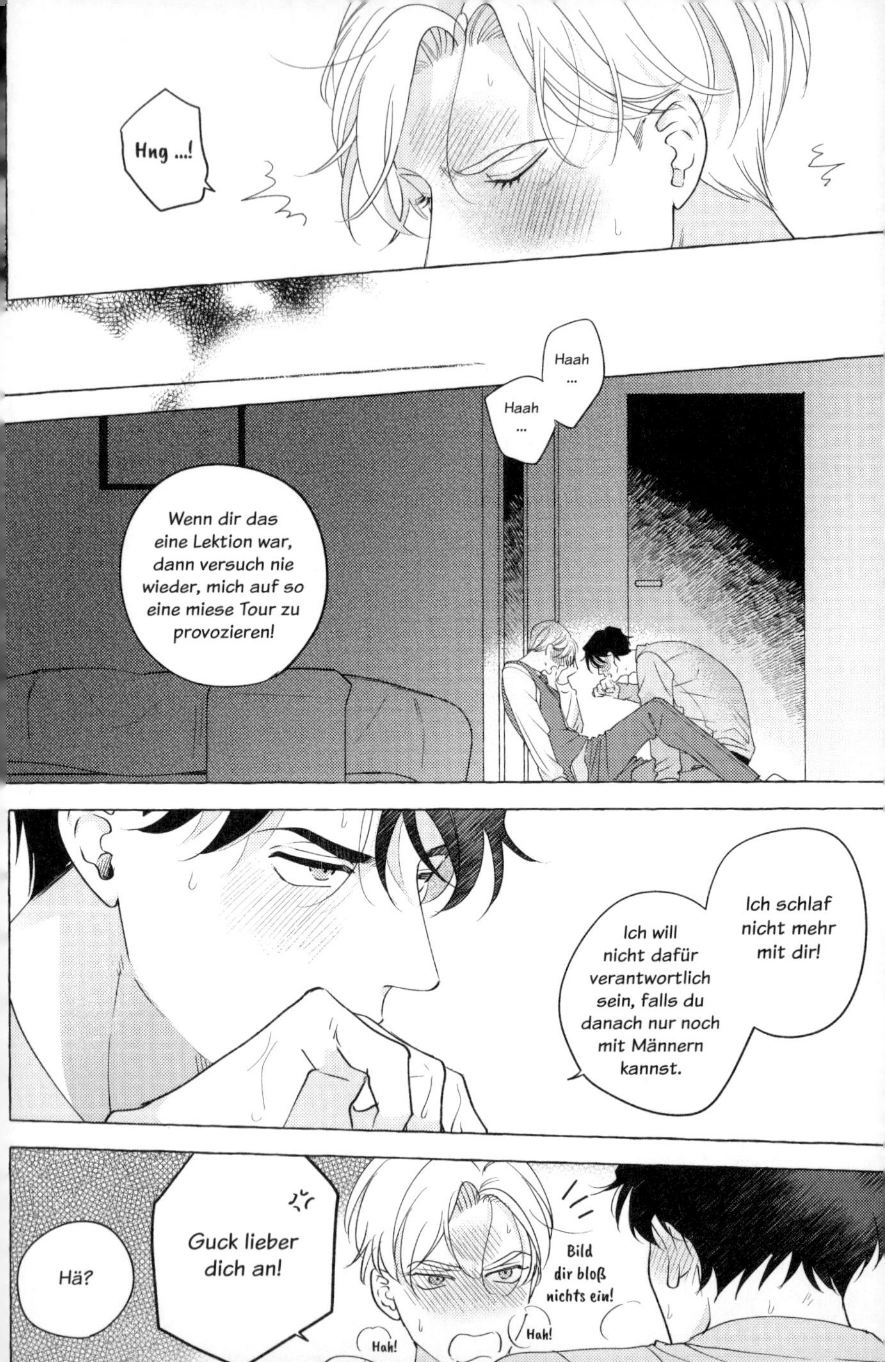
Hng ...!
Haah ...
Haah ...
Wenn dir das eine Lektion war, dann versuch nie wieder, mich auf so eine miese Tour zu provozieren!
Ich schlaf nicht mehr mit dir!
Ich will nicht dafür verantwortlich sein, falls du danach nur noch mit Männern kannst.
Bild dir bloß nichts ein!
Hah!
Hah!
Guck lieber dich an!
Hä?

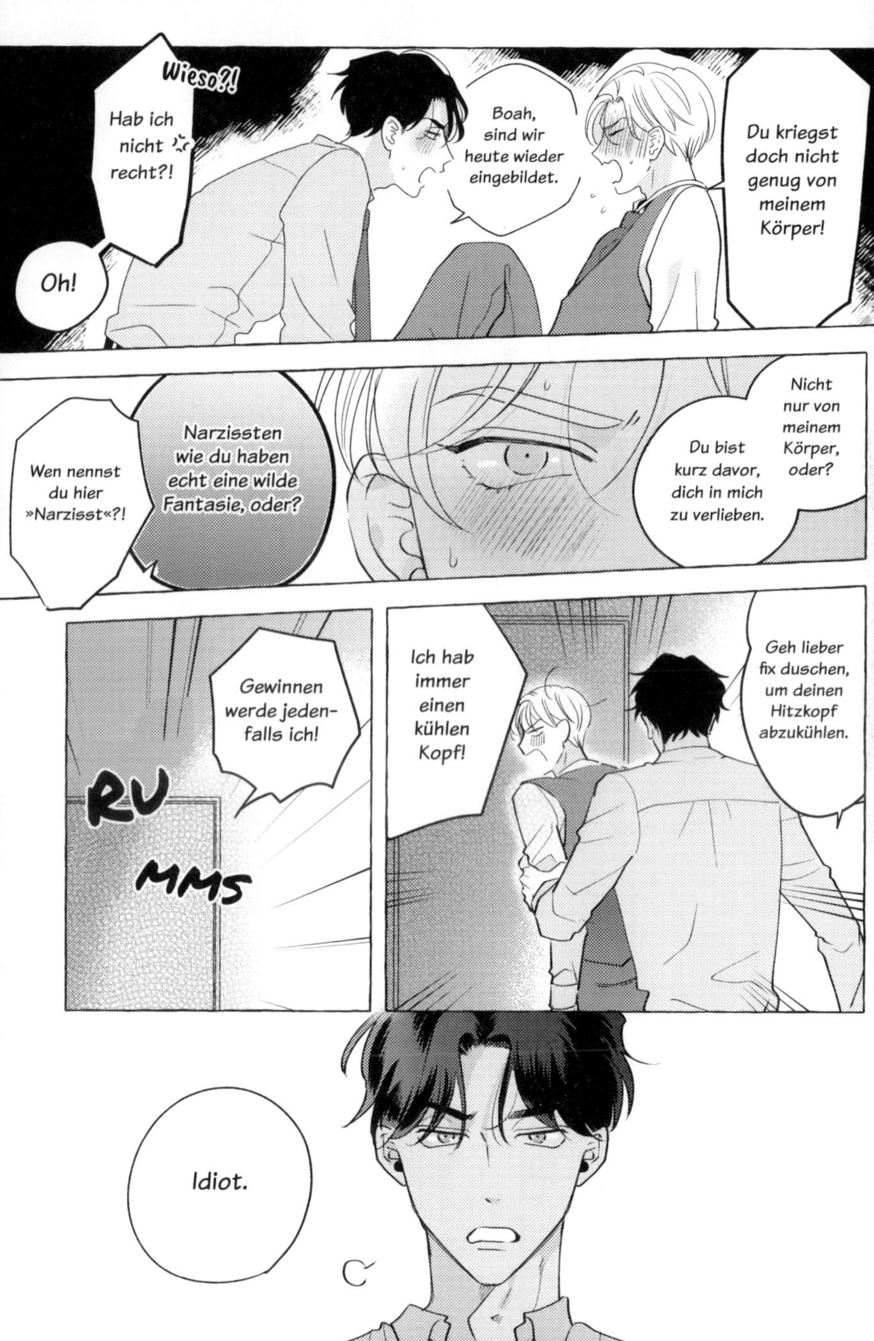
Du kriegst doch nicht genug von meinem Körper!
Boah, sind wir heute wieder eingebildet.
Wieso?!
Hab ich nicht recht?!
Oh!
Nicht nur von meinem Körper, oder?
Du bist kurz davor, dich in mich zu verlieben.
Narzissten wie du haben echt eine wilde Fantasie, oder?
Wen nennst du hier »Narzisst«?!
Geh lieber fix duschen, um deinen Hitzkopf abzukühlen.
Ich hab immer einen kühlen Kopf!
Gewinnen werde jedenfalls ich!
RUMMS
Idiot.

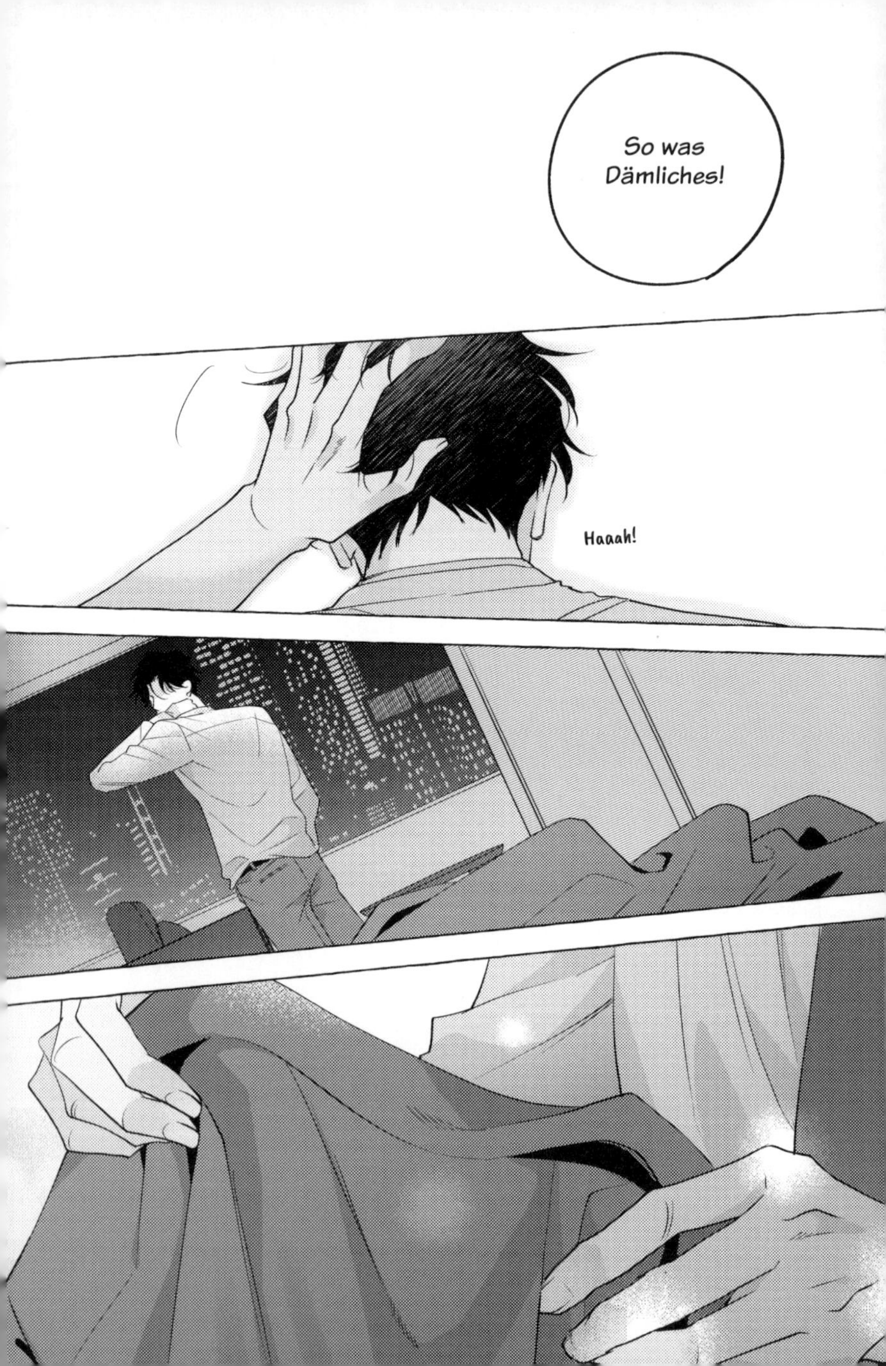
So was
Dämliches!
Haaah!

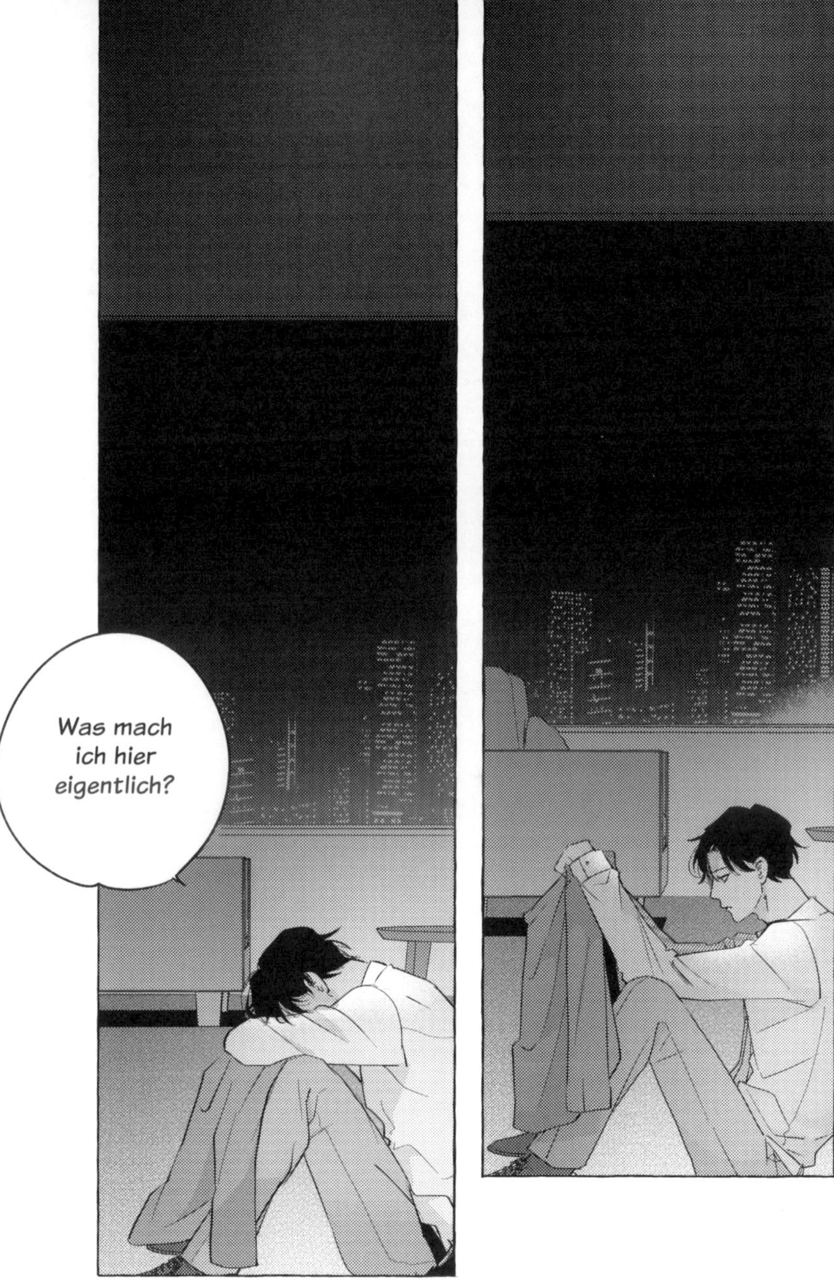
Was mach ich hier eigentlich?

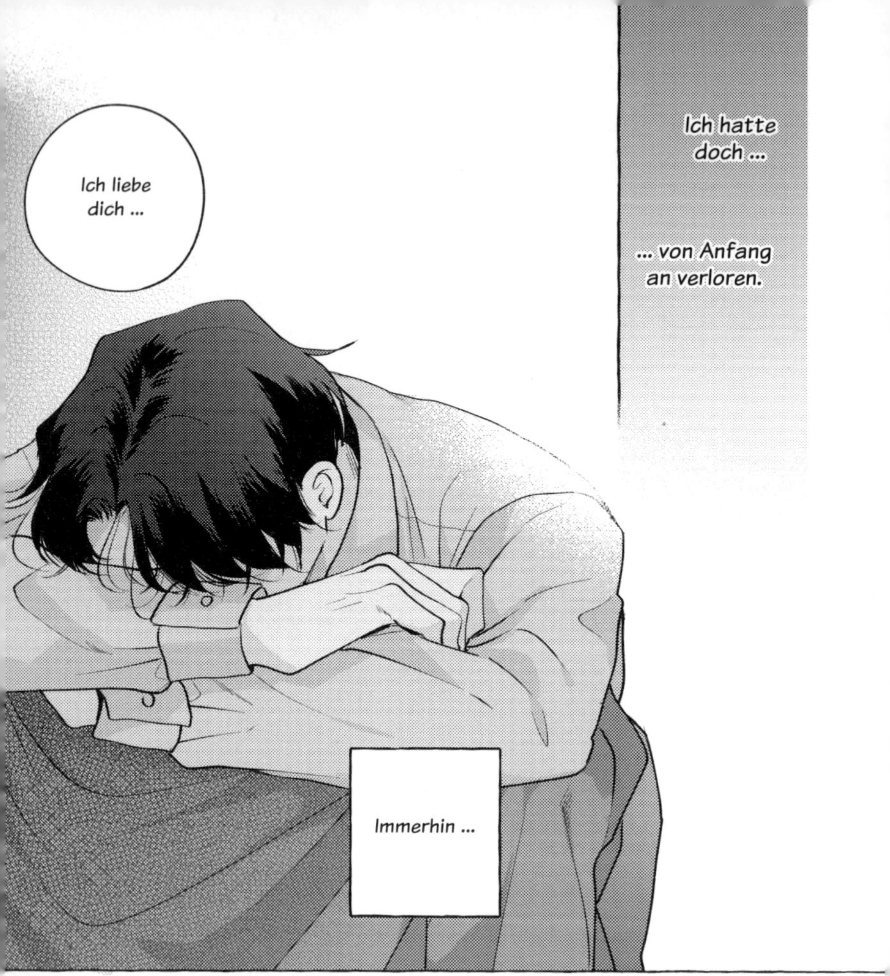

Ich hatte doch ...

... von Anfang an verloren.

Ich liebe dich ...

Immerhin ...

... bin ich schon seit der Oberschule ...

... in Zen verliebt.

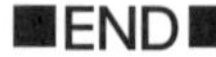

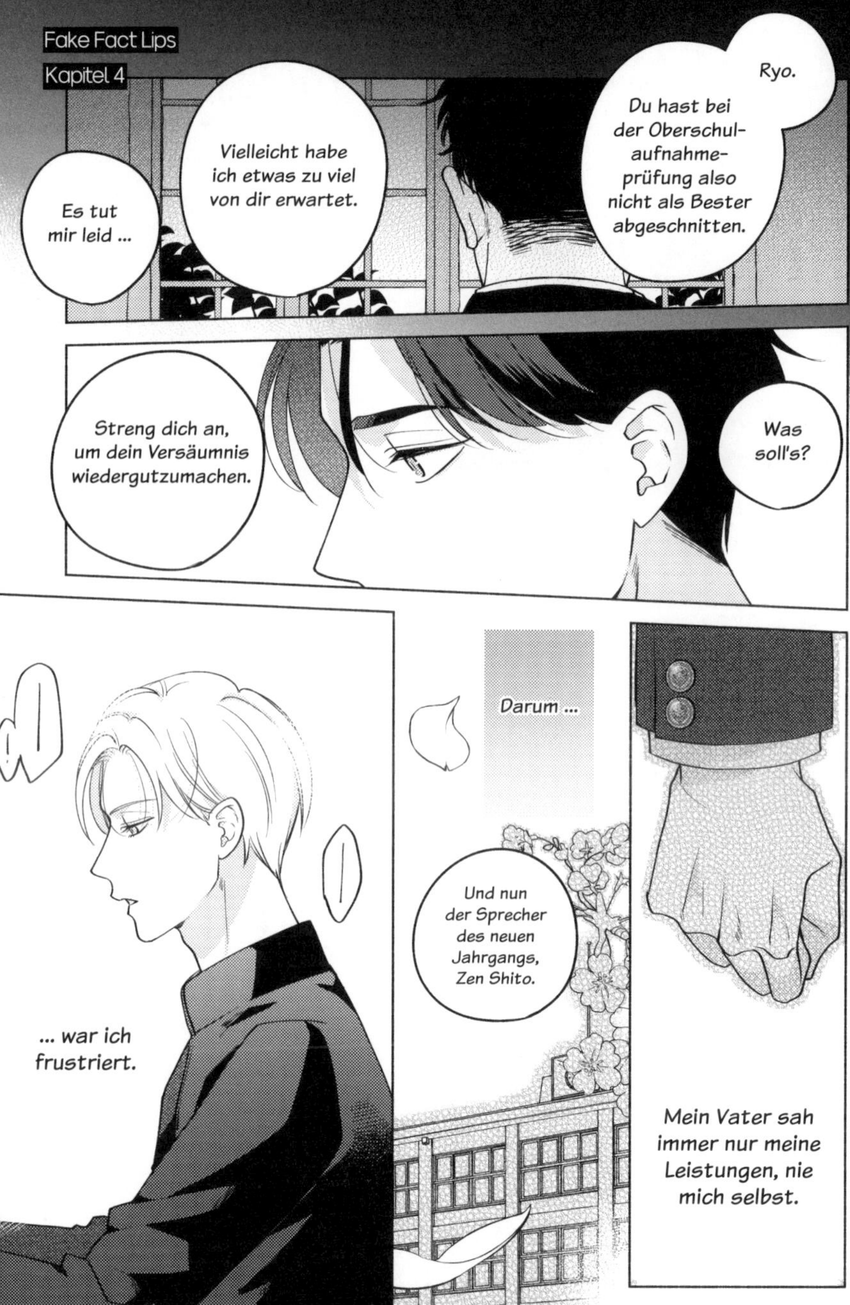
Fake Fact Lips
Kapitel 4
Ryo.
Du hast bei der Oberschulaufnahmeprüfung also nicht als Bester abgeschnitten.
Vielleicht habe ich etwas zu viel von dir erwartet.
Es tut mir leid ...
Was soll's?
Streng dich an, um dein Versäumnis wiedergutzumachen.
Mein Vater sah immer nur meine Leistungen, nie mich selbst.
Darum ...
Und nun der Sprecher des neuen Jahrgangs, Zen Shito.
... war ich frustriert.

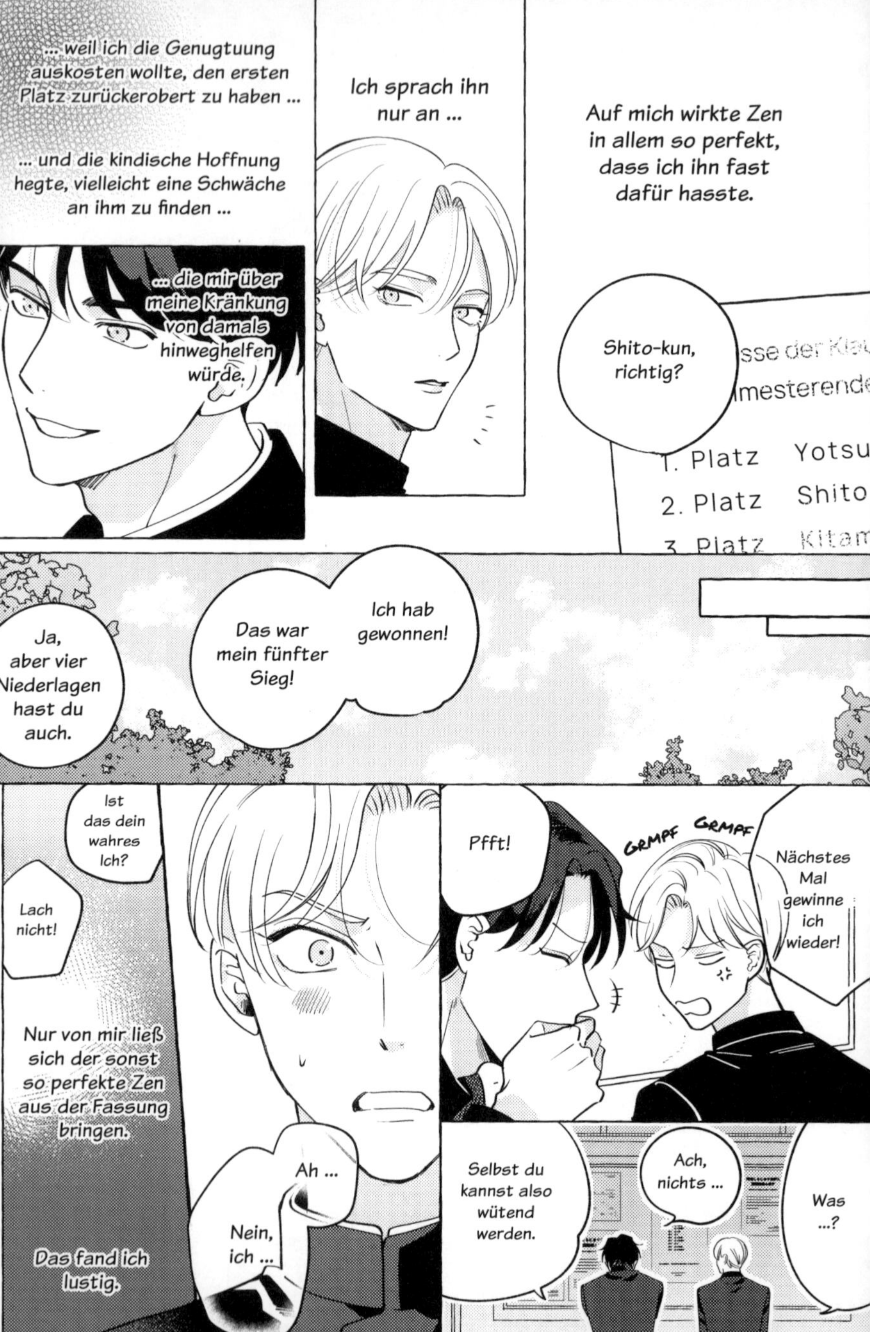
Auf mich wirkte Zen in allem so perfekt, dass ich ihn fast dafür hasste.
Shito-kun, richtig?
...sse der Kla...
...mesterende...
1. Platz Yotsu...
2. Platz Shito
3. Platz Kitam...
Ich sprach ihn nur an ...
... weil ich die Genugtuung auskosten wollte, den ersten Platz zurückerobert zu haben ...
... und die kindische Hoffnung hegte, vielleicht eine Schwäche an ihm zu finden ...
... die mir über meine Kränkung von damals hinweghelfen würde.
Ich hab gewonnen!
Das war mein fünfter Sieg!
Ja, aber vier Niederlagen hast du auch.
Nächstes Mal gewinne ich wieder!
GRMPF GRMPF
Pfft!
Ist das dein wahres Ich?
Lach nicht!
Was ...?
Ach, nichts ...
Selbst du kannst also wütend werden.
Ah ...
Nein, ich ...
Nur von mir ließ sich der sonst so perfekte Zen aus der Fassung bringen.
Das fand ich lustig.

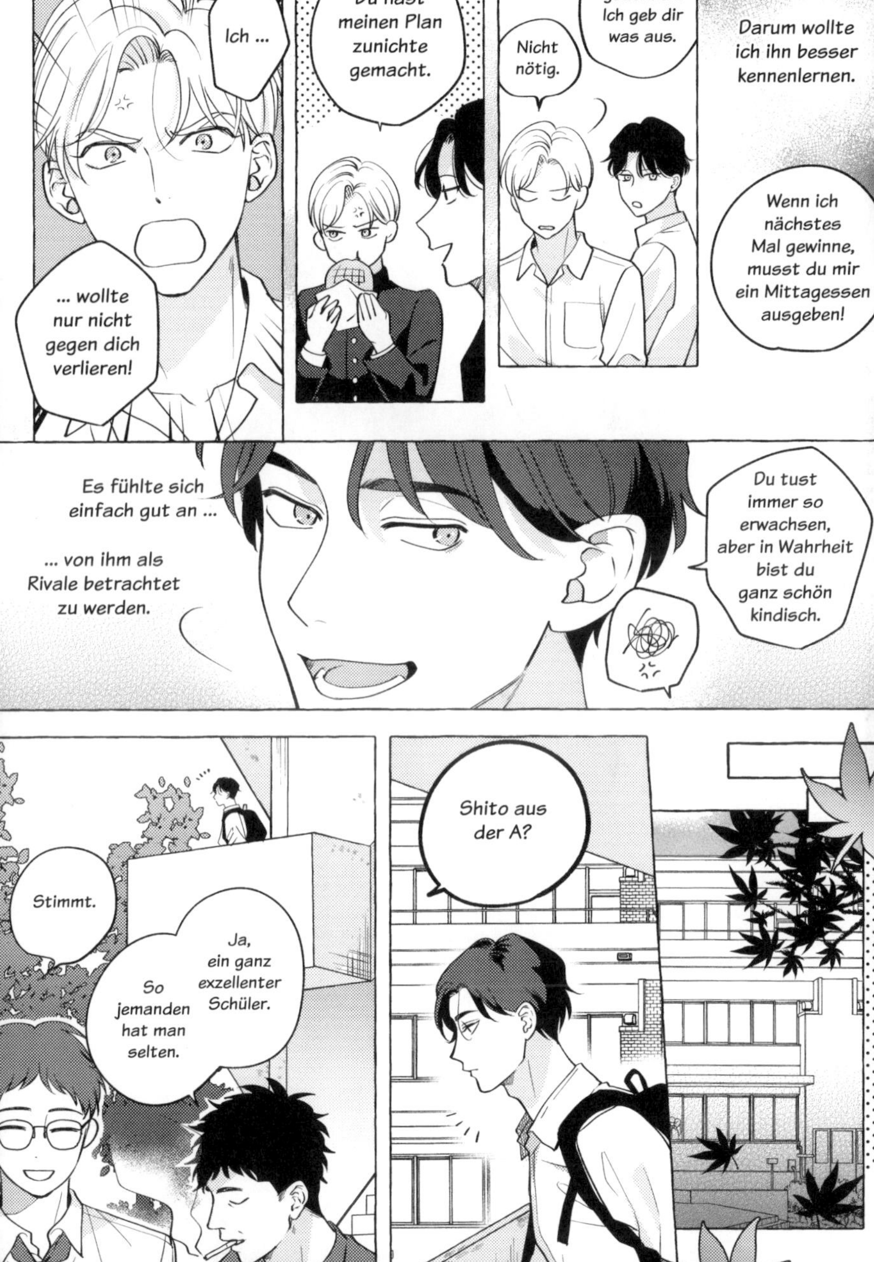

Darum wollte ich ihn besser kennenlernen.
Wenn ich nächstes Mal gewinne, musst du mir ein Mittagessen ausgeben!
Du hast gewonnen. Ich geb dir was aus.
Nicht nötig.
Du hast meinen Plan zunichte gemacht.
Ich ...
... wollte nur nicht gegen dich verlieren!
Du tust immer so erwachsen, aber in Wahrheit bist du ganz schön kindisch.
Es fühlte sich einfach gut an ...
... von ihm als Rivale betrachtet zu werden.
Shito aus der A?
Ja, ein ganz exzellenter Schüler.
So jemanden hat man selten.
Stimmt.

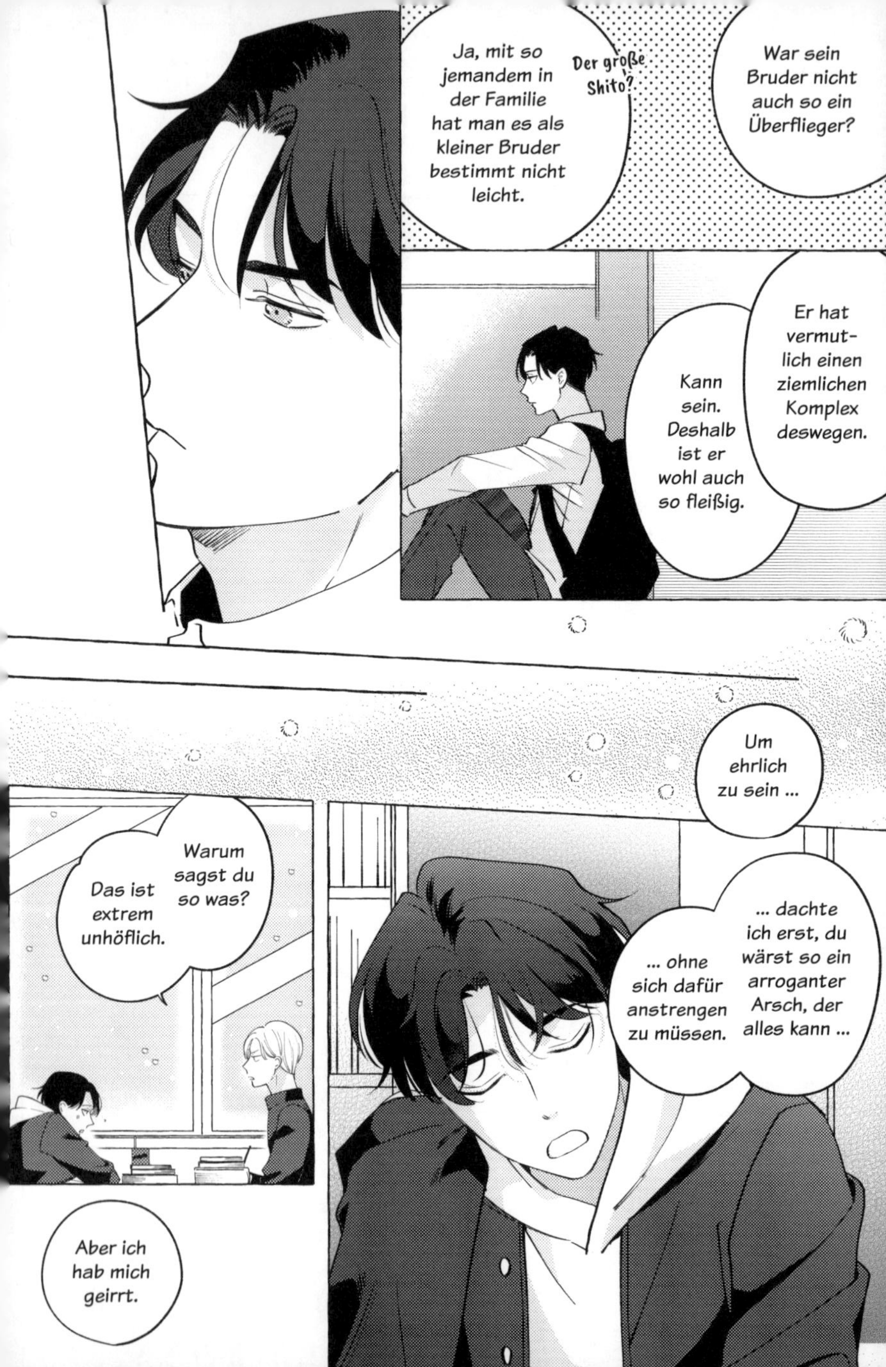
War sein Bruder nicht auch so ein Überflieger?
Der große Shito?
Ja, mit so jemandem in der Familie hat man es als kleiner Bruder bestimmt nicht leicht.
Er hat vermutlich einen ziemlichen Komplex deswegen.
Kann sein. Deshalb ist er wohl auch so fleißig.
Um ehrlich zu sein ...
... dachte ich erst, du wärst so ein arroganter Arsch, der alles kann ...
... ohne sich dafür anstrengen zu müssen.
Warum sagst du so was?
Das ist extrem unhöflich.
Aber ich hab mich geirrt.

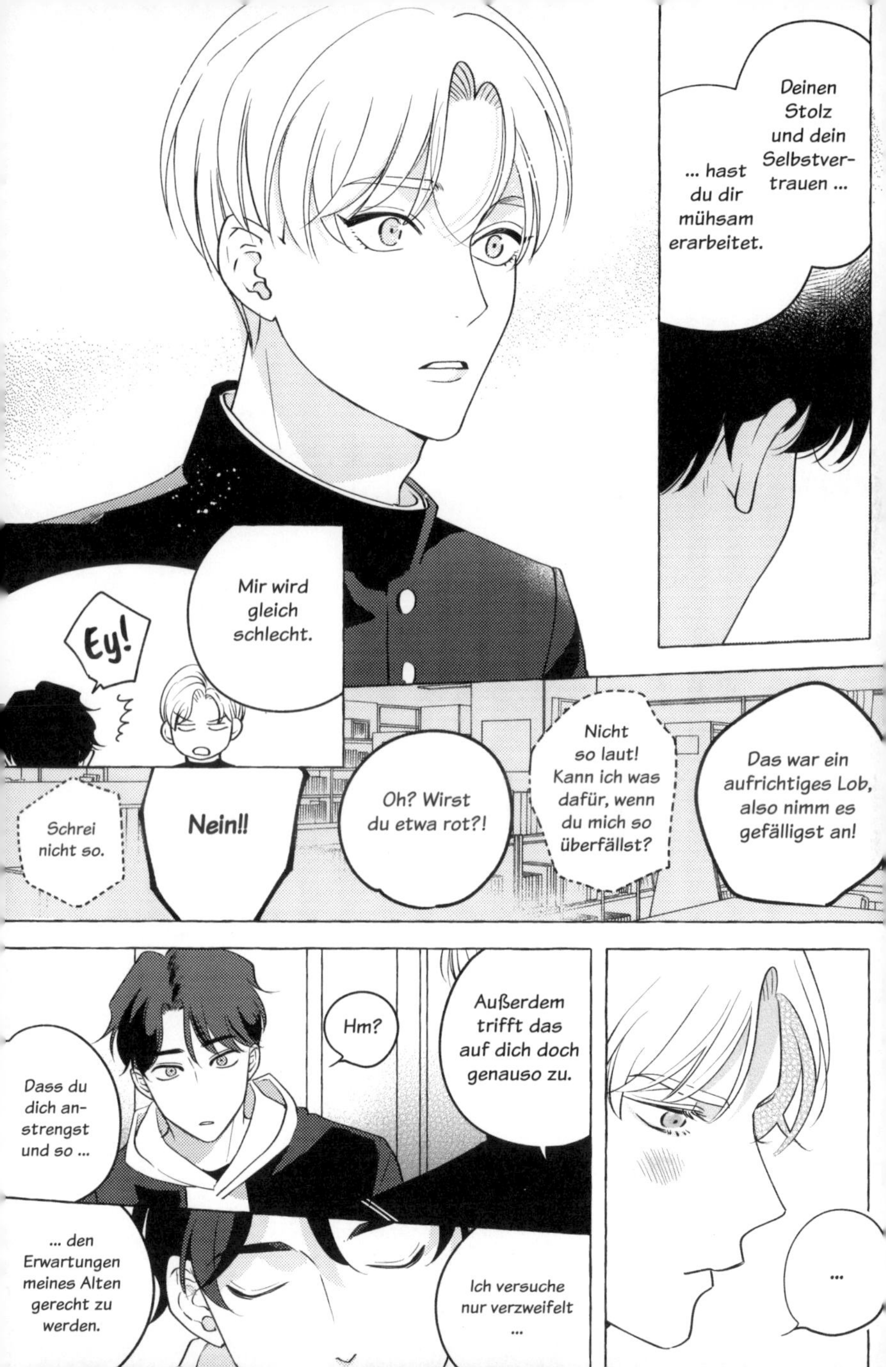
Deinen Stolz und dein Selbstvertrauen ...
... hast du dir mühsam erarbeitet.
Mir wird gleich schlecht.
Ey!
Das war ein aufrichtiges Lob, also nimm es gefälligst an!
Nicht so laut! Kann ich was dafür, wenn du mich so überfällst?
Oh? Wirst du etwa rot?!
Nein!!
Schrei nicht so.
Außerdem trifft das auf dich doch genauso zu.
Hm?
Dass du dich anstrengst und so ...
...
Ich versuche nur verzweifelt ...
... den Erwartungen meines Alten gerecht zu werden.

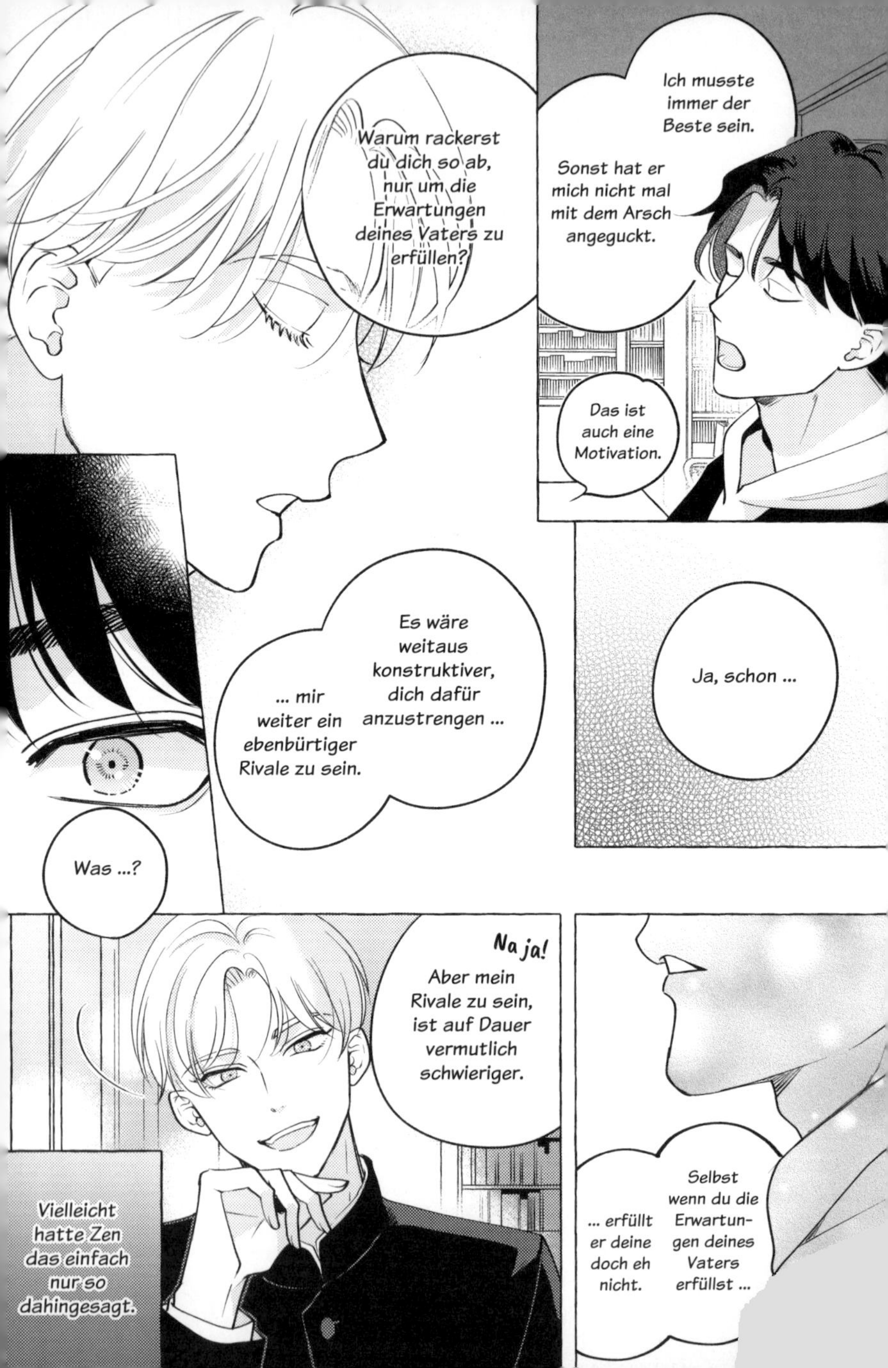

Ich musste immer der Beste sein.
Sonst hat er mich nicht mal mit dem Arsch angeguckt.
Das ist auch eine Motivation.
Warum rackerst du dich so ab, nur um die Erwartungen deines Vaters zu erfüllen?
Ja, schon ...
Es wäre weitaus konstruktiver, dich dafür anzustrengen ...
... mir weiter ein ebenbürtiger Rivale zu sein.
Was ...?
Selbst wenn du die Erwartungen deines Vaters erfüllst ...
... erfüllt er deine doch eh nicht.
Na ja!
Aber mein Rivale zu sein, ist auf Dauer vermutlich schwieriger.
Vielleicht hatte Zen das einfach nur so dahingesagt.

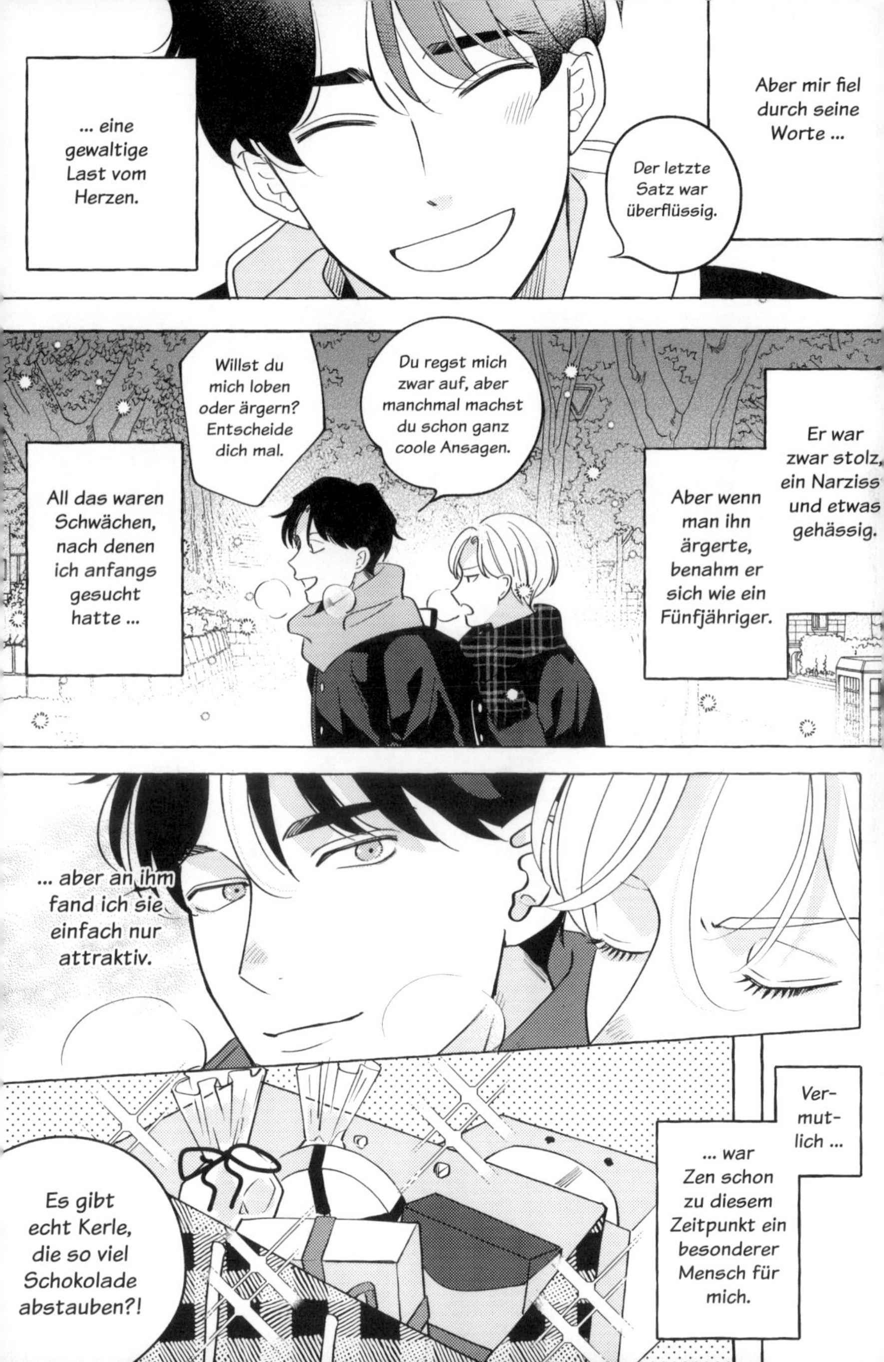
Aber mir fiel durch seine Worte ...
Der letzte Satz war überflüssig.
... eine gewaltige Last vom Herzen.
Er war zwar stolz, ein Narziss und etwas gehässig.
Aber wenn man ihn ärgerte, benahm er sich wie ein Fünfjähriger.
Du regst mich zwar auf, aber manchmal machst du schon ganz coole Ansagen.
Willst du mich loben oder ärgern? Entscheide dich mal.
All das waren Schwächen, nach denen ich anfangs gesucht hatte ...
... aber an ihm fand ich sie einfach nur attraktiv.
Ver-mut-lich ...
... war Zen schon zu diesem Zeitpunkt ein besonderer Mensch für mich.
Es gibt echt Kerle, die so viel Schokolade abstauben?!

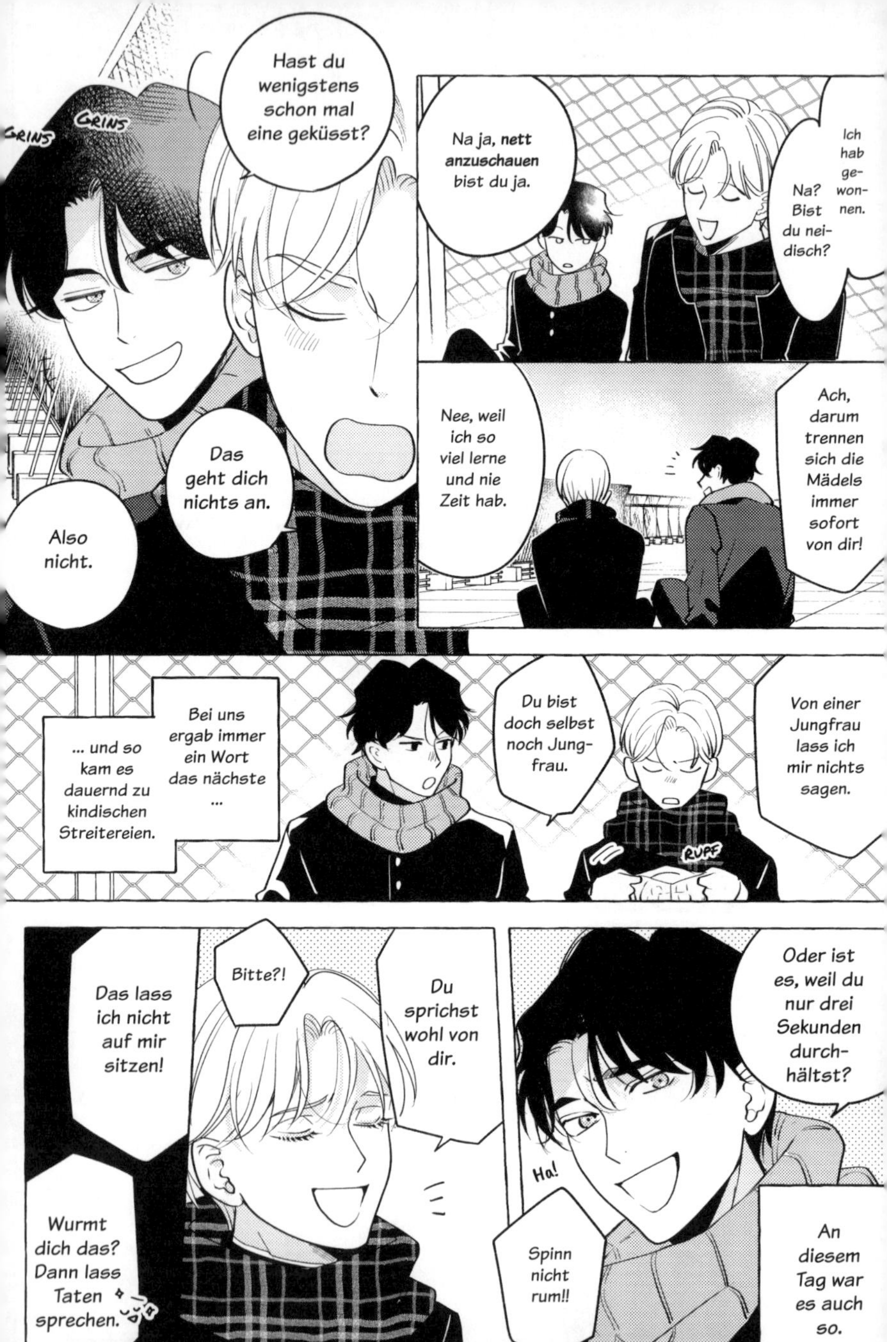

Ich hab gewonnen.
Na? Bist du neidisch?
Na ja, nett anzuschauen bist du ja.
Ach, darum trennen sich die Mädels immer sofort von dir!
Nee, weil ich so viel lerne und nie Zeit hab.
Hast du wenigstens schon mal eine geküsst?
GRINS
GRINS
Das geht dich nichts an.
Also nicht.
Von einer Jungfrau lass ich mir nichts sagen.
RUPF
Du bist doch selbst noch Jungfrau.
Bei uns ergab immer ein Wort das nächste ...
... und so kam es dauernd zu kindischen Streitereien.
Oder ist es, weil du nur drei Sekunden durchhältst?
Ha!
Spinn nicht rum!!
An diesem Tag war es auch so.
Du sprichst wohl von dir.
Bitte?!
Das lass ich nicht auf mir sitzen!
Wurmt dich das? Dann lass Taten sprechen.

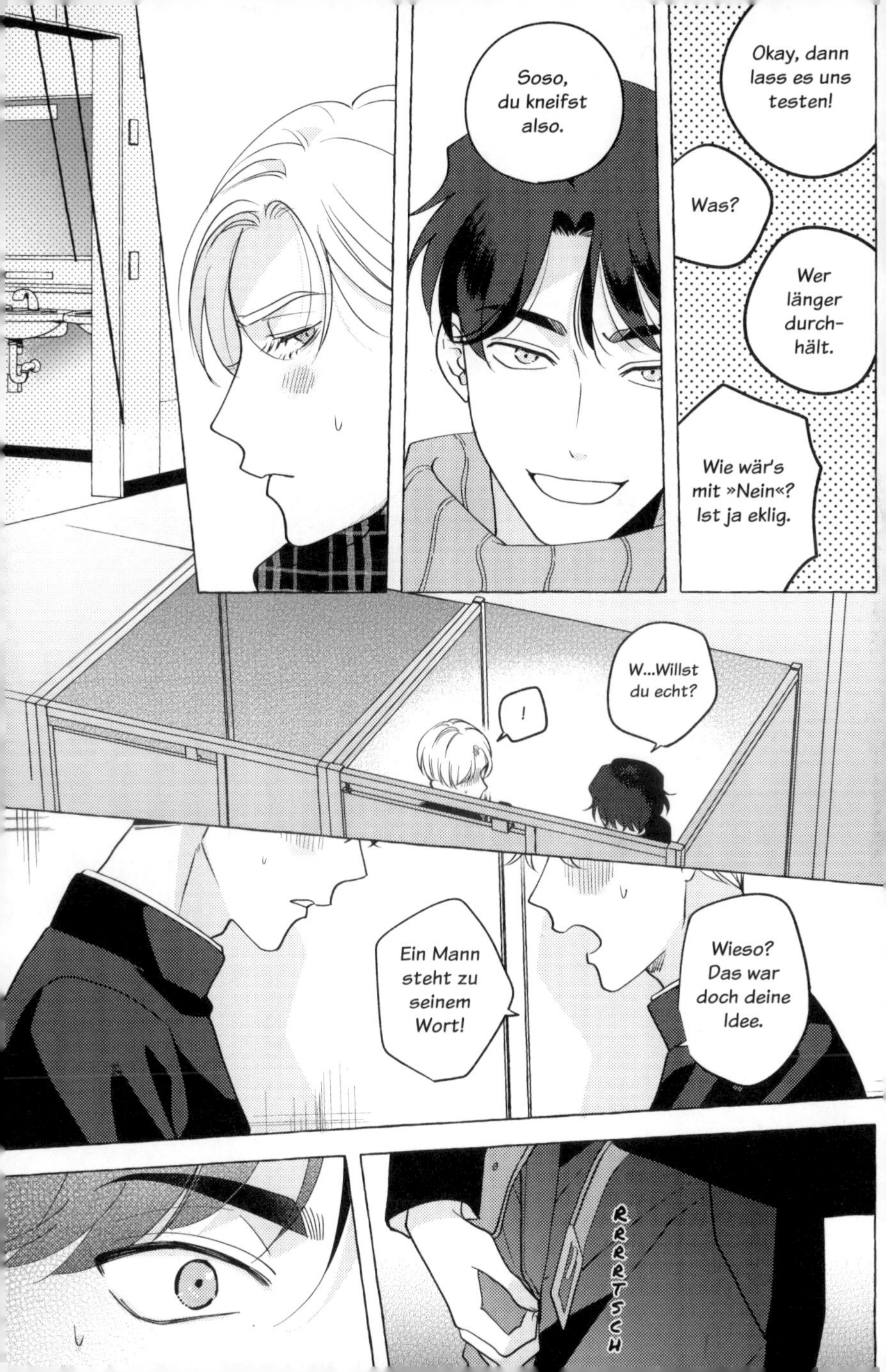

Okay, dann lass es uns testen!
Was?
Wer länger durch-hält.
Wie wär's mit »Nein«? Ist ja eklig.
Soso, du kneifst also.
W...Willst du echt?
!
Wieso? Das war doch deine Idee.
Ein Mann steht zu seinem Wort!
RRRRTSCH

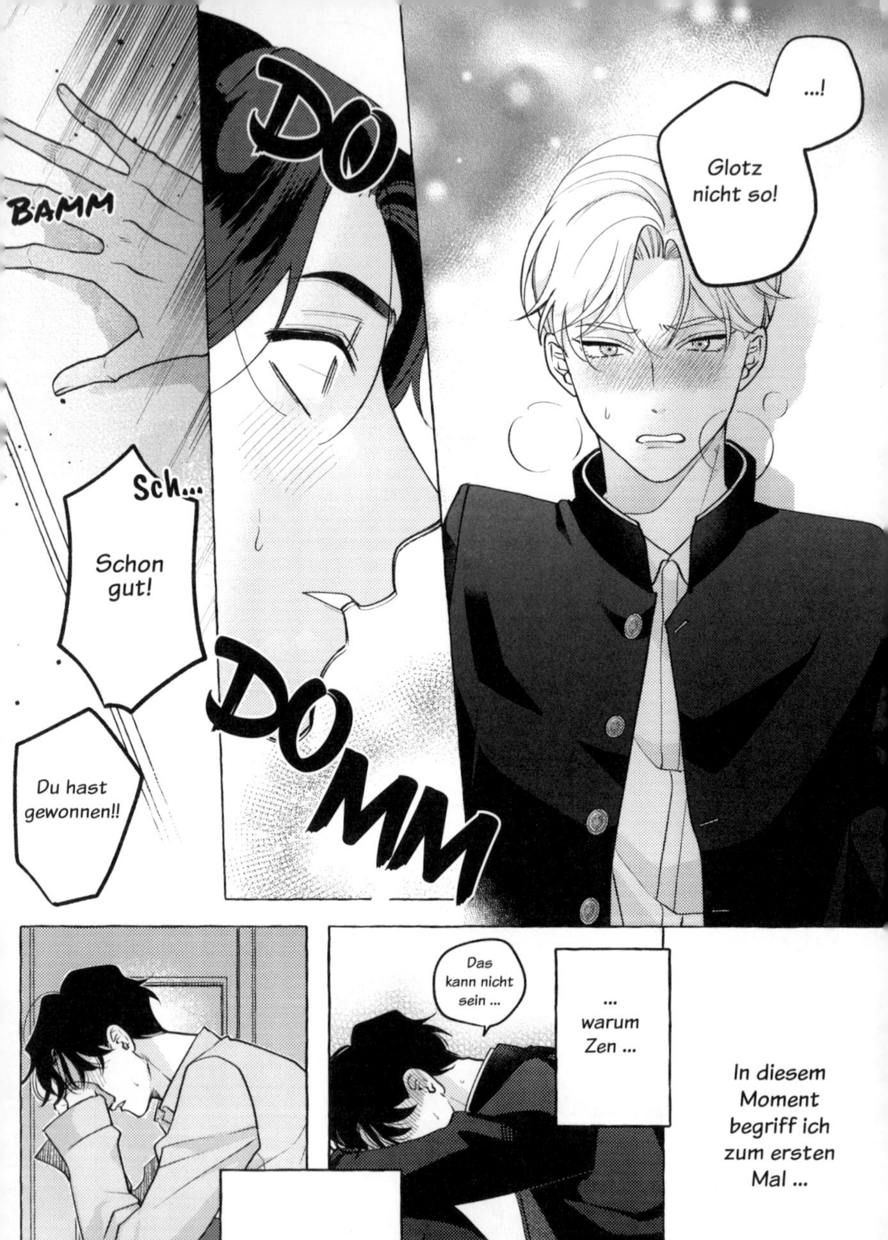

... für mich so besonders war.

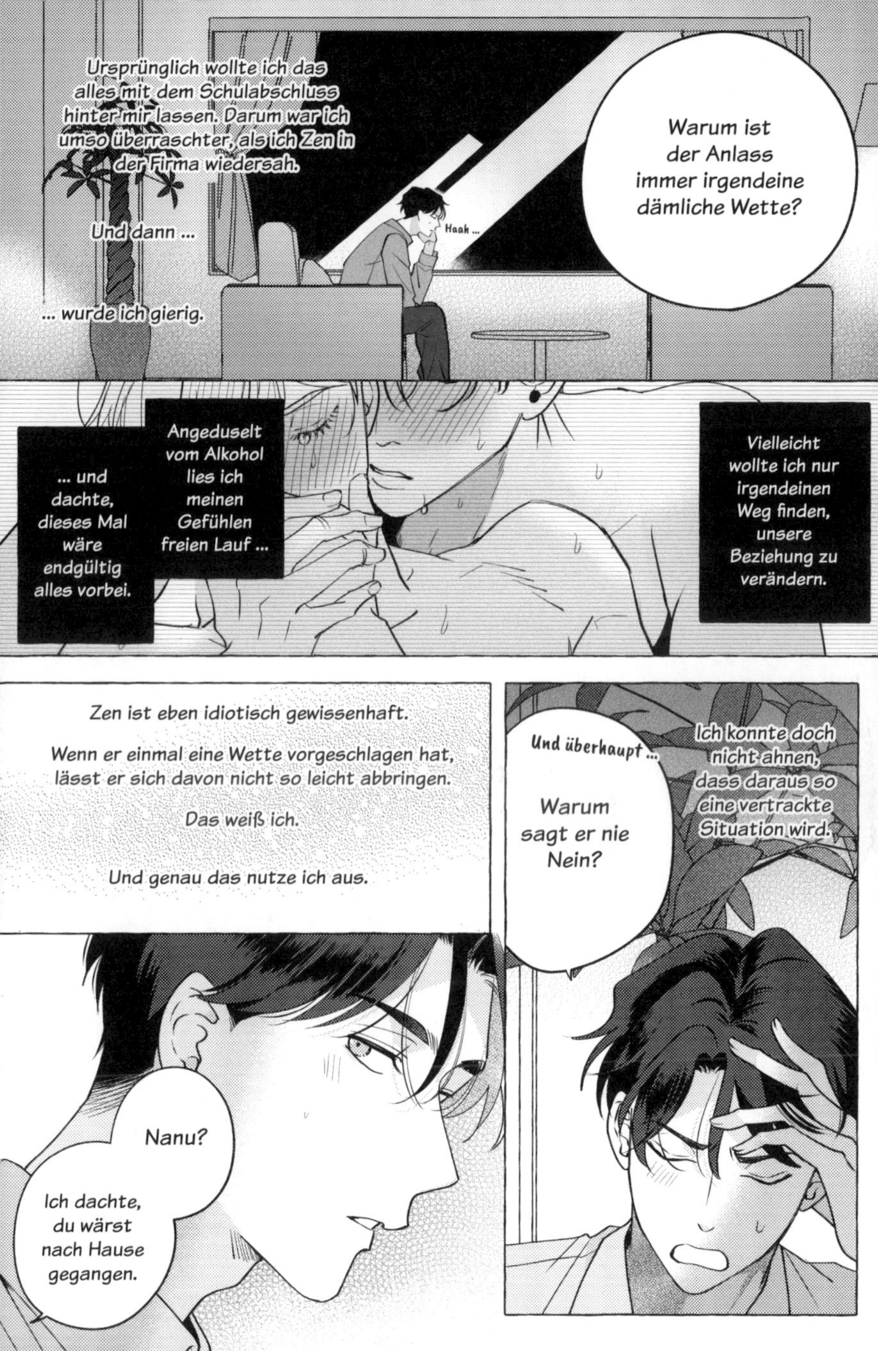
Ursprünglich wollte ich das alles mit dem Schulabschluss hinter mir lassen. Darum war ich umso überraschter, als ich Zen in der Firma wiedersah.
Und dann ...
... wurde ich gierig.
Haah ...
Warum ist der Anlass immer irgendeine dämliche Wette?
Vielleicht wollte ich nur irgendeinen Weg finden, unsere Beziehung zu verändern.
Angeduselt vom Alkohol lies ich meinen Gefühlen freien Lauf ...
... und dachte, dieses Mal wäre endgültig alles vorbei.
Zen ist eben idiotisch gewissenhaft.
Wenn er einmal eine Wette vorgeschlagen hat, lässt er sich davon nicht so leicht abbringen.
Das weiß ich.
Und genau das nutze ich aus.
Ich konnte doch nicht ahnen, dass daraus so eine vertrackte Situation wird.
Und überhaupt ...
Warum sagt er nie Nein?
Nanu?
Ich dachte, du wärst nach Hause gegangen.

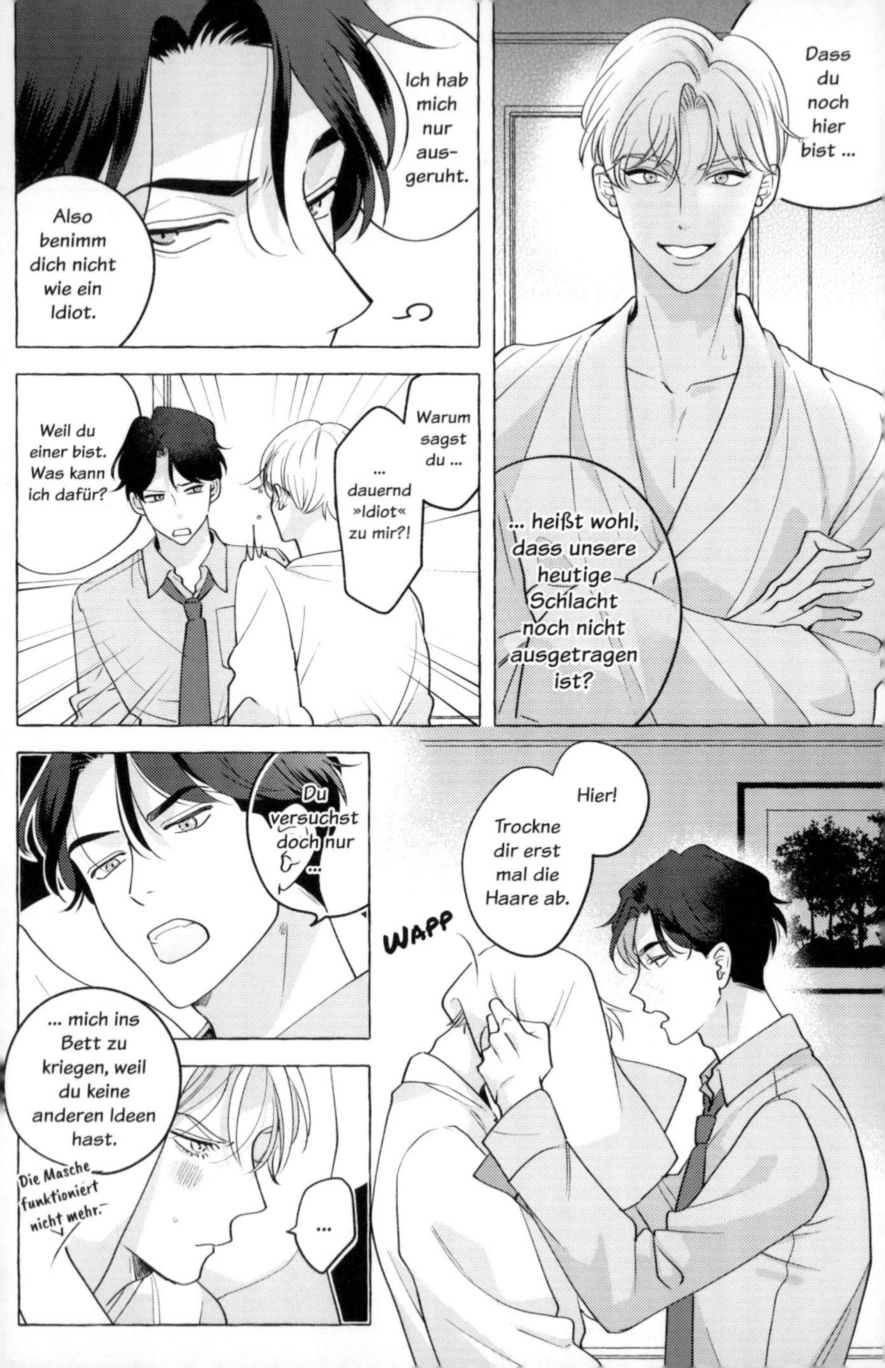
Dass du noch hier bist ...
... heißt wohl, dass unsere heutige Schlacht noch nicht ausgetragen ist?
Ich hab mich nur aus-geruht.
Also benimm dich nicht wie ein Idiot.
Warum sagst du ...
... dauernd »Idiot« zu mir?!
Weil du einer bist. Was kann ich dafür?
Du versuchst doch nur ...
... mich ins Bett zu kriegen, weil du keine anderen Ideen hast.
Die Masche funktioniert nicht mehr.
...
WAPP
Hier!
Trockne dir erst mal die Haare ab.

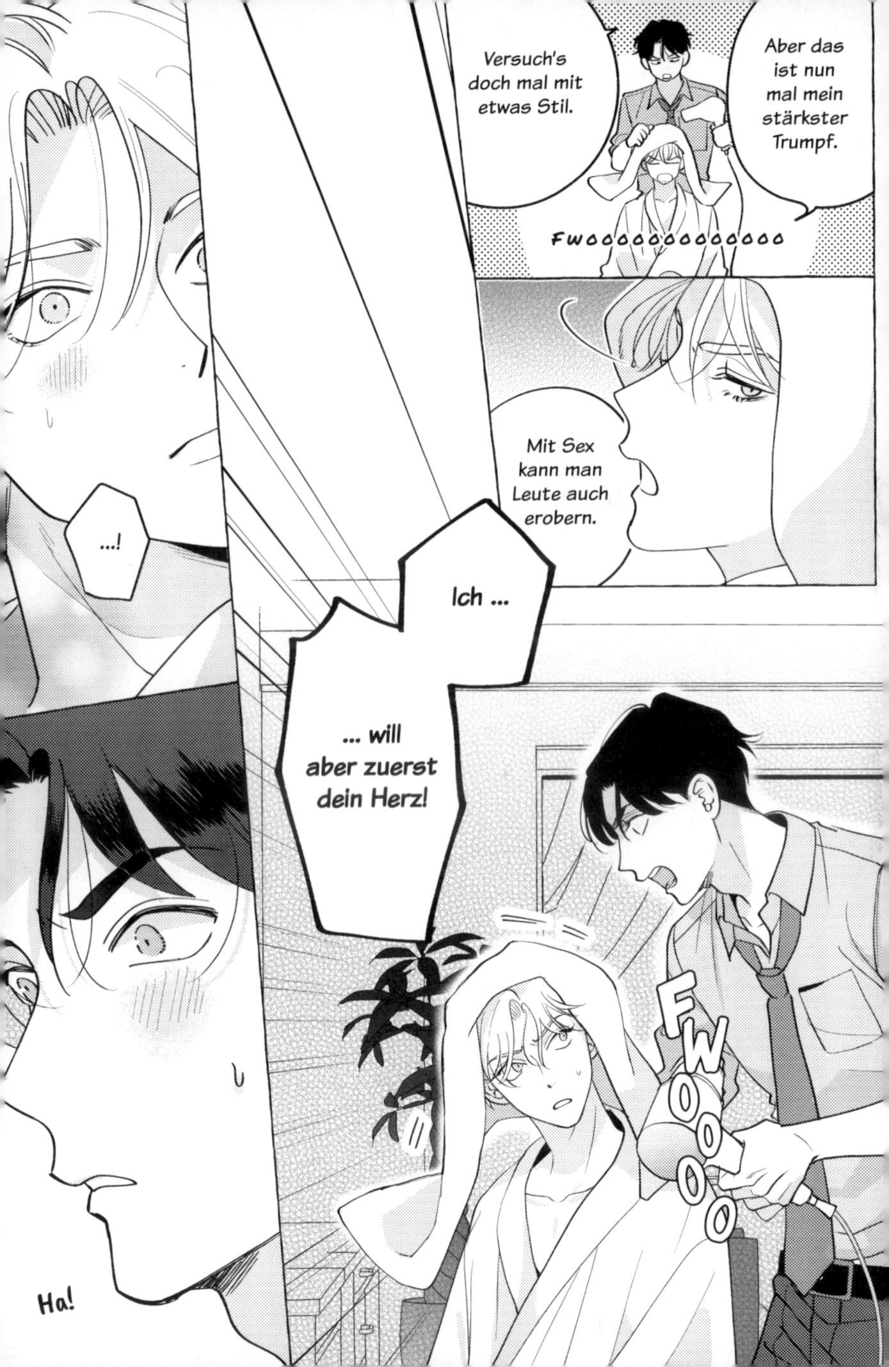
Aber das ist nun mal mein stärkster Trumpf.
Versuch's doch mal mit etwas Stil.
Fwoooooooooooooo
Mit Sex kann man Leute auch erobern.
Ich ...
... will aber zuerst dein Herz!
...!
FWOOOO
Ha!

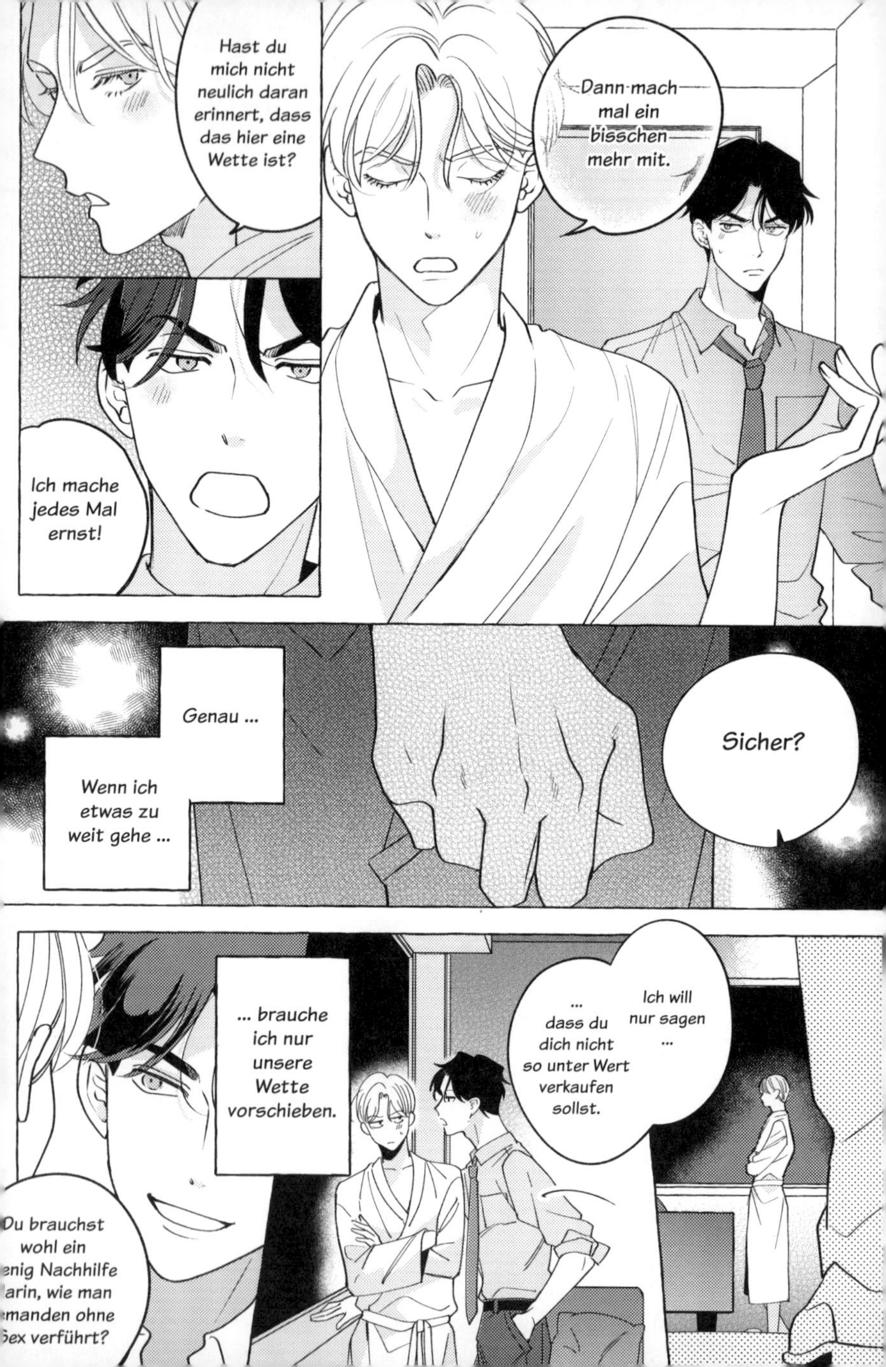
Dann mach mal ein bisschen mehr mit.
Hast du mich nicht neulich daran erinnert, dass das hier eine Wette ist?
Ich mache jedes Mal ernst!
Sicher?
Genau ...
Wenn ich etwas zu weit gehe ...
Ich will nur sagen ...
... dass du dich nicht so unter Wert verkaufen sollst.
... brauche ich nur unsere Wette vorschieben.
Du brauchst wohl ein enig Nachhilfe arin, wie man manden ohne Sex verführt?

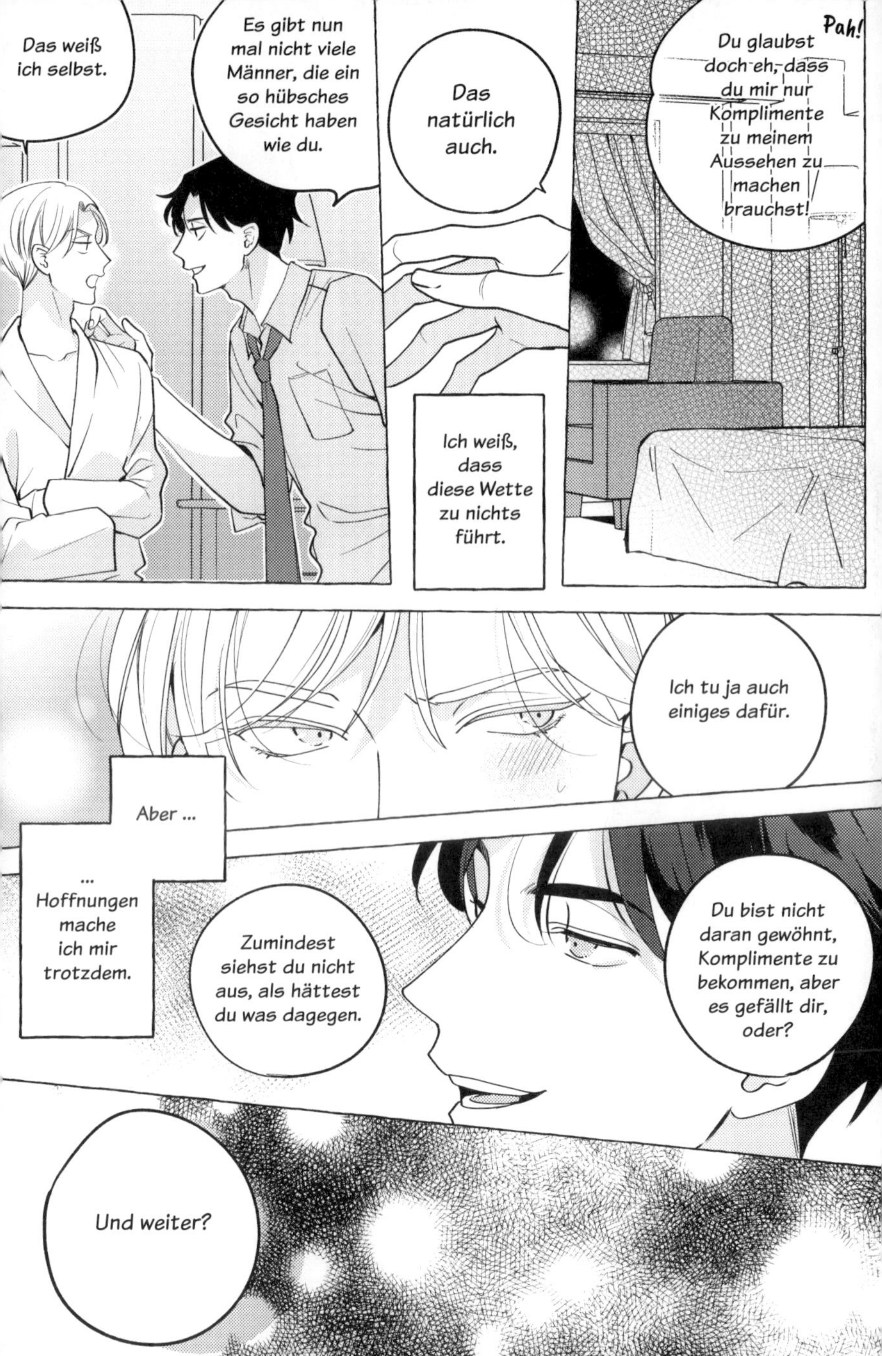

Das weiß ich selbst.
Es gibt nun mal nicht viele Männer, die ein so hübsches Gesicht haben wie du.
Das natürlich auch.
Ich weiß, dass diese Wette zu nichts führt.
Pah!
Du glaubst doch eh, dass du mir nur Komplimente zu meinem Aussehen zu machen brauchst!
Ich tu ja auch einiges dafür.
Aber ...
... Hoffnungen mache ich mir trotzdem.
Du bist nicht daran gewöhnt, Komplimente zu bekommen, aber es gefällt dir, oder?
Zumindest siehst du nicht aus, als hättest du was dagegen.
Und weiter?

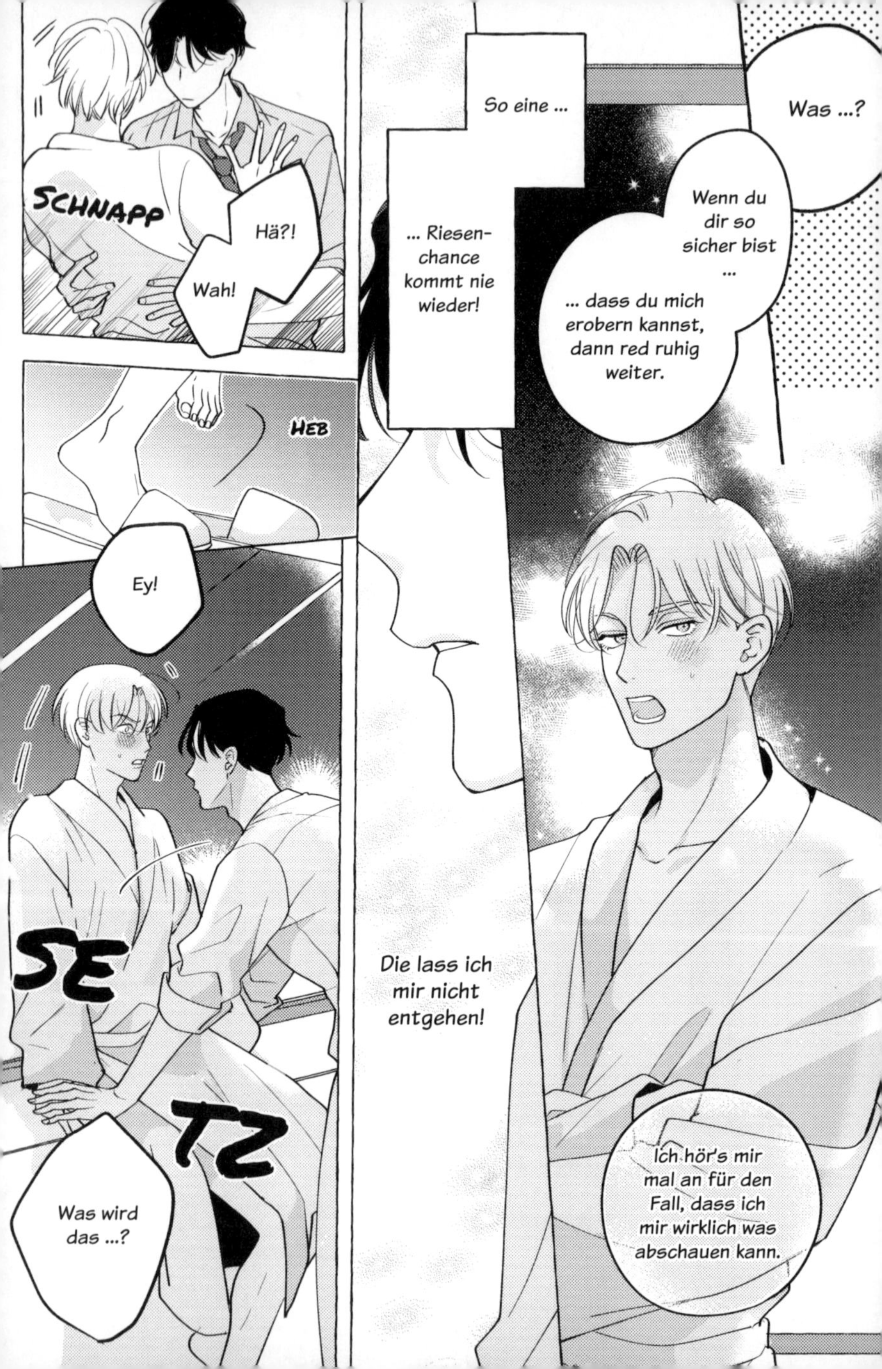
Was ...?
Wenn du dir so sicher bist ...
... dass du mich erobern kannst, dann red ruhig weiter.
So eine ...
... Riesenchance kommt nie wieder!
Ich hör's mir mal an für den Fall, dass ich mir wirklich was abschauen kann.
Die lass ich mir nicht entgehen!
SCHNAPP
Hä?!
Wah!
HEB
Ey!
SETZ
Was wird das ...?

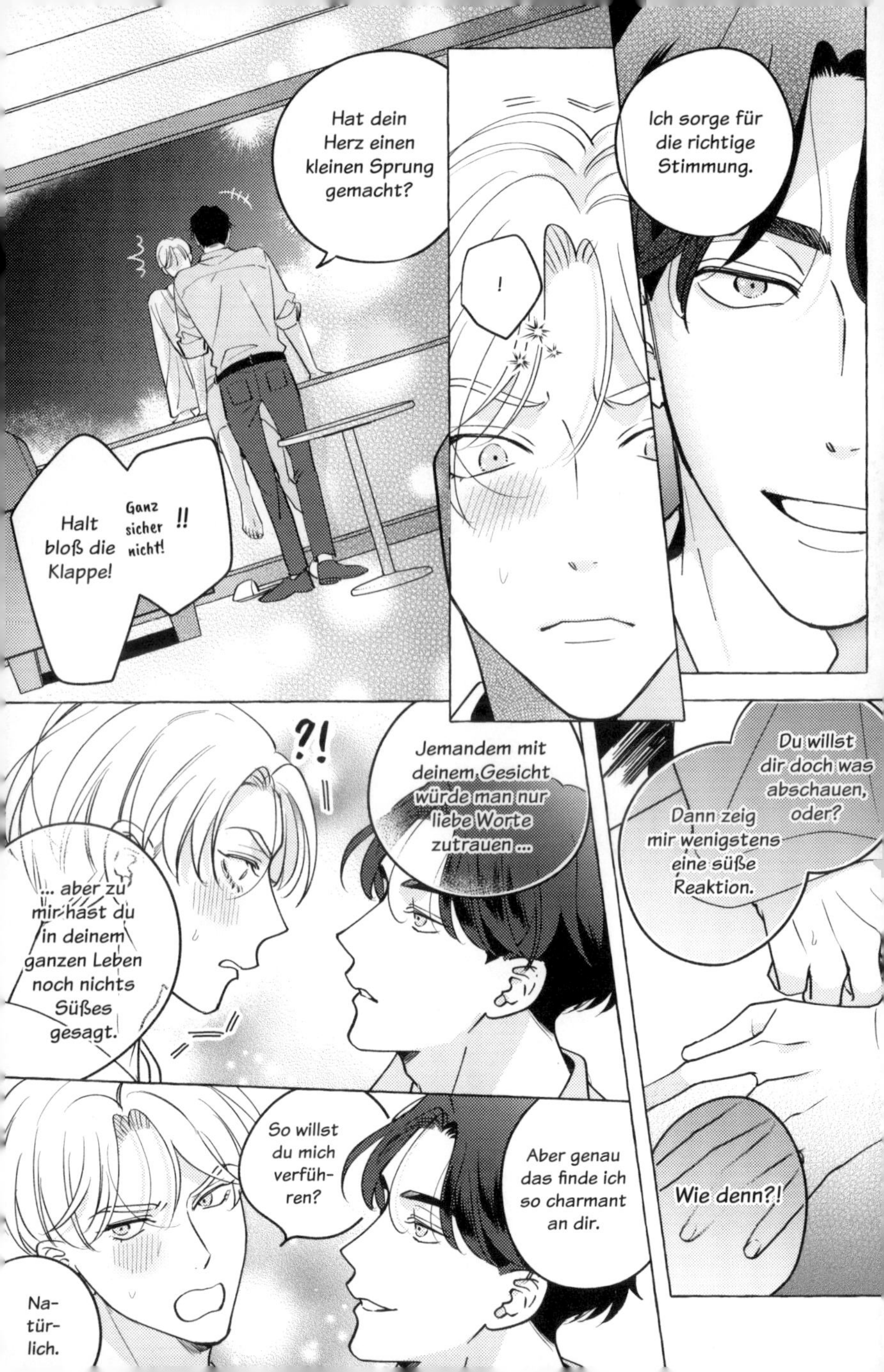
Ich sorge für die richtige Stimmung.
!
Hat dein Herz einen kleinen Sprung gemacht?
Halt bloß die Klappe!
Ganz sicher nicht!!
Du willst dir doch was abschauen, oder?
Dann zeig mir wenigstens eine süße Reaktion.
Wie denn?!
Jemandem mit deinem Gesicht würde man nur liebe Worte zutrauen ...
?!
... aber zu mir hast du in deinem ganzen Leben noch nichts Süßes gesagt.
Aber genau das finde ich so charmant an dir.
So willst du mich verführen?
Natürlich.

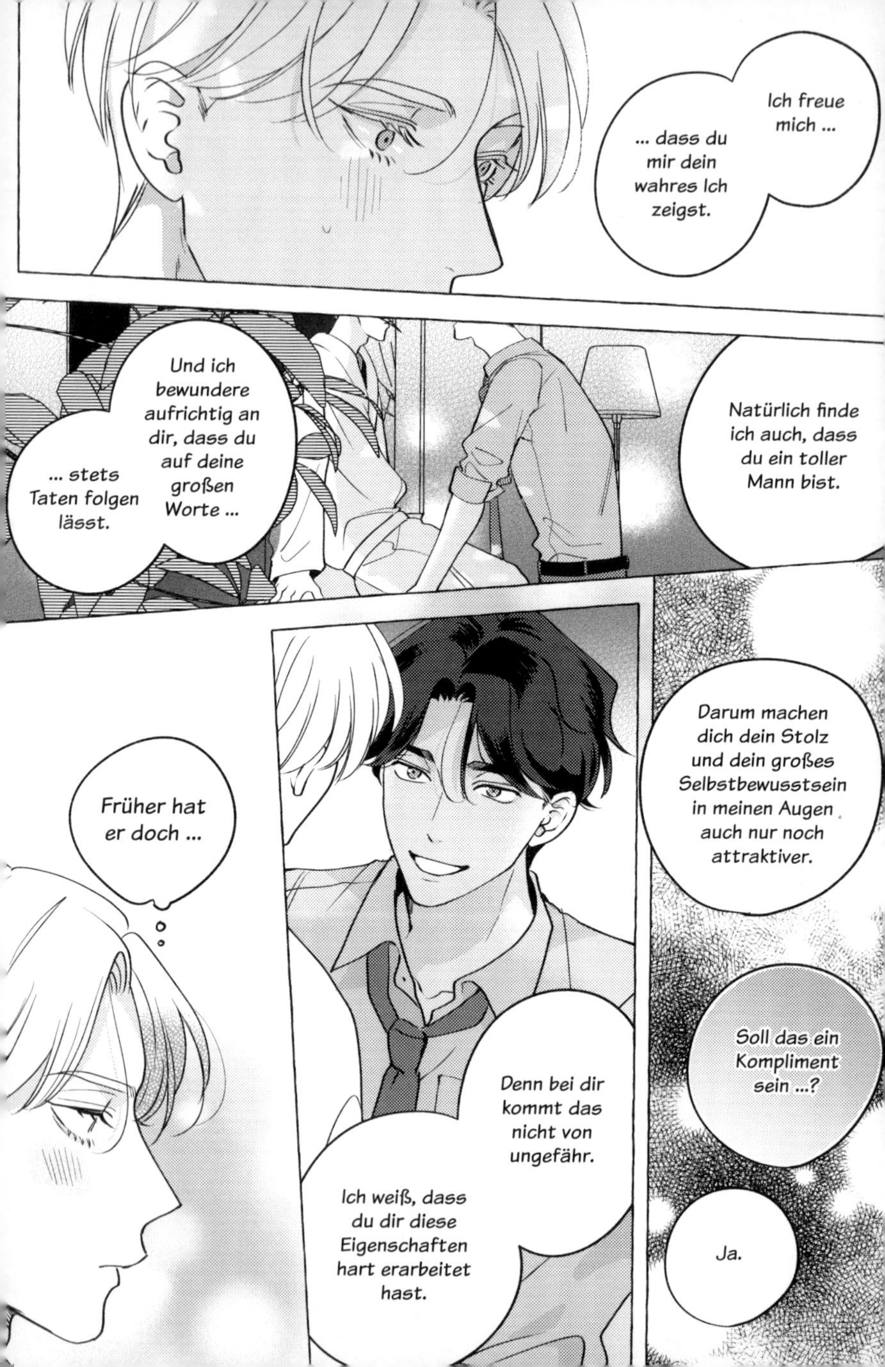

Ich freue mich ...
... dass du mir dein wahres Ich zeigst.
Natürlich finde ich auch, dass du ein toller Mann bist.
Und ich bewundere aufrichtig an dir, dass du auf deine großen Worte ...
... stets Taten folgen lässt.
Darum machen dich dein Stolz und dein großes Selbstbewusstsein in meinen Augen auch nur noch attraktiver.
Soll das ein Kompliment sein ...?
Ja.
Denn bei dir kommt das nicht von ungefähr.
Ich weiß, dass du dir diese Eigenschaften hart erarbeitet hast.
Früher hat er doch ...

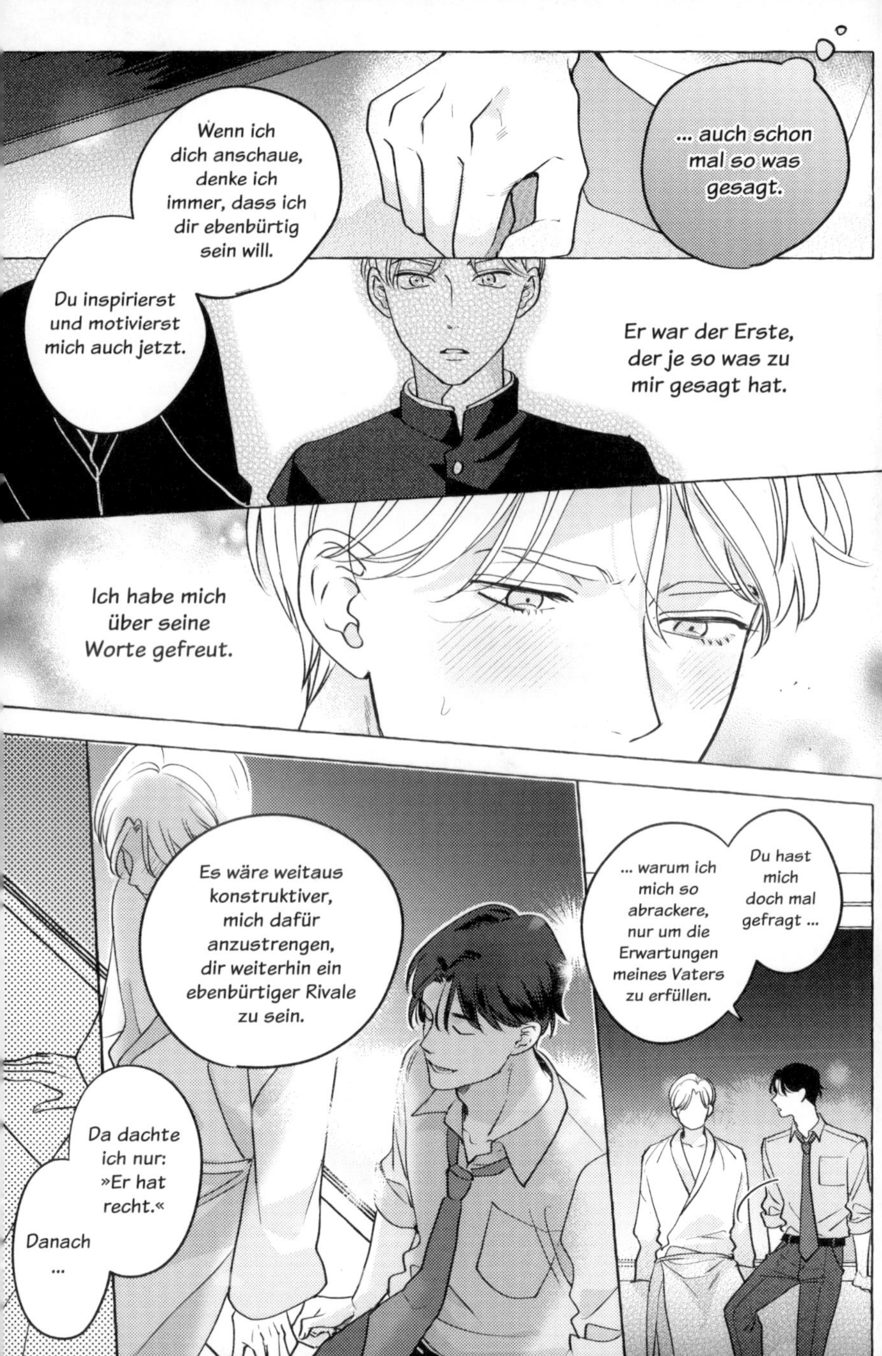

... auch schon mal so was gesagt.
Wenn ich dich anschaue, denke ich immer, dass ich dir ebenbürtig sein will.
Du inspirierst und motivierst mich auch jetzt.
Er war der Erste, der je so was zu mir gesagt hat.
Ich habe mich über seine Worte gefreut.
Du hast mich doch mal gefragt ...
... warum ich mich so abrackere, nur um die Erwartungen meines Vaters zu erfüllen.
Es wäre weitaus konstruktiver, mich dafür anzustrengen, dir weiterhin ein ebenbürtiger Rivale zu sein.
Da dachte ich nur: »Er hat recht.«
Danach ...

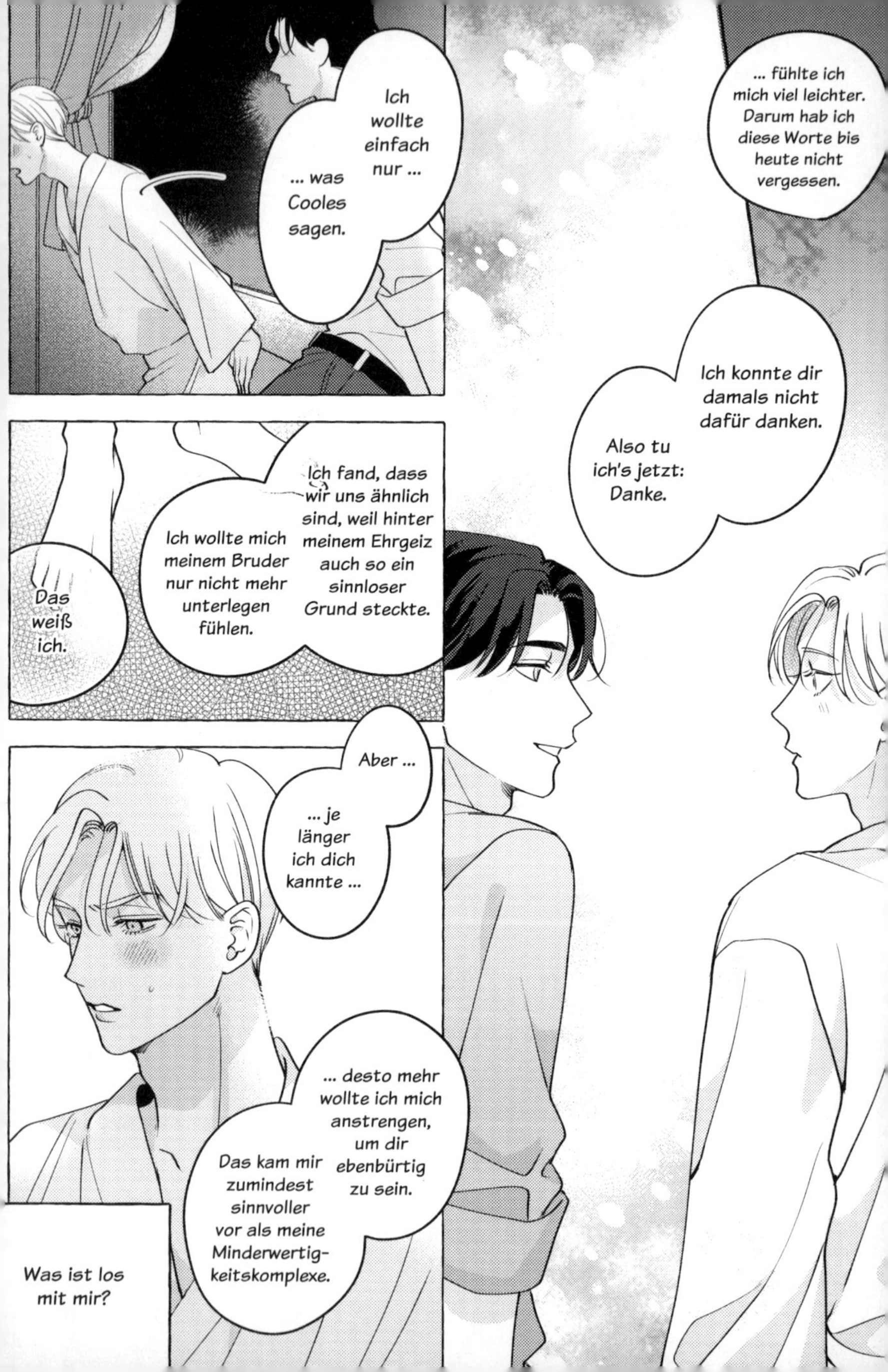
... fühlte ich mich viel leichter. Darum hab ich diese Worte bis heute nicht vergessen.
Ich konnte dir damals nicht dafür danken.
Also tu ich's jetzt: Danke.
Ich wollte einfach nur ...
... was Cooles sagen.
Ich fand, dass wir uns ähnlich sind, weil hinter meinem Ehrgeiz auch so ein sinnloser Grund steckte.
Ich wollte mich meinem Bruder nur nicht mehr unterlegen fühlen.
Das weiß ich.
Aber ...
... je länger ich dich kannte ...
... desto mehr wollte ich mich anstrengen, um dir ebenbürtig zu sein.
Das kam mir zumindest sinnvoller vor als meine Minderwertigkeitskomplexe.
Was ist los mit mir?

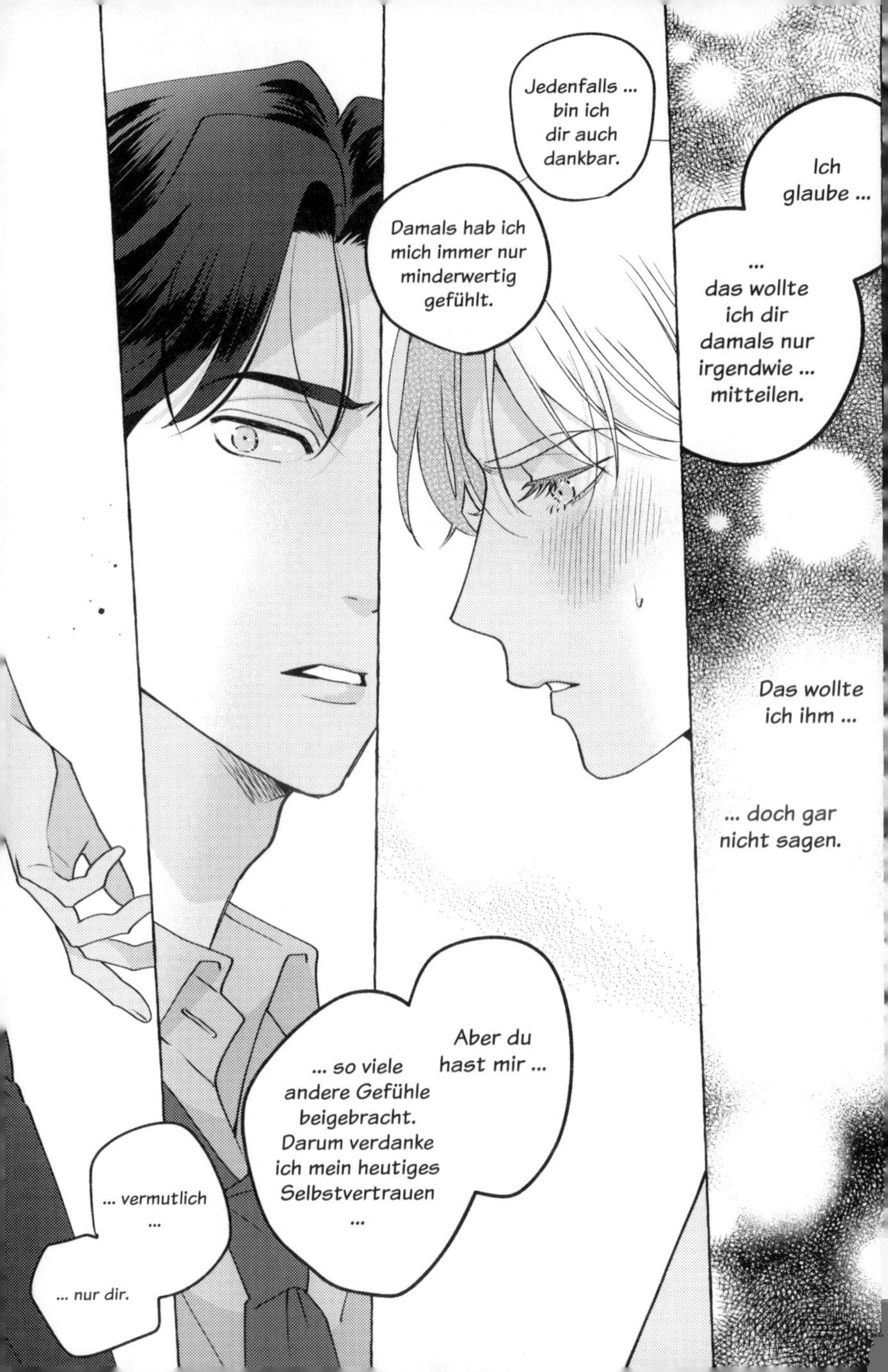
Ich glaube ...
... das wollte ich dir damals nur irgendwie ... mitteilen.
Das wollte ich ihm ...
... doch gar nicht sagen.
Jedenfalls ... bin ich dir auch dankbar.
Damals hab ich mich immer nur minderwertig gefühlt.
Aber du hast mir ...
... so viele andere Gefühle beigebracht. Darum verdanke ich mein heutiges Selbstvertrauen ...
... vermutlich ...
... nur dir.

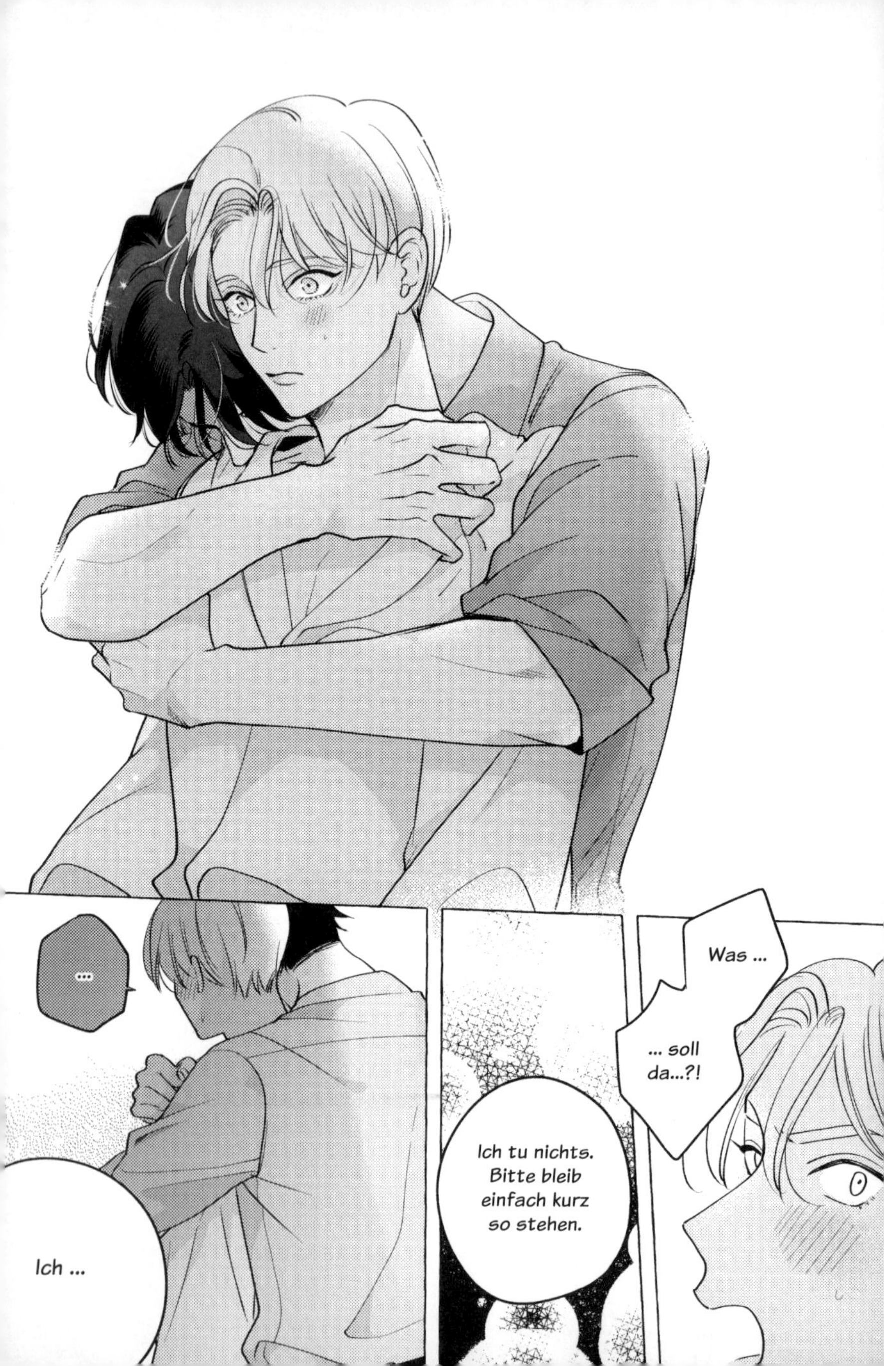
Was ...
... soll da...?!
Ich tu nichts. Bitte bleib einfach kurz so stehen.
...
Ich ...

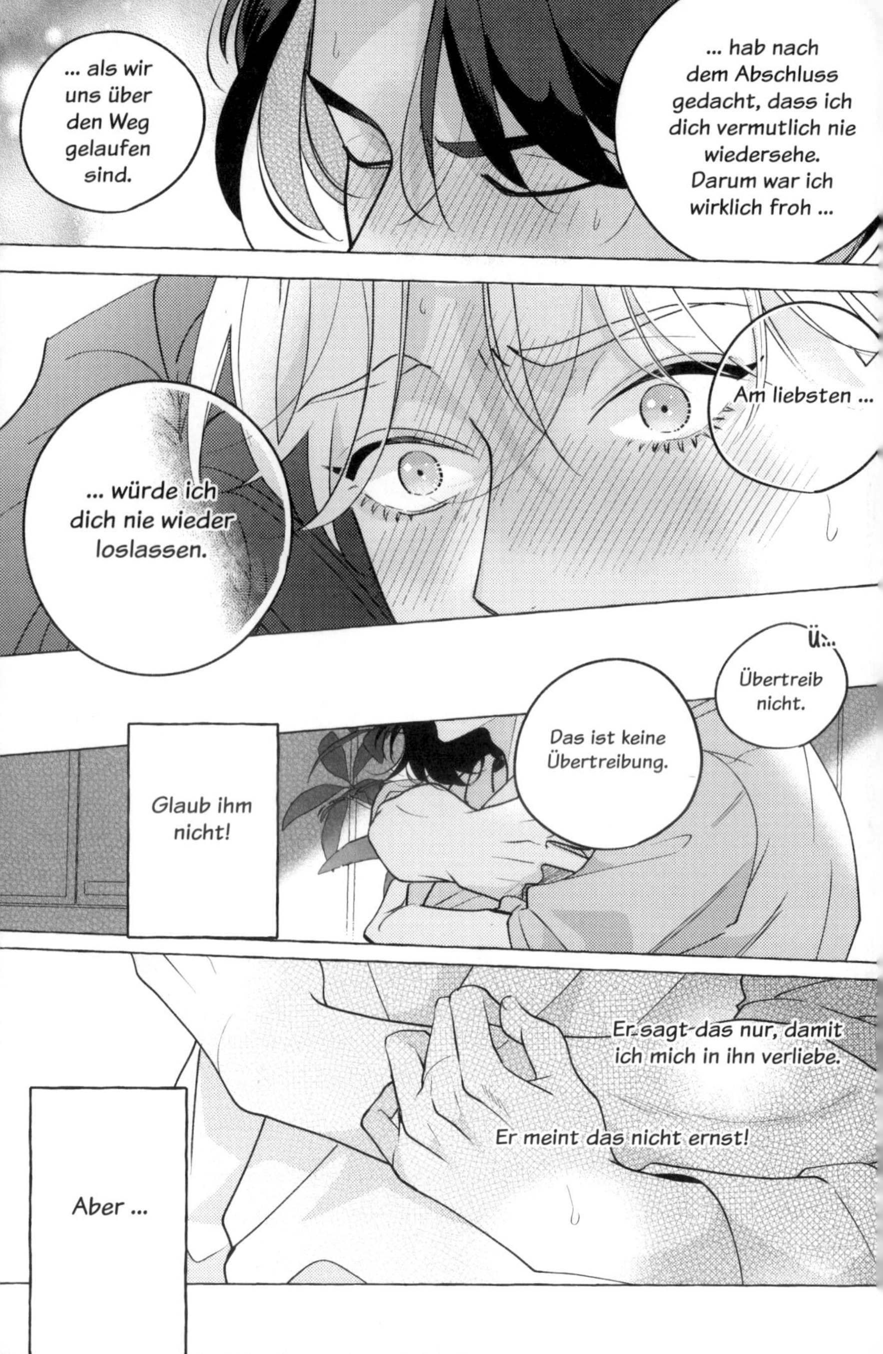
... hab nach dem Abschluss gedacht, dass ich dich vermutlich nie wiedersehe. Darum war ich wirklich froh ...
... als wir uns über den Weg gelaufen sind.
Am liebsten ...
... würde ich dich nie wieder loslassen.
Ü...
Übertreib nicht.
Das ist keine Übertreibung.
Glaub ihm nicht!
Er sagt das nur, damit ich mich in ihn verliebe.
Er meint das nicht ernst!
Aber ...

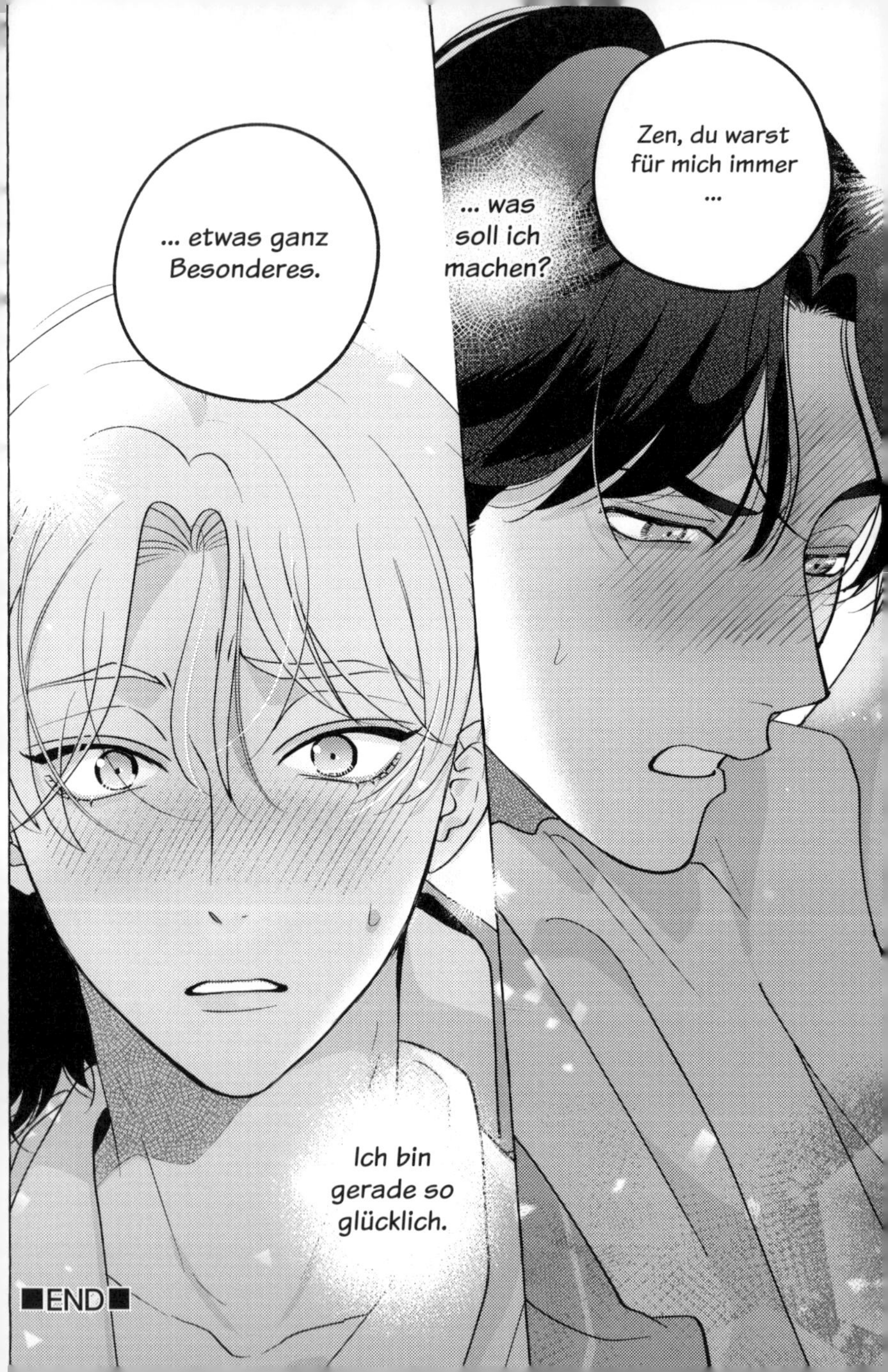
Zen, du warst für mich immer ...
... was soll ich machen?
... etwas ganz Besonderes.
Ich bin gerade so glücklich.
END

Fake Fact
LIPS It always seems impossible
until it' s done

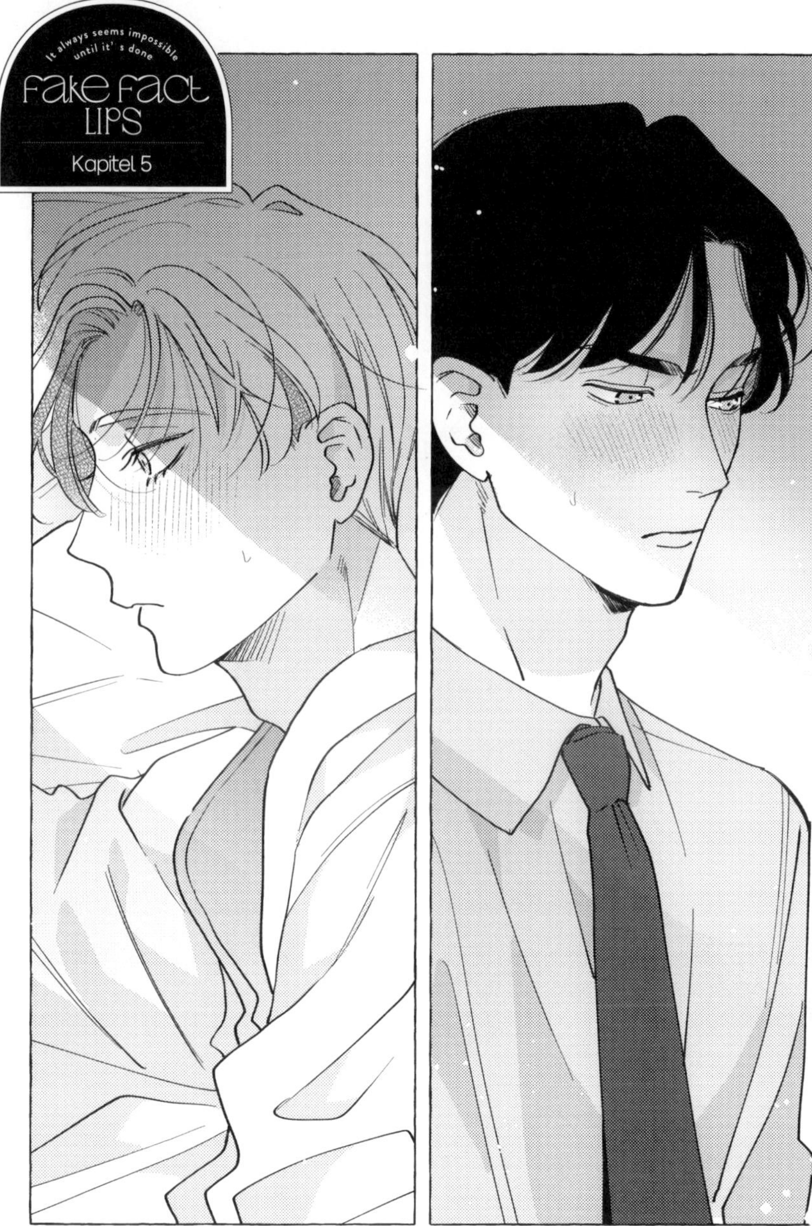
It always seems impossible until it' s done
Fake Fact Lips
Kapitel 5

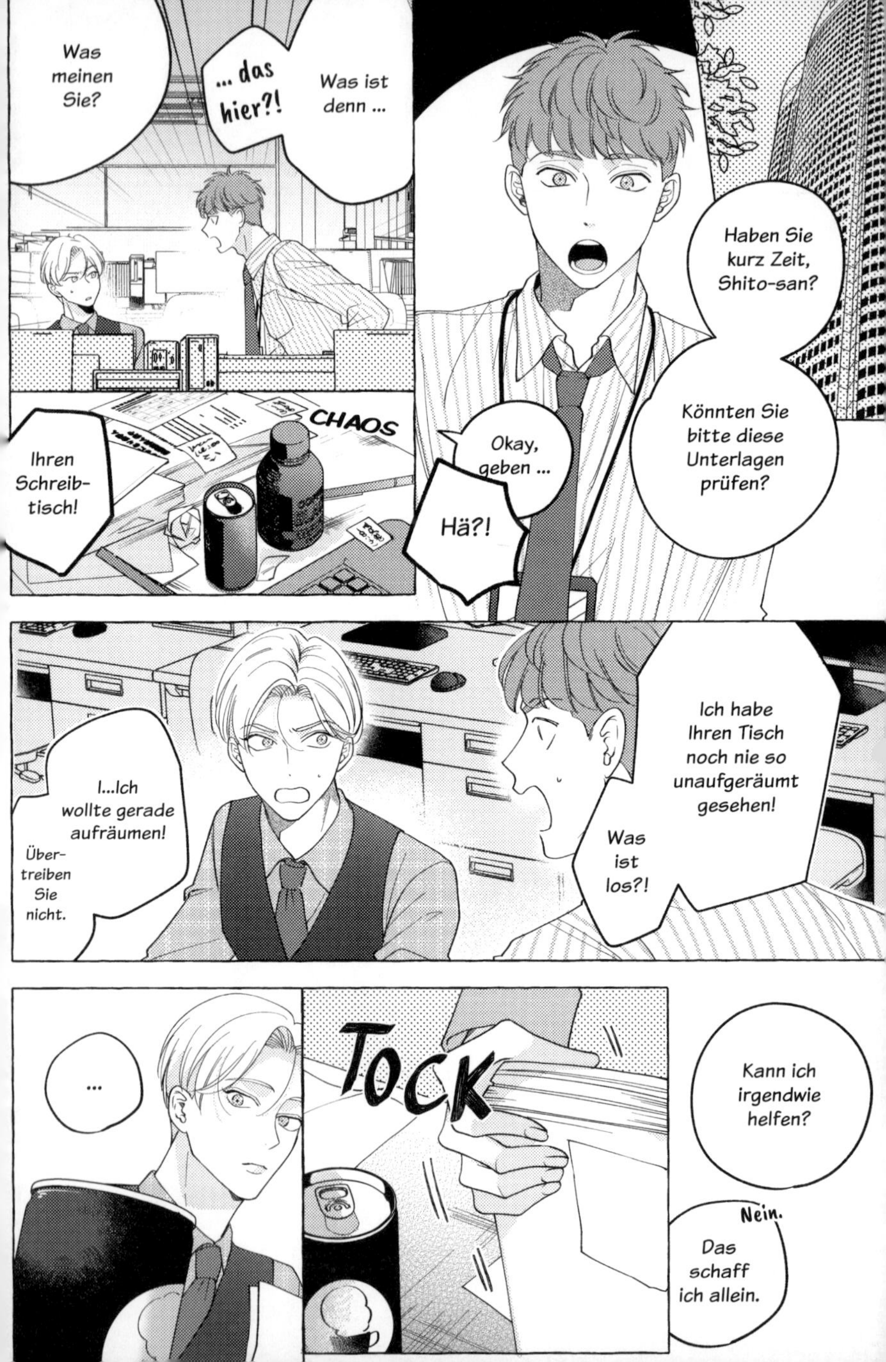
Haben Sie kurz Zeit, Shito-san?
Könnten Sie bitte diese Unterlagen prüfen?
Okay, geben ...
Hä?!
Was ist denn ...
... das hier?!
Was meinen Sie?
CHAOS
Ihren Schreibtisch!
Ich habe Ihren Tisch noch nie so unaufgeräumt gesehen!
Was ist los?!
I...Ich wollte gerade aufräumen!
Übertreiben Sie nicht.
Kann ich irgendwie helfen?
Nein.
Das schaff ich allein.
TOCK
...

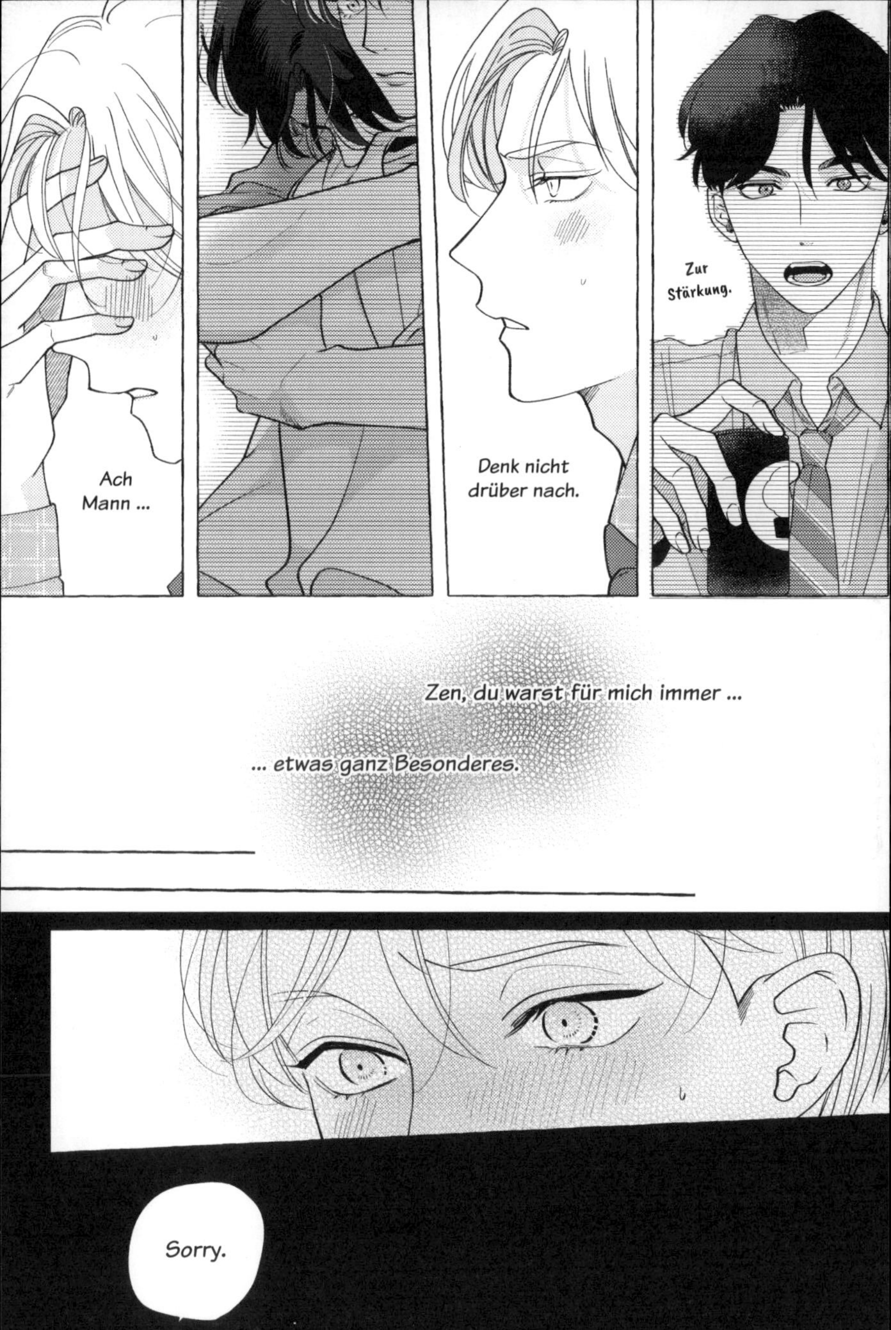

Zur Stärkung.

Denk nicht drüber nach.

Ach Mann ...

Zen, du warst für mich immer ...

... etwas ganz Besonderes.

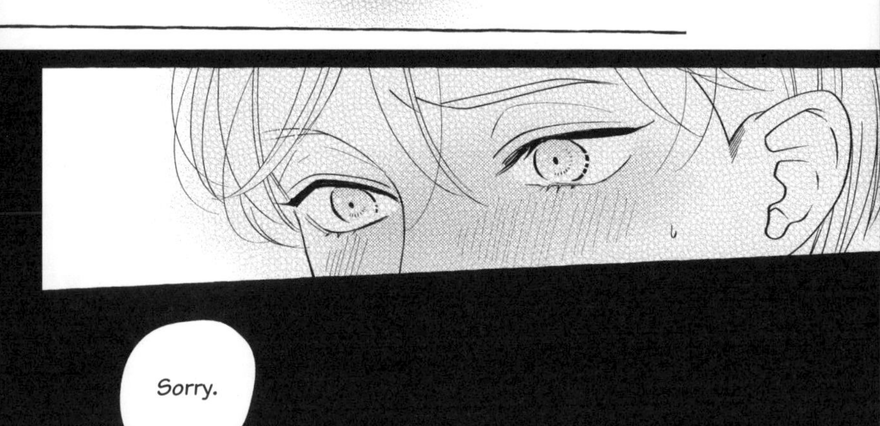

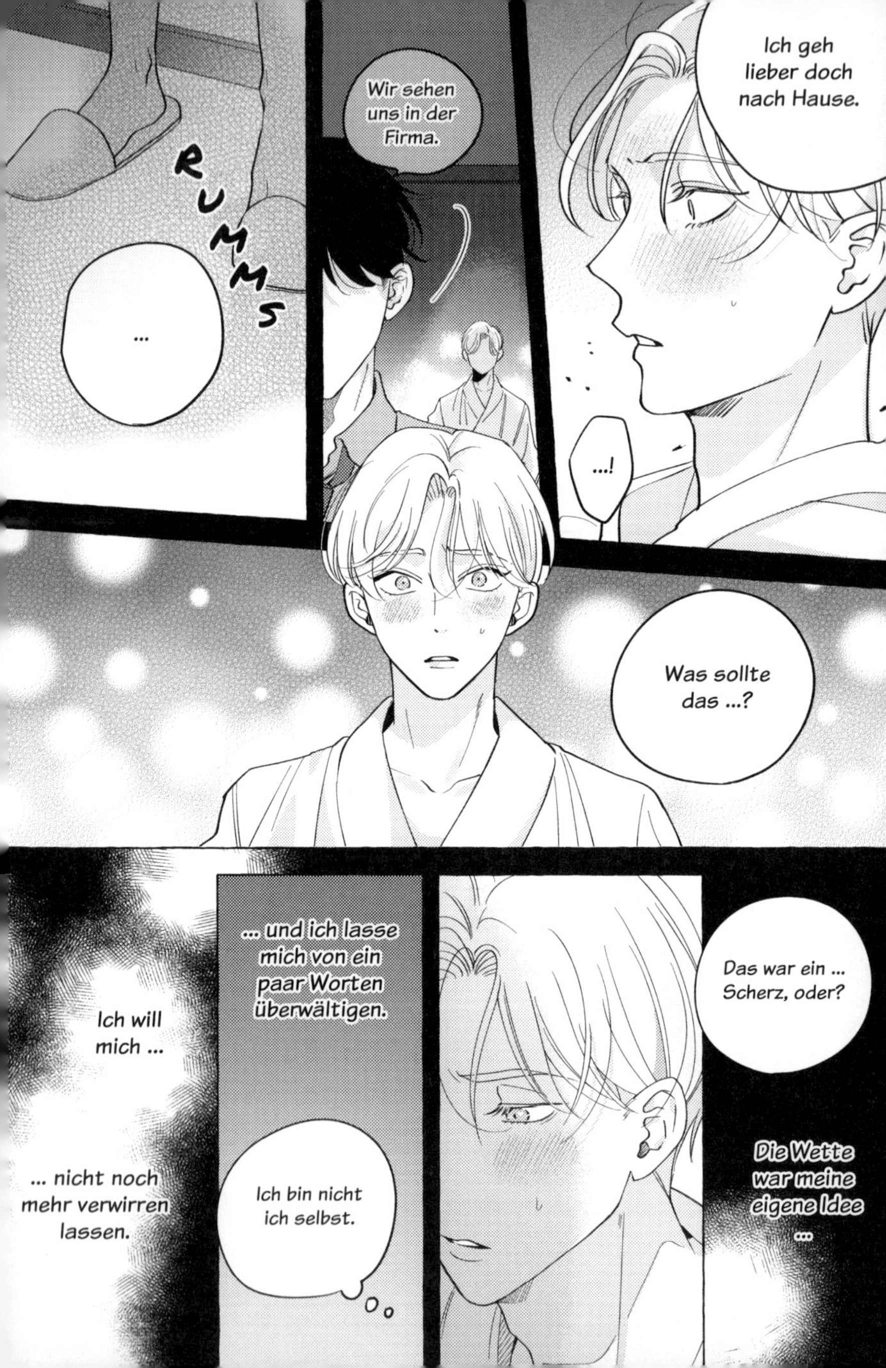
Ich geh lieber doch nach Hause.
...!
Wir sehen uns in der Firma.
RUMMS
...
Was sollte das ...?
Das war ein ... Scherz, oder?
Die Wette war meine eigene Idee ...
... und ich lasse mich von ein paar Worten überwältigen.
Ich bin nicht ich selbst.
Ich will mich ...
... nicht noch mehr verwirren lassen.

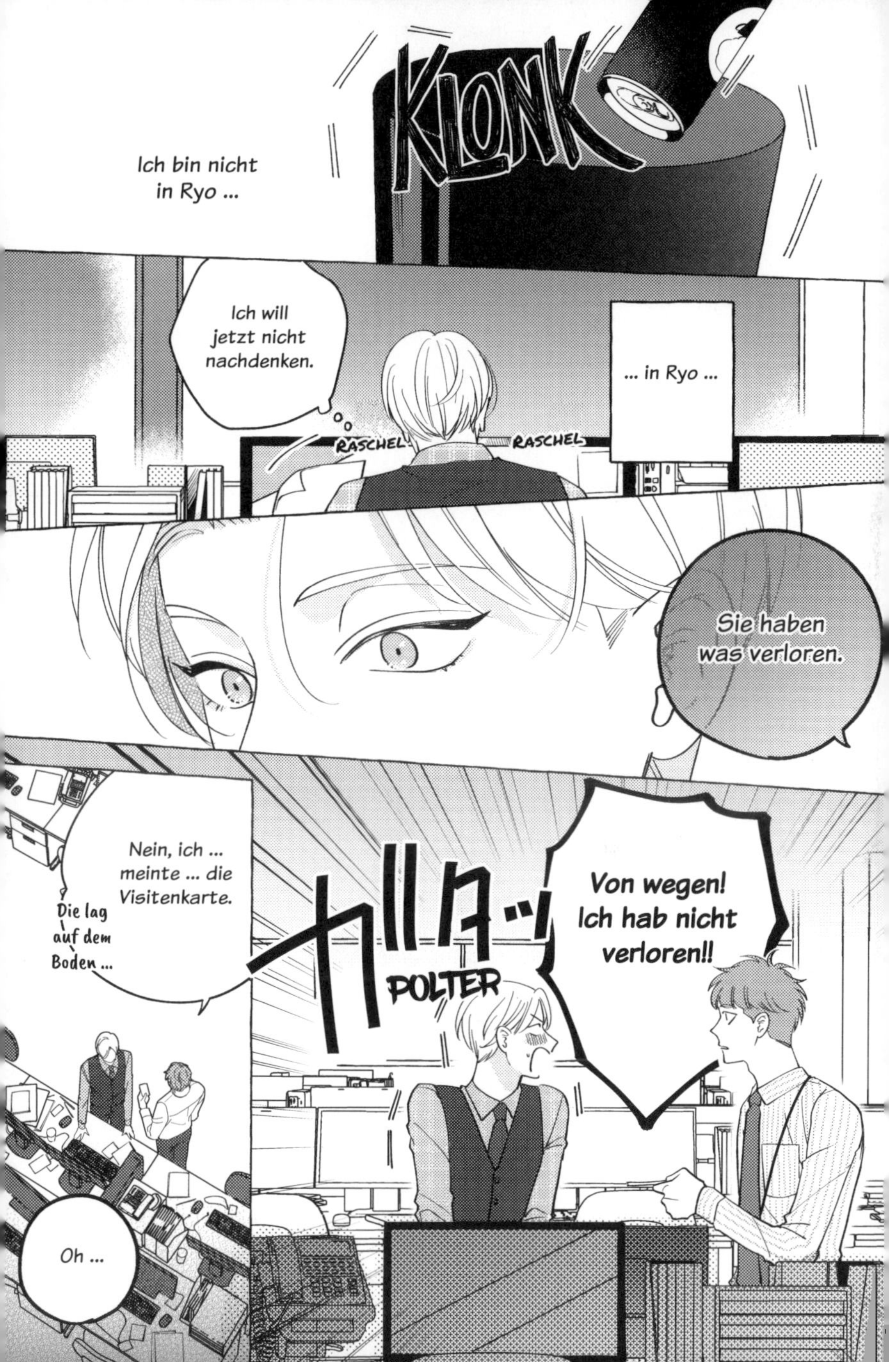
KLONK
Ich bin nicht in Ryo ...
... in Ryo ...
Ich will jetzt nicht nachdenken.
RASCHEL
RASCHEL
Sie haben was verloren.
Von wegen! Ich hab nicht verloren!!
POLTER
Nein, ich ... meinte ... die Visitenkarte.
Die lag auf dem Boden ...
Oh ...

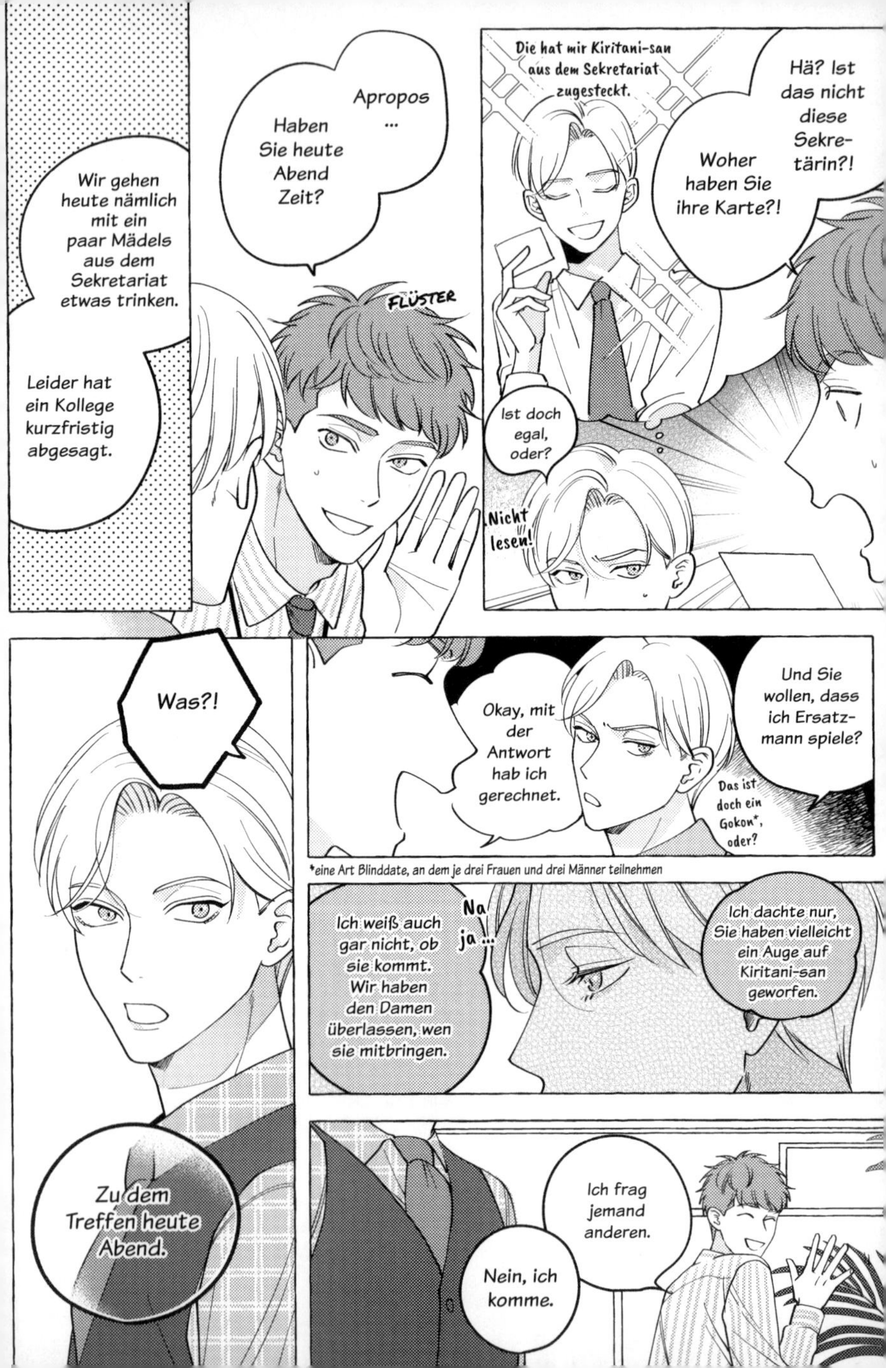

*eine Art Blinddate, an dem je drei Frauen und drei Männer teilnehmen

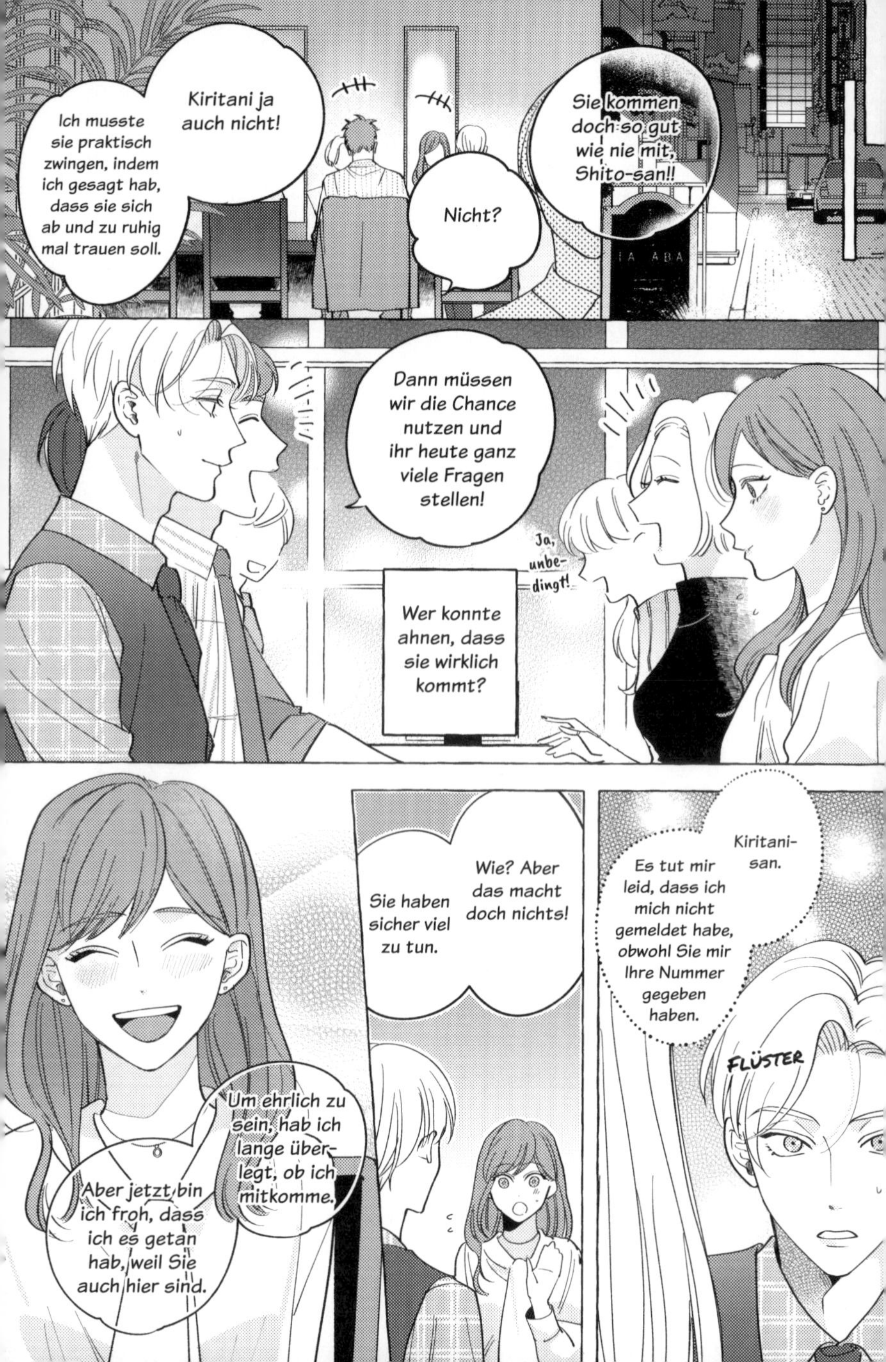
Sie kommen doch so gut wie nie mit, Shito-san!!
Nicht?
Kiritani ja auch nicht!
Ich musste sie praktisch zwingen, indem ich gesagt hab, dass sie sich ab und zu ruhig mal trauen soll.
Dann müssen wir die Chance nutzen und ihr heute ganz viele Fragen stellen!
Ja, unbedingt!
Wer konnte ahnen, dass sie wirklich kommt?
Kiritani-san.
Es tut mir leid, dass ich mich nicht gemeldet habe, obwohl Sie mir Ihre Nummer gegeben haben.
FLÜSTER
Wie? Aber das macht doch nichts!
Sie haben sicher viel zu tun.
Um ehrlich zu sein, hab ich lange überlegt, ob ich mitkomme.
Aber jetzt bin ich froh, dass ich es getan hab, weil Sie auch hier sind.

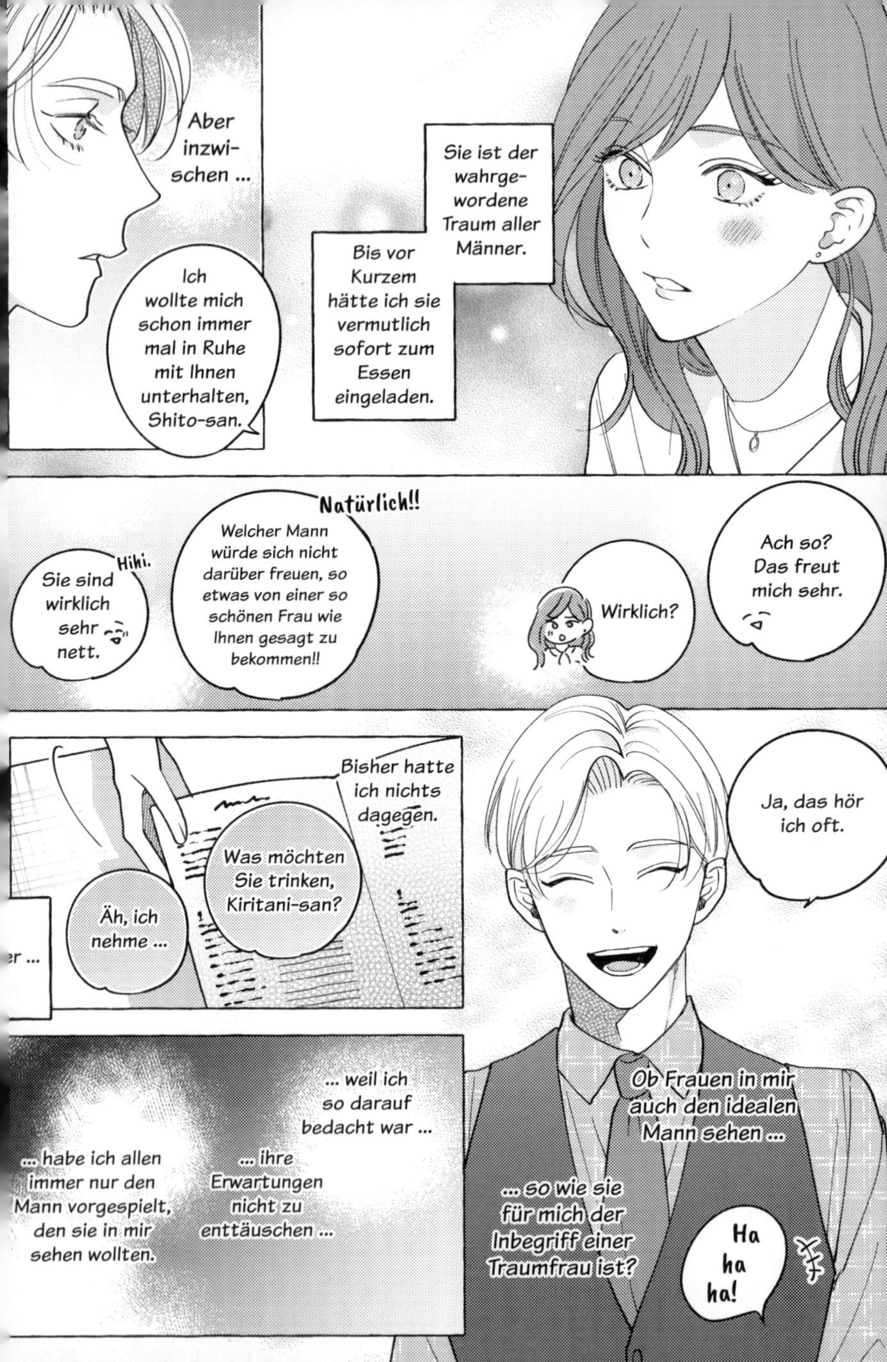
Sie ist der wahrgewordene Traum aller Männer.
Bis vor Kurzem hätte ich sie vermutlich sofort zum Essen eingeladen.
Aber inzwischen ...
Ich wollte mich schon immer mal in Ruhe mit Ihnen unterhalten, Shito-san.
Ach so? Das freut mich sehr.
Wirklich?
Natürlich!!
Welcher Mann würde sich nicht darüber freuen, so etwas von einer so schönen Frau wie Ihnen gesagt zu bekommen!!
Hihi.
Sie sind wirklich sehr nett.
Ja, das hör ich oft.
Bisher hatte ich nichts dagegen.
Was möchten Sie trinken, Kiritani-san?
Äh, ich nehme ...
er ...
Ob Frauen in mir auch den idealen Mann sehen ...
... so wie sie für mich der Inbegriff einer Traumfrau ist?
Ha ha ha!
... weil ich so darauf bedacht war ...
... ihre Erwartungen nicht zu enttäuschen ...
... habe ich allen immer nur den Mann vorgespielt, den sie in mir sehen wollten.

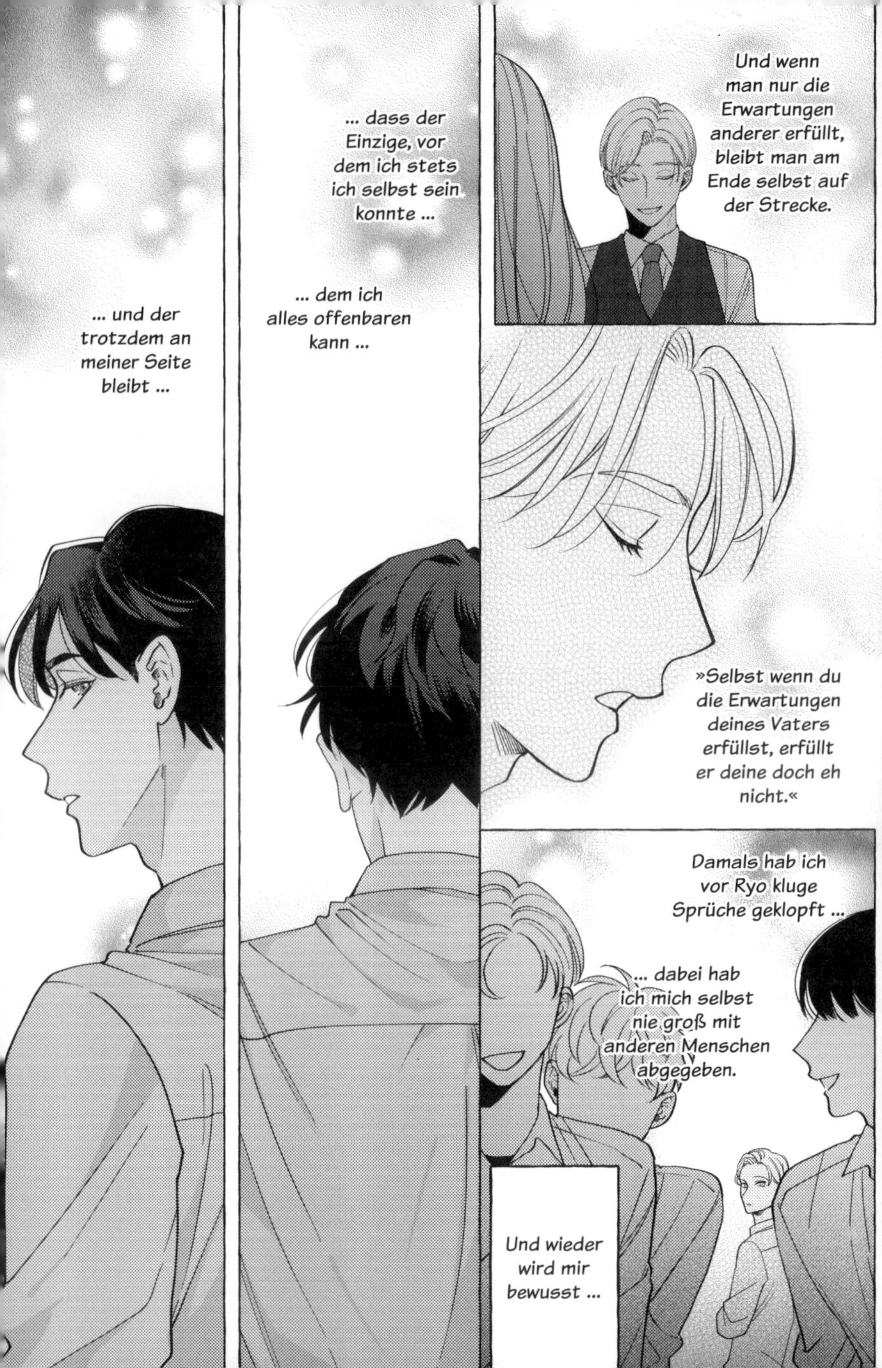
Und wenn man nur die Erwartungen anderer erfüllt, bleibt man am Ende selbst auf der Strecke.
»Selbst wenn du die Erwartungen deines Vaters erfüllst, erfüllt er deine doch eh nicht.«
Damals hab ich vor Ryo kluge Sprüche geklopft ...
... dabei hab ich mich selbst nie groß mit anderen Menschen abgegeben.
Und wieder wird mir bewusst ...
... dass der Einzige, vor dem ich stets ich selbst sein konnte ...
... dem ich alles offenbaren kann ...
... und der trotzdem an meiner Seite bleibt ...

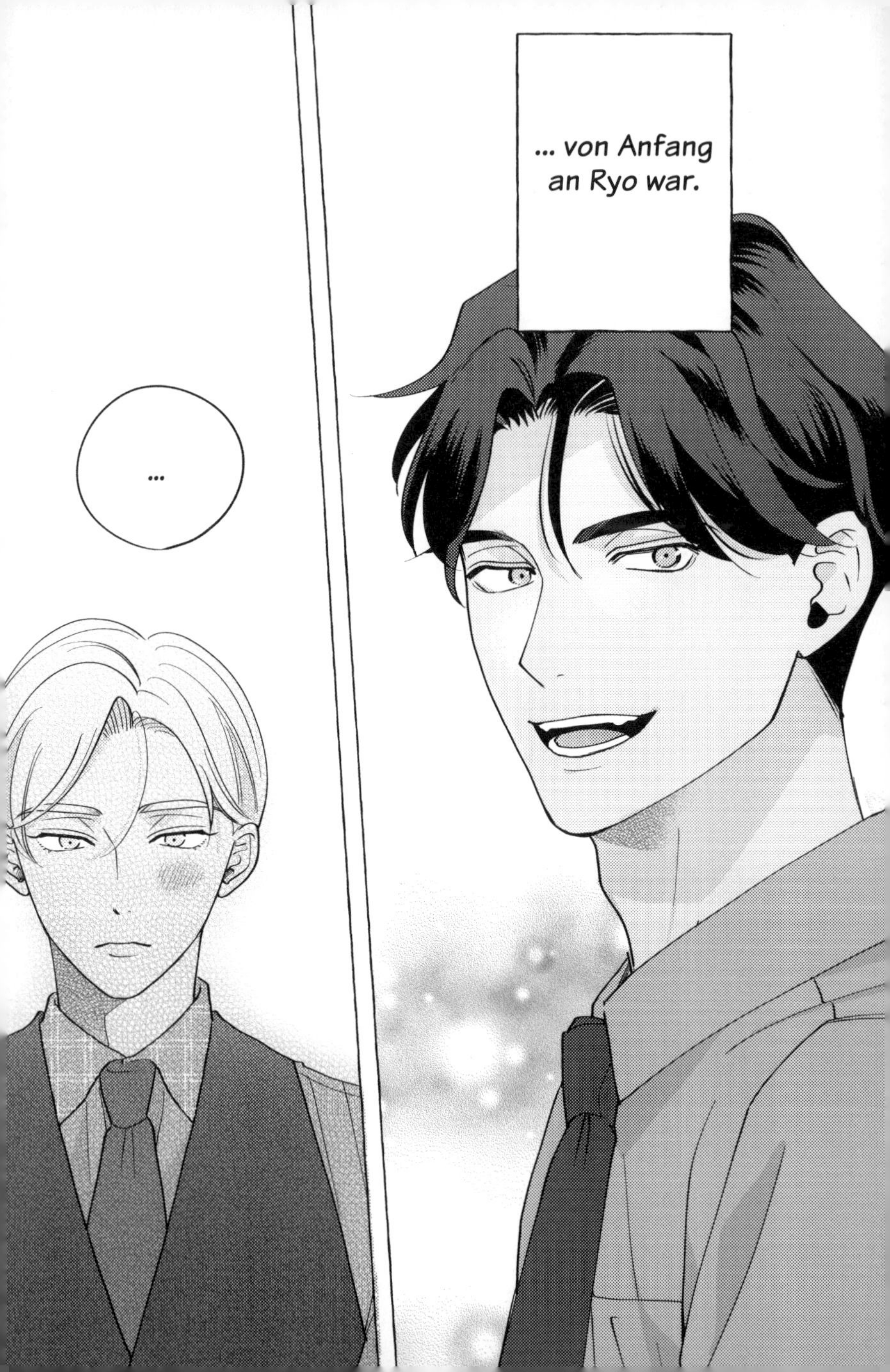
... von Anfang an Ryo war.
...

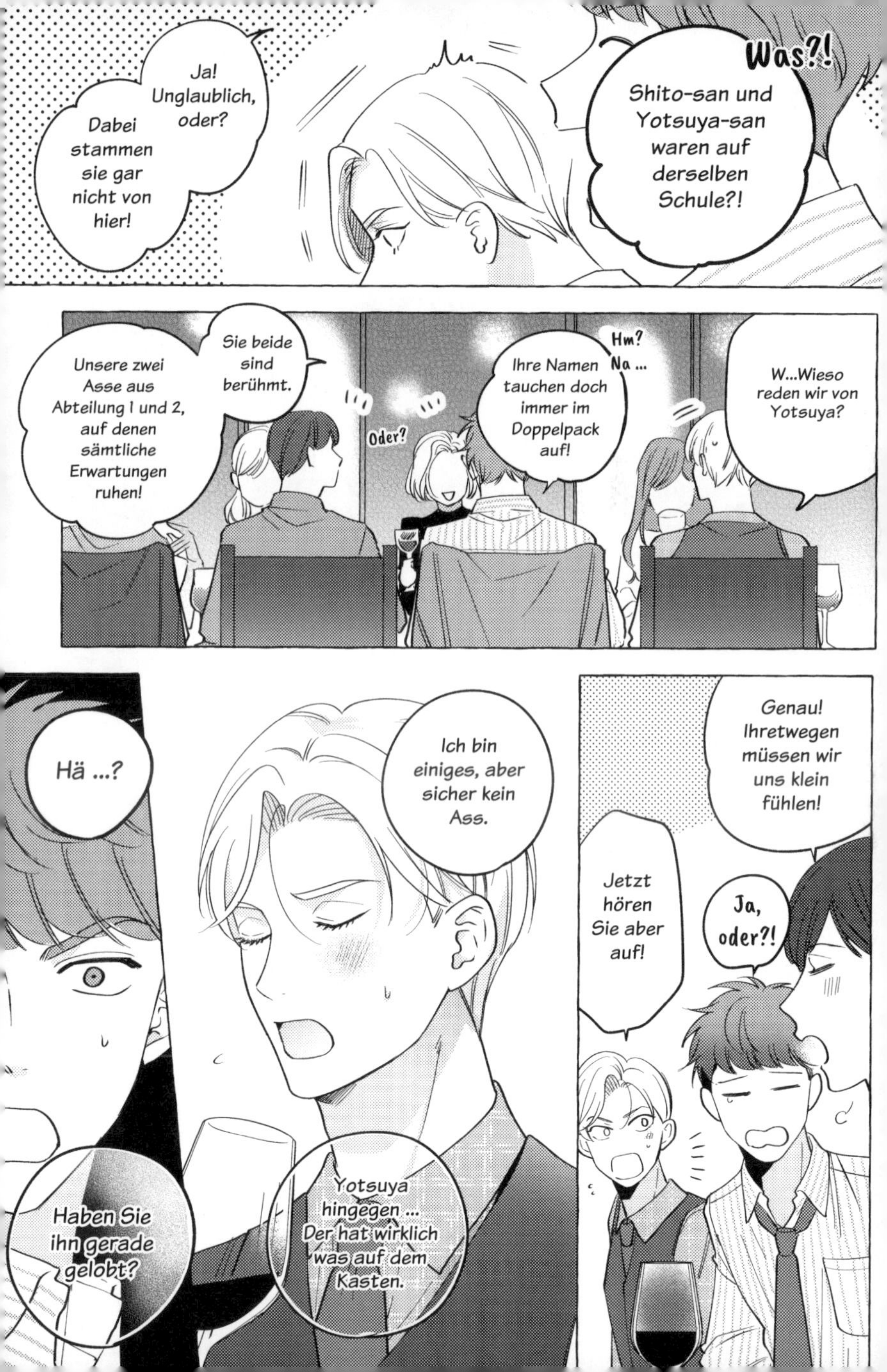

Was?!
Shito-san und Yotsuya-san waren auf derselben Schule?!
Ja! Unglaublich, oder?
Dabei stammen sie gar nicht von hier!
W...Wieso reden wir von Yotsuya?
Hm? Na ...
Ihre Namen tauchen doch immer im Doppelpack auf!
Oder?
Sie beide sind berühmt.
Unsere zwei Asse aus Abteilung 1 und 2, auf denen sämtliche Erwartungen ruhen!
Genau! Ihretwegen müssen wir uns klein fühlen!
Ja, oder?!
Jetzt hören Sie aber auf!
Ich bin einiges, aber sicher kein Ass.
Yotsuya hingegen ... Der hat wirklich was auf dem Kasten.
Hä ...?
Haben Sie ihn gerade gelobt?

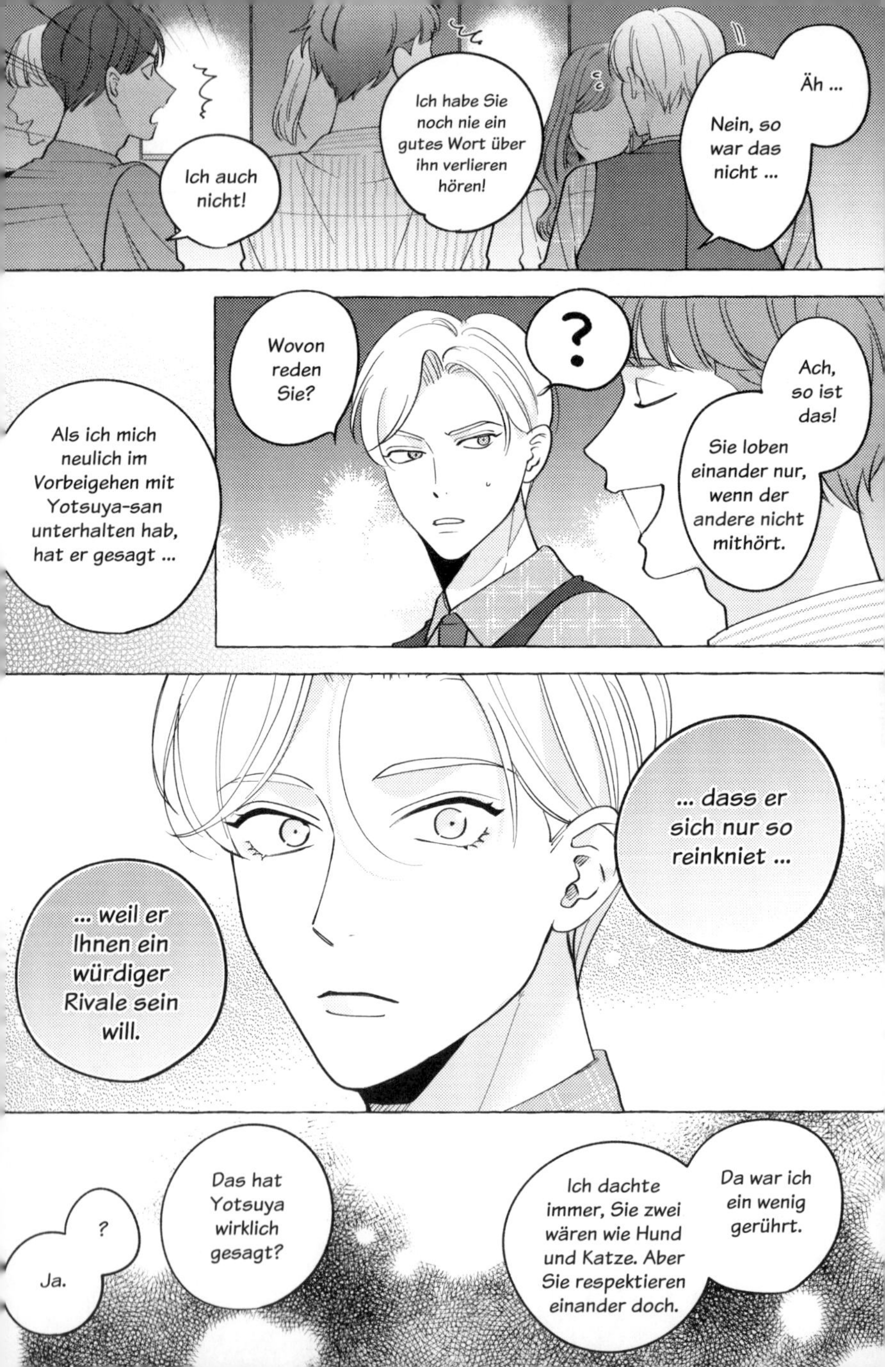
Äh ...
Nein, so war das nicht ...
Ich habe Sie noch nie ein gutes Wort über ihn verlieren hören!
Ich auch nicht!
Ach, so ist das!
Sie loben einander nur, wenn der andere nicht mithört.
?
Wovon reden Sie?
Als ich mich neulich im Vorbeigehen mit Yotsuya-san unterhalten hab, hat er gesagt ...
... dass er sich nur so reinkniet ...
... weil er Ihnen ein würdiger Rivale sein will.
Ich dachte immer, Sie zwei wären wie Hund und Katze. Aber Sie respektieren einander doch.
Da war ich ein wenig gerührt.
Das hat Yotsuya wirklich gesagt?
?
Ja.

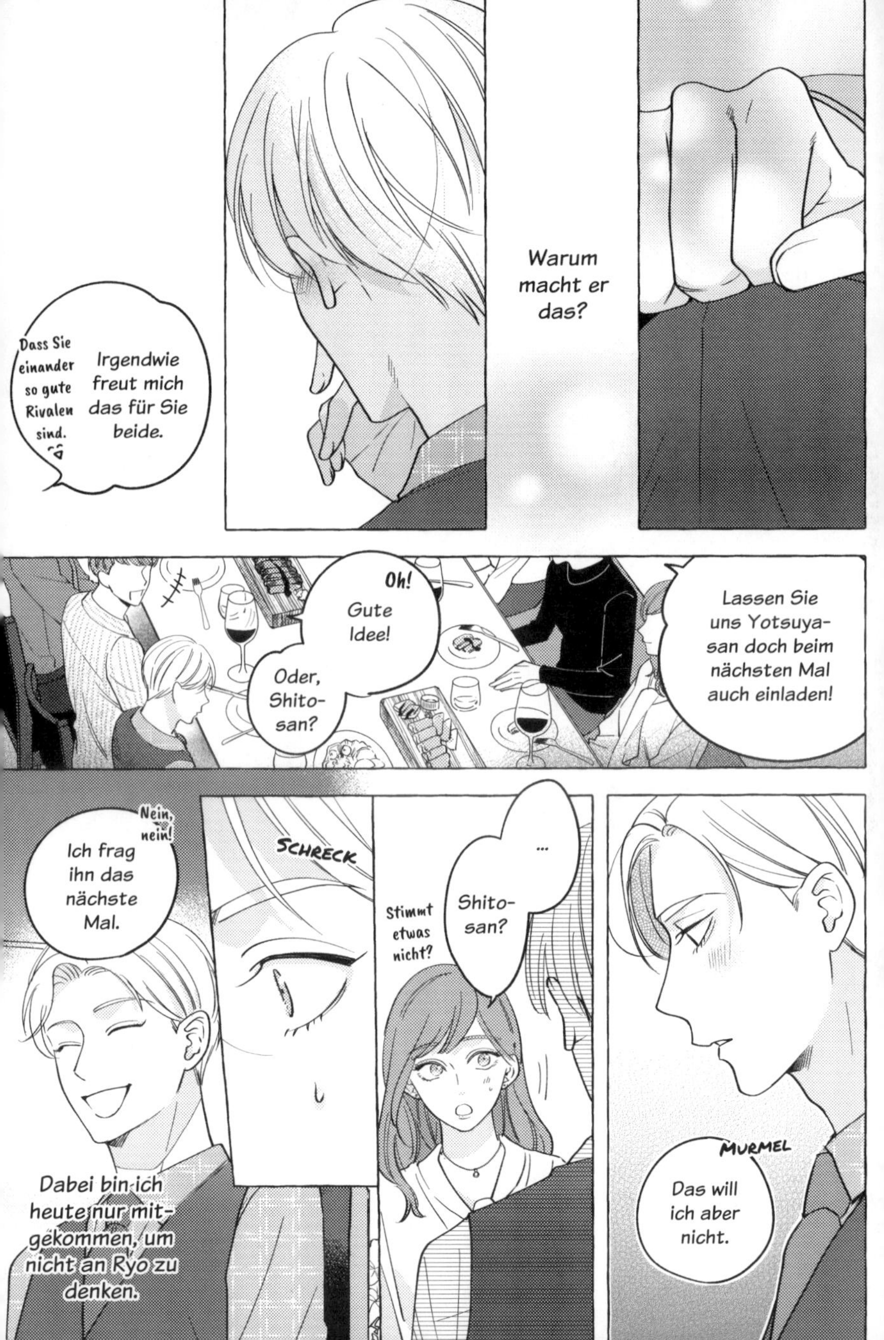
Warum macht er das?
Irgendwie freut mich das für Sie beide.
Dass Sie einander so gute Rivalen sind.
Lassen Sie uns Yotsuya-san doch beim nächsten Mal auch einladen!
Oh!
Gute Idee!
Oder, Shito-san?
MURMEL
Das will ich aber nicht.
...
Shito-san?
Stimmt etwas nicht?
SCHRECK
Nein, nein!
Ich frag ihn das nächste Mal.
Dabei bin ich heute nur mitgekommen, um nicht an Ryo zu denken.

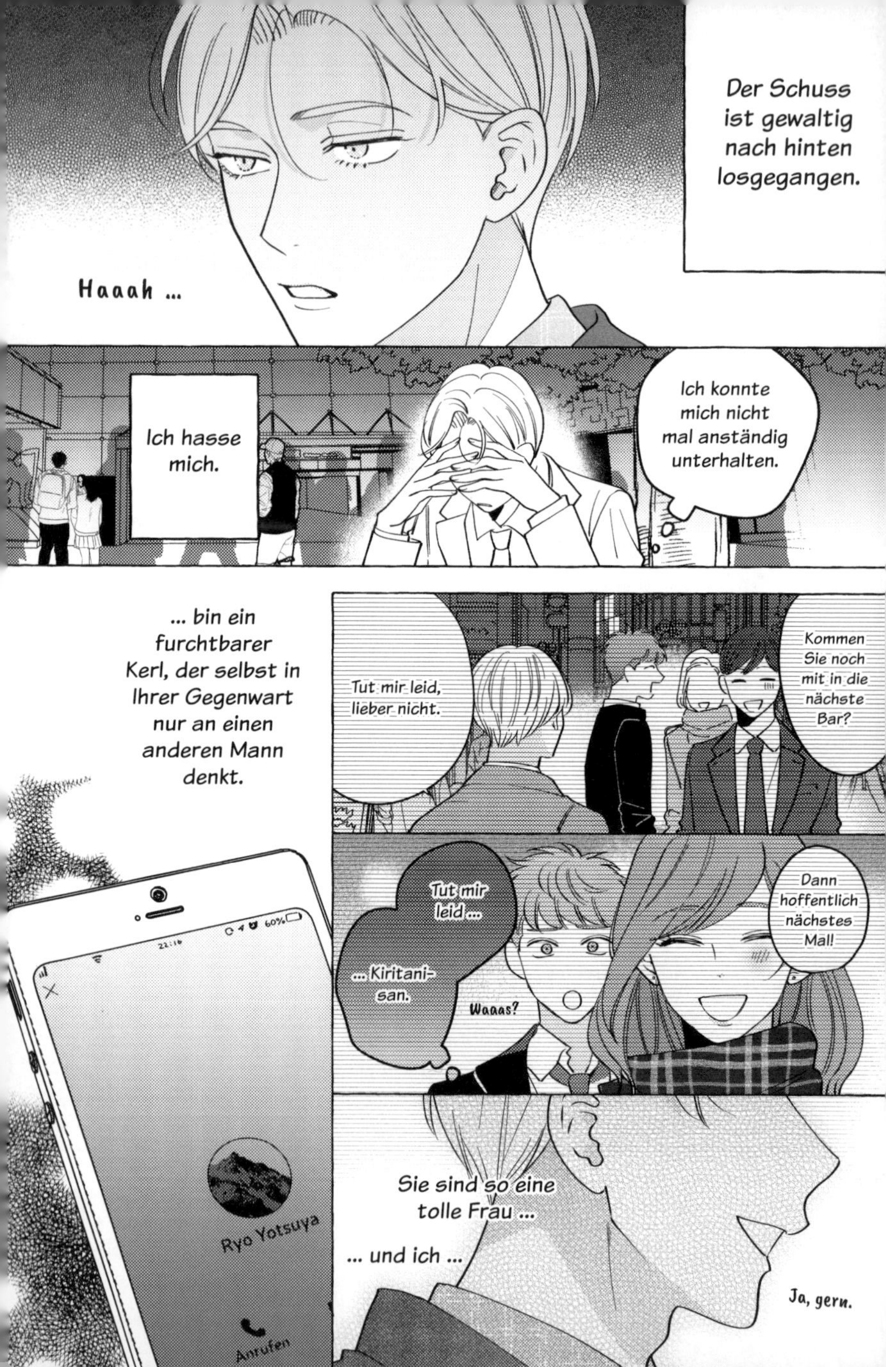
Der Schuss ist gewaltig nach hinten losgegangen.
Haaah ...
Ich konnte mich nicht mal anständig unterhalten.
Ich hasse mich.
... bin ein furchtbarer Kerl, der selbst in ihrer Gegenwart nur an einen anderen Mann denkt.
Kommen Sie noch mit in die nächste Bar?
Tut mir leid, lieber nicht.
Dann hoffentlich nächstes Mal!
Tut mir leid ...
... Kiritani-san.
Waaas?
Ryo Yotsuya
Anrufen
Ja, gern.
Sie sind so eine tolle Frau ...
... und ich ...

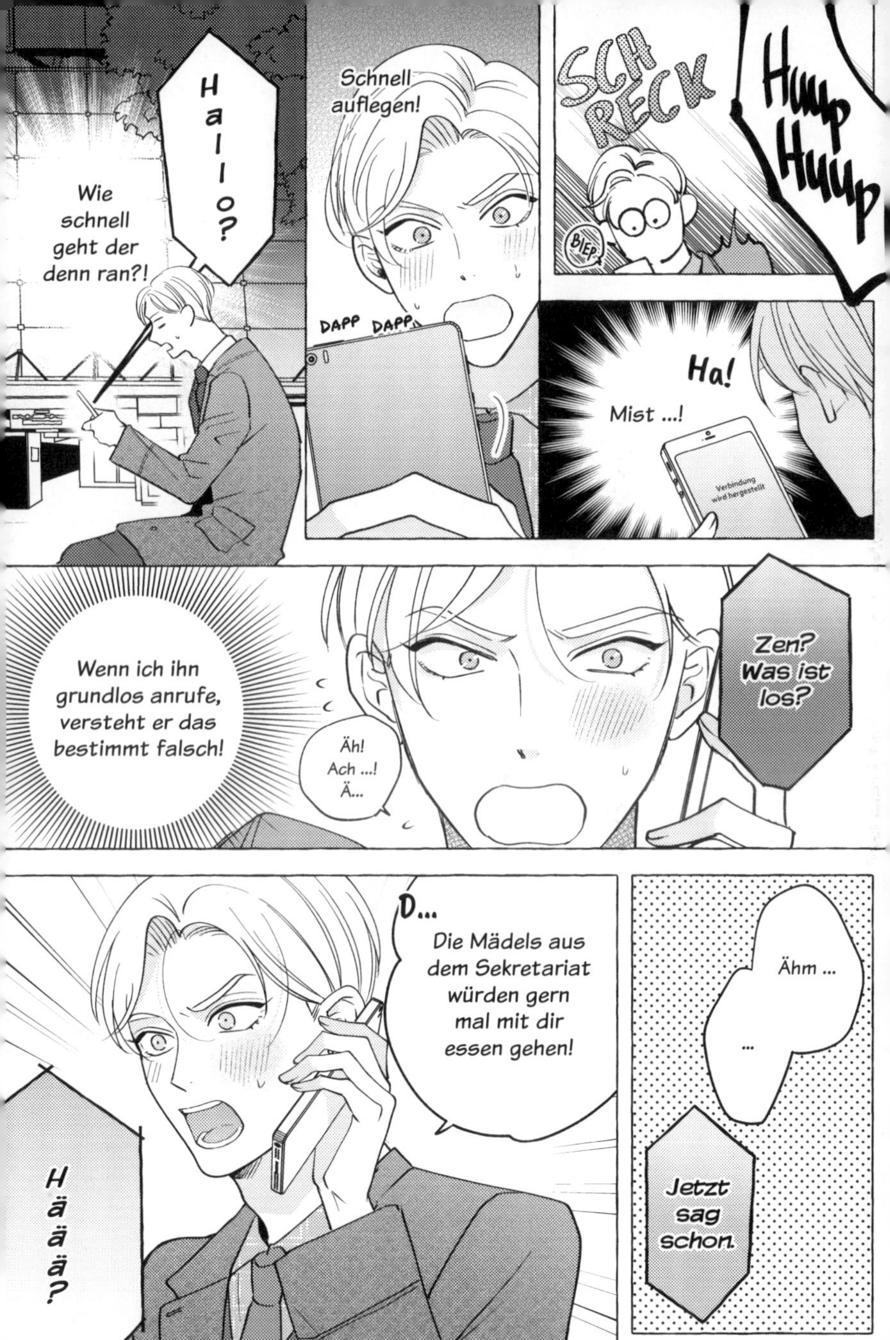
Huup Huup
SCH RECK
BIEP
Ha!
Mist ...!
Verbindung wird hergestellt
Schnell auflegen!
DAPP DAPP
Hallo?
Wie schnell geht der denn ran?!
Zen? Was ist los?
Äh! Ach ...! Ä...
Wenn ich ihn grundlos anrufe, versteht er das bestimmt falsch!
Ähm ...
...
Jetzt sag schon.
D...
Die Mädels aus dem Sekretariat würden gern mal mit dir essen gehen!
Häää?

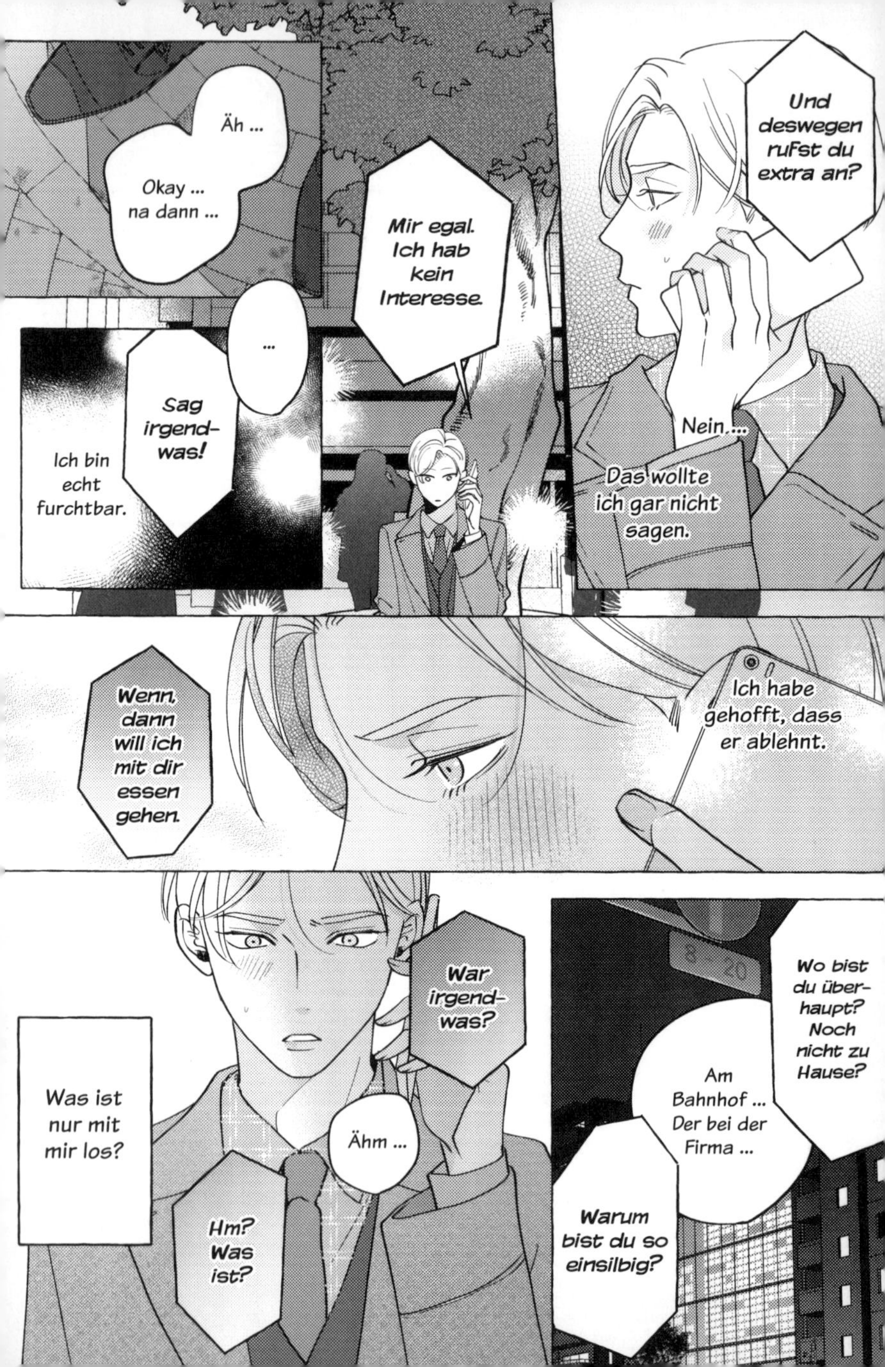
Und deswegen rufst du extra an?
Nein ...
Das wollte ich gar nicht sagen.
Mir egal. Ich hab kein Interesse.
Äh ...
Okay ... na dann ...
...
Sag irgend-was!
Ich bin echt furchtbar.
Ich habe gehofft, dass er ablehnt.
Wenn, dann will ich mit dir essen gehen.
Wo bist du über-haupt? Noch nicht zu Hause?
Am Bahnhof ... Der bei der Firma ...
Warum bist du so einsilbig?
War irgend-was?
Ähm ...
Hm? Was ist?
Was ist nur mit mir los?

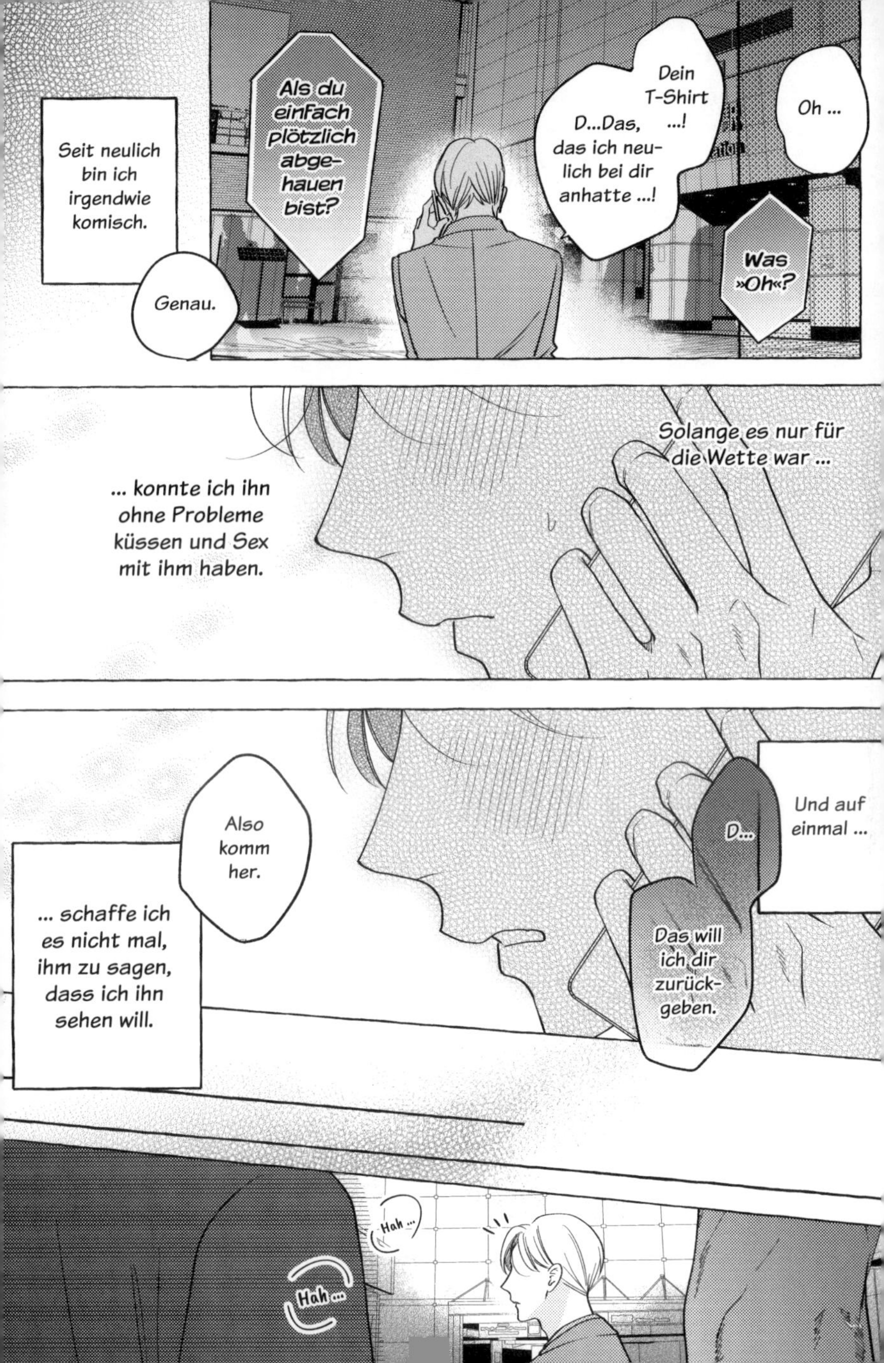
Oh ...
Was »Oh«?
Dein T-Shirt ...!
D...Das, das ich neulich bei dir anhatte ...!
Als du einfach plötzlich abgehauen bist?
Genau.
Seit neulich bin ich irgendwie komisch.
Solange es nur für die Wette war ...
... konnte ich ihn ohne Probleme küssen und Sex mit ihm haben.
Und auf einmal ...
D...
Das will ich dir zurückgeben.
Also komm her.
... schaffe ich es nicht mal, ihm zu sagen, dass ich ihn sehen will.
Hah ...
Hah ...

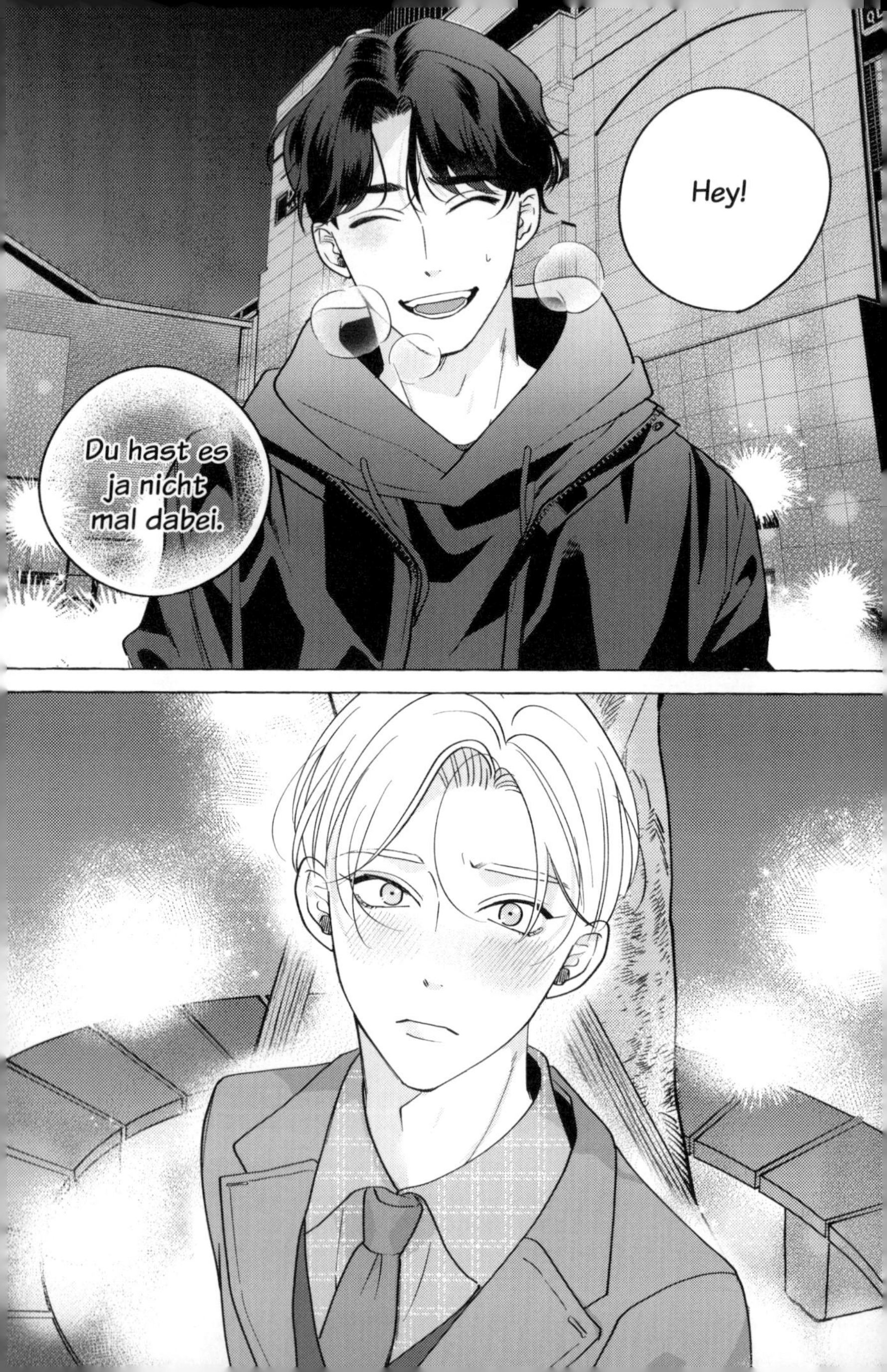

Hey!

Du hast es ja nicht mal dabei.

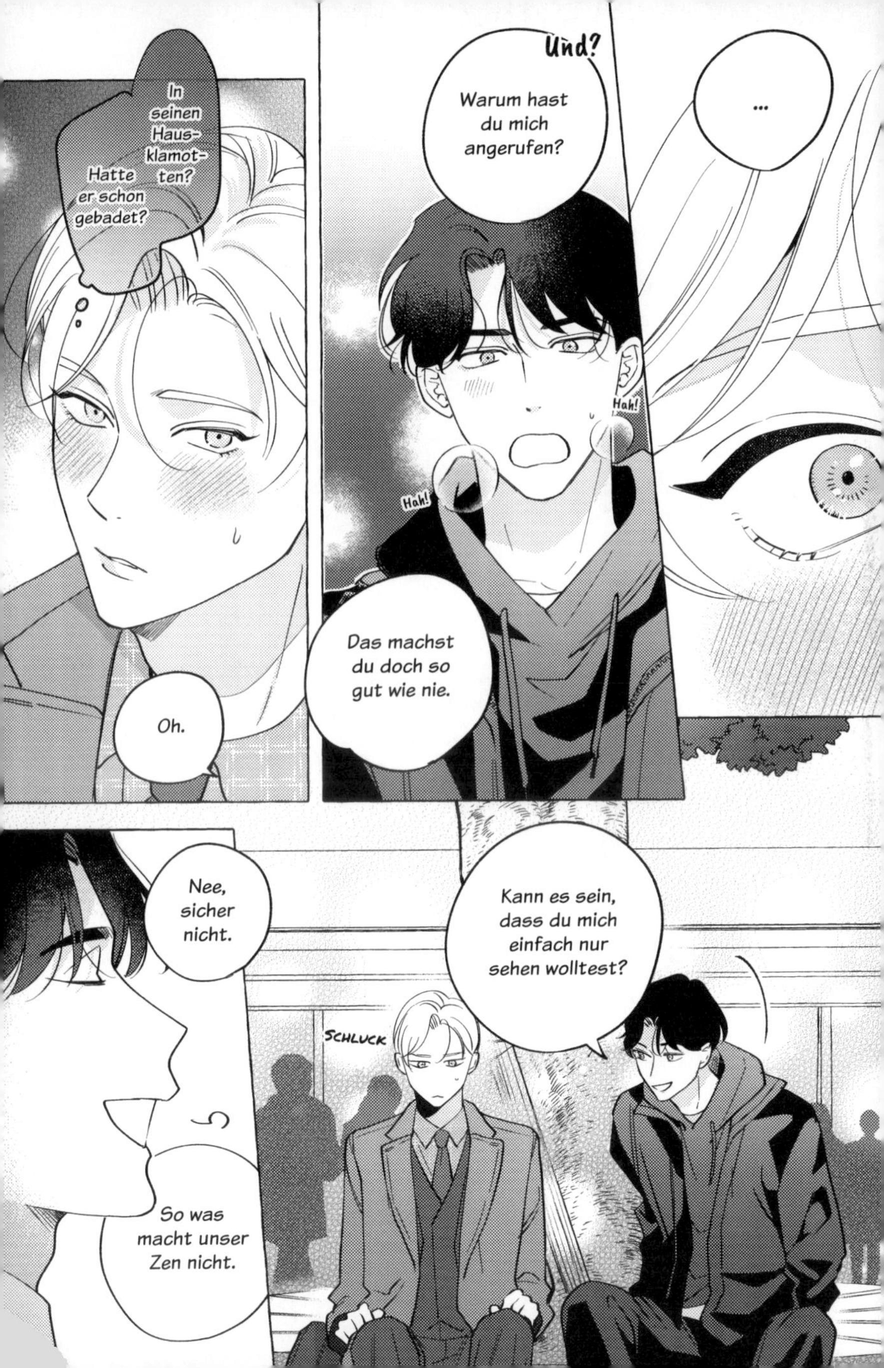
Und?
Warum hast du mich angerufen?
...
Hah!
Hah!
In seinen Haus-klamot-ten?
Hatte er schon gebadet?
Das machst du doch so gut wie nie.
Oh.
Kann es sein, dass du mich einfach nur sehen wolltest?
Nee, sicher nicht.
SCHLUCK
So was macht unser Zen nicht.

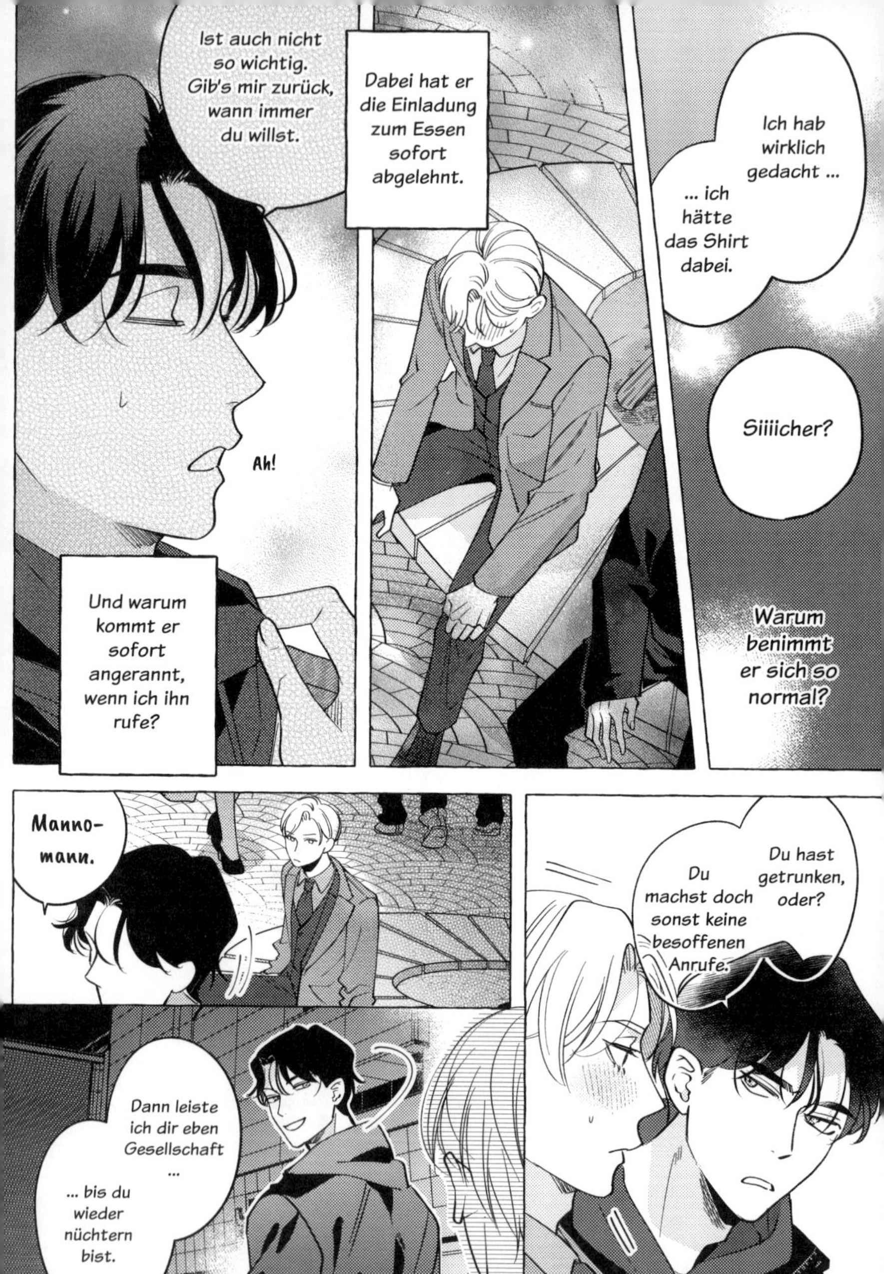
Ich hab wirklich gedacht ...
... ich hätte das Shirt dabei.
Siiiicher?
Warum benimmt er sich so normal?
Dabei hat er die Einladung zum Essen sofort abgelehnt.
Ist auch nicht so wichtig. Gib's mir zurück, wann immer du willst.
Ah!
Und warum kommt er sofort angerannt, wenn ich ihn rufe?
Du hast getrunken, oder?
Du machst doch sonst keine besoffenen Anrufe.
Manno-mann.
Dann leiste ich dir eben Gesellschaft ...
... bis du wieder nüchtern bist.

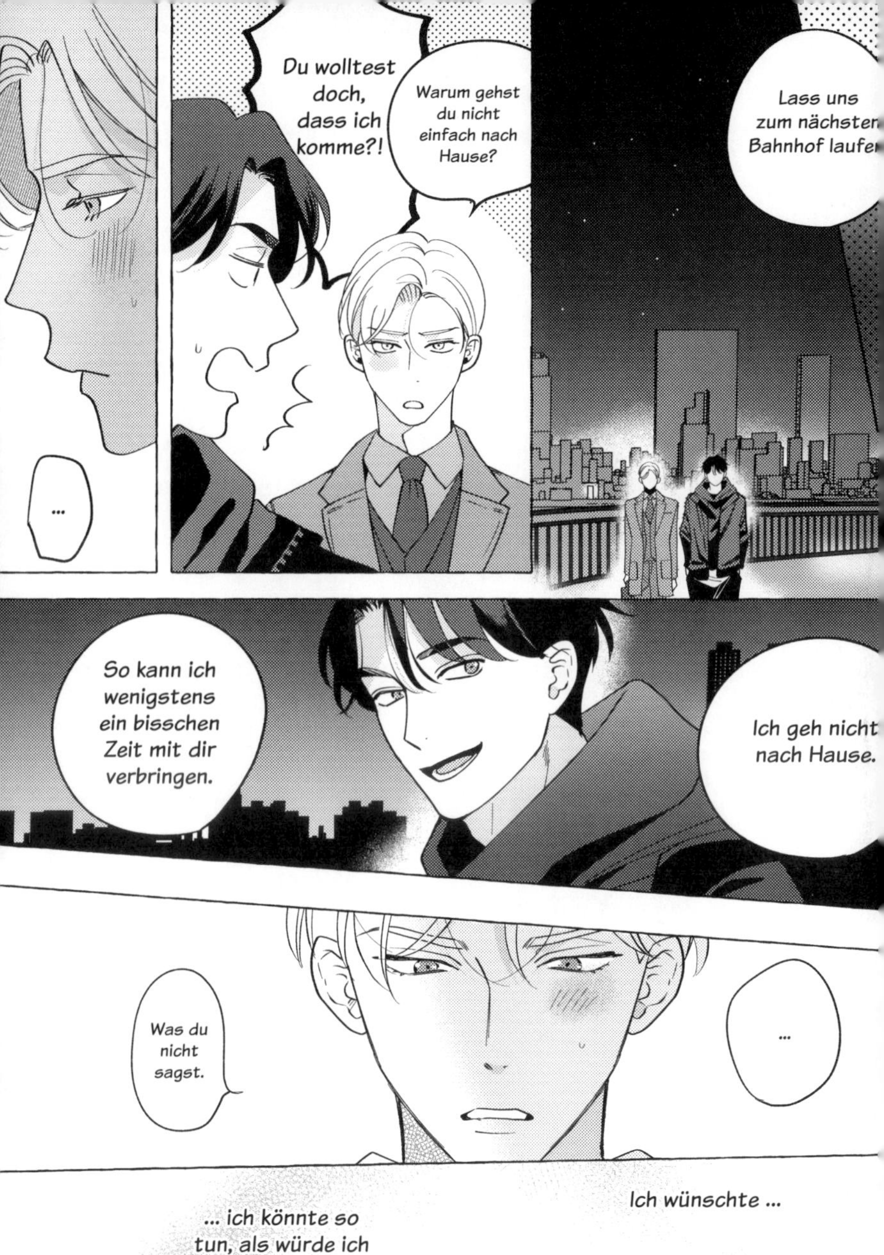

Lass uns zum nächsten Bahnhof laufen
Warum gehst du nicht einfach nach Hause?
Du wolltest doch, dass ich komme?!
...
Ich geh nicht nach Hause.
So kann ich wenigstens ein bisschen Zeit mit dir verbringen.
...
Was du nicht sagst.
Ich wünschte ...
... ich könnte so tun, als würde ich nichts bemerken.

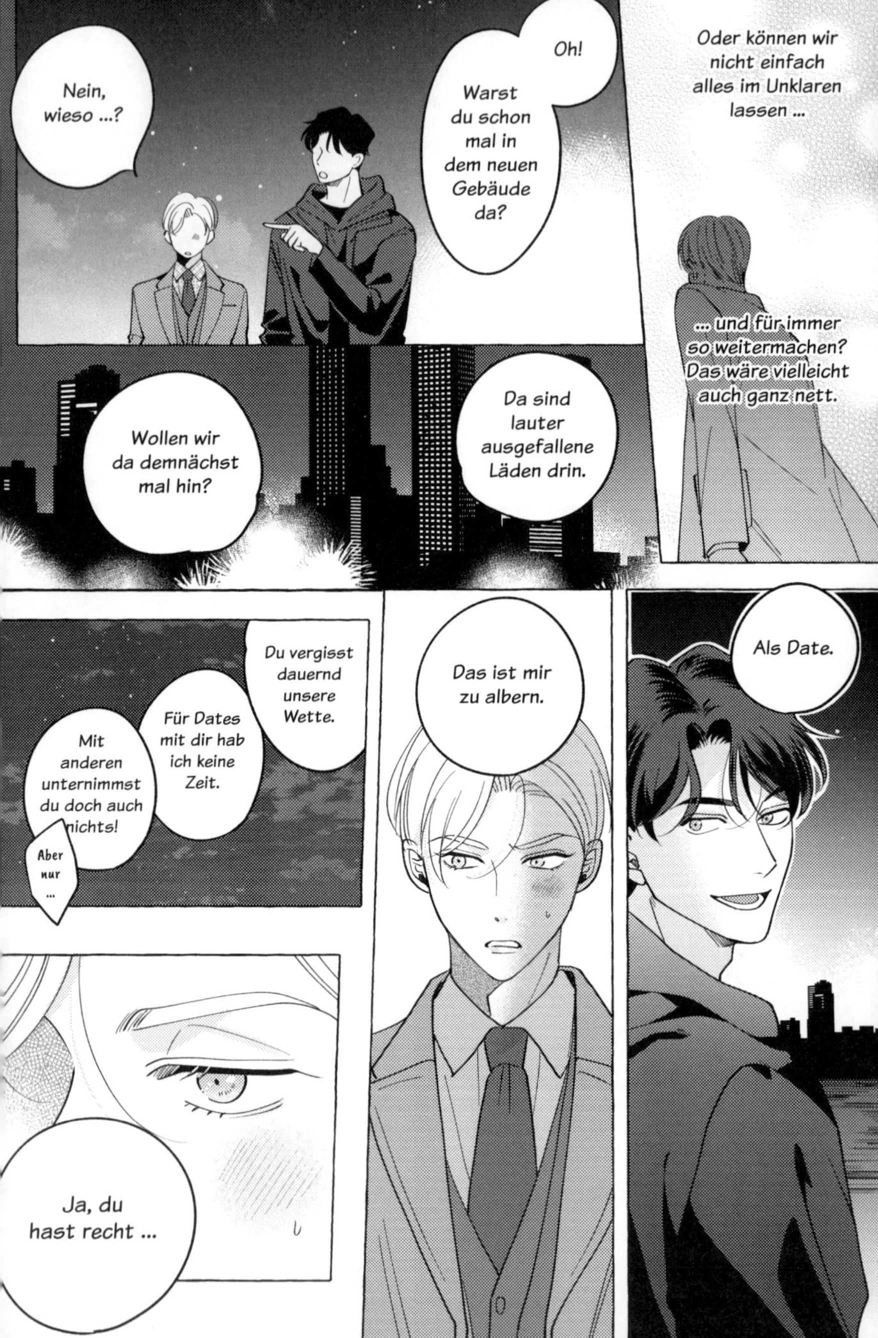
Oder können wir nicht einfach alles im Unklaren lassen ...
... und für immer so weitermachen? Das wäre vielleicht auch ganz nett.
Oh!
Warst du schon mal in dem neuen Gebäude da?
Nein, wieso ...?
Da sind lauter ausgefallene Läden drin.
Wollen wir da demnächst mal hin?
Als Date.
Das ist mir zu albern.
Du vergisst dauernd unsere Wette.
Für Dates mit dir hab ich keine Zeit.
Mit anderen unternimmst du doch auch nichts!
Aber nur ...
Ja, du hast recht ...

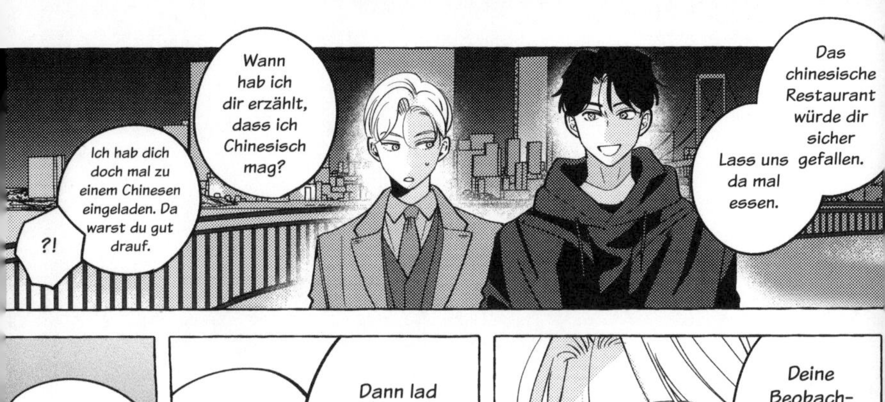
Das chinesische Restaurant würde dir sicher gefallen.
Lass uns da mal essen.
Wann hab ich dir erzählt, dass ich Chinesisch mag?
Ich hab dich doch mal zu einem Chinesen eingeladen. Da warst du gut drauf.
?!

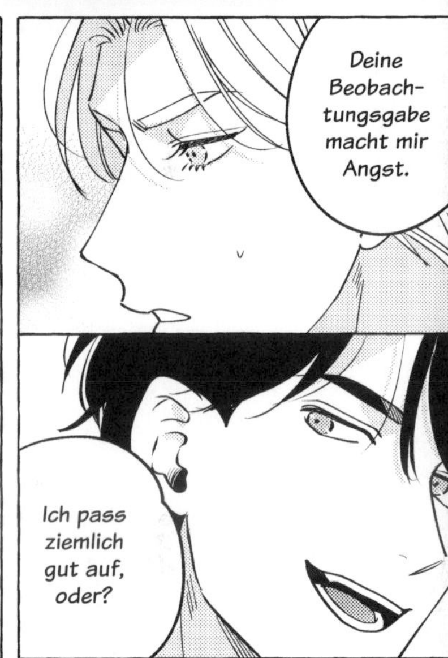
Deine Beobachtungsgabe macht mir Angst.
Ich pass ziemlich gut auf, oder?

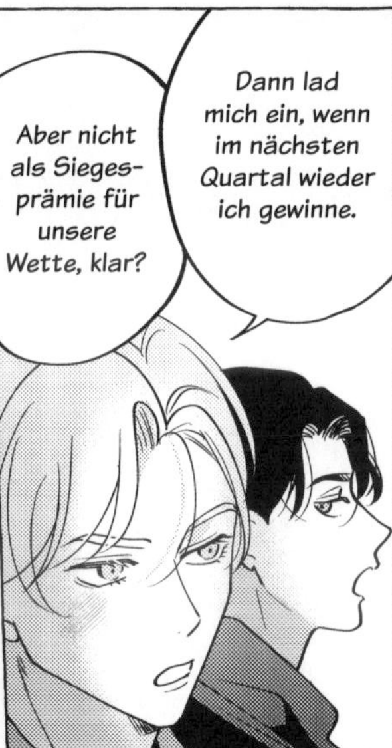
Dann lad mich ein, wenn im nächsten Quartal wieder ich gewinne.
Aber nicht als Siegesprämie für unsere Wette, klar?

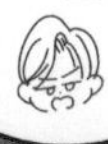
Der ganze Ärger lohnt sich nicht für ein lumpiges Essen.
Haha, das stimmt.

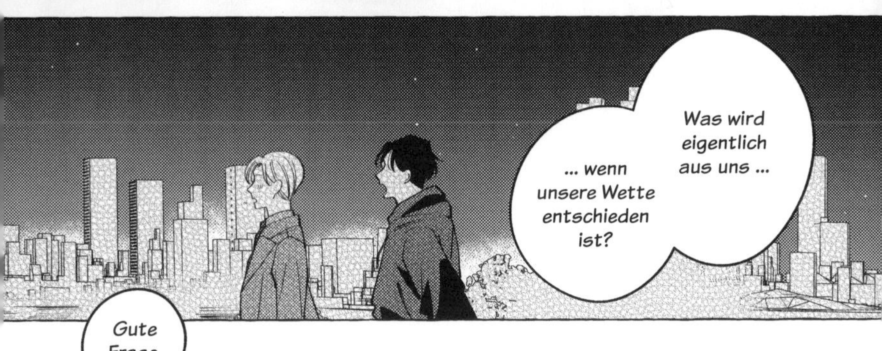
Was wird eigentlich aus uns ...
... wenn unsere Wette entschieden ist?
Gute Frage.

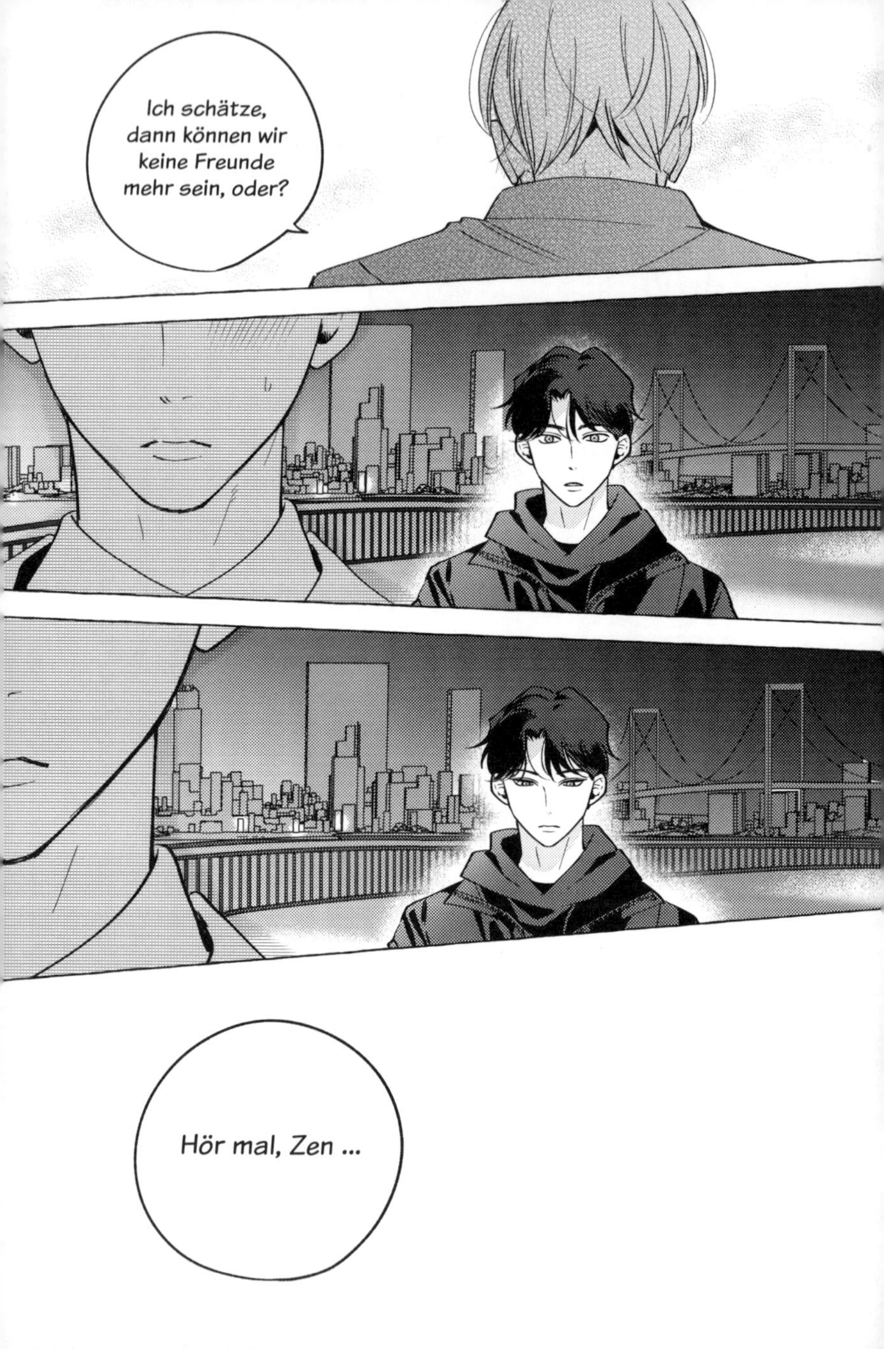
Ich schätze, dann können wir keine Freunde mehr sein, oder?
Hör mal, Zen ...

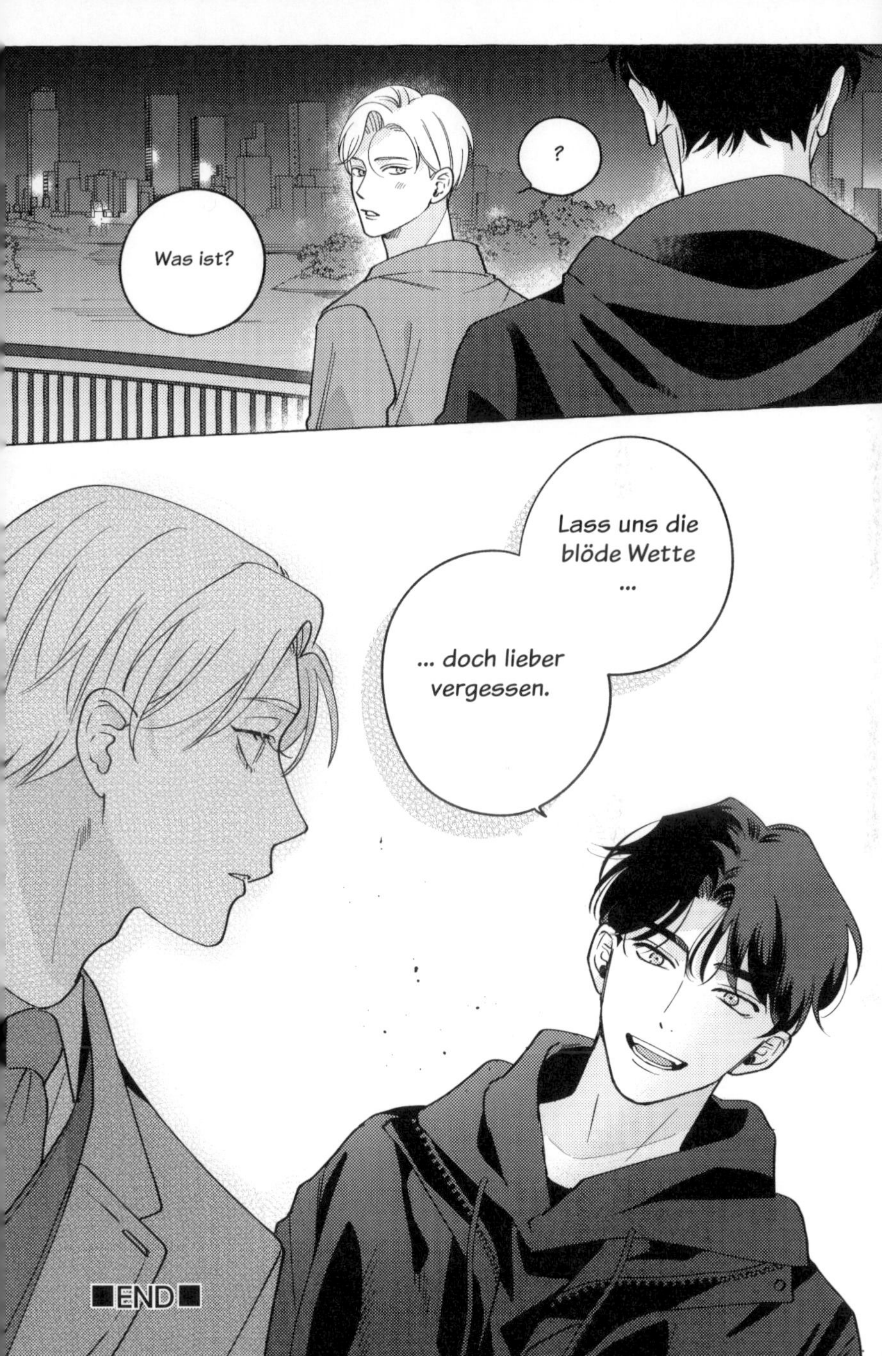
?
Was ist?
Lass uns die blöde Wette ...
... doch lieber vergessen.
END

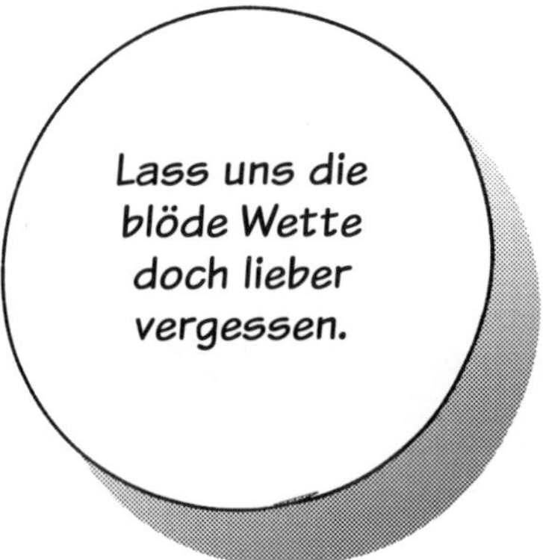

Fake Fact Lips

Kapitel 6

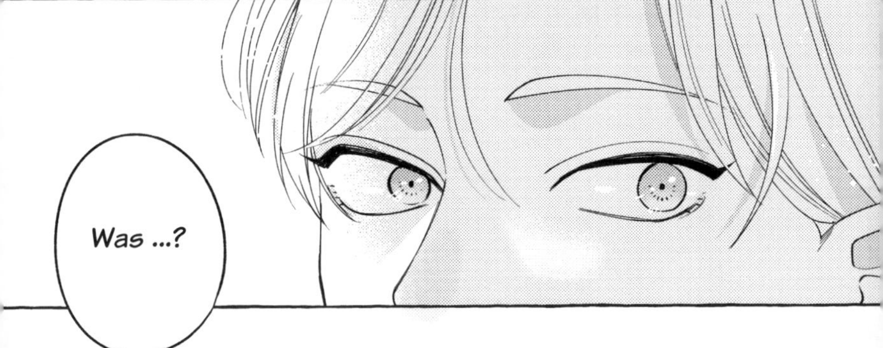

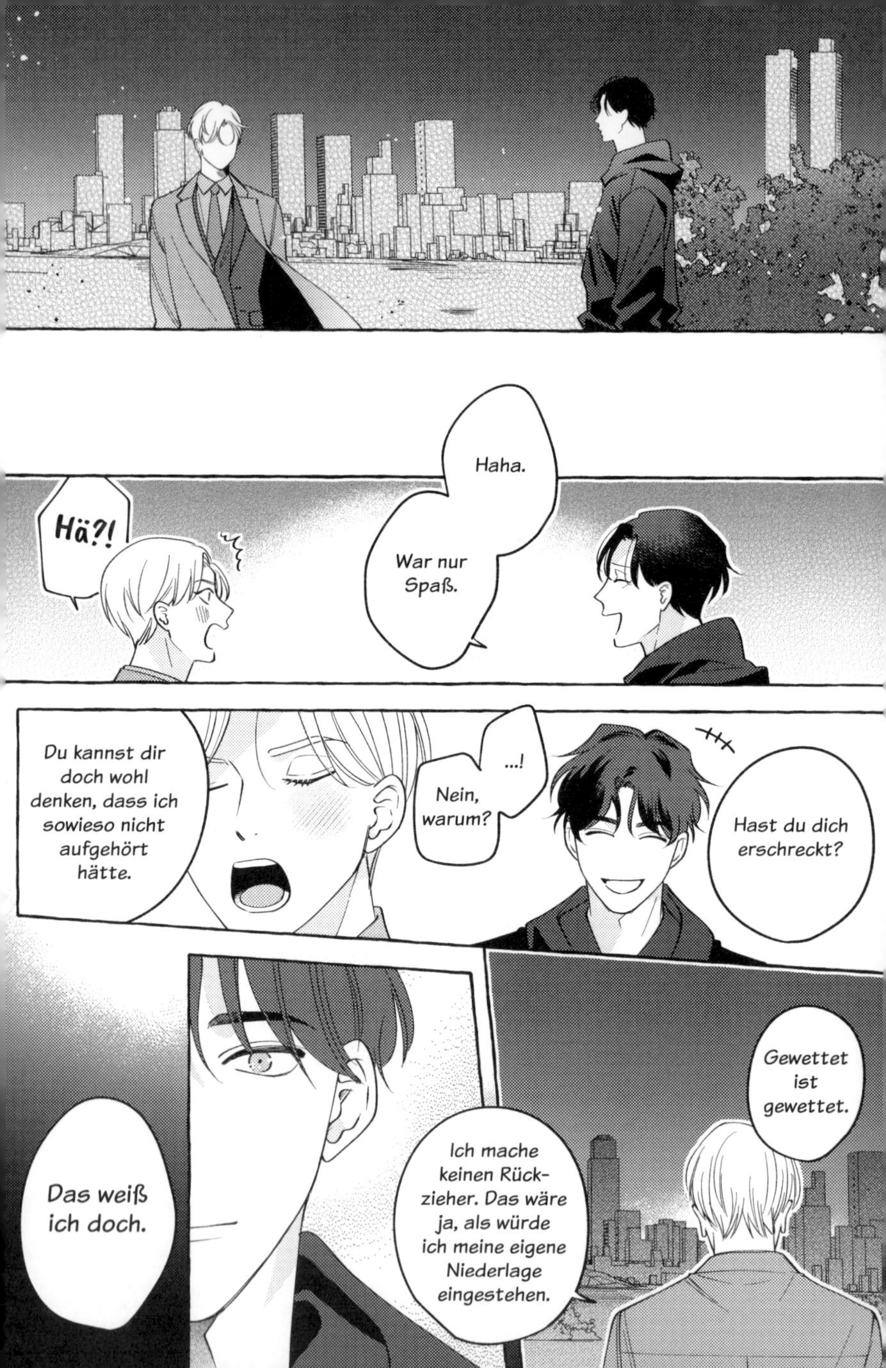
Haha.
War nur Spaß.
Hä?!
Hast du dich erschreckt?
...!
Nein, warum?
Du kannst dir doch wohl denken, dass ich sowieso nicht aufgehört hätte.
Gewettet ist gewettet.
Ich mache keinen Rückzieher. Das wäre ja, als würde ich meine eigene Niederlage eingestehen.
Das weiß ich doch.

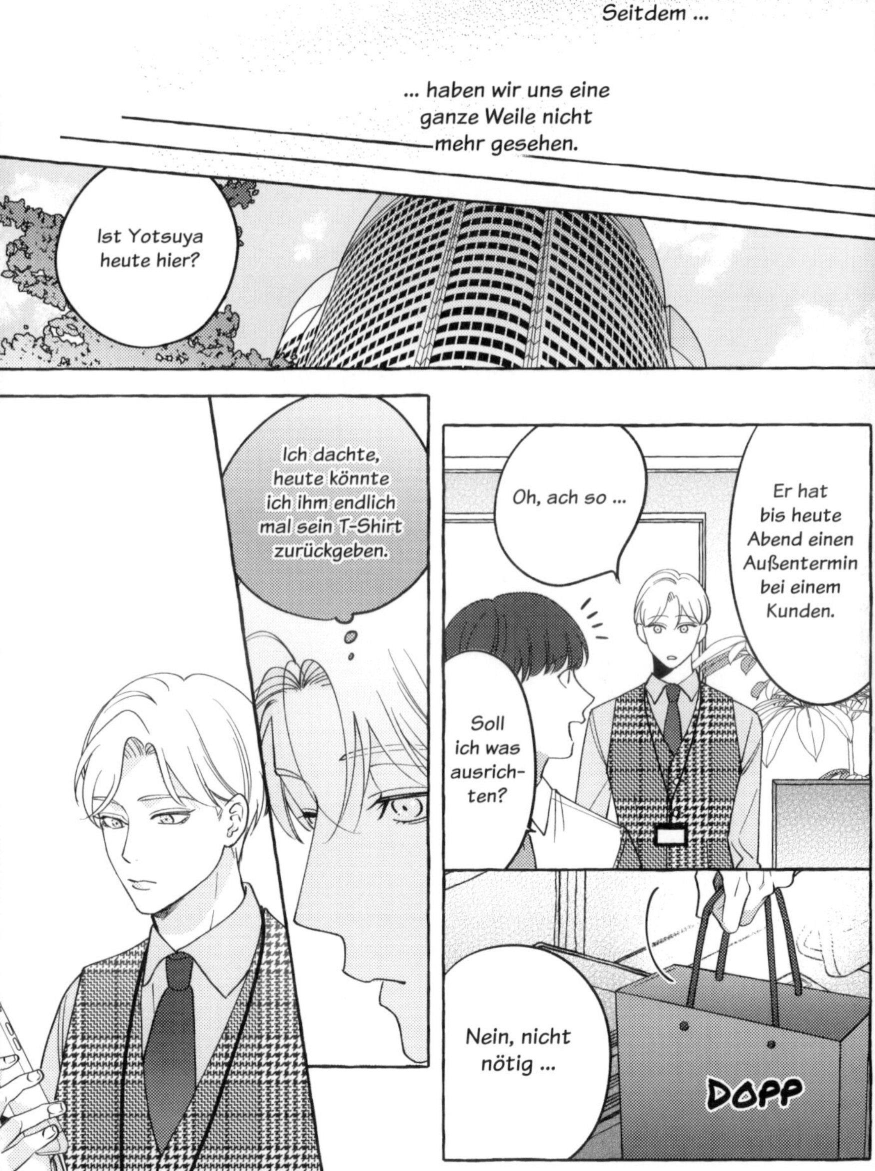
Seitdem ...
... haben wir uns eine ganze Weile nicht mehr gesehen.
Ist Yotsuya heute hier?
Er hat bis heute Abend einen Außentermin bei einem Kunden.
Oh, ach so ...
Soll ich was ausrichten?
Ich dachte, heute könnte ich ihm endlich mal sein T-Shirt zurückgeben.
Nein, nicht nötig ...
DOPP

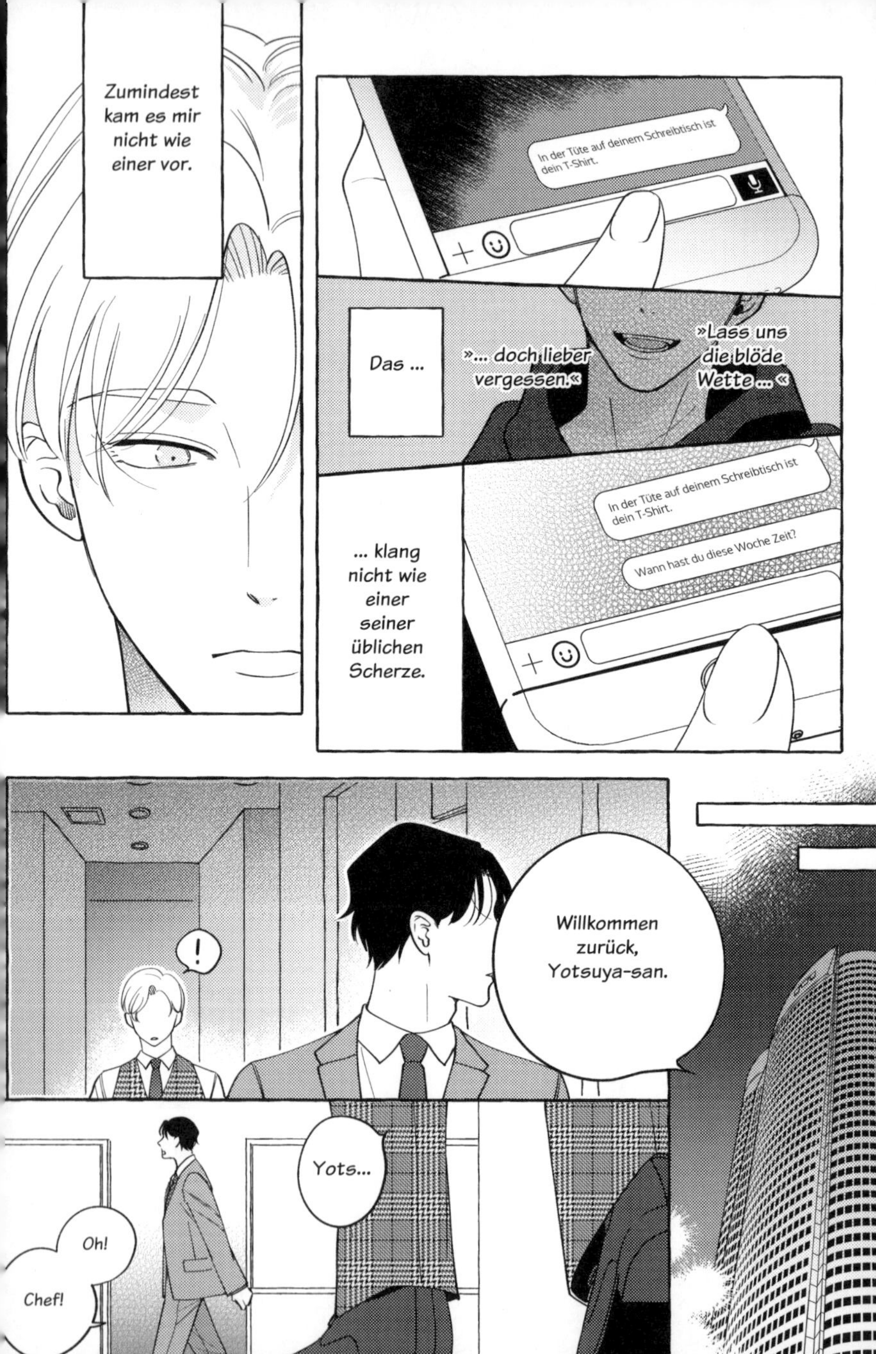

In der Tüte auf deinem Schreibtisch ist dein T-Shirt.
»Lass uns die blöde Wette ... «
»... doch lieber vergessen.«
Das ...
In der Tüte auf deinem Schreibtisch ist dein T-Shirt.
Wann hast du diese Woche Zeit?
... klang nicht wie einer seiner üblichen Scherze.
Zumindest kam es mir nicht wie einer vor.
Willkommen zurück, Yotsuya-san.
!
Yots...
Oh!
Chef!

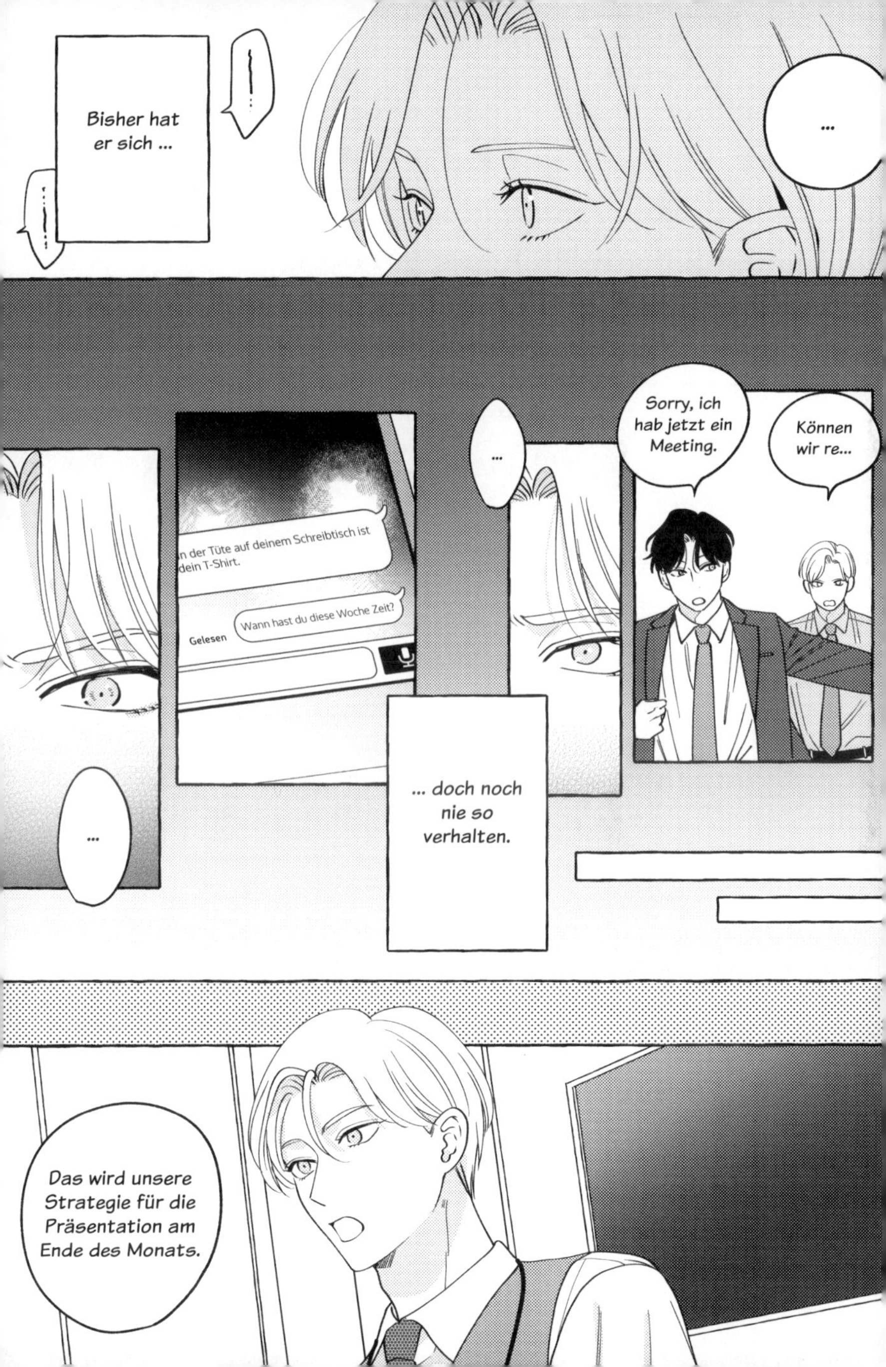
…!
…!
Bisher hat er sich ...
...
...
...
n der Tüte auf deinem Schreibtisch ist dein T-Shirt.
Wann hast du diese Woche Zeit?
Gelesen
...
Sorry, ich hab jetzt ein Meeting.
Können wir re...
... doch noch nie so verhalten.
Das wird unsere Strategie für die Präsentation am Ende des Monats.

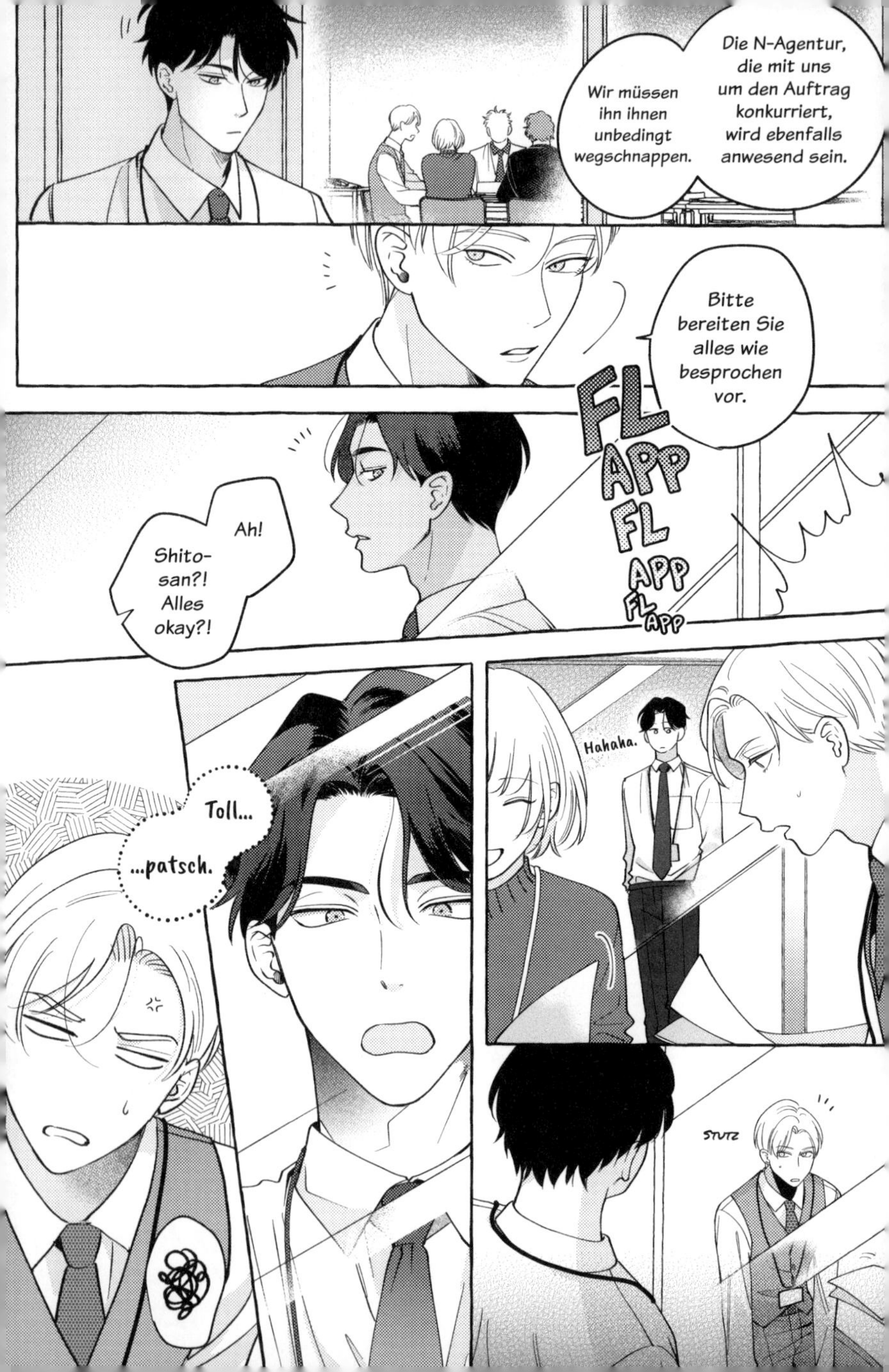
Die N-Agentur, die mit uns um den Auftrag konkurriert, wird ebenfalls anwesend sein.
Wir müssen ihn ihnen unbedingt wegschnappen.
Bitte bereiten Sie alles wie besprochen vor.
FLAPP FLAPP FLAPP
Ah! Shito-san?! Alles okay?!
Hahaha.
Toll...
...patsch.
STUTZ

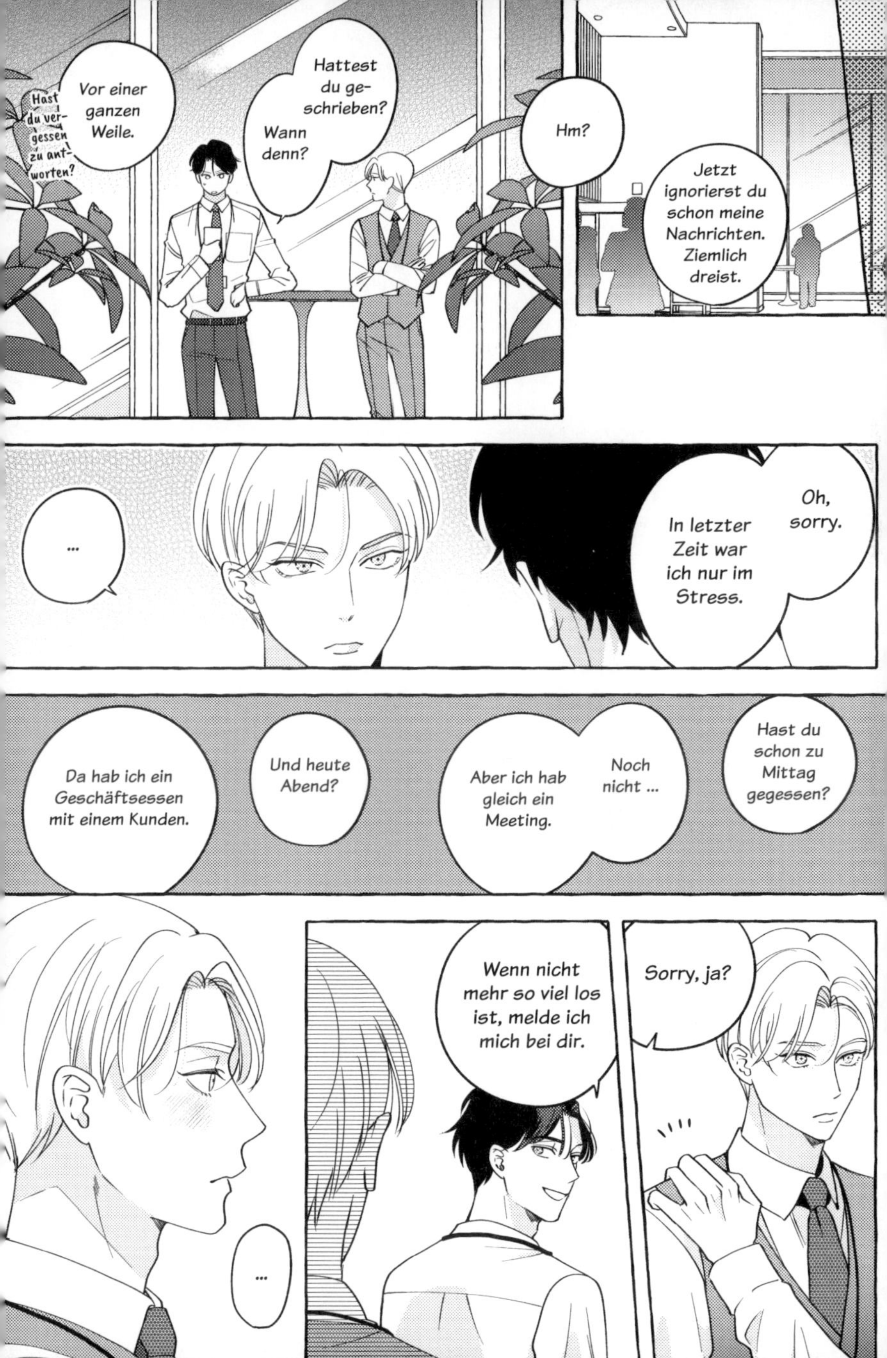
Hm?
Jetzt ignorierst du schon meine Nachrichten. Ziemlich dreist.
Hattest du geschrieben?
Wann denn?
Vor einer ganzen Weile.
Hast du vergessen zu antworten?
Oh, sorry.
In letzter Zeit war ich nur im Stress.
...
Hast du schon zu Mittag gegessen?
Noch nicht ...
Aber ich hab gleich ein Meeting.
Und heute Abend?
Da hab ich ein Geschäftsessen mit einem Kunden.
Sorry, ja?
Wenn nicht mehr so viel los ist, melde ich mich bei dir.
...

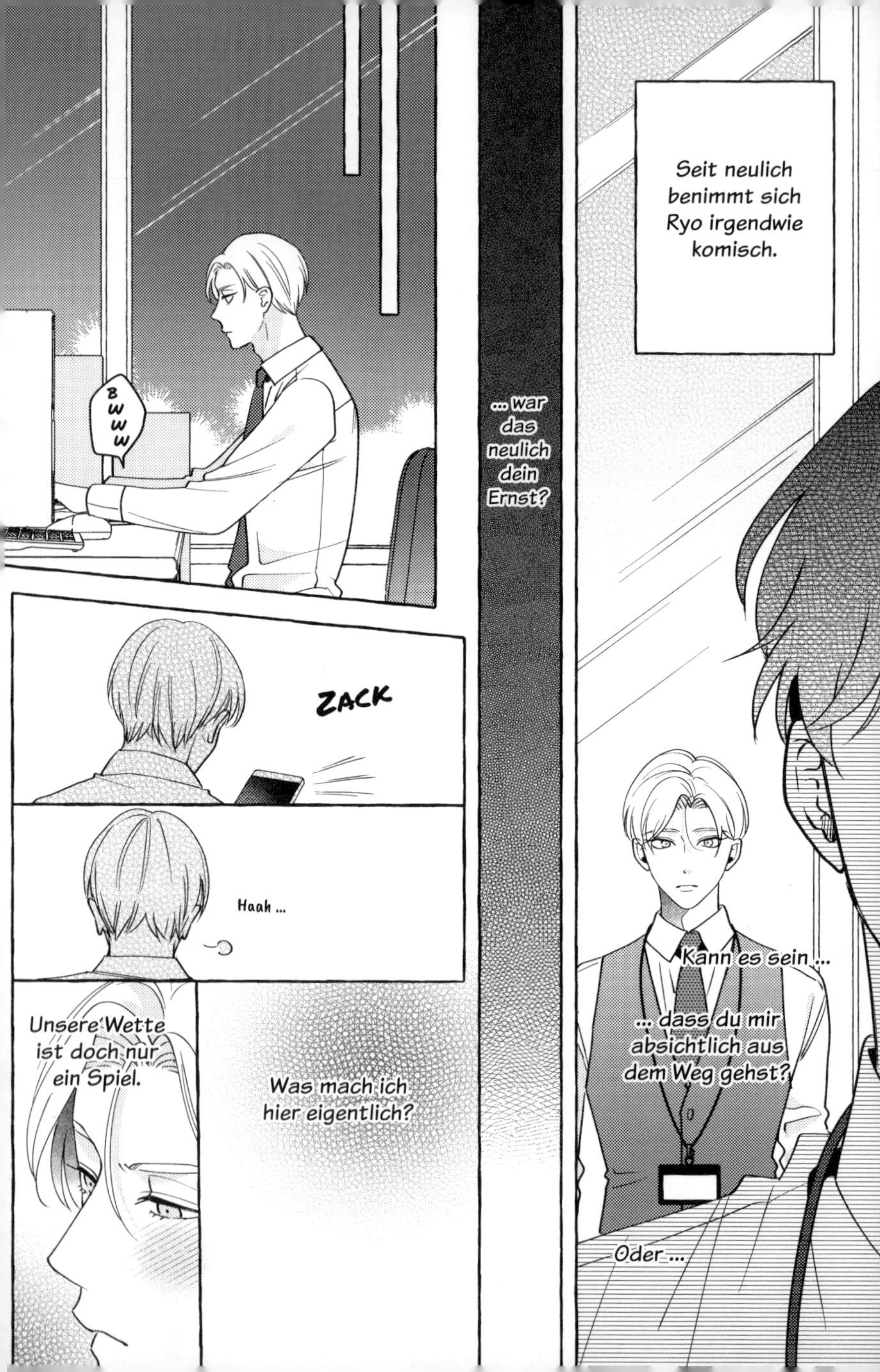
Seit neulich benimmt sich Ryo irgendwie komisch.
Kann es sein ...
... dass du mir absichtlich aus dem Weg gehst?
Oder ...
... war das neulich dein Ernst?
BWWW
ZACK
Haah ...
Was mach ich hier eigentlich?
Unsere Wette ist doch nur ein Spiel.

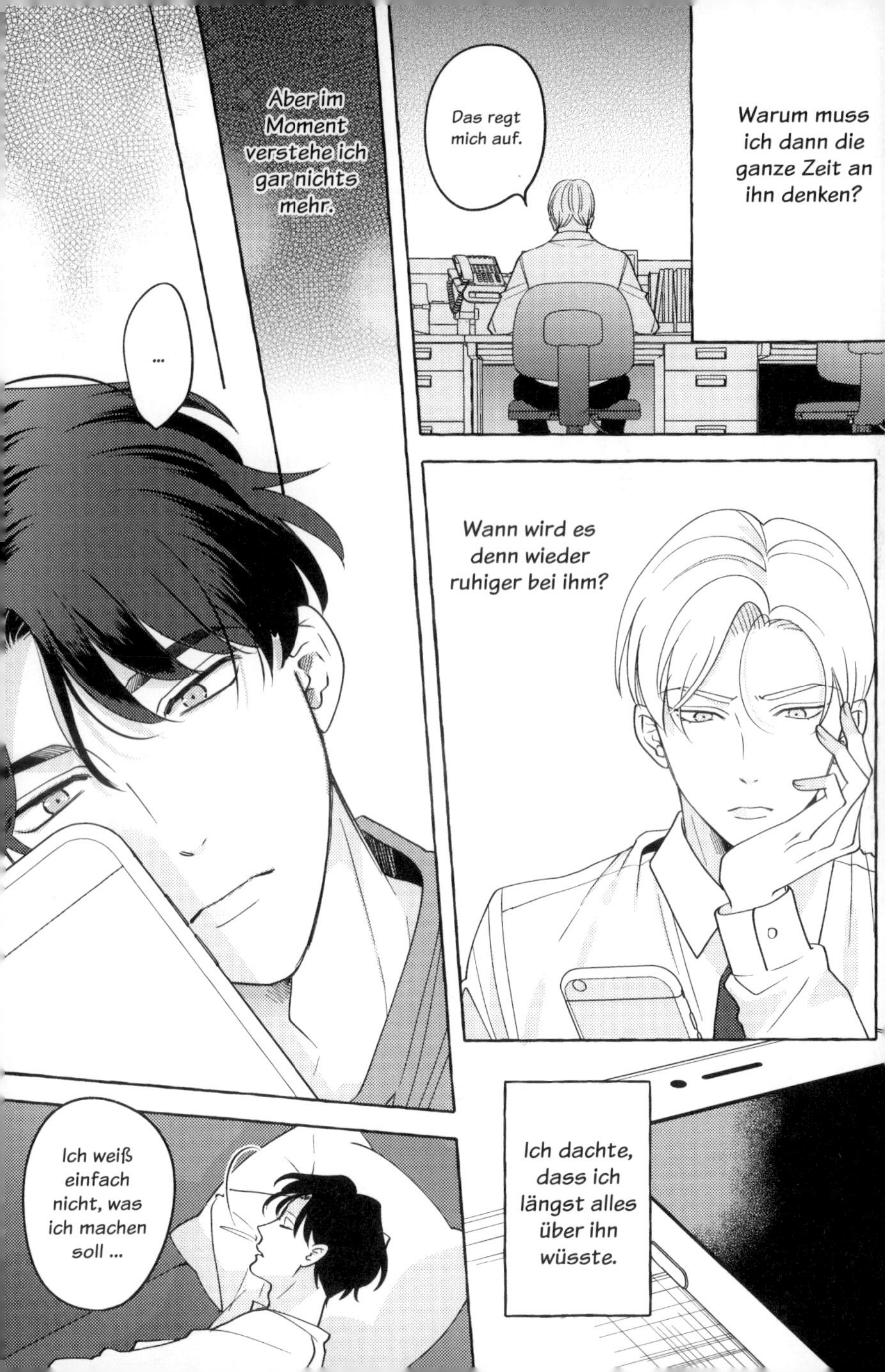
Warum muss ich dann die ganze Zeit an ihn denken?
Das regt mich auf.
Aber im Moment verstehe ich gar nichts mehr.
Wann wird es denn wieder ruhiger bei ihm?
...
Ich dachte, dass ich längst alles über ihn wüsste.
Ich weiß einfach nicht, was ich machen soll ...

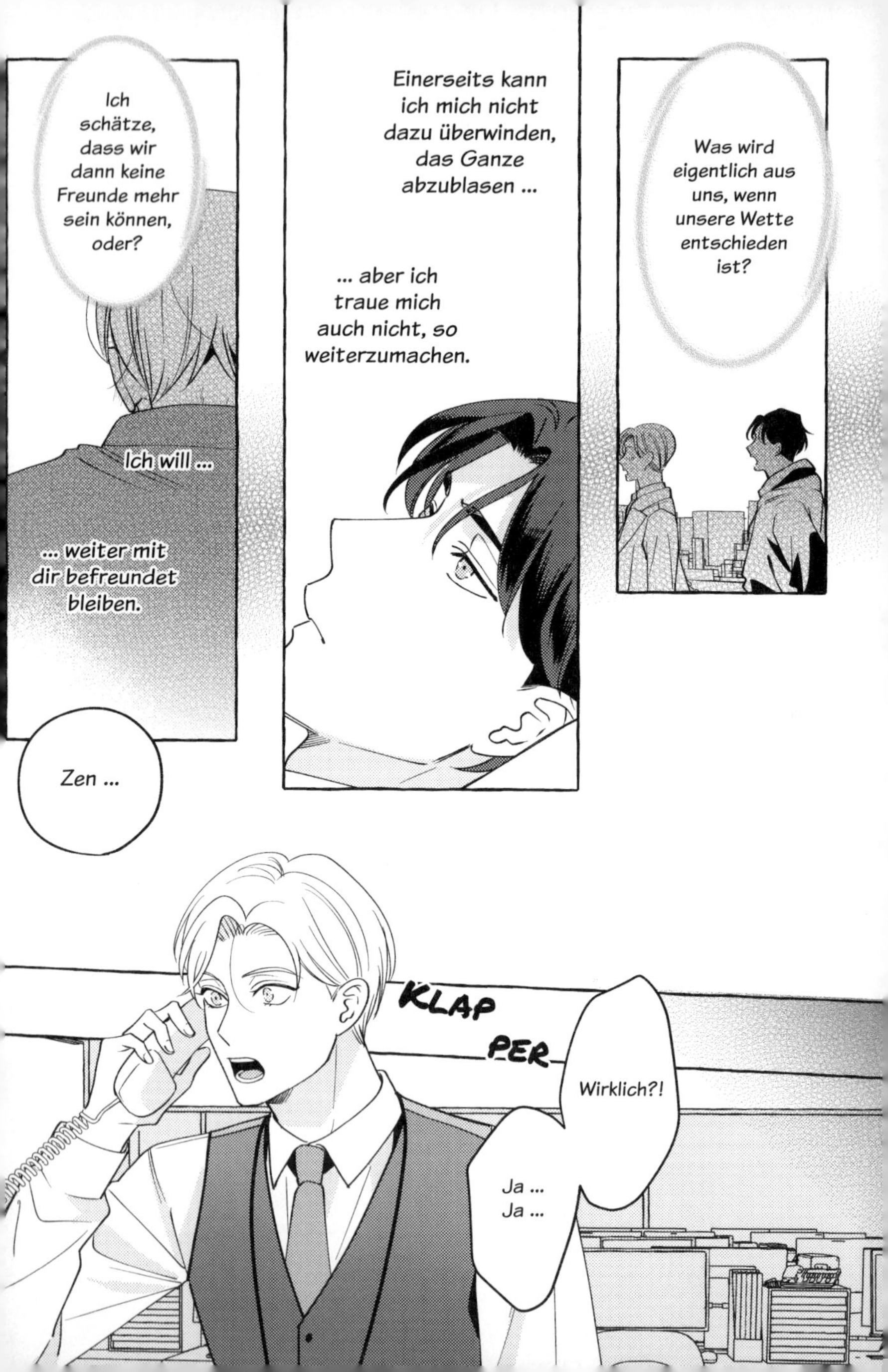

Was wird eigentlich aus uns, wenn unsere Wette entschieden ist?

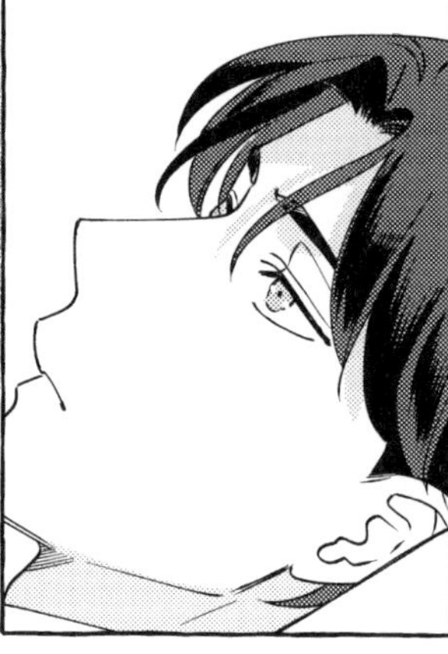

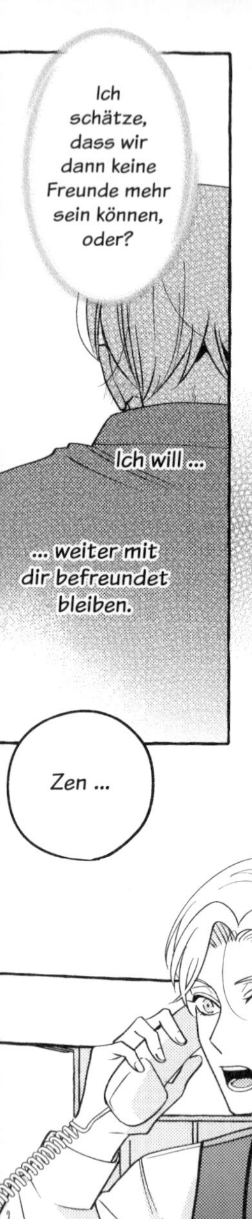

KLAP PER

Wirklich?!

Ja ...
Ja ...

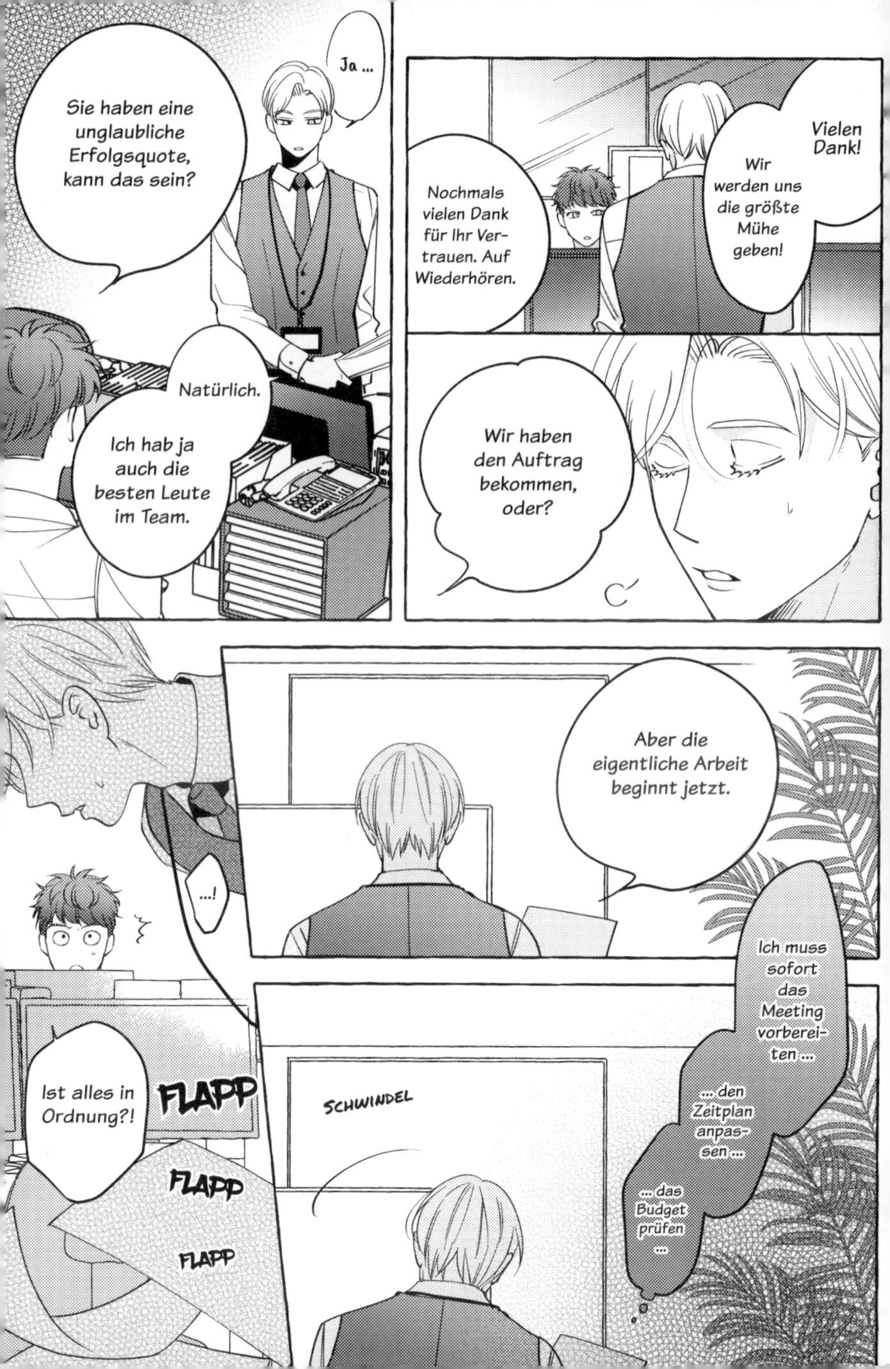
Vielen Dank!
Wir werden uns die größte Mühe geben!
Nochmals vielen Dank für Ihr Vertrauen. Auf Wiederhören.
Wir haben den Auftrag bekommen, oder?
Ja ...
Sie haben eine unglaubliche Erfolgsquote, kann das sein?
Natürlich.
Ich hab ja auch die besten Leute im Team.
Aber die eigentliche Arbeit beginnt jetzt.
...!
Ich muss sofort das Meeting vorbereiten ...
... den Zeitplan anpassen ...
... das Budget prüfen ...
SCHWINDEL
FLAPP
FLAPP
FLAPP
Ist alles in Ordnung?!

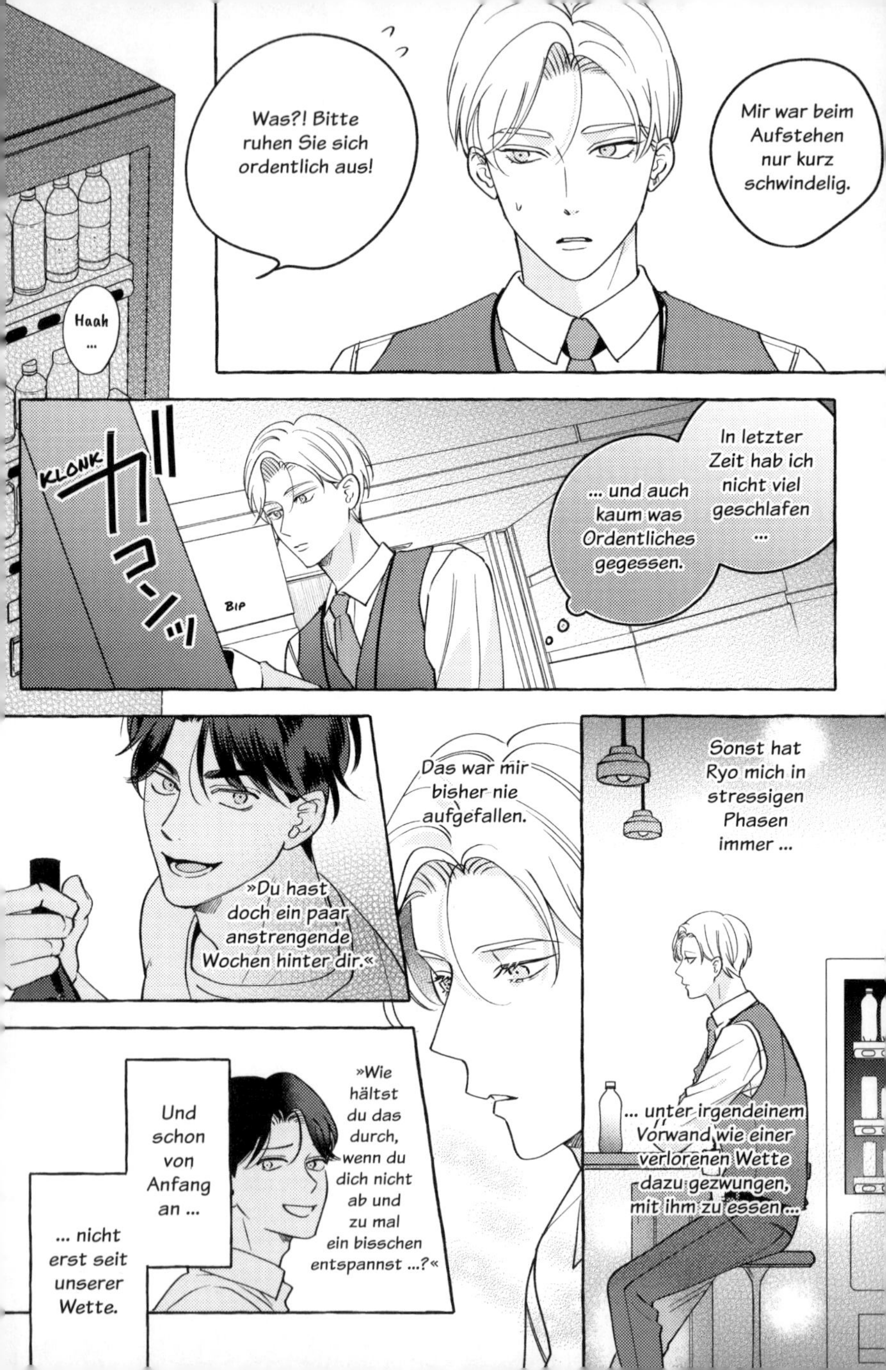
Mir war beim Aufstehen nur kurz schwindelig.
Was?! Bitte ruhen Sie sich ordentlich aus!
Haah ...
In letzter Zeit hab ich nicht viel geschlafen ...
... und auch kaum was Ordentliches gegessen.
BIP
KLONK
Sonst hat Ryo mich in stressigen Phasen immer ...
... unter irgendeinem Vorwand wie einer verlorenen Wette dazu gezwungen, mit ihm zu essen ...
Das war mir bisher nie aufgefallen.
»Du hast doch ein paar anstrengende Wochen hinter dir.«
»Wie hältst du das durch, wenn du dich nicht ab und zu mal ein bisschen entspannst ...?«
Und schon von Anfang an ...
... nicht erst seit unserer Wette.

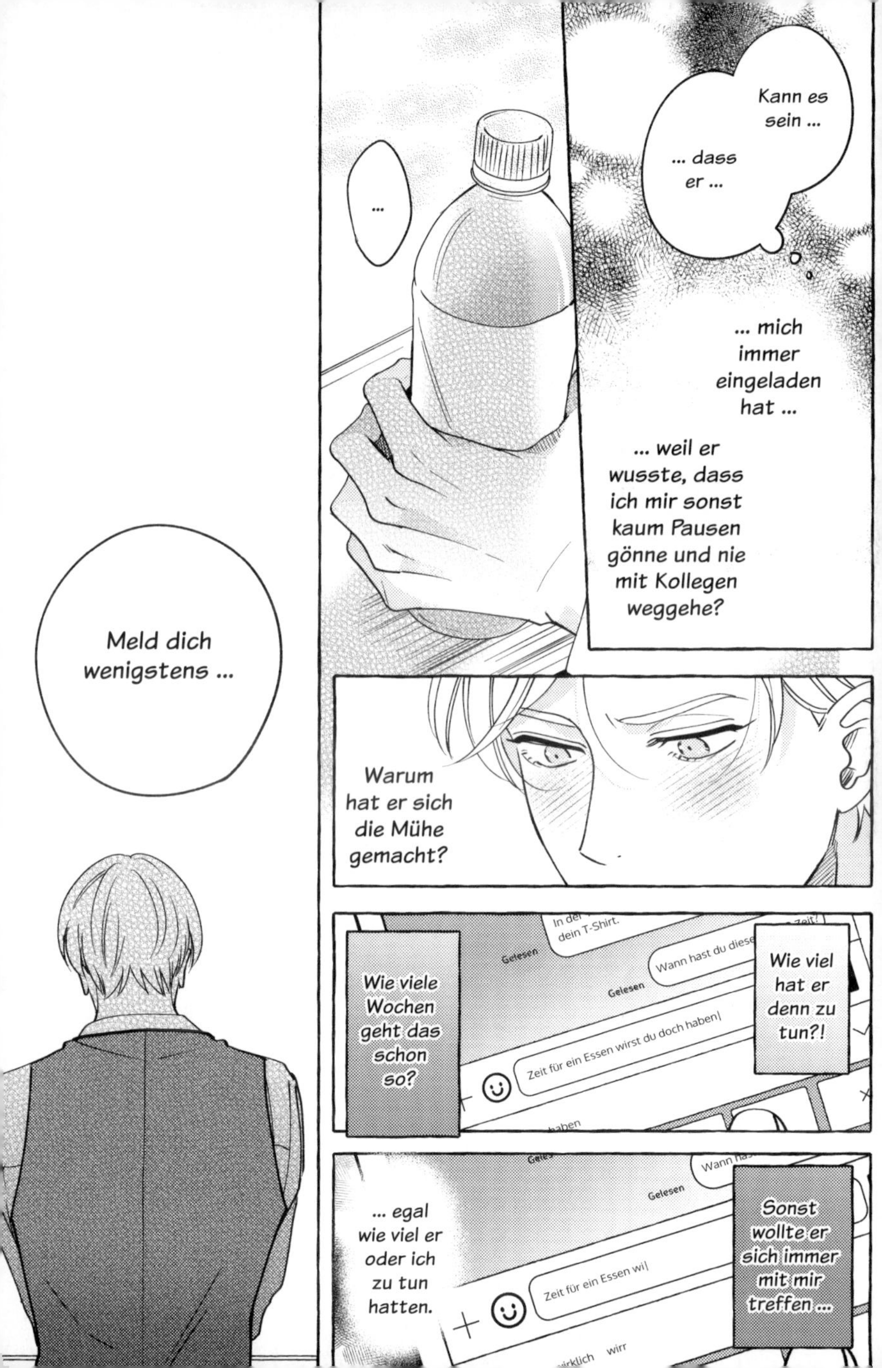
Kann es sein ...
... dass er ...
... mich immer eingeladen hat ...
... weil er wusste, dass ich mir sonst kaum Pausen gönne und nie mit Kollegen weggehe?
...
Warum hat er sich die Mühe gemacht?
dein T-Shirt.
Gelesen
Gelesen
Zeit für ein Essen wirst du doch haben|
Wie viel hat er denn zu tun?!
Wie viele Wochen geht das schon so?
Gelesen
Zeit für ein Essen wi|
Sonst wollte er sich immer mit mir treffen ...
... egal wie viel er oder ich zu tun hatten.
Meld dich wenigstens ...

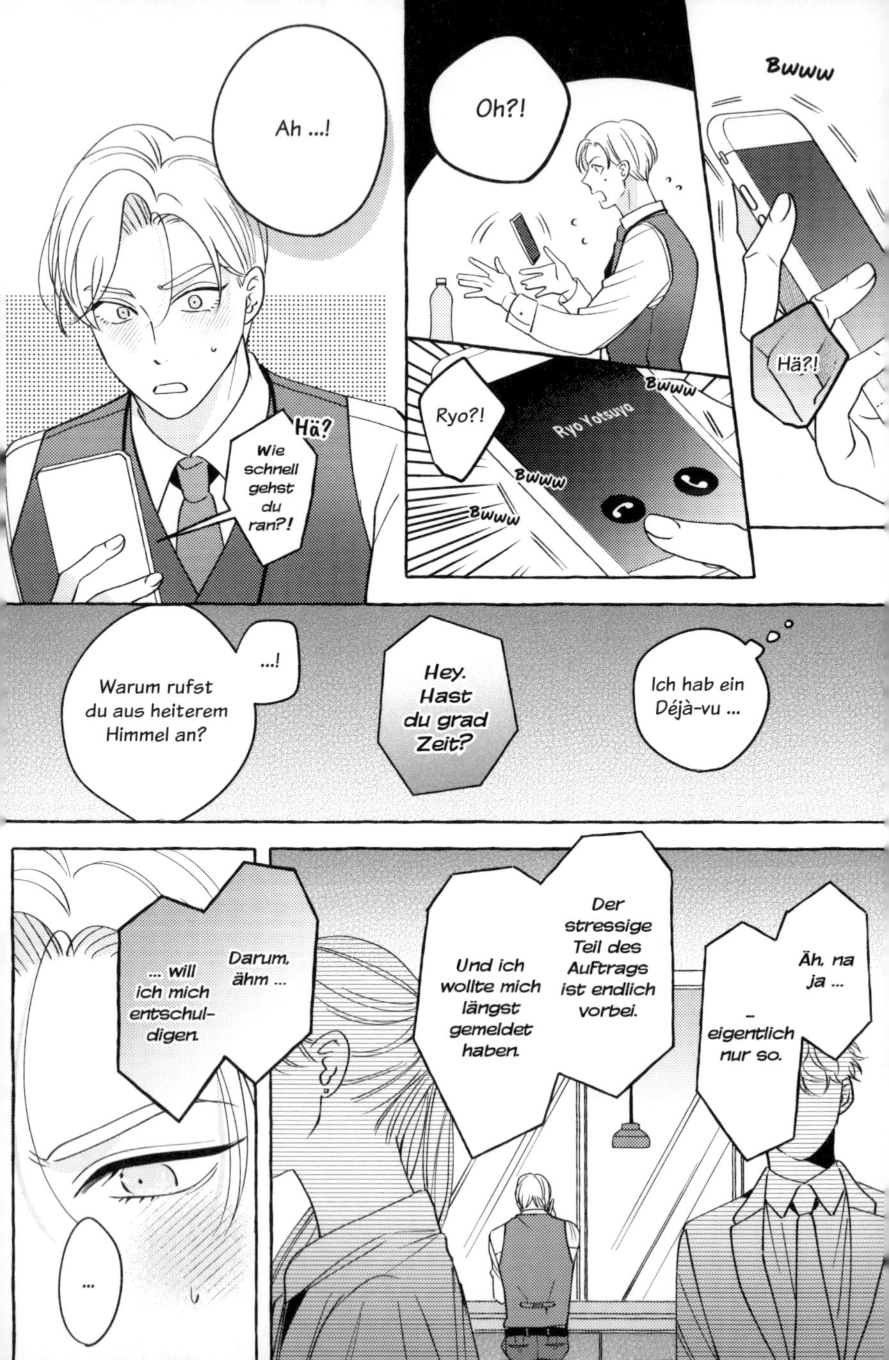
Bwww
Hä?!
Oh?!
Ryo?!
Bwww
Ryo Yotsuya
Bwww
Bwww
Ah ...!
Hä?
Wie schnell gehst du ran?!
Ich hab ein Déjà-vu ...
Hey. Hast du grad Zeit?
Warum rufst du aus heiterem Himmel an?
...!
Äh, na ja ...
... eigentlich nur so.
Der stressige Teil des Auftrags ist endlich vorbei.
Und ich wollte mich längst gemeldet haben.
Darum, ähm ...
... will ich mich entschul-digen.
...

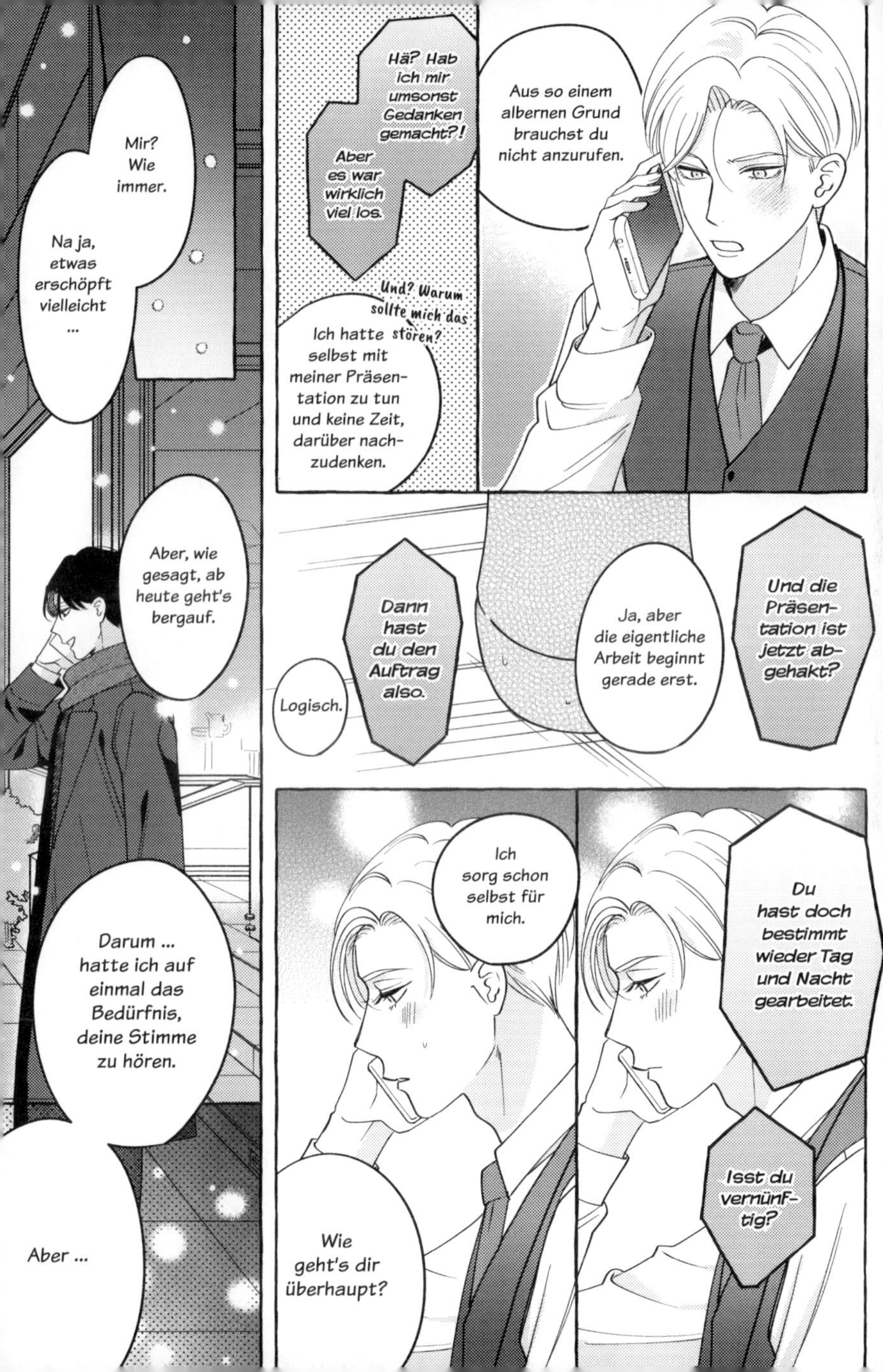

Aus so einem albernen Grund brauchst du nicht anzurufen.
Hä? Hab ich mir umsonst Gedanken gemacht?!
Aber es war wirklich viel los.
Und? Warum sollte mich das stören?
Ich hatte selbst mit meiner Präsentation zu tun und keine Zeit, darüber nachzudenken.
Und die Präsentation ist jetzt abgehakt?
Ja, aber die eigentliche Arbeit beginnt gerade erst.
Dann hast du den Auftrag also.
Logisch.
Du hast doch bestimmt wieder Tag und Nacht gearbeitet.
Isst du vernünftig?
Ich sorg schon selbst für mich.
Wie geht's dir überhaupt?
Mir? Wie immer.
Na ja, etwas erschöpft vielleicht ...
Aber, wie gesagt, ab heute geht's bergauf.
Darum ... hatte ich auf einmal das Bedürfnis, deine Stimme zu hören.
Aber ...

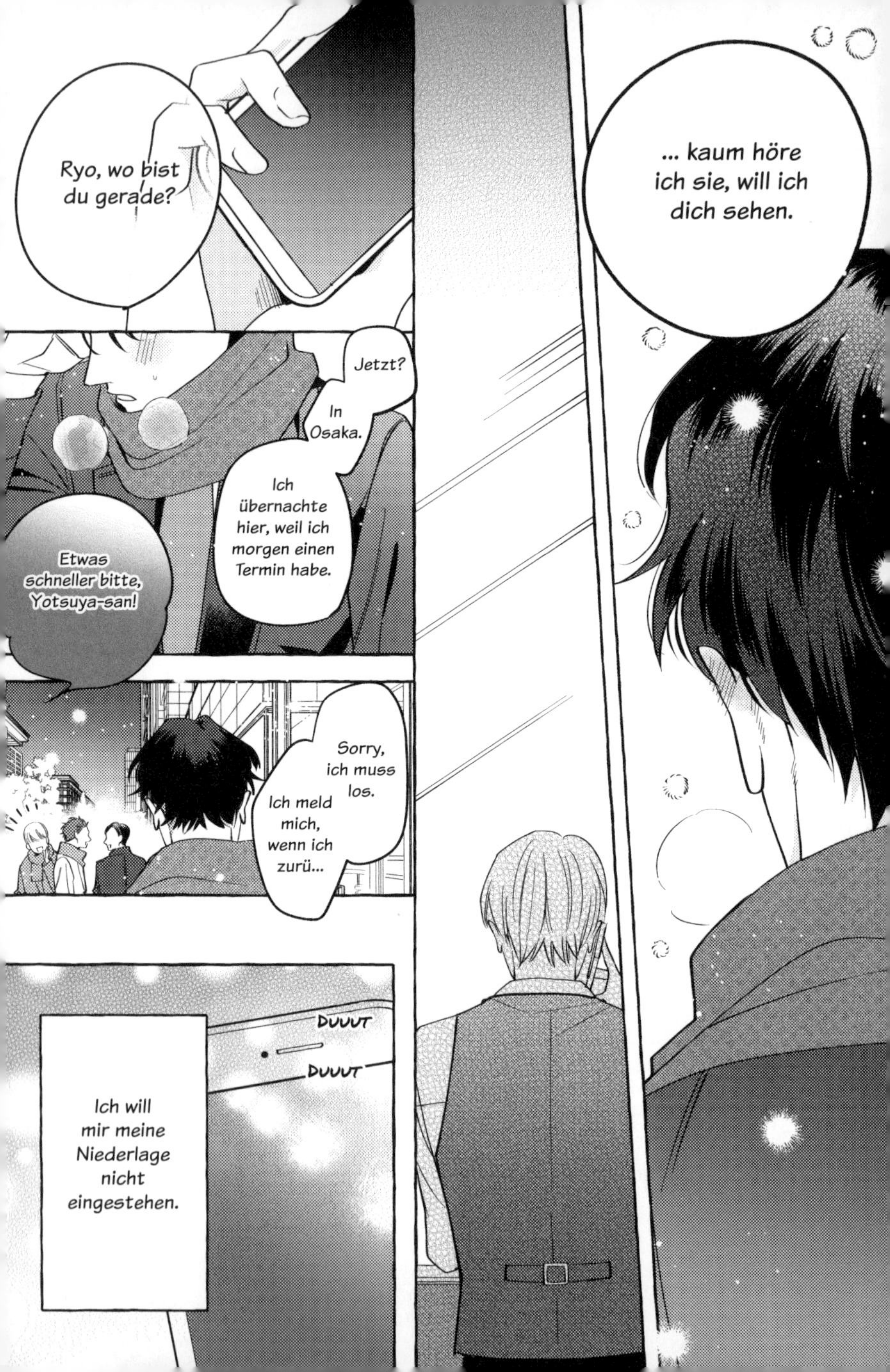
... kaum höre ich sie, will ich dich sehen.
Ryo, wo bist du gerade?
Jetzt?
In Osaka.
Ich übernachte hier, weil ich morgen einen Termin habe.
Etwas schneller bitte, Yotsuya-san!
Sorry, ich muss los.
Ich meld mich, wenn ich zurü...
DUUUT
DUUUT
Ich will mir meine Niederlage nicht eingestehen.

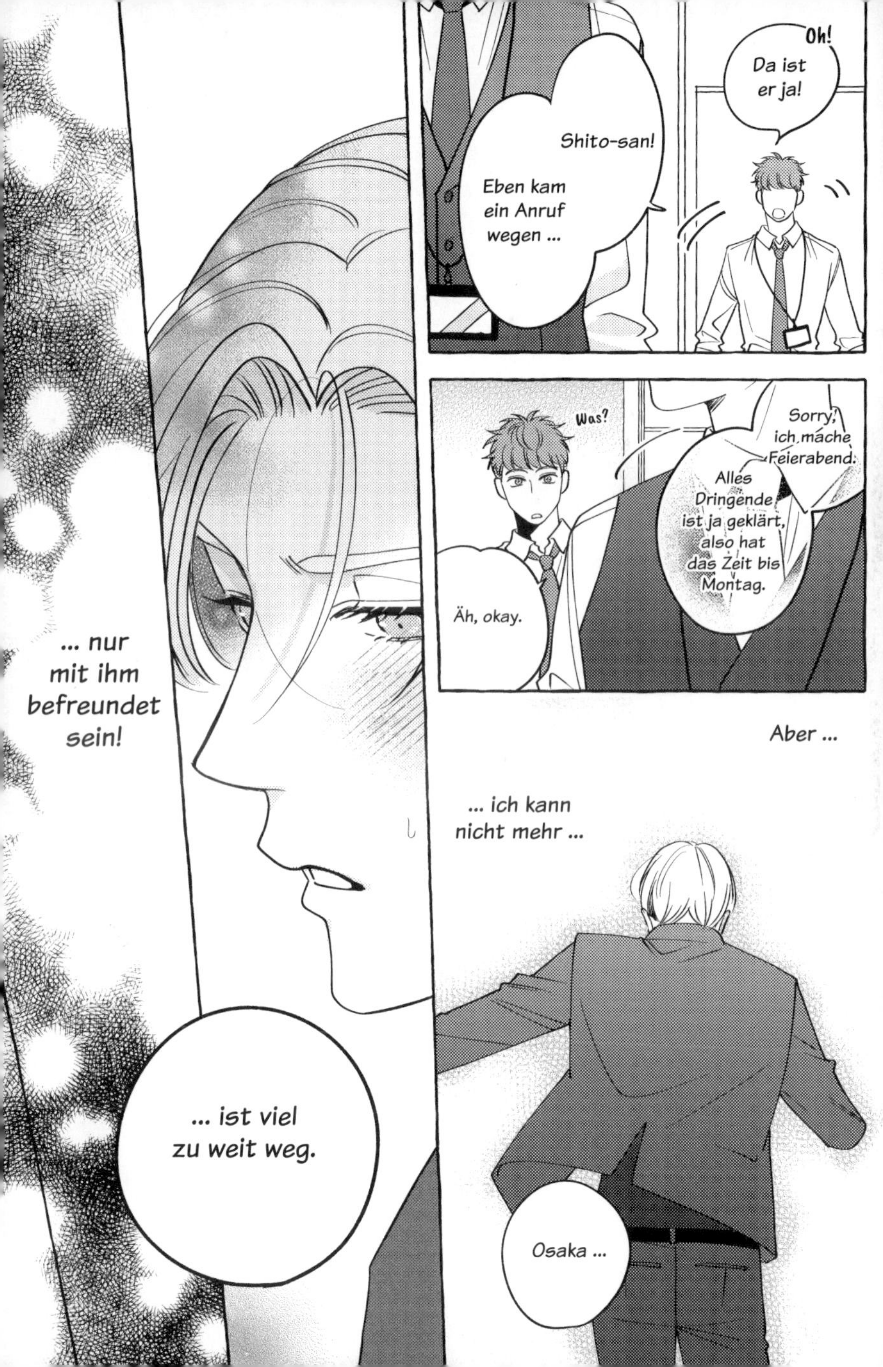
Oh!
Da ist er ja!
Shito-san!
Eben kam ein Anruf wegen ...
Was?
Sorry, ich mache Feierabend.
Alles Dringende ist ja geklärt, also hat das Zeit bis Montag.
Äh, okay.
Aber ...
... ich kann nicht mehr ...
... nur mit ihm befreundet sein!
Osaka ...
... ist viel zu weit weg.

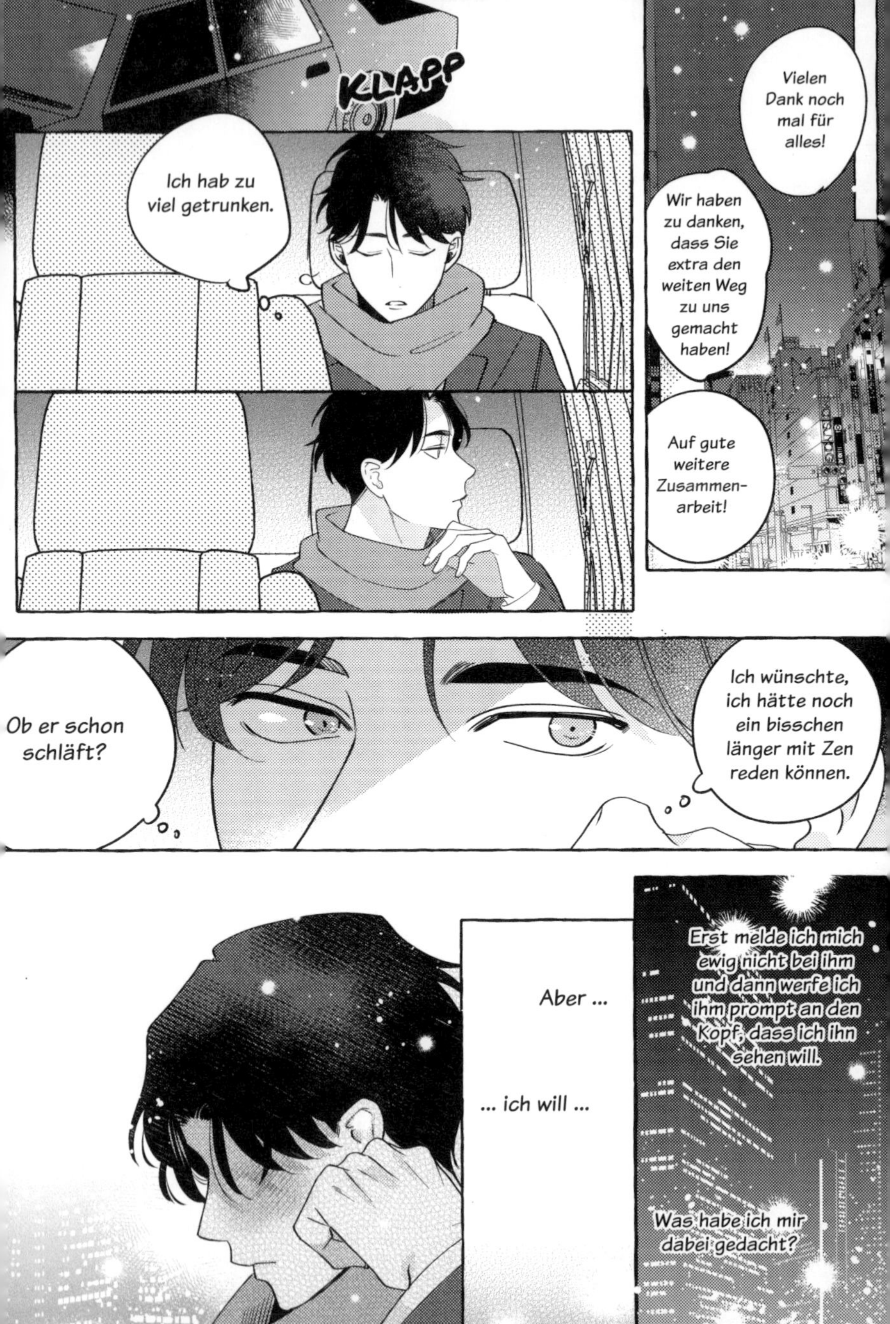
Vielen Dank noch mal für alles!
Wir haben zu danken, dass Sie extra den weiten Weg zu uns gemacht haben!
Auf gute weitere Zusammen-arbeit!
KLAPP
Ich hab zu viel getrunken.
Ich wünschte, ich hätte noch ein bisschen länger mit Zen reden können.
Ob er schon schläft?
Erst melde ich mich ewig nicht bei ihm und dann werfe ich ihm prompt an den Kopf, dass ich ihn sehen will.
Was habe ich mir dabei gedacht?
Aber ...
... ich will ...

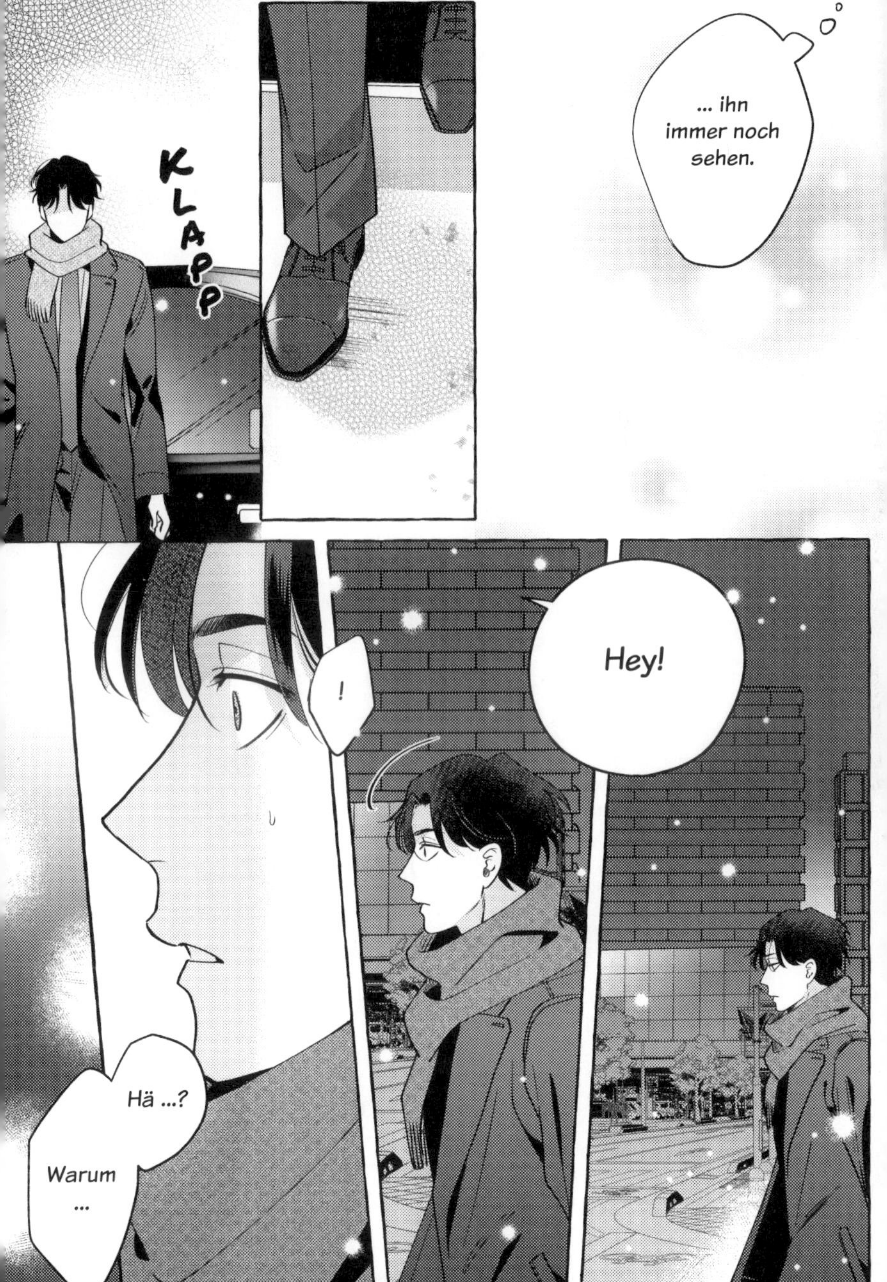
... ihn immer noch sehen.
KLAPP
Hey!
!
Hä ...?
Warum ...

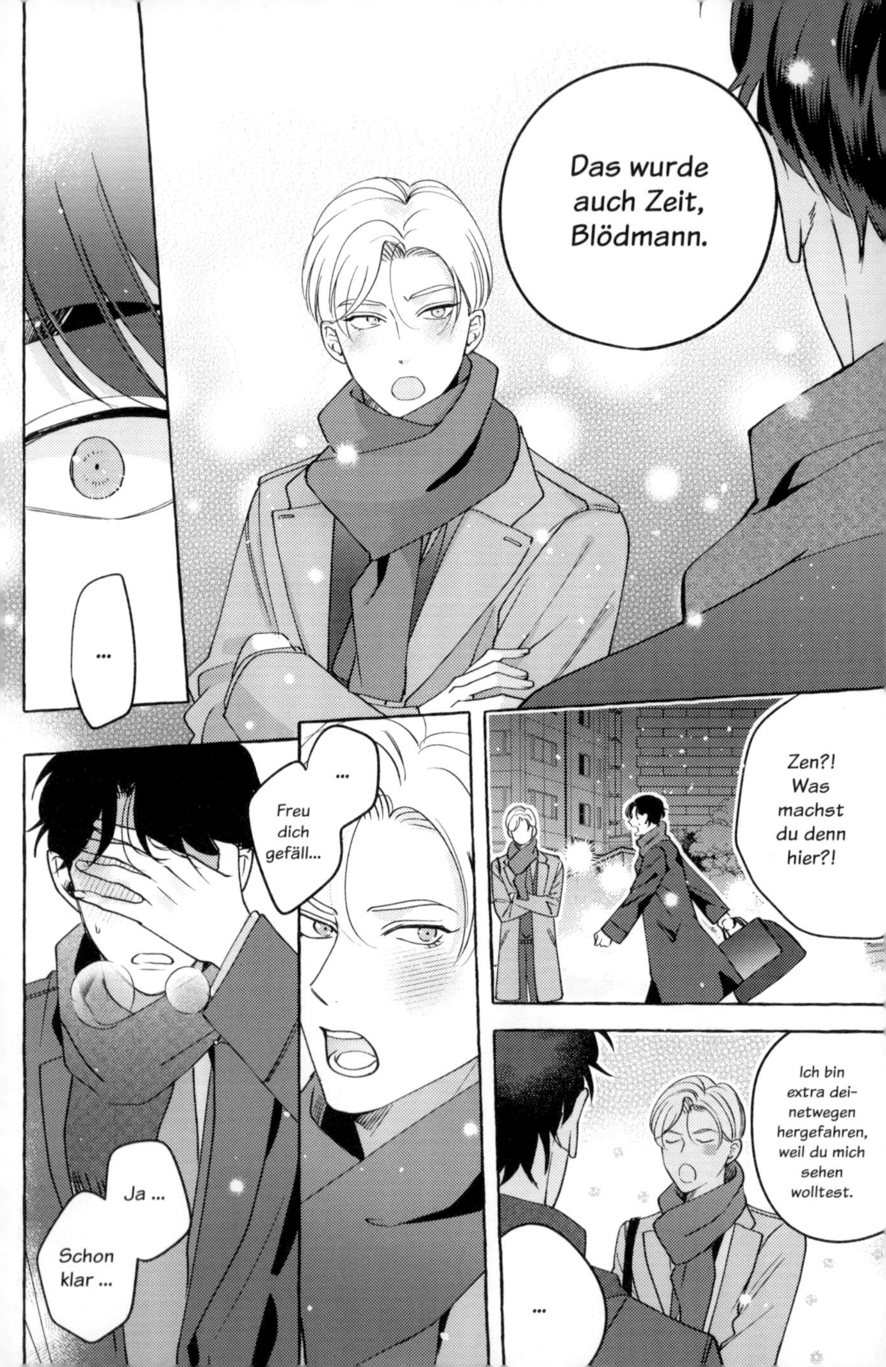

Das wurde auch Zeit, Blödmann.
...
Zen?! Was machst du denn hier?!
Ich bin extra deinetwegen hergefahren, weil du mich sehen wolltest.
...
...
Freu dich gefäll...
Ja ...
Schon klar ...

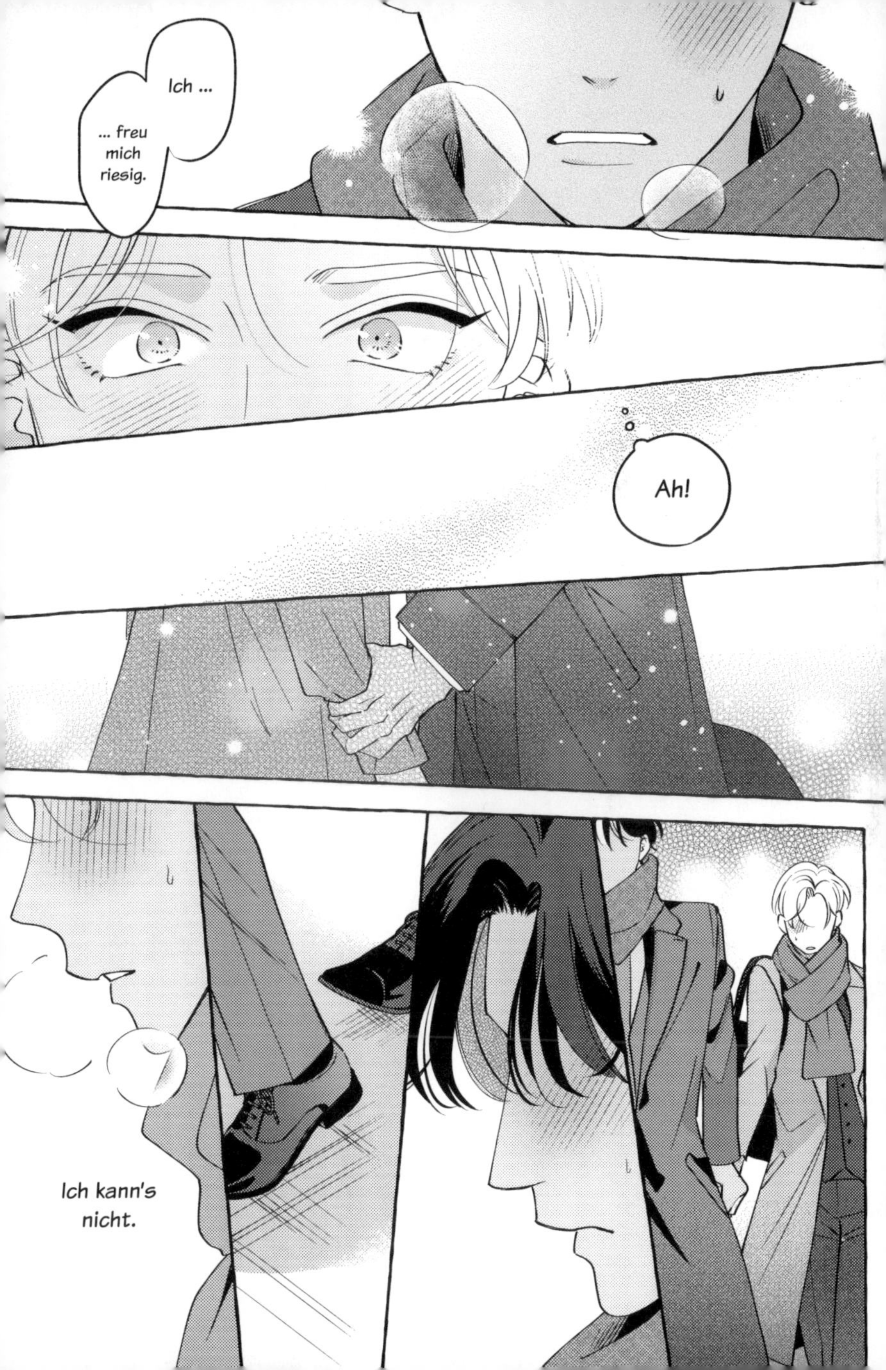
Ich ...
... freu mich riesig.
Ah!
Ich kann's nicht.

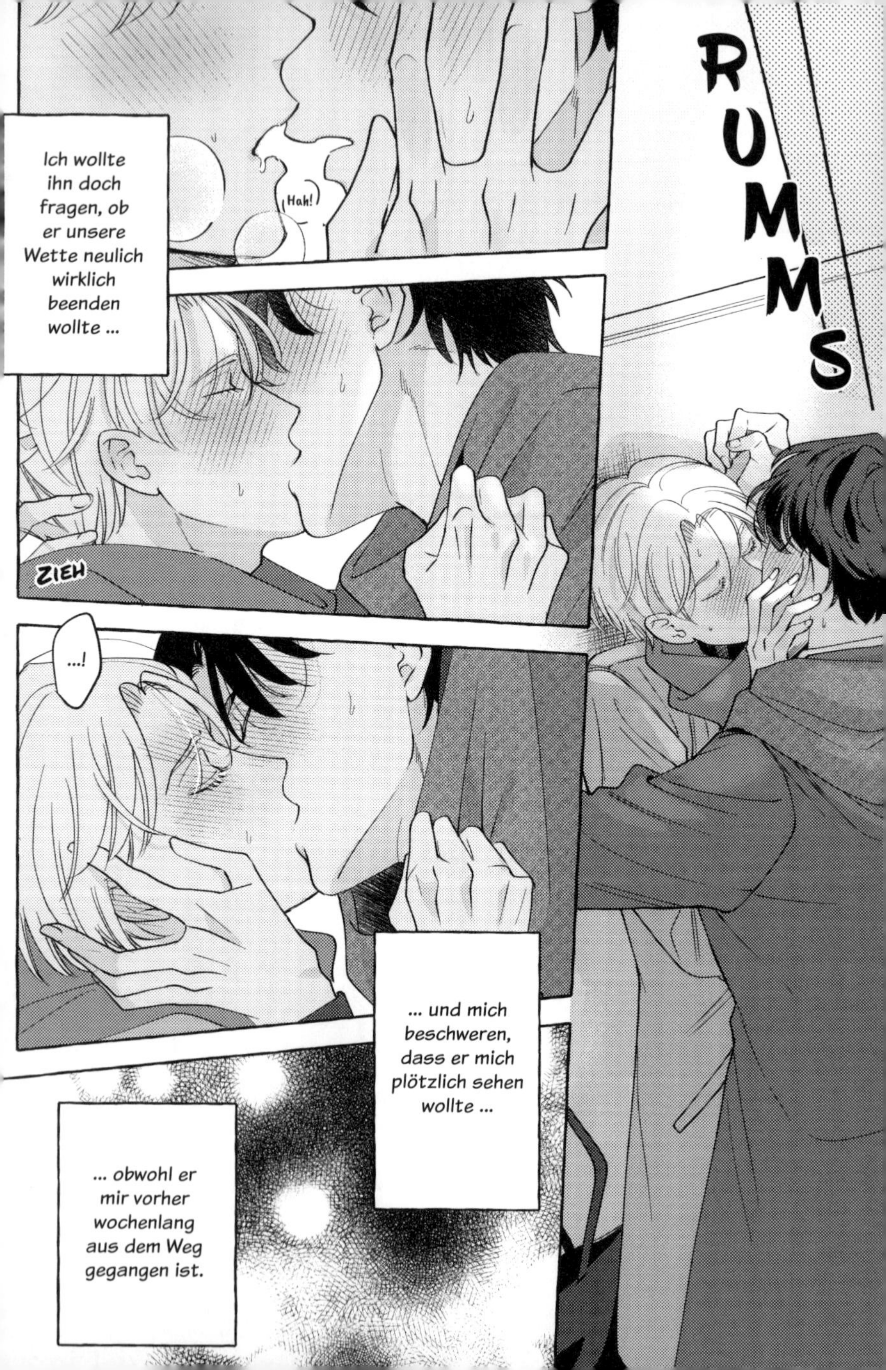
RUMMS
Ich wollte ihn doch fragen, ob er unsere Wette neulich wirklich beenden wollte ...
Hah!
ZIEH
...!
... und mich beschweren, dass er mich plötzlich sehen wollte ...
... obwohl er mir vorher wochenlang aus dem Weg gegangen ist.

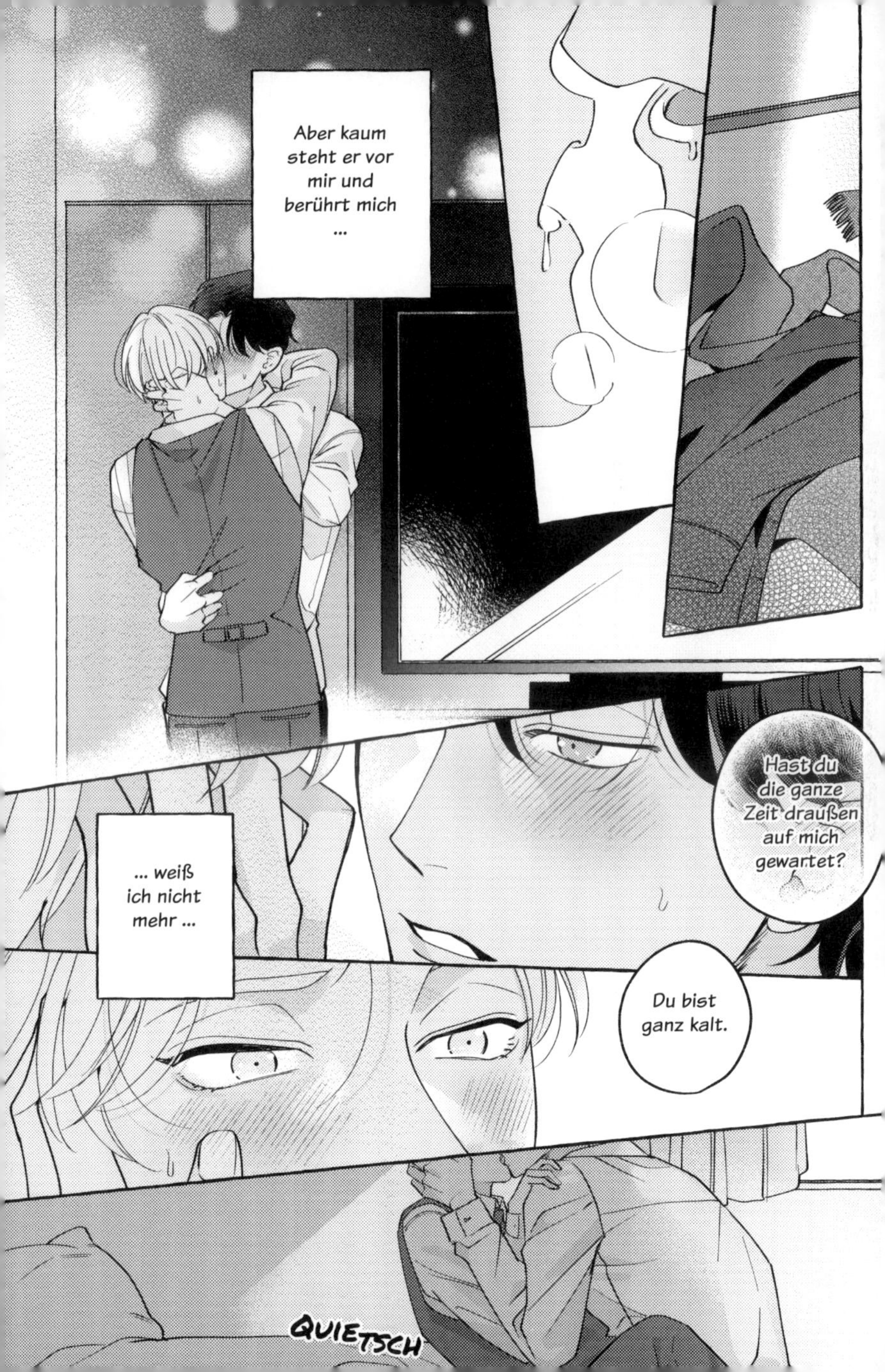
Aber kaum steht er vor mir und berührt mich ...
Hast du die ganze Zeit draußen auf mich gewartet?
... weiß ich nicht mehr ...
Du bist ganz kalt.
QUIETSCH

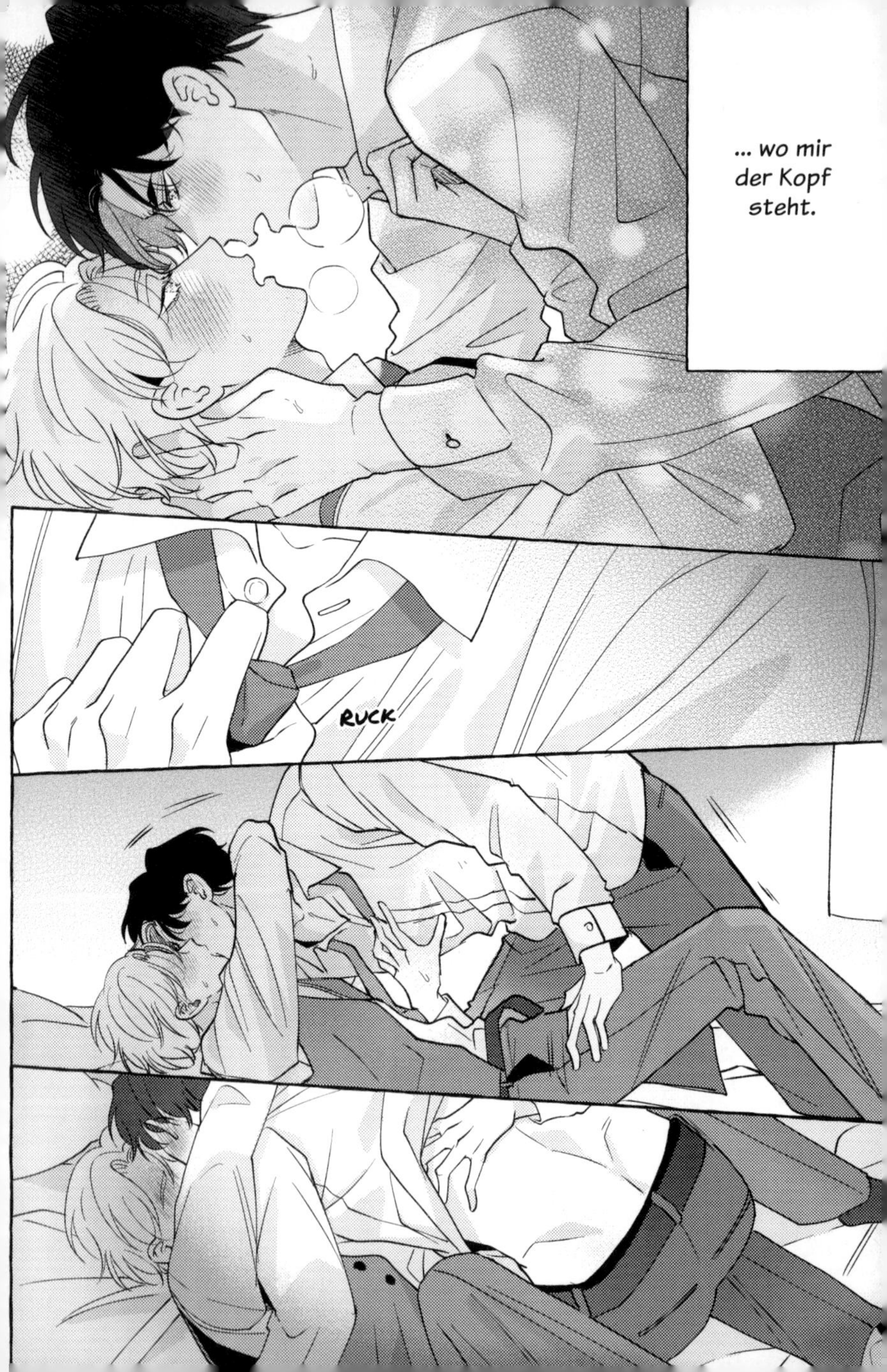
... wo mir
der Kopf
steht.
RUCK

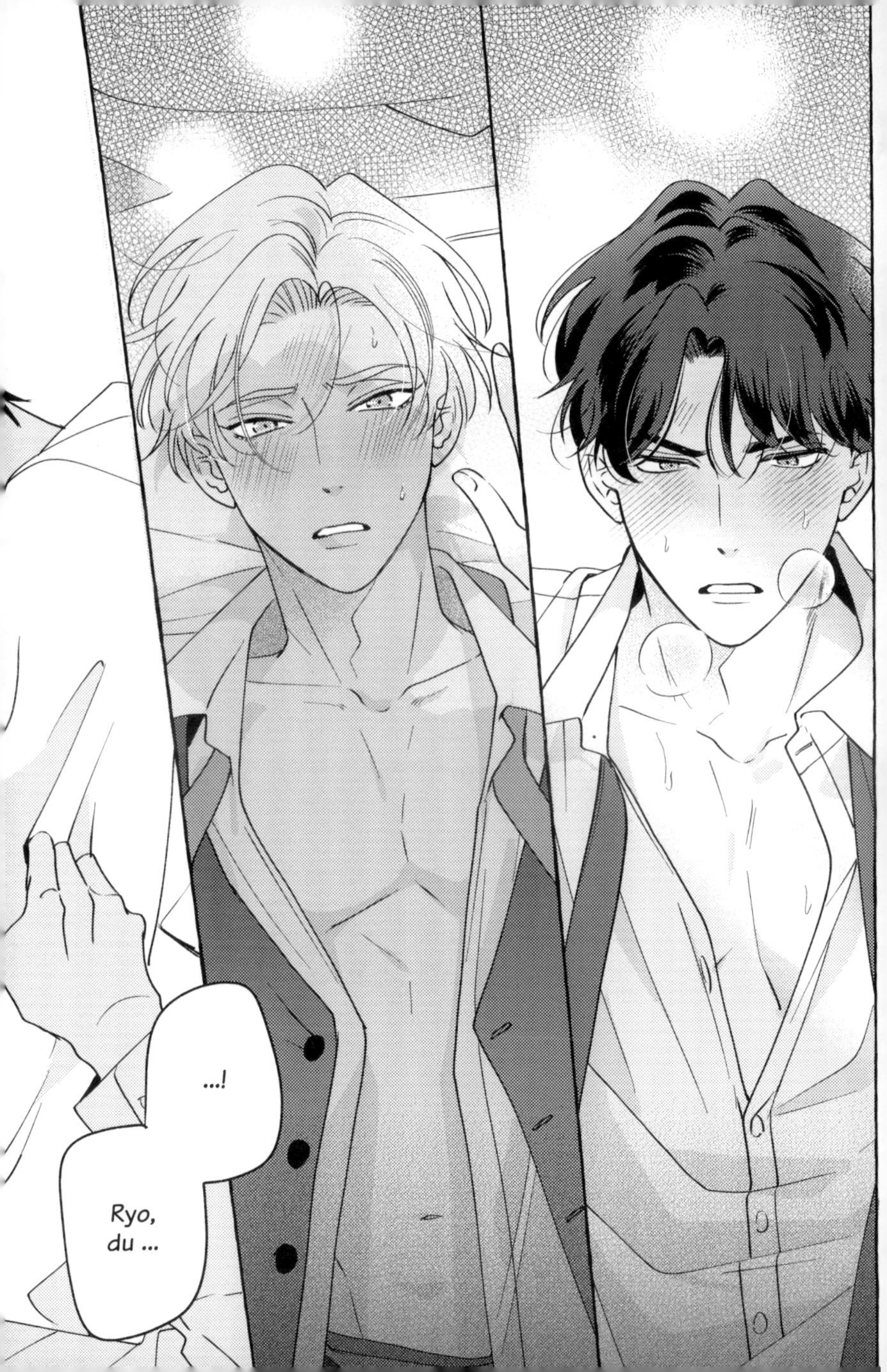
...!
Ryo,
du ...

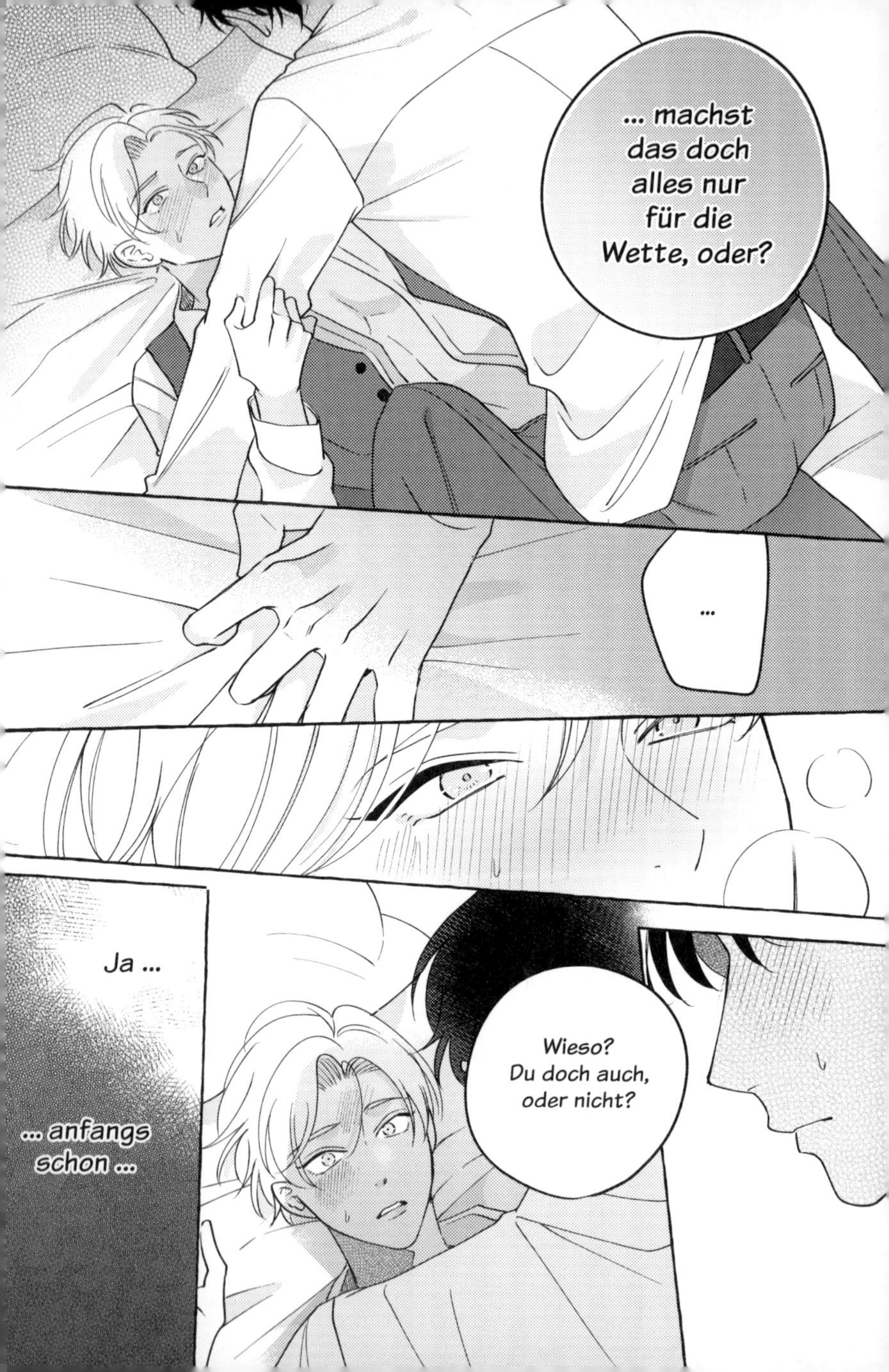
... machst das doch alles nur für die Wette, oder?
...
Ja ...
... anfangs schon ...
Wieso? Du doch auch, oder nicht?

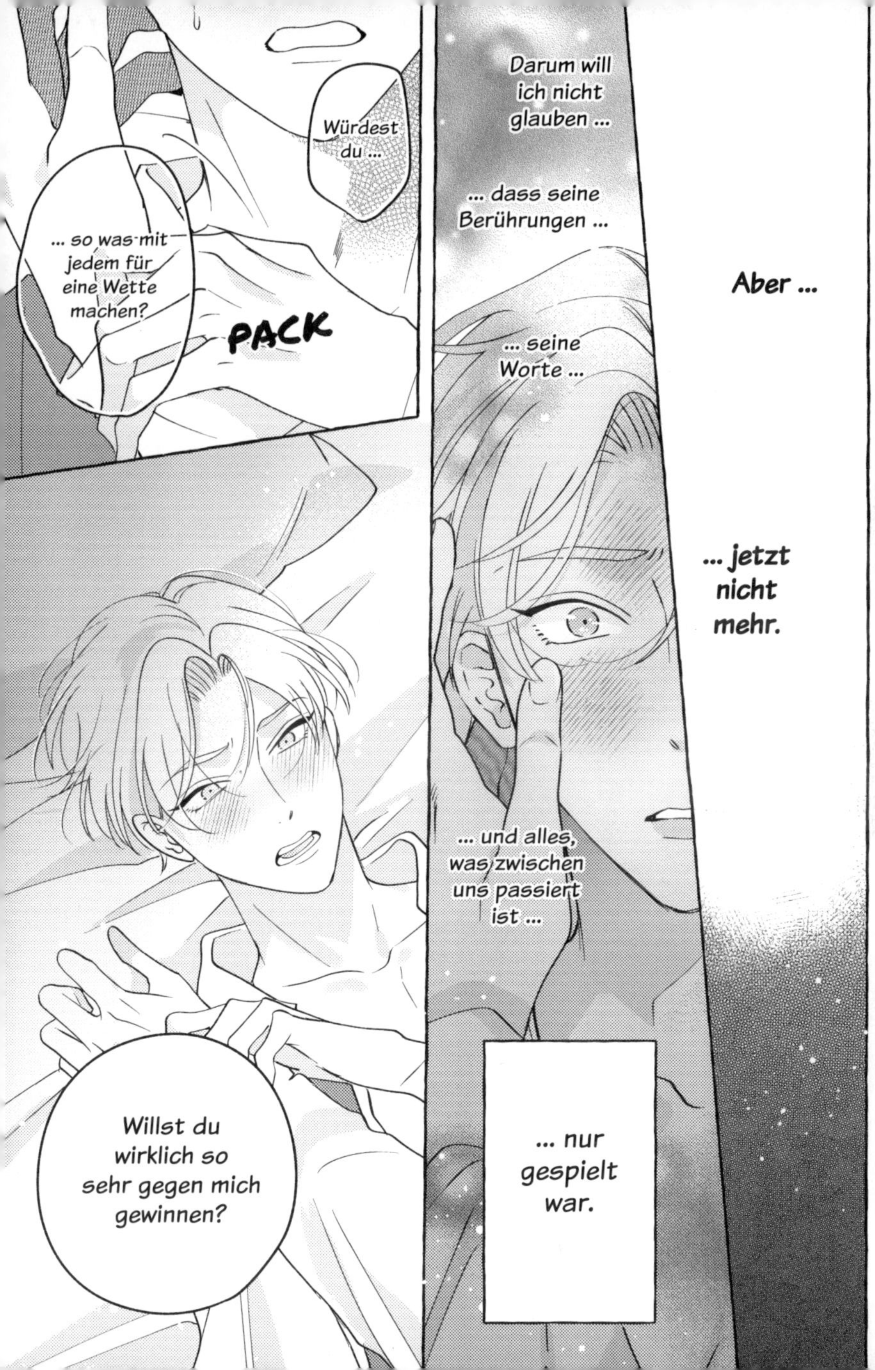
Darum will ich nicht glauben ...
... dass seine Berührungen ...
... seine Worte ...
... und alles, was zwischen uns passiert ist ...
... nur gespielt war.
Aber ...
... jetzt nicht mehr.
Würdest du ...
... so was mit jedem für eine Wette machen?
PACK
Willst du wirklich so sehr gegen mich gewinnen?

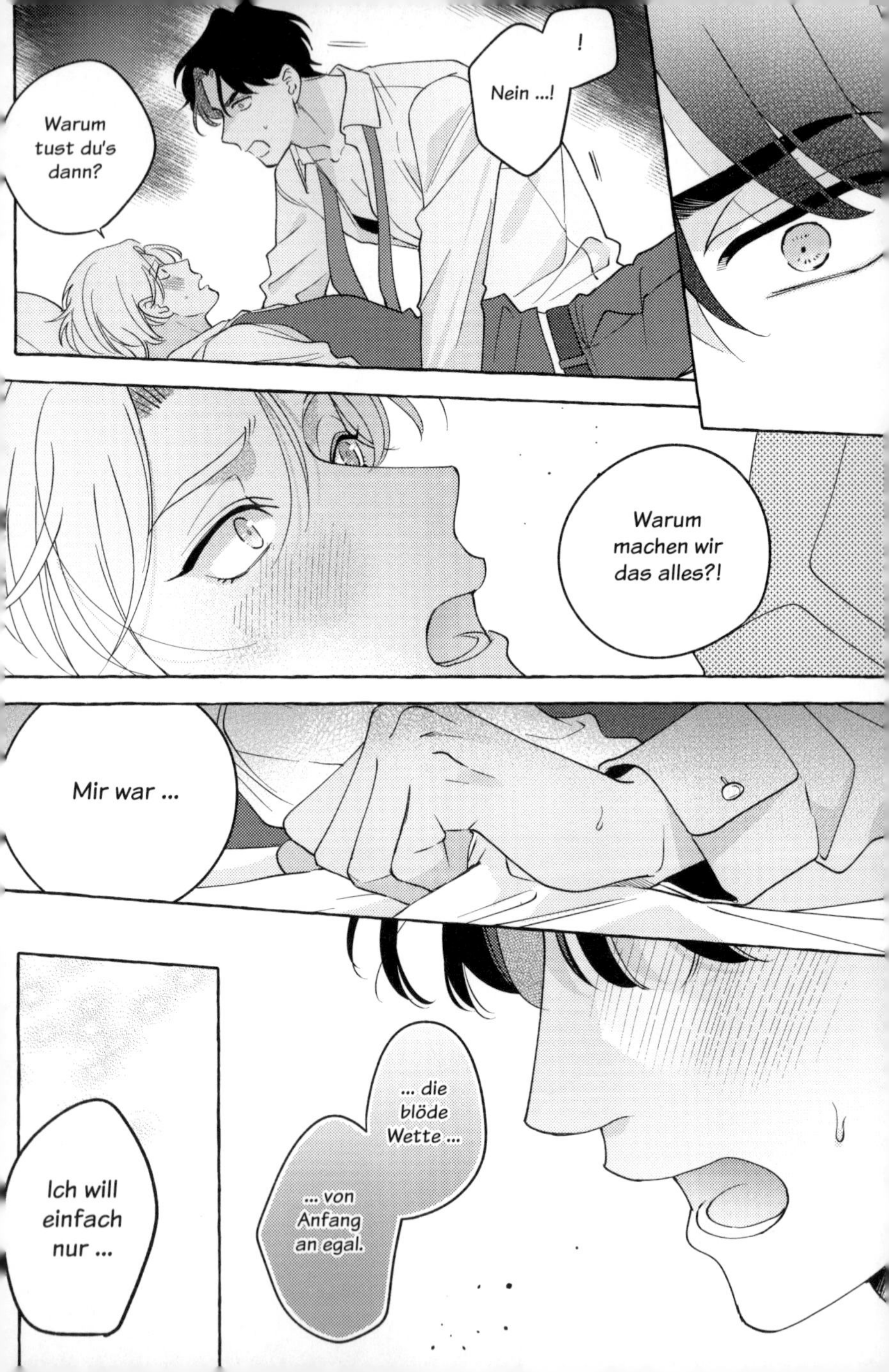
!
Nein ...!
Warum tust du's dann?
Warum machen wir das alles?!
Mir war ...
... die blöde Wette ...
... von Anfang an egal.
Ich will einfach nur ...

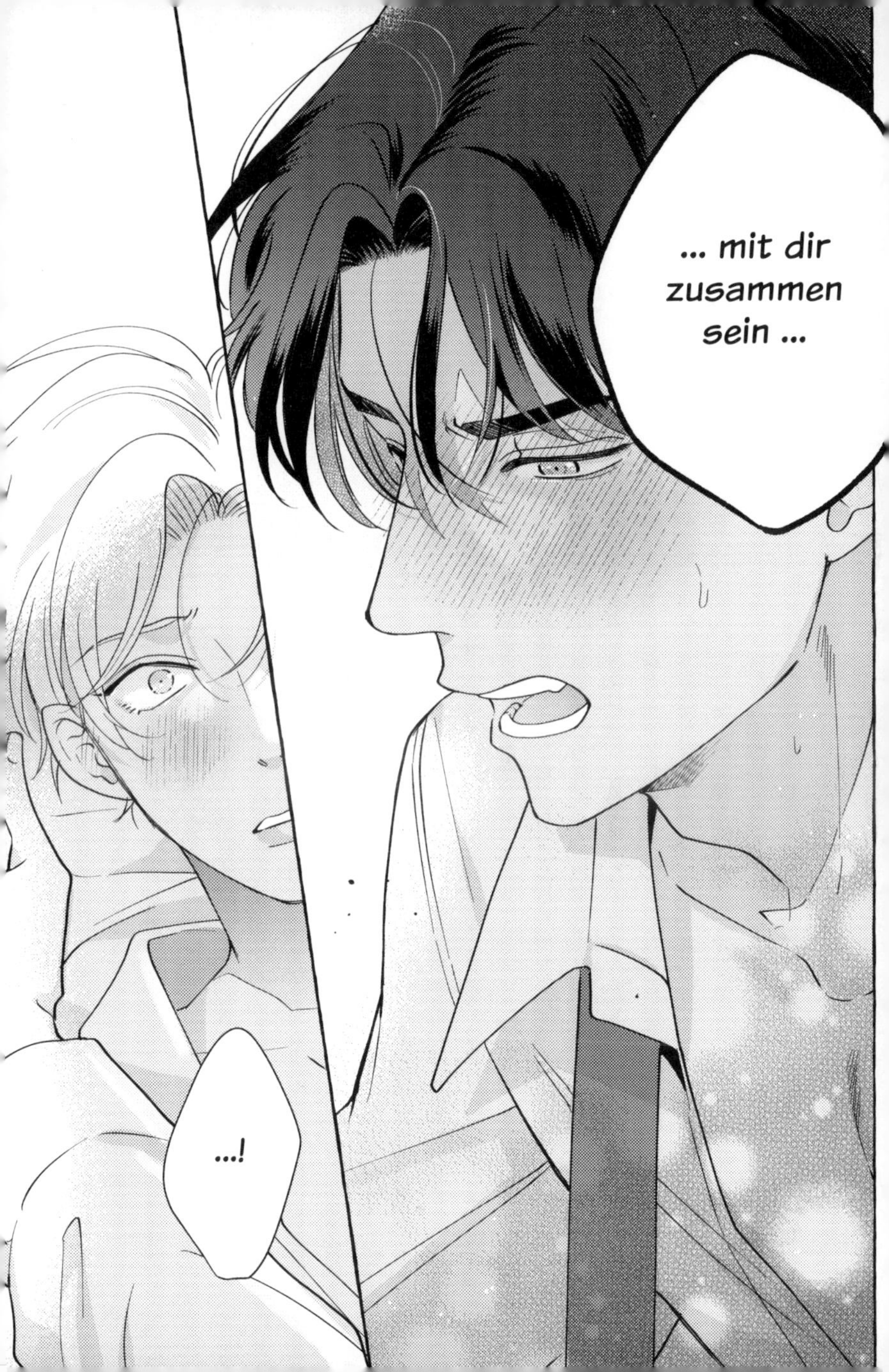
... mit dir
zusammen
sein ...
...!

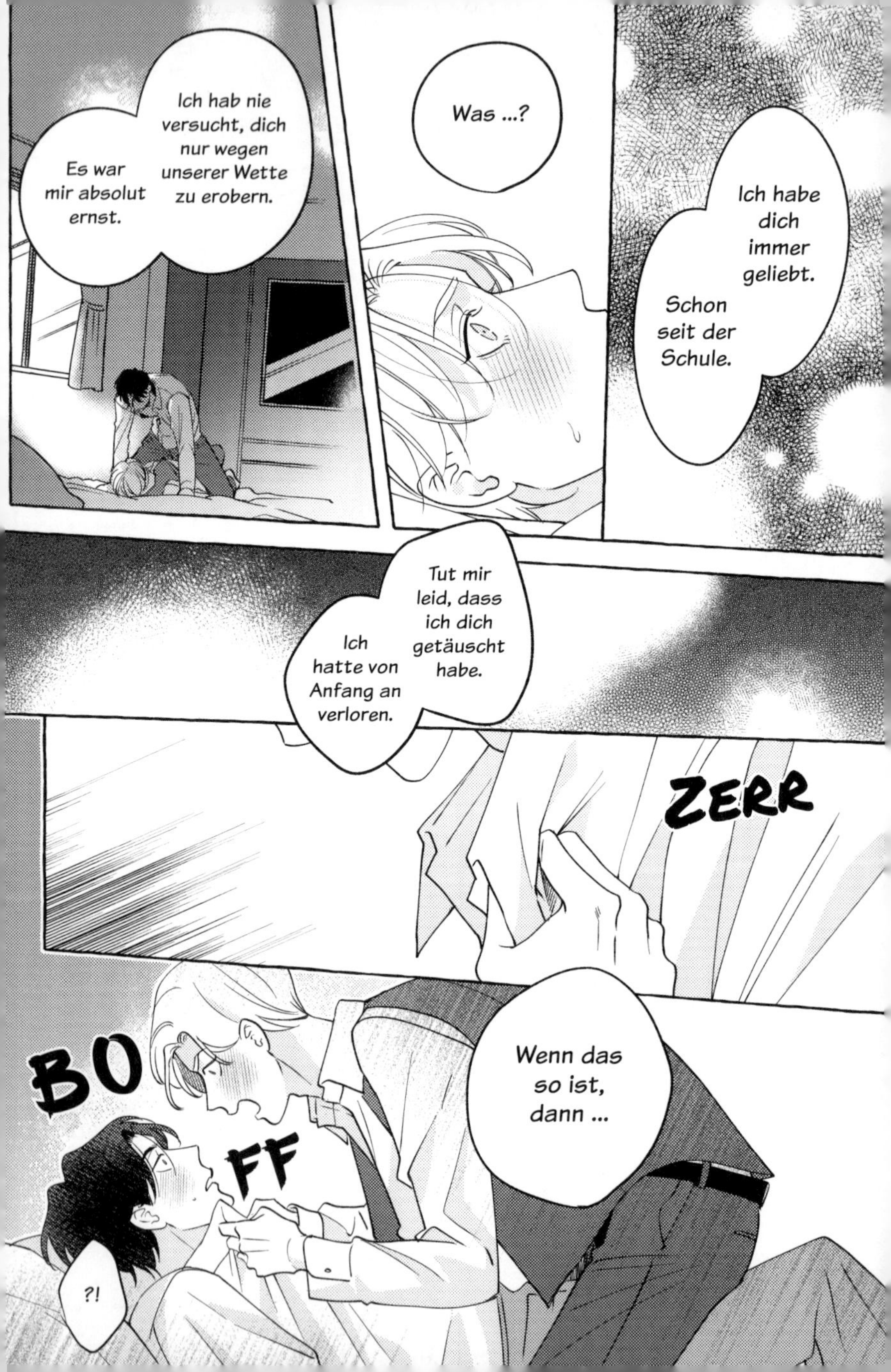
Ich hab nie versucht, dich nur wegen unserer Wette zu erobern.
Es war mir absolut ernst.
Was ...?
Ich habe dich immer geliebt.
Schon seit der Schule.
Tut mir leid, dass ich dich getäuscht habe.
Ich hatte von Anfang an verloren.
ZERR
Wenn das so ist, dann ...
BOFF
?!

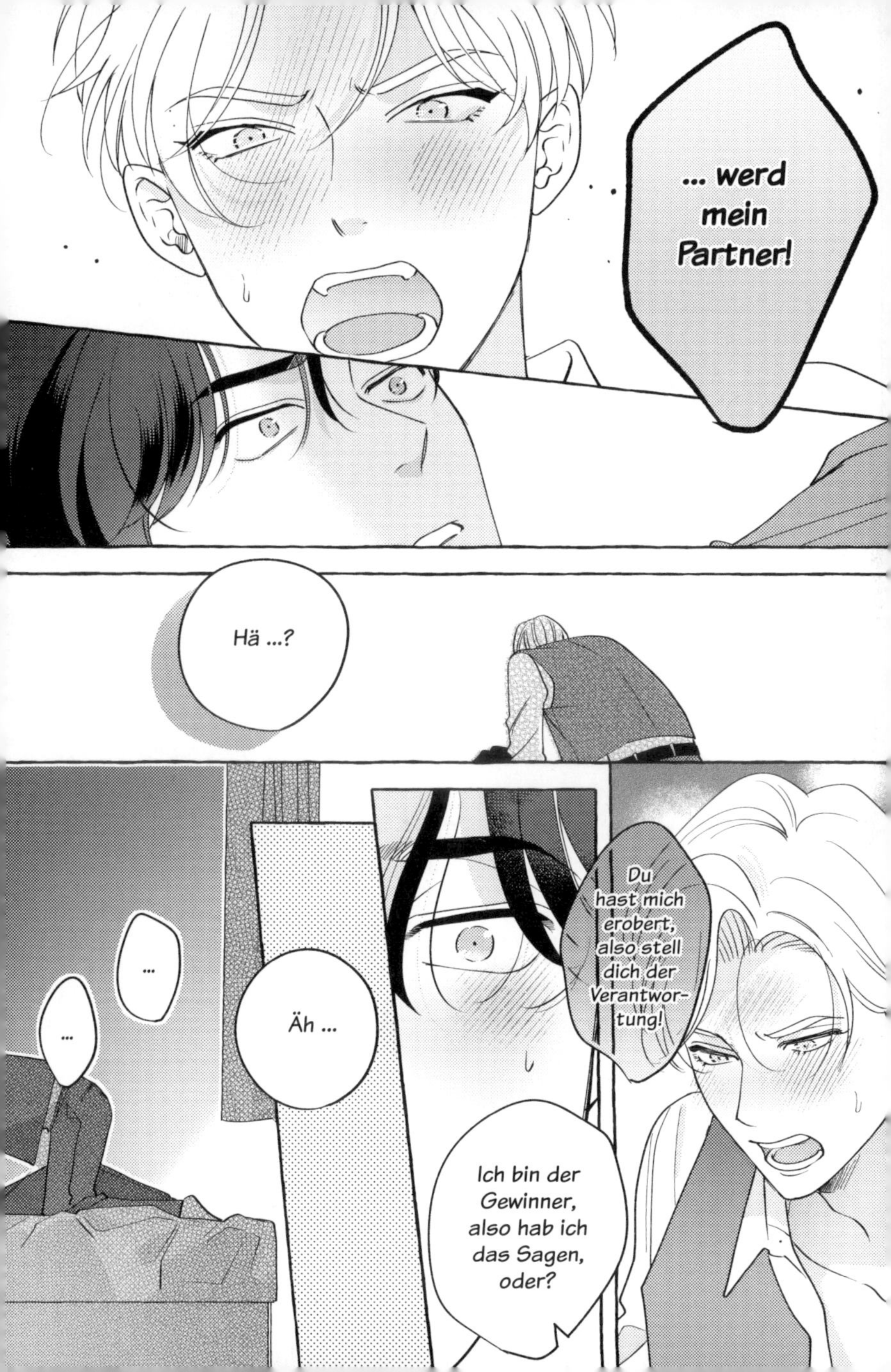

... werd mein Partner!
Hä ...?
Du hast mich erobert, also stell dich der Verantwortung!
Ich bin der Gewinner, also hab ich das Sagen, oder?
Äh ...
...
...

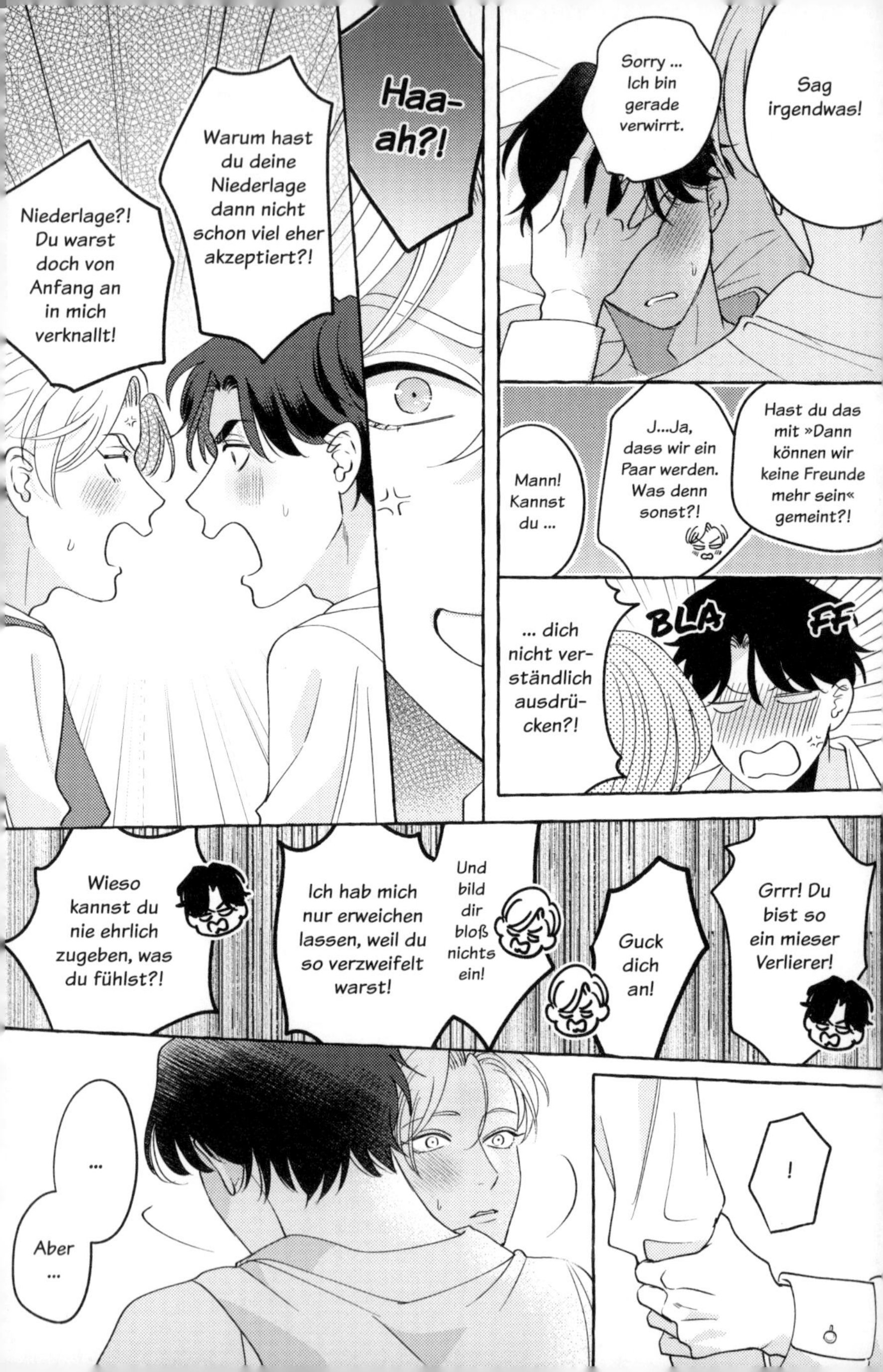
Sag irgendwas!
Sorry ... Ich bin gerade verwirrt.
Hast du das mit »Dann können wir keine Freunde mehr sein« gemeint?!
J...Ja, dass wir ein Paar werden. Was denn sonst?!
Mann! Kannst du ...
BLAFF
... dich nicht verständlich ausdrücken?!
Haa-ah?!
Warum hast du deine Niederlage dann nicht schon viel eher akzeptiert?!
Niederlage?! Du warst doch von Anfang an in mich verknallt!
Grrr! Du bist so ein mieser Verlierer!
Guck dich an!
Und bild dir bloß nichts ein!
Ich hab mich nur erweichen lassen, weil du so verzweifelt warst!
Wieso kannst du nie ehrlich zugeben, was du fühlst?!
!
...
Aber ...

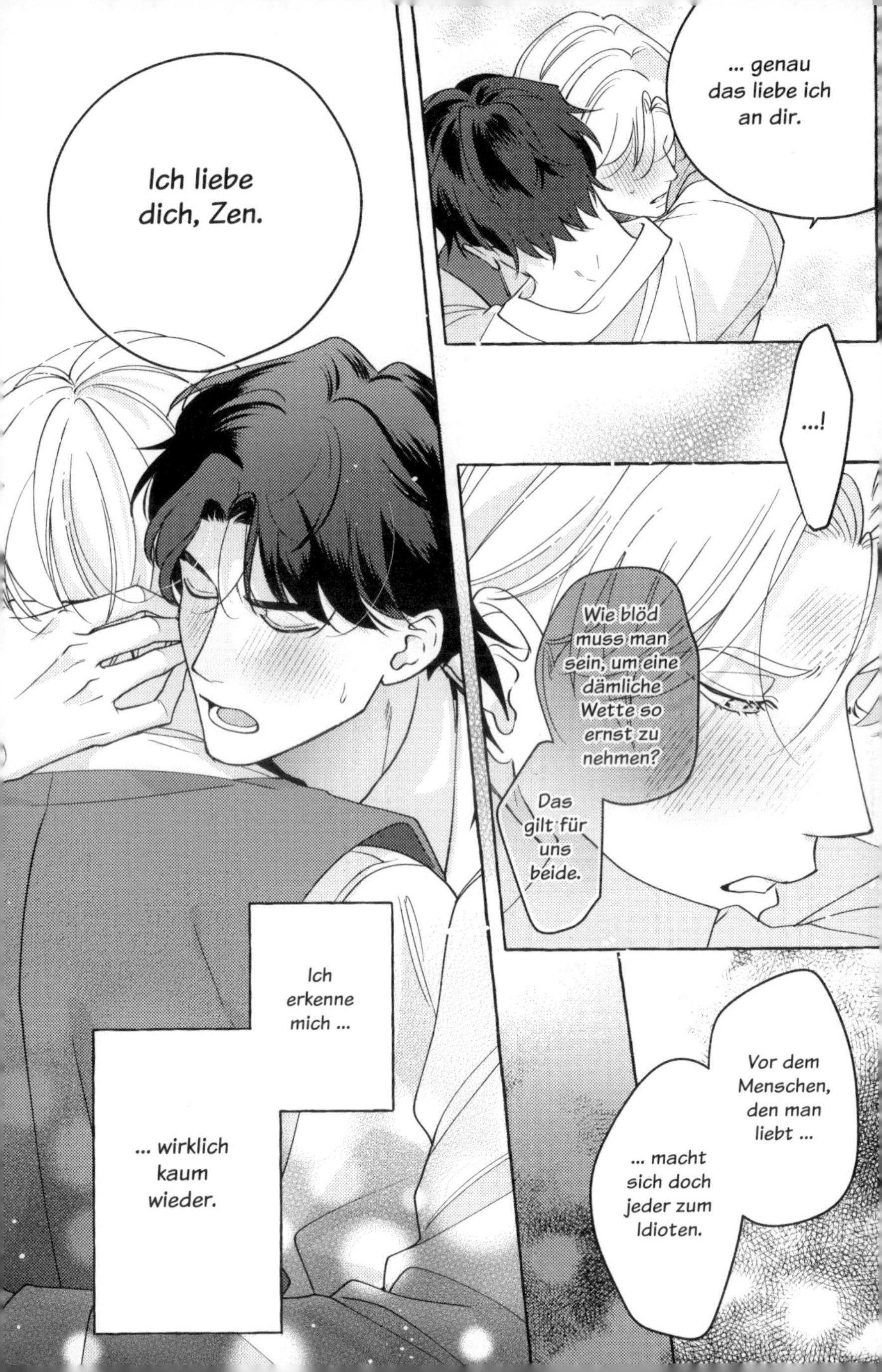
... genau das liebe ich an dir.
Ich liebe dich, Zen.
...!
Wie blöd muss man sein, um eine dämliche Wette so ernst zu nehmen?
Das gilt für uns beide.
Vor dem Menschen, den man liebt ...
... macht sich doch jeder zum Idioten.
Ich erkenne mich ...
... wirklich kaum wieder.

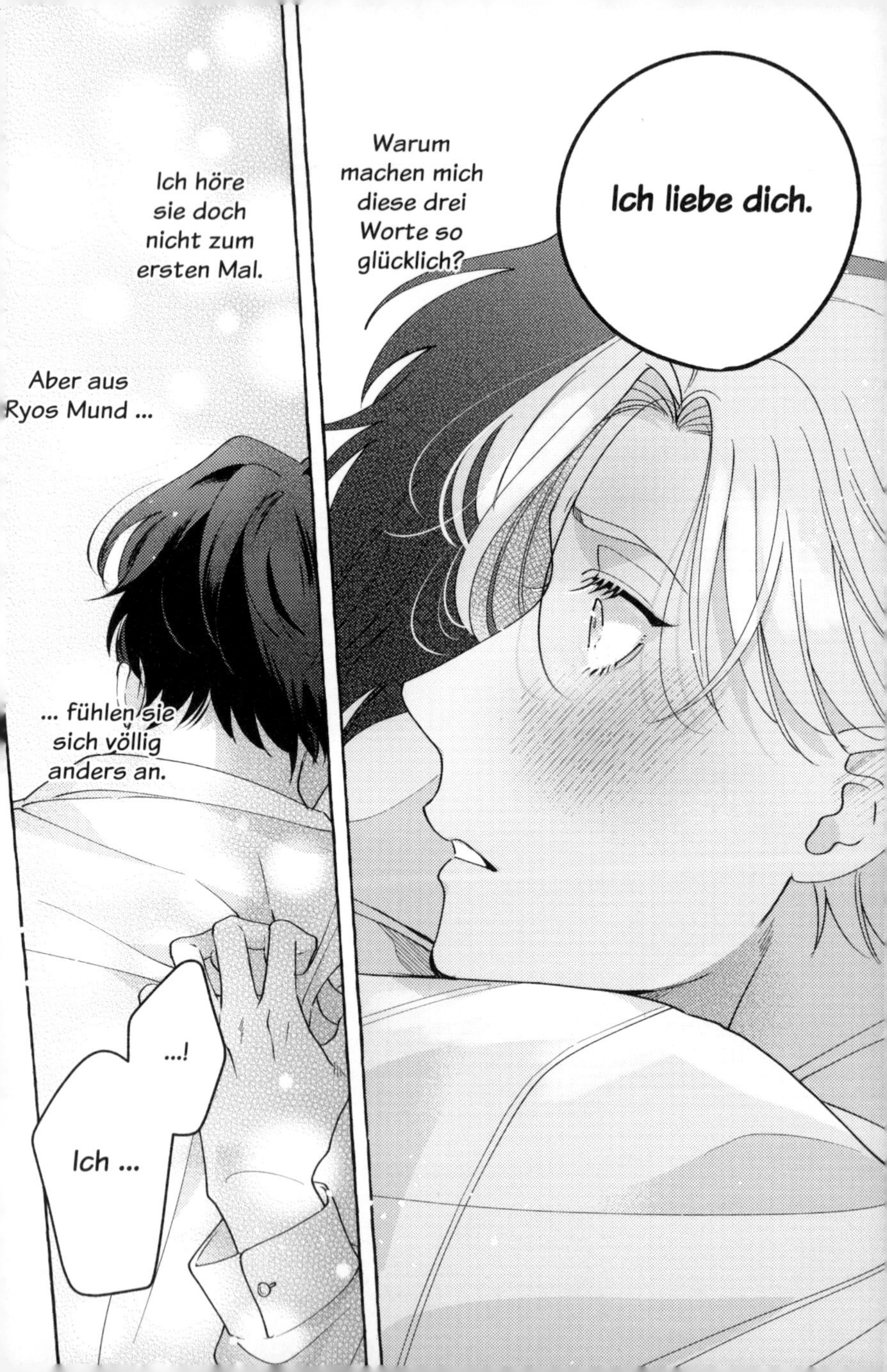
Ich liebe dich.
Warum machen mich diese drei Worte so glücklich?
Ich höre sie doch nicht zum ersten Mal.
Aber aus Ryos Mund ...
... fühlen sie sich völlig anders an.
...!
Ich ...

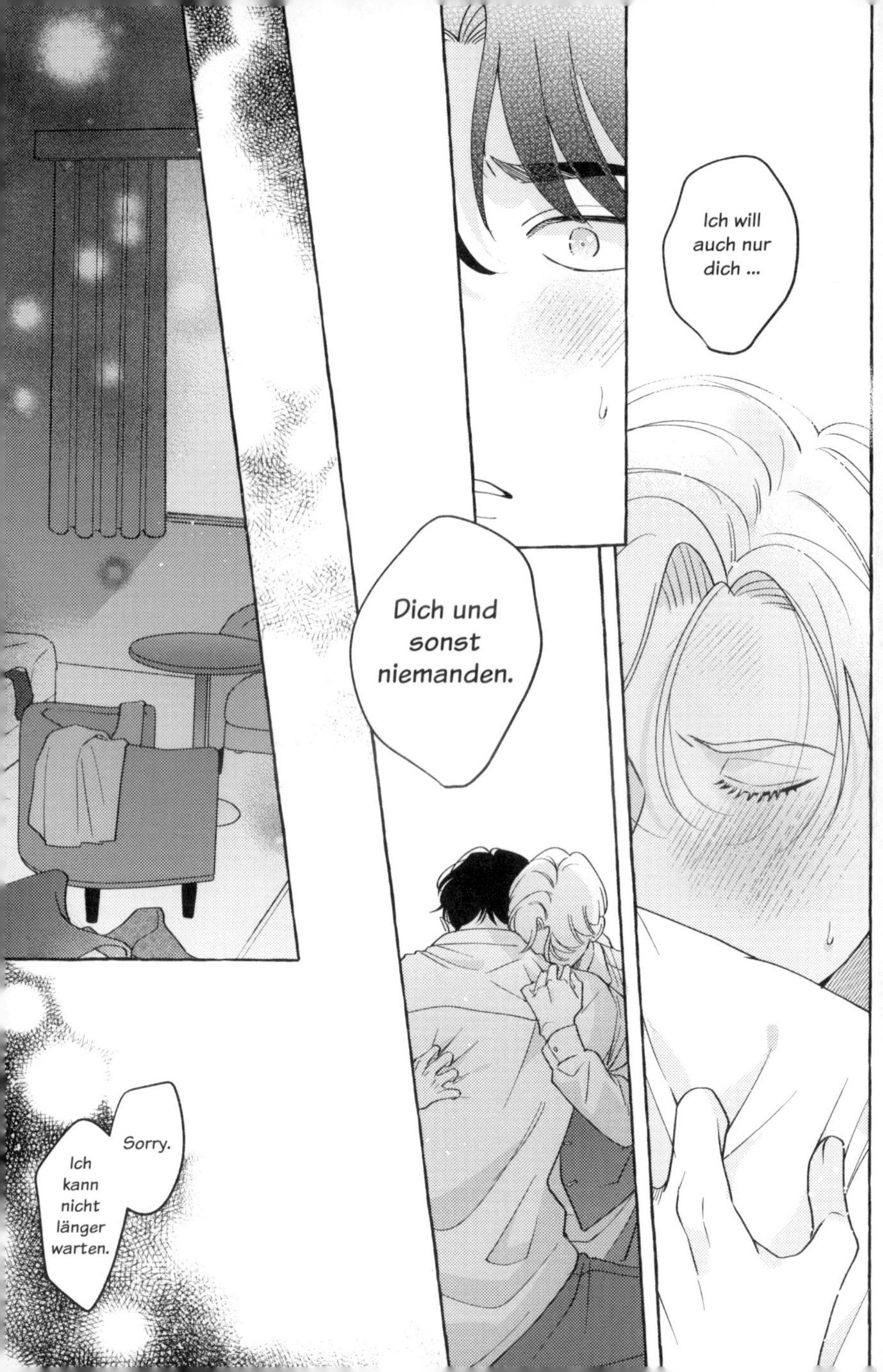
Ich will auch nur dich ...
Dich und sonst niemanden.
Sorry.
Ich kann nicht länger warten.

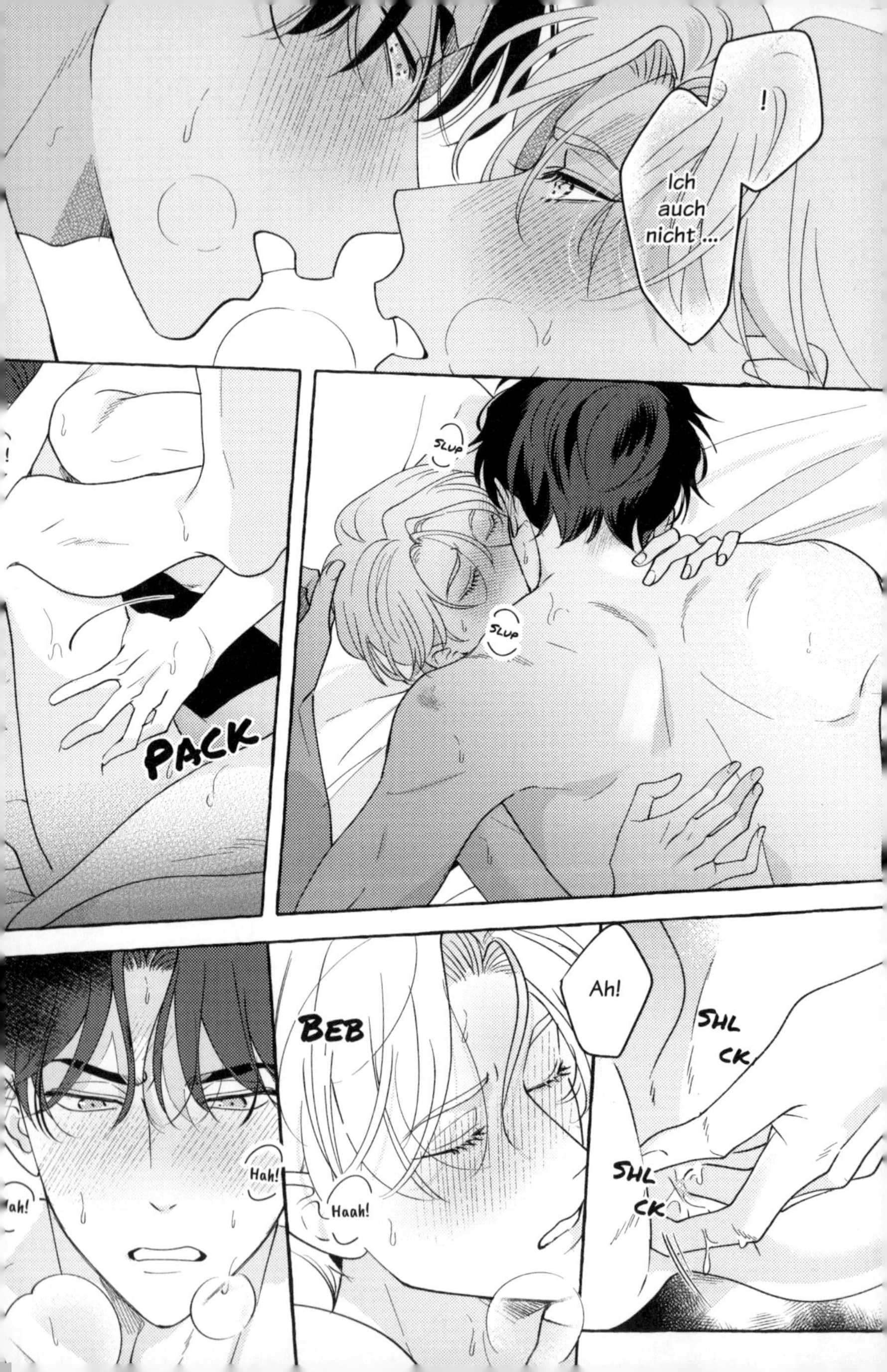
!
Ich auch nicht ...
SLUP
SLUP
PACK
!
Ah!
SHL CK
SHL CK
BEB
Hah!
Haah!

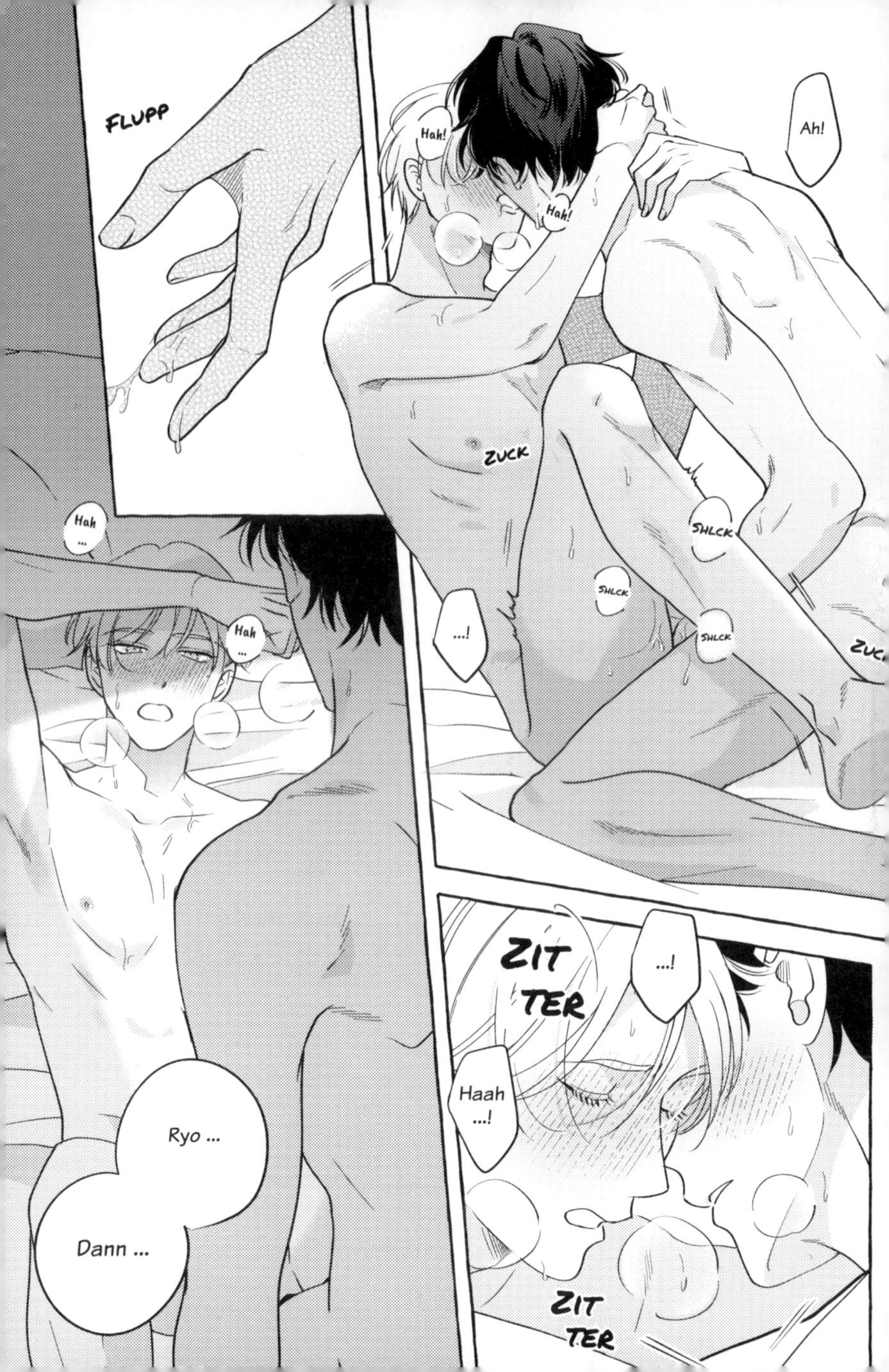
Ah!
Hah!
Hah!
ZUCK
SHLCK
SHLCK
SHLCK
...!
ZUCK
FLUPP
Hah ...
Hah ...
Ryo ...
Dann ...
ZIT TER
...!
Haah ...!
ZIT TER

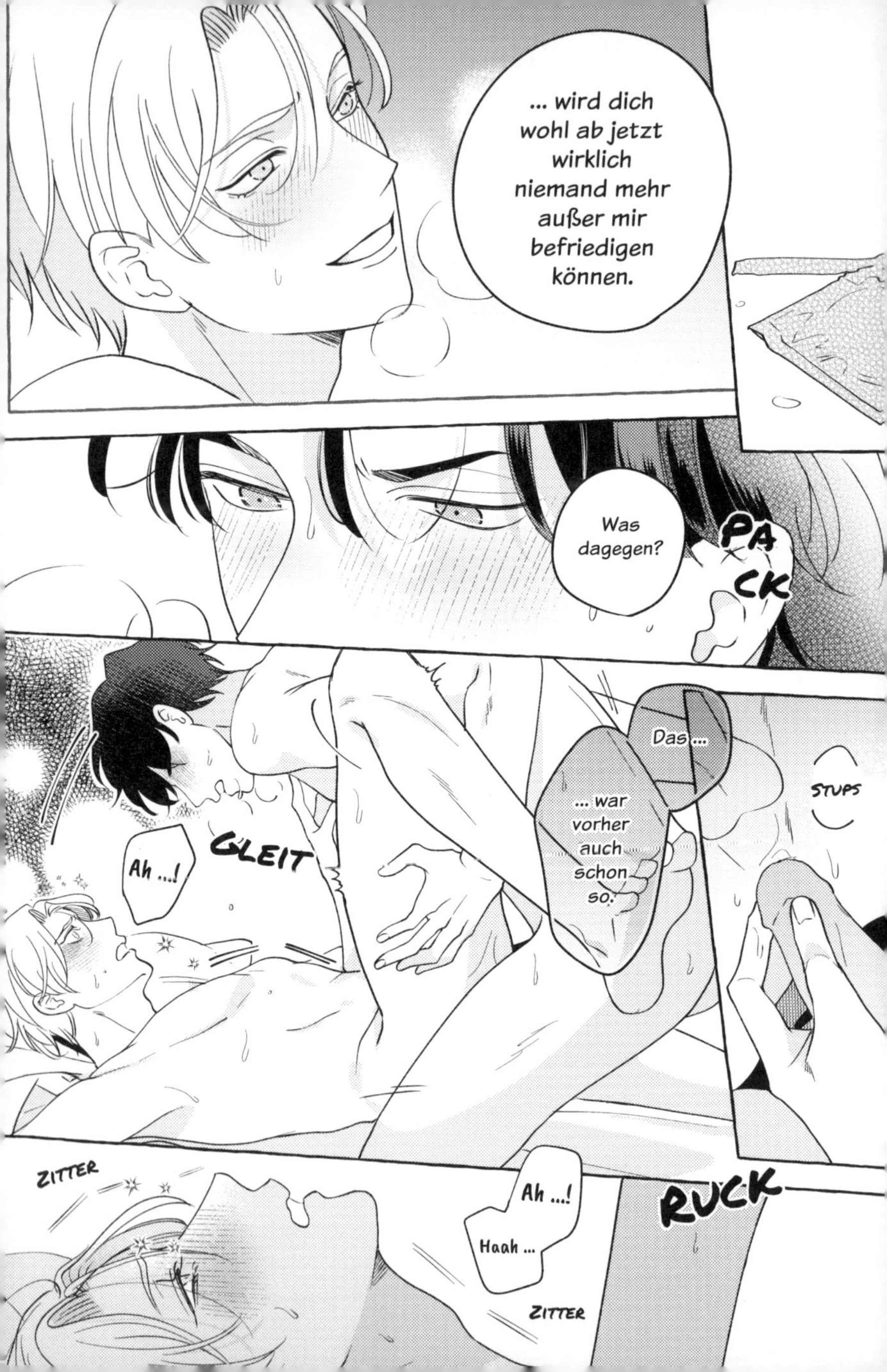
... wird dich wohl ab jetzt wirklich niemand mehr außer mir befriedigen können.
Was dagegen?
PACK
GLEIT
Ah ...!
Das ...
... war vorher auch schon so.
STUPS
ZITTER
Ah ...!
Haah ...
RUCK
ZITTER

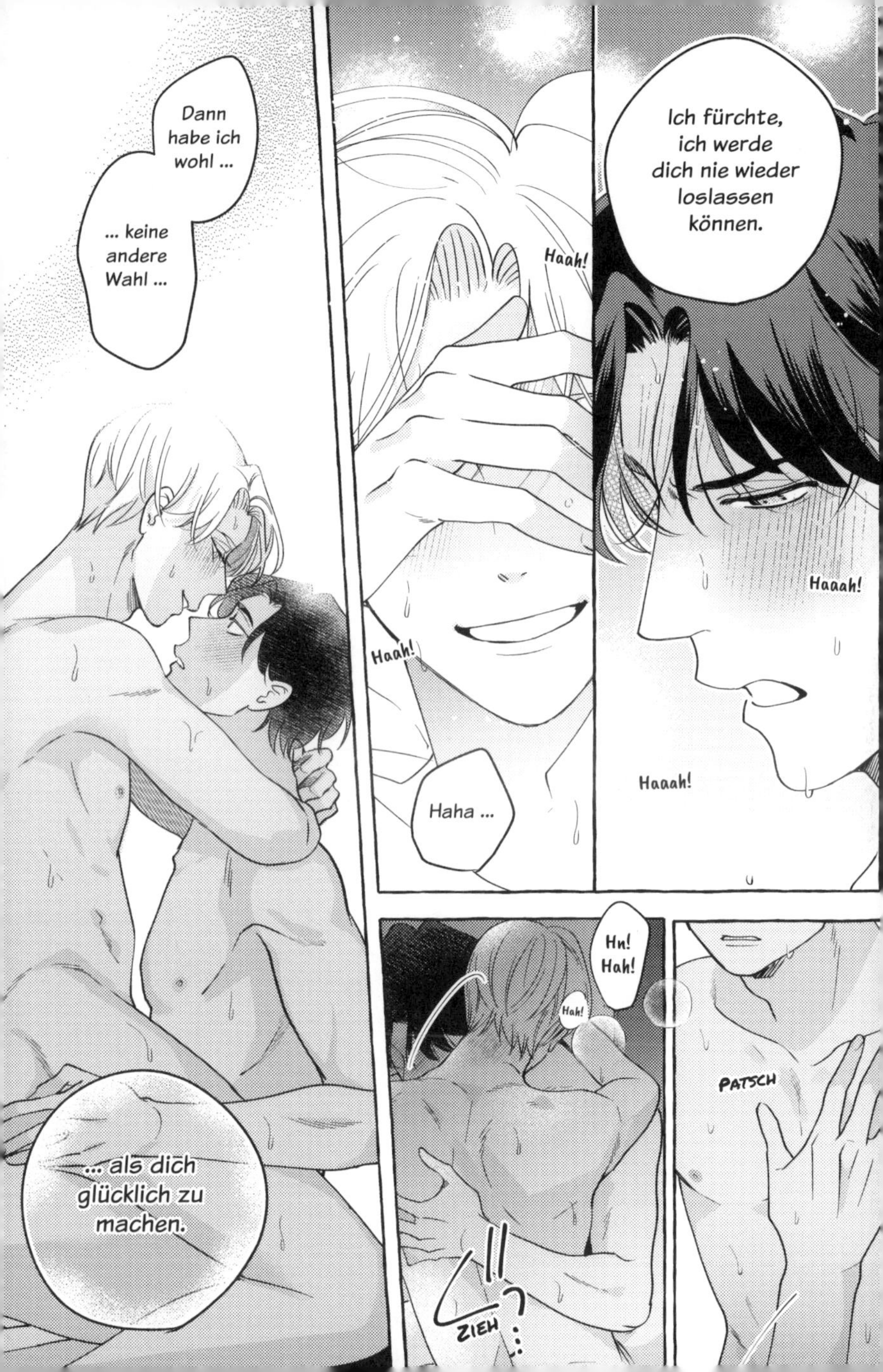
Ich fürchte, ich werde dich nie wieder loslassen können.
Haaah!
Haaah!
Haah!
Haah!
Haha ...
PATSCH
Hn! Hah!
Hah!
ZIEH
Dann habe ich wohl ...
... keine andere Wahl ...
... als dich glücklich zu machen.

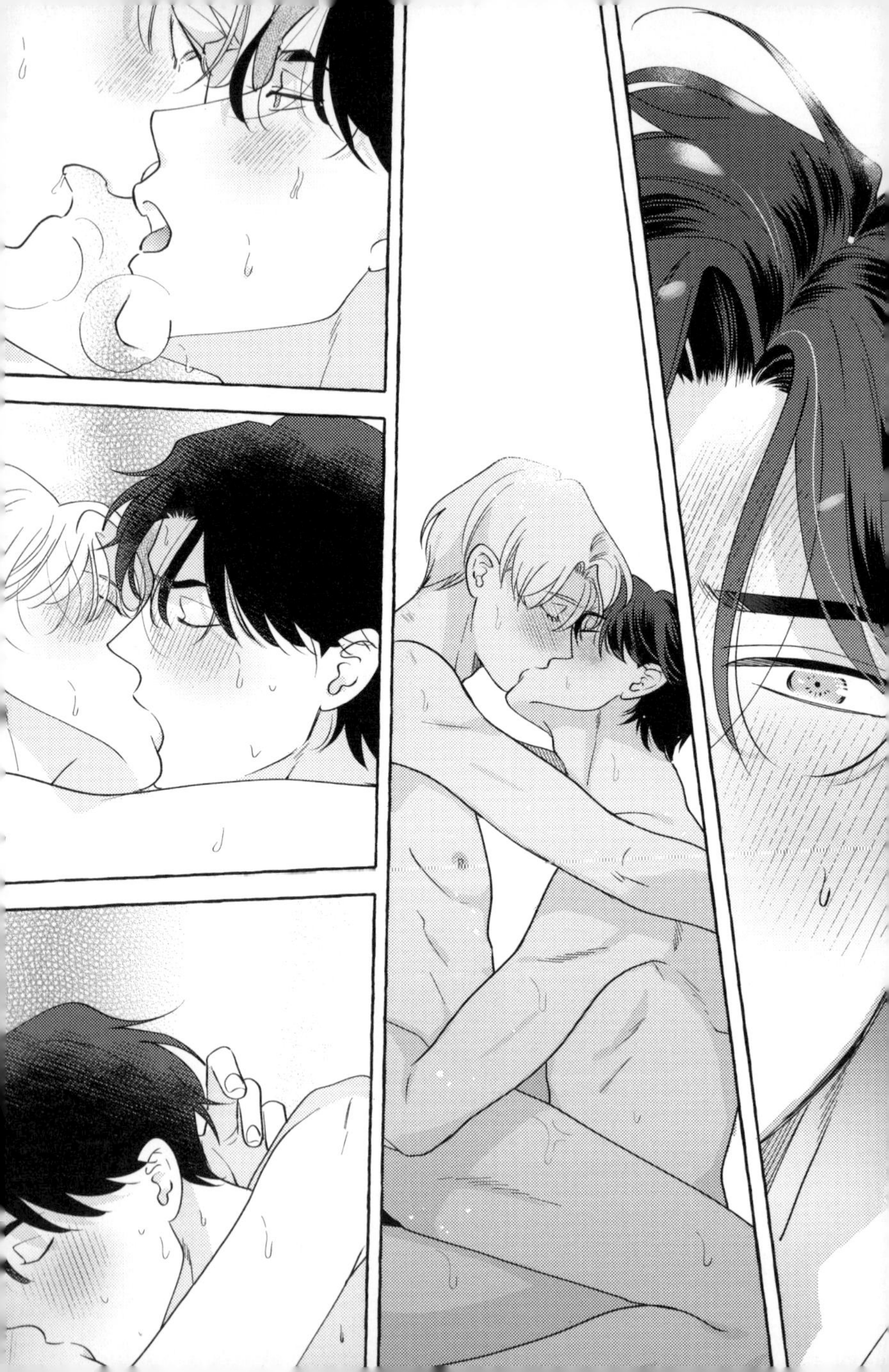

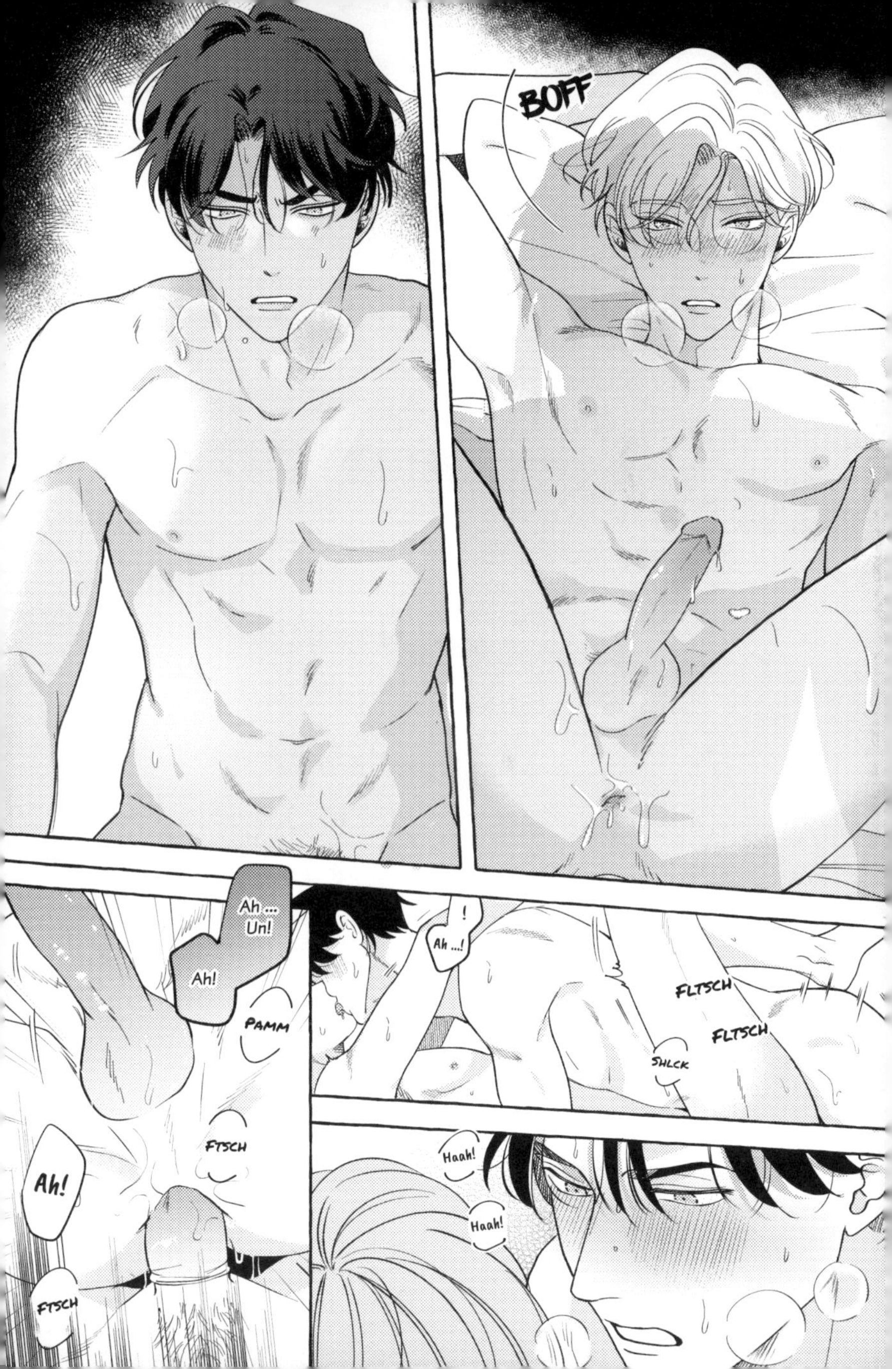
BOFF
!
Ah ...!
FLTSCH
FLTSCH
SHLCK
Ah ...
Un!
Ah!
PAMM
Ftsch
Ah!
Ftsch
Haah!
Haah!

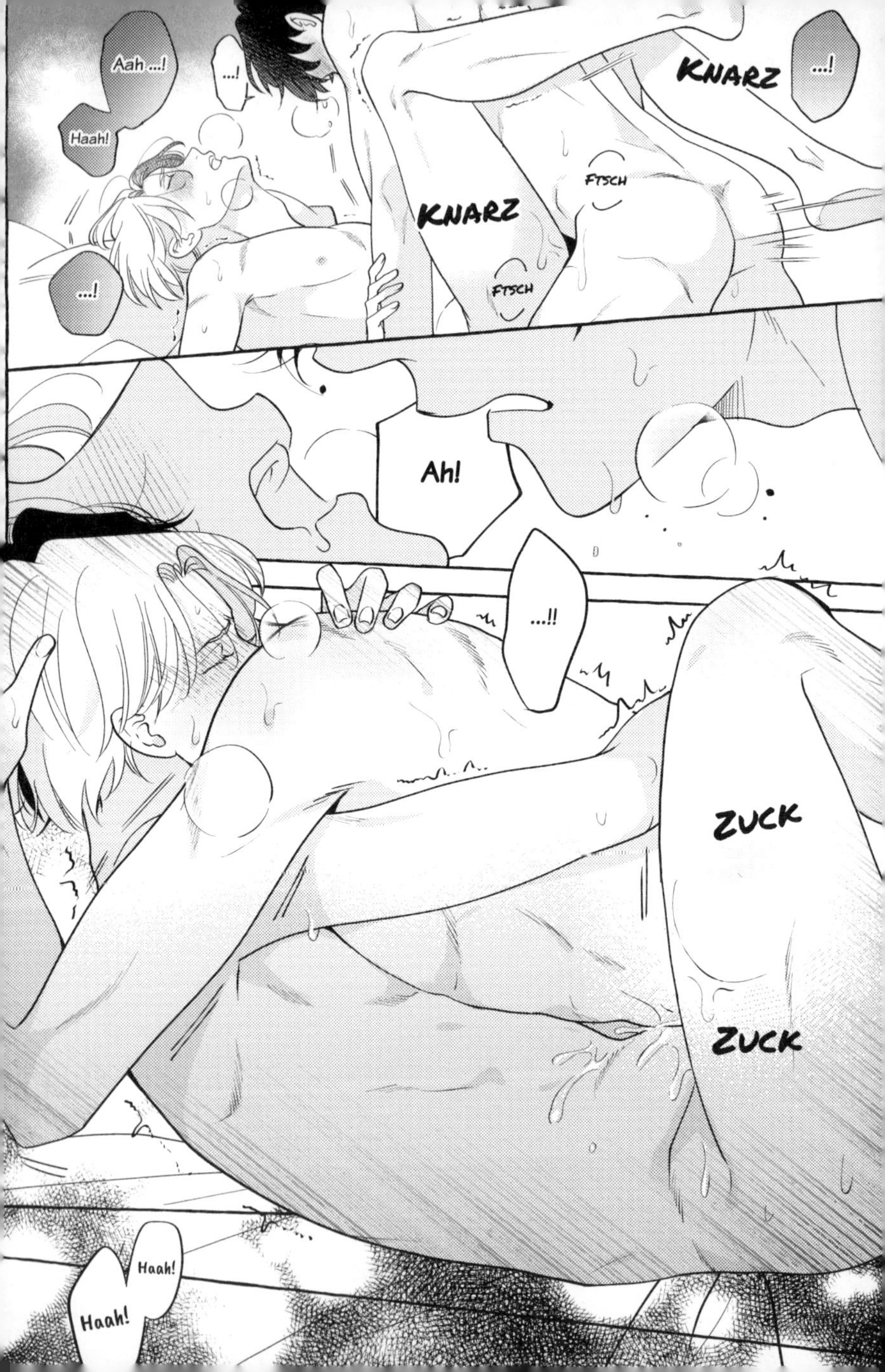

...!
KNARZ
FTSCH
KNARZ
FTSCH
...!
Aah ...!
Haah!
...!
Ah!
...!!
ZUCK
ZUCK
Haah!
Haah!

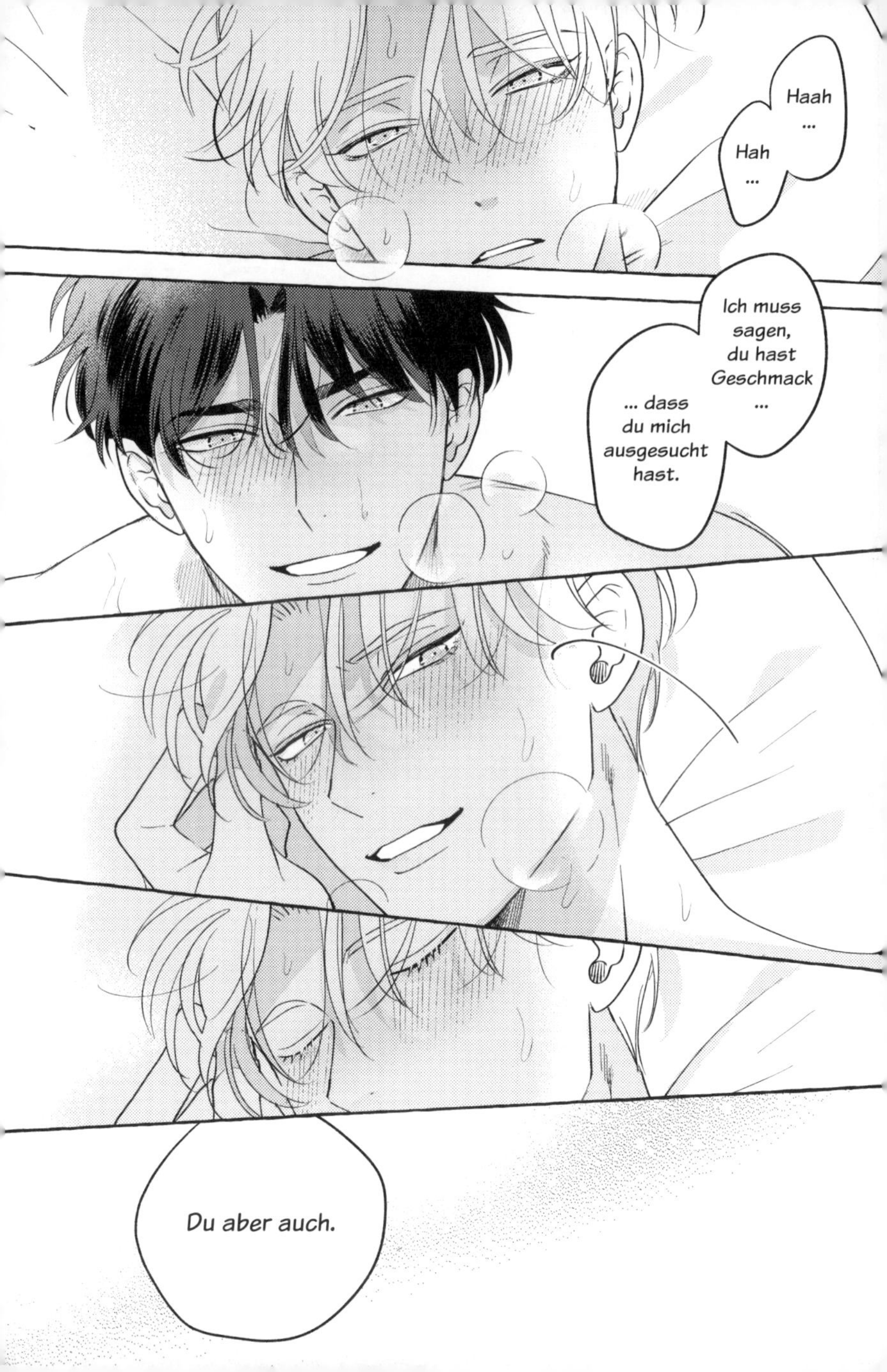
Haah …
Hah …
Ich muss sagen, du hast Geschmack …
… dass du mich ausgesucht hast.
Du aber auch.

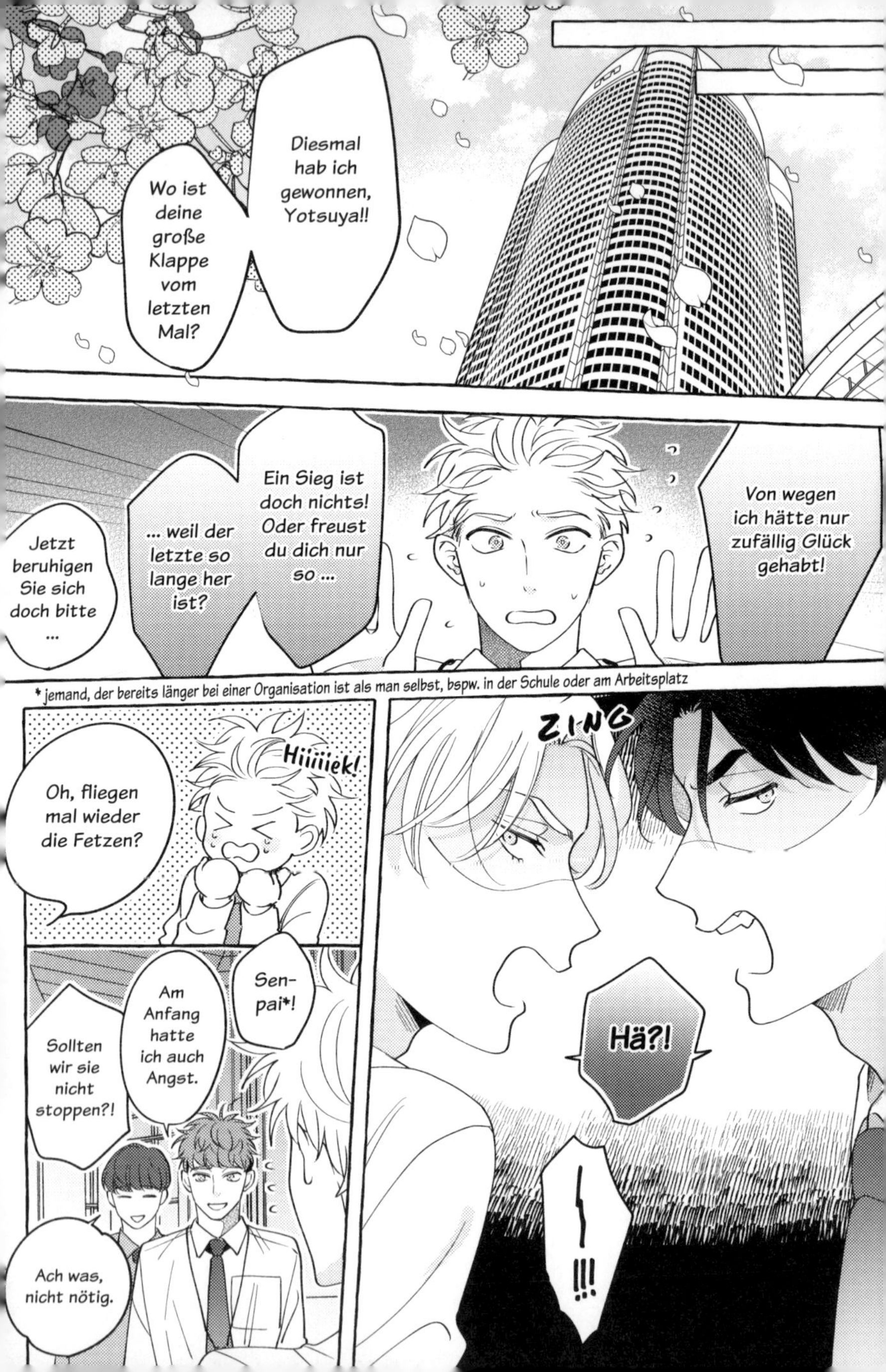

* jemand, der bereits länger bei einer Organisation ist als man selbst, bspw. in der Schule oder am Arbeitsplatz

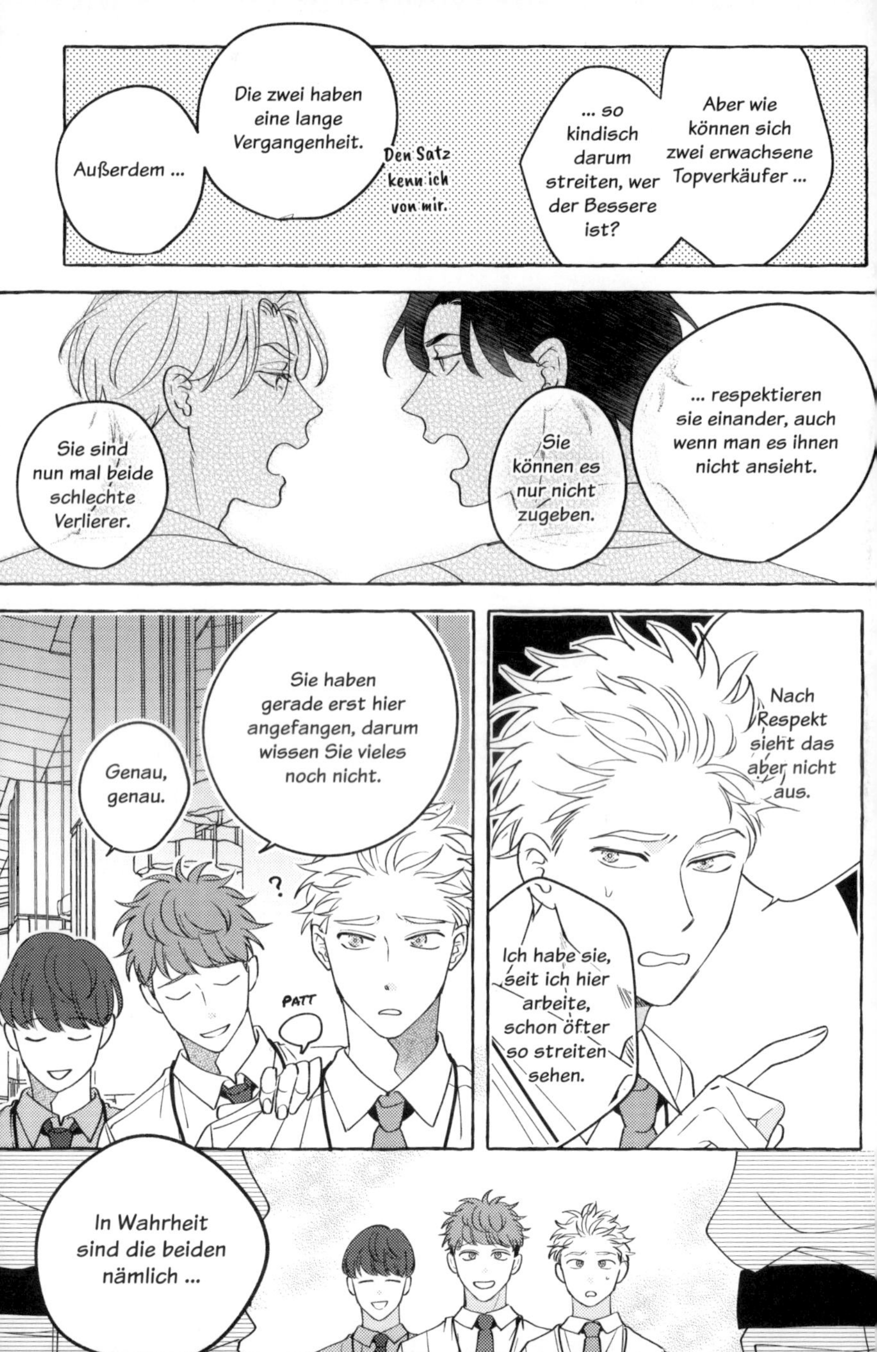
Aber wie können sich zwei erwachsene Topverkäufer ...
... so kindisch darum streiten, wer der Bessere ist?
Die zwei haben eine lange Vergangenheit.
Außerdem ...
Den Satz kenn ich von mir.
... respektieren sie einander, auch wenn man es ihnen nicht ansieht.
Sie können es nur nicht zugeben.
Sie sind nun mal beide schlechte Verlierer.
Nach Respekt sieht das aber nicht aus.
Ich habe sie, seit ich hier arbeite, schon öfter so streiten sehen.
Sie haben gerade erst hier angefangen, darum wissen Sie vieles noch nicht.
Genau, genau.
?
PATT
In Wahrheit sind die beiden nämlich ...

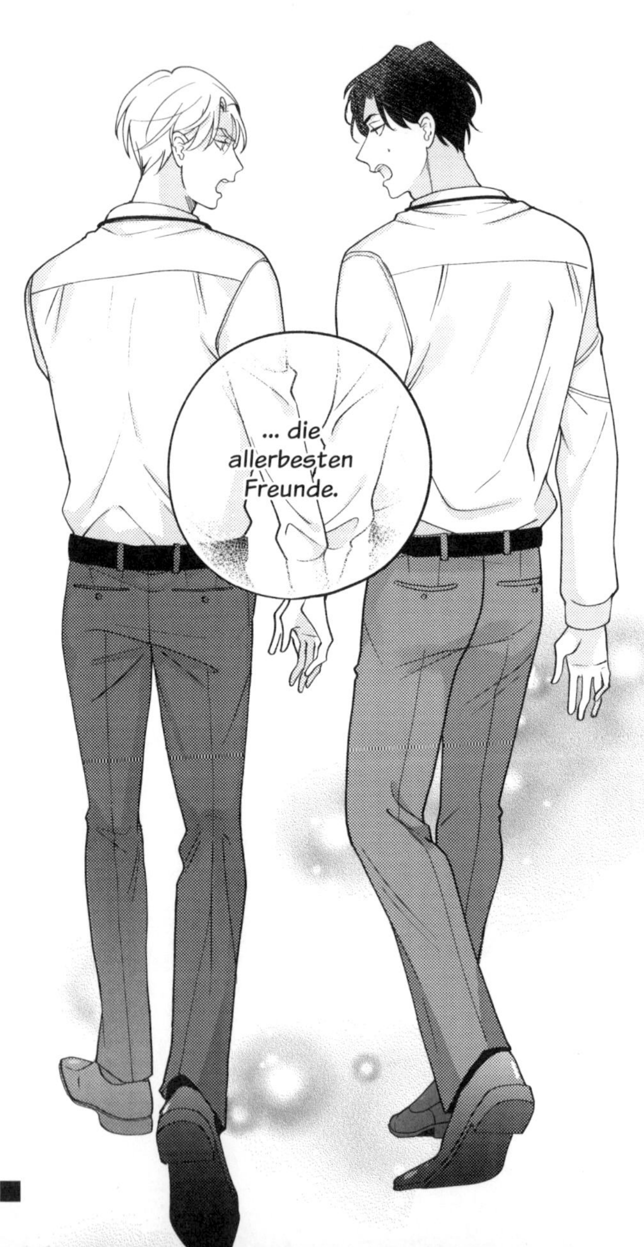

■END■

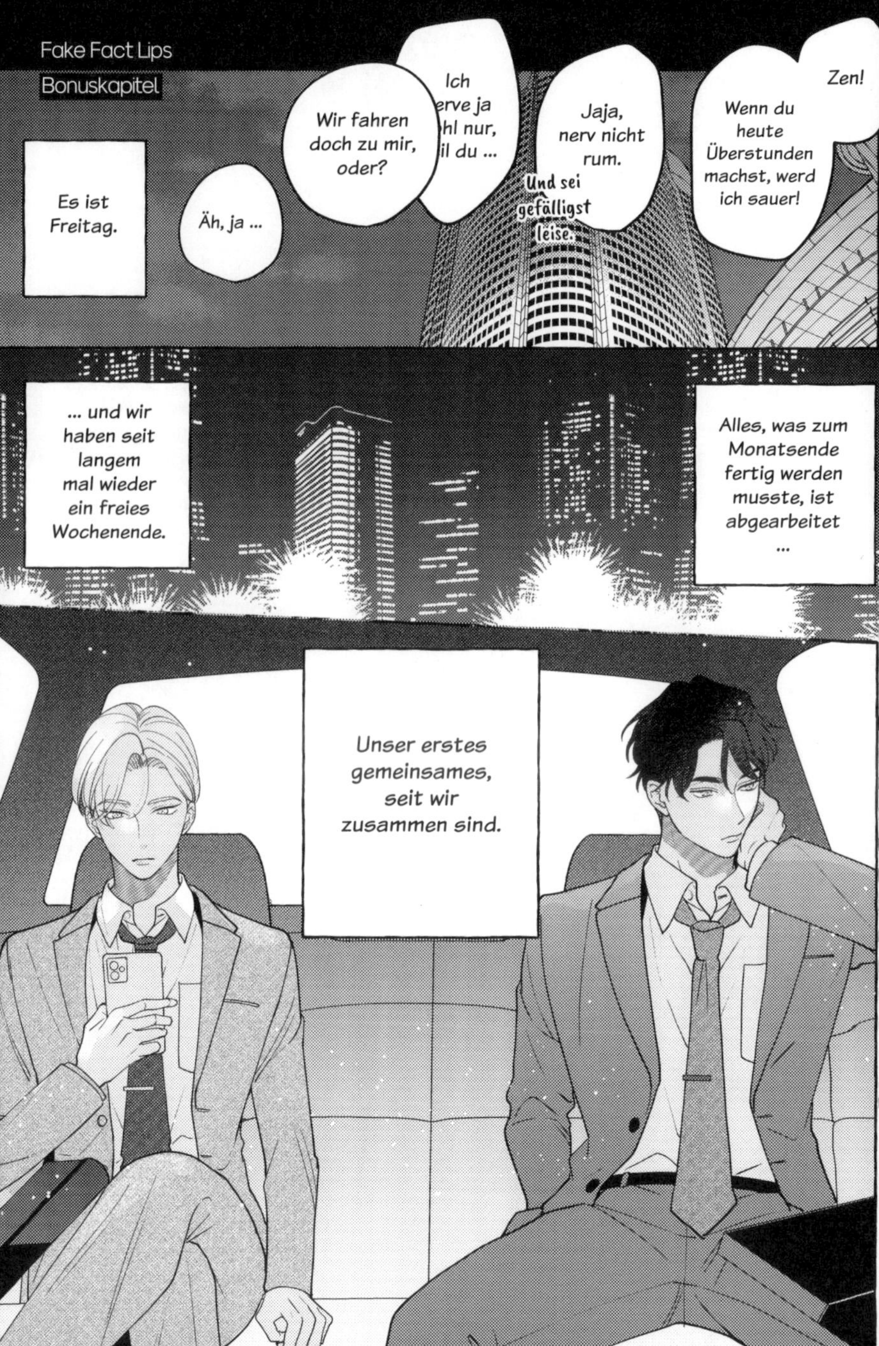
Fake Fact Lips
Bonuskapitel
Zen!
Wenn du heute Überstunden machst, werd ich sauer!
Jaja, nerv nicht rum.
Und sei gefälligst leise.
Ich erve ja hl nur, il du ...
Wir fahren doch zu mir, oder?
Äh, ja ...
Es ist Freitag.
Alles, was zum Monatsende fertig werden musste, ist abgearbeitet ...
... und wir haben seit langem mal wieder ein freies Wochenende.
Unser erstes gemeinsames, seit wir zusammen sind.

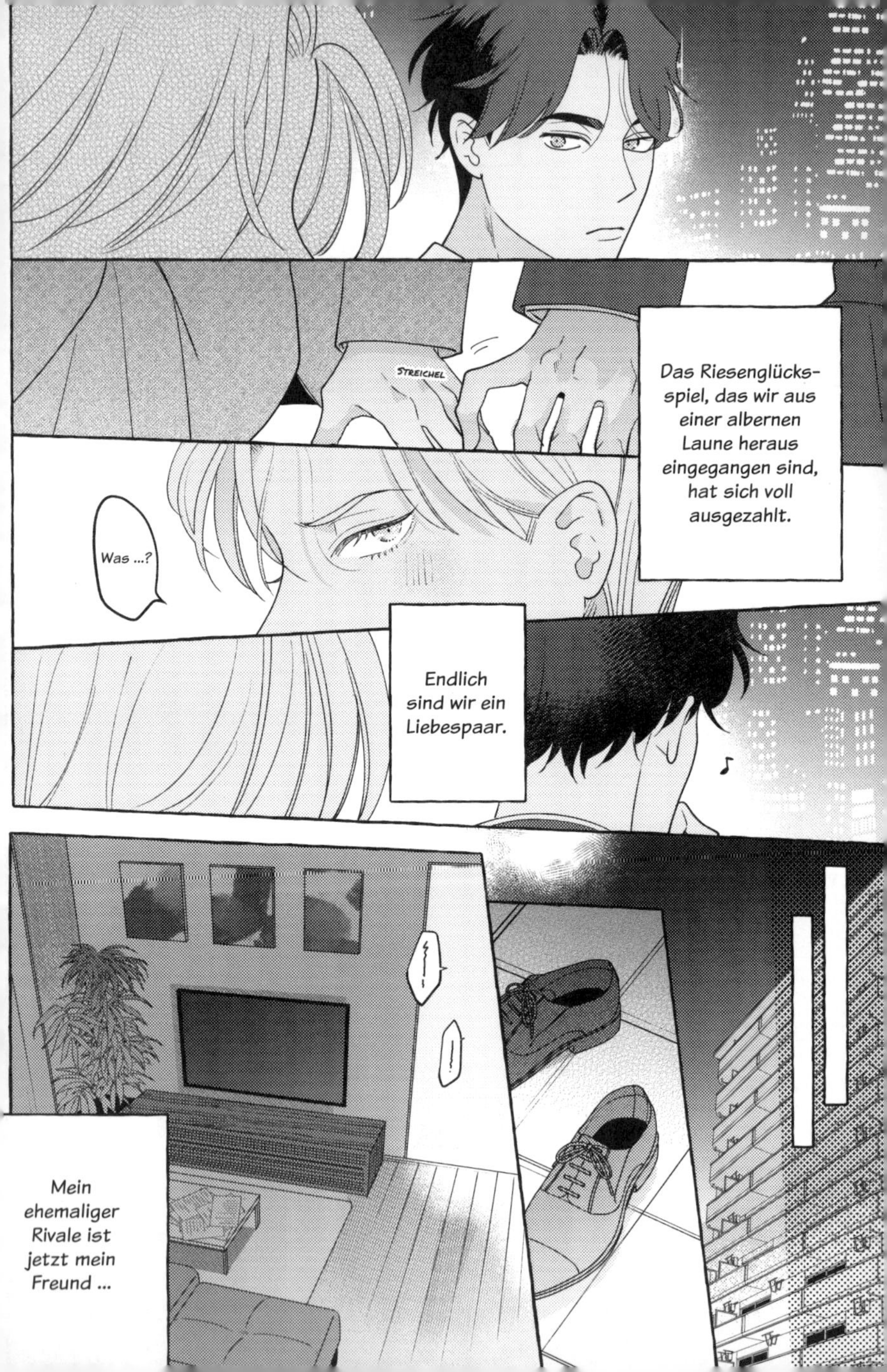
Streichel
Das Riesenglücksspiel, das wir aus einer albernen Laune heraus eingegangen sind, hat sich voll ausgezahlt.
Was ...?
Endlich sind wir ein Liebespaar.
♪
!
!
Mein ehemaliger Rivale ist jetzt mein Freund ...

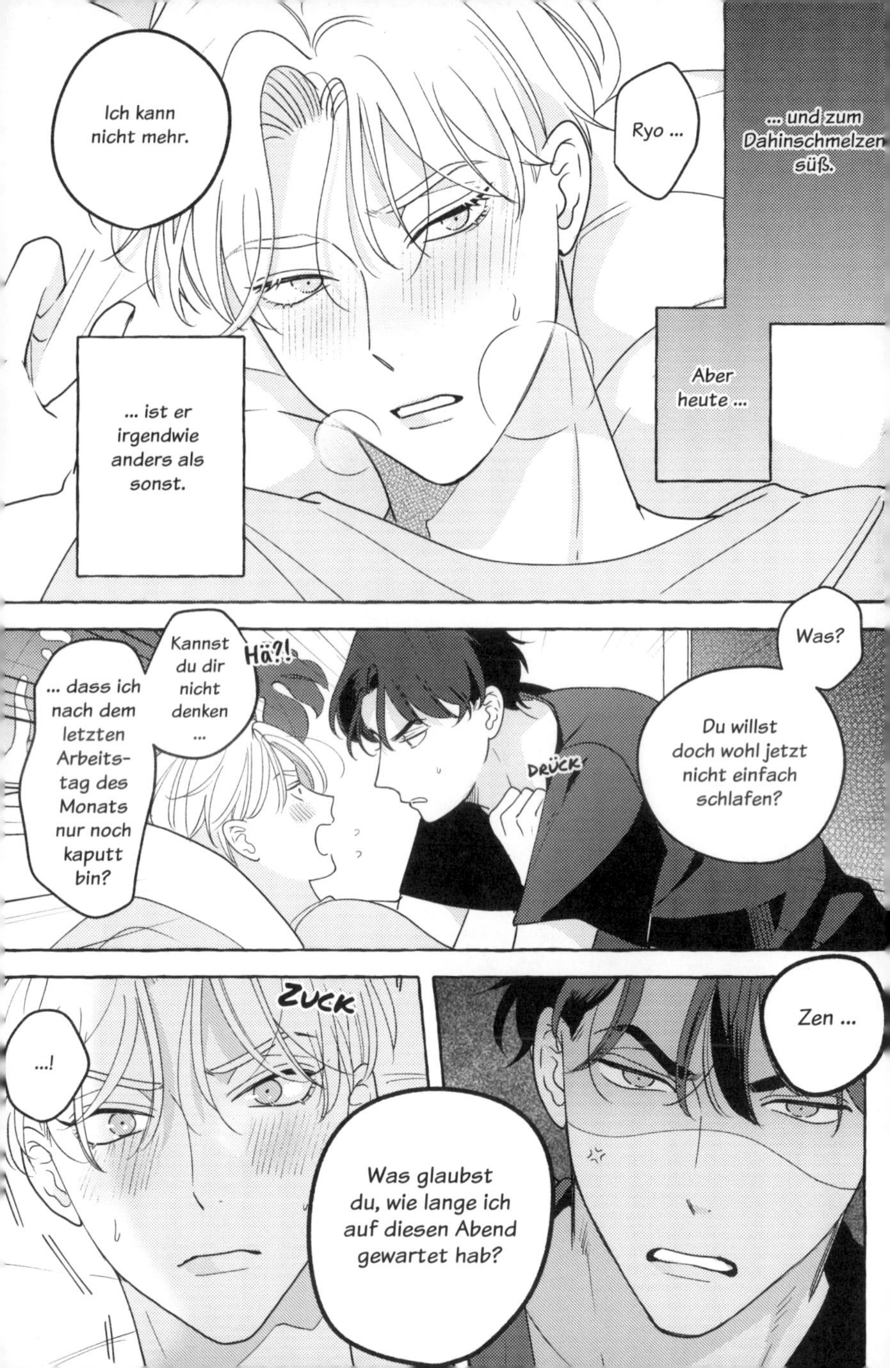
... und zum Dahinschmelzen süß.
Ryo ...
Aber heute ...
... ist er irgendwie anders als sonst.
Ich kann nicht mehr.
Was?
Du willst doch wohl jetzt nicht einfach schlafen?
DRÜCK
Hä?!
Kannst du dir nicht denken ...
... dass ich nach dem letzten Arbeitstag des Monats nur noch kaputt bin?
Zen ...
Was glaubst du, wie lange ich auf diesen Abend gewartet hab?
ZUCK
...!

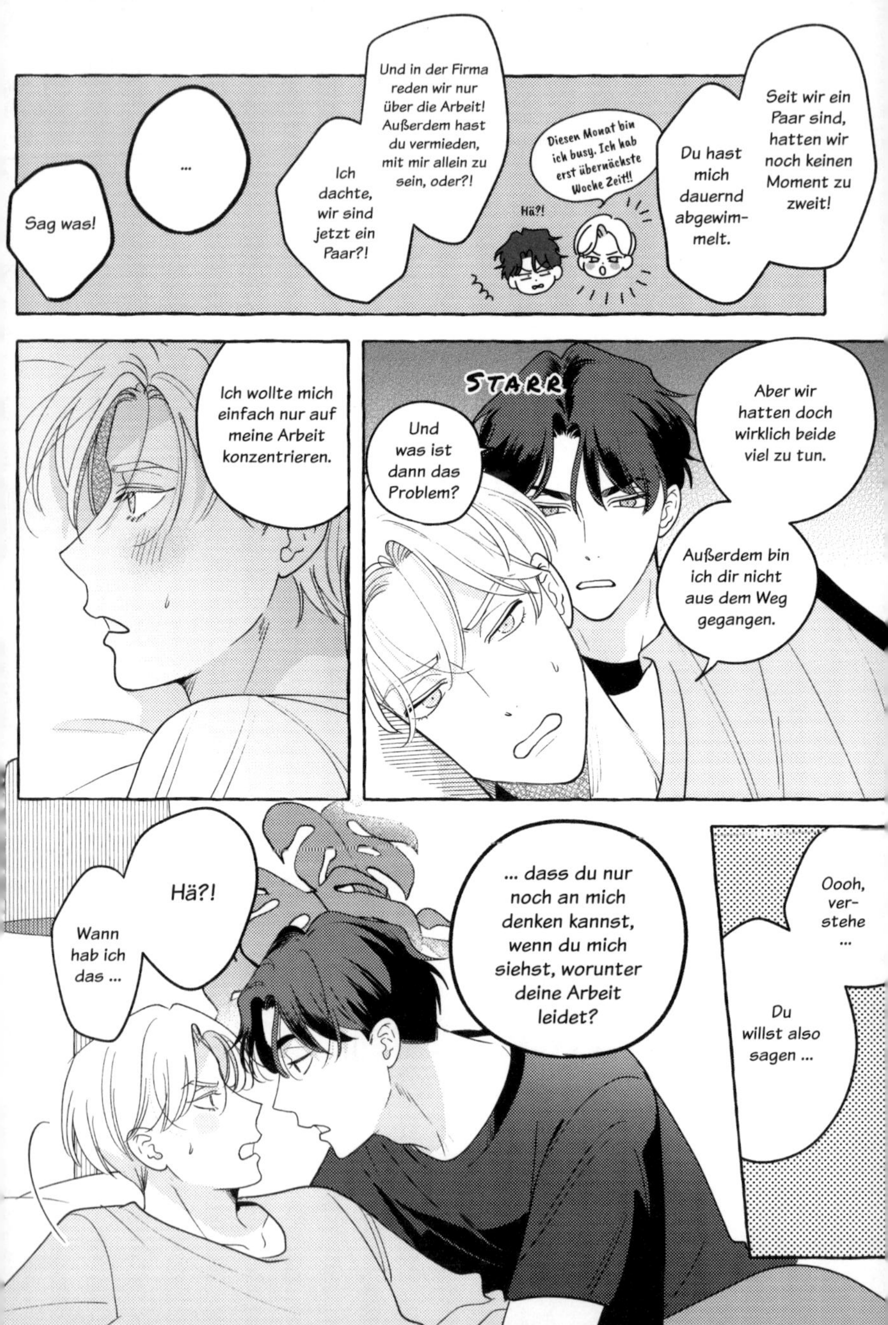
Seit wir ein Paar sind, hatten wir noch keinen Moment zu zweit!
Du hast mich dauernd abgewimmelt.
Diesen Monat bin ich busy. Ich hab erst übernächste Woche Zeit!!
Hä?!
Und in der Firma reden wir nur über die Arbeit! Außerdem hast du vermieden, mit mir allein zu sein, oder?!
Ich dachte, wir sind jetzt ein Paar?!
...
Sag was!
Aber wir hatten doch wirklich beide viel zu tun.
Außerdem bin ich dir nicht aus dem Weg gegangen.
STARR
Und was ist dann das Problem?
Ich wollte mich einfach nur auf meine Arbeit konzentrieren.
Oooh, verstehe ...
Du willst also sagen ...
... dass du nur noch an mich denken kannst, wenn du mich siehst, worunter deine Arbeit leidet?
Hä?!
Wann hab ich das ...

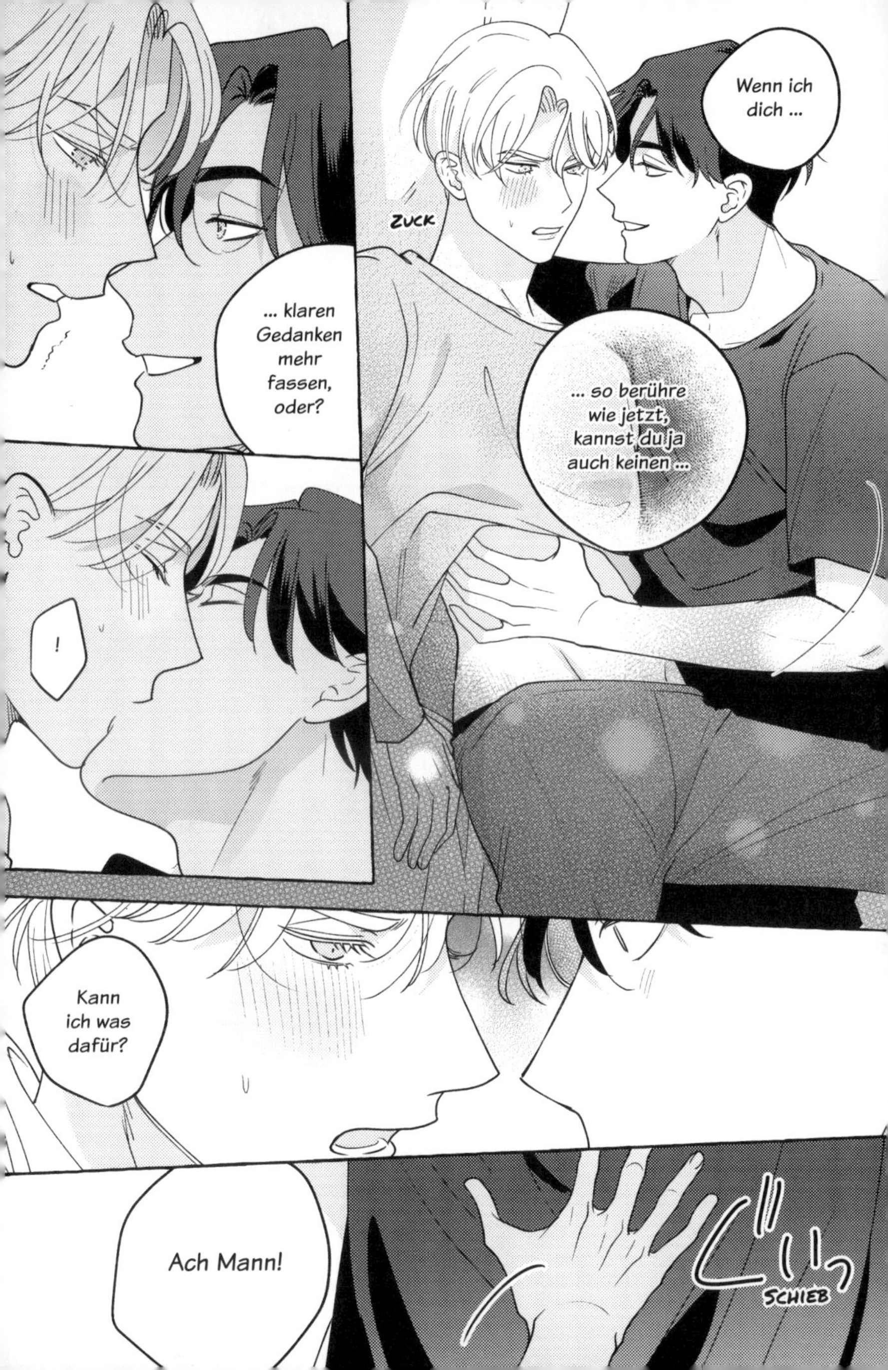
Wenn ich dich ...
ZUCK
... so berühre wie jetzt, kannst du ja auch keinen ...
... klaren Gedanken mehr fassen, oder?
!
Kann ich was dafür?
SCHIEB
Ach Mann!

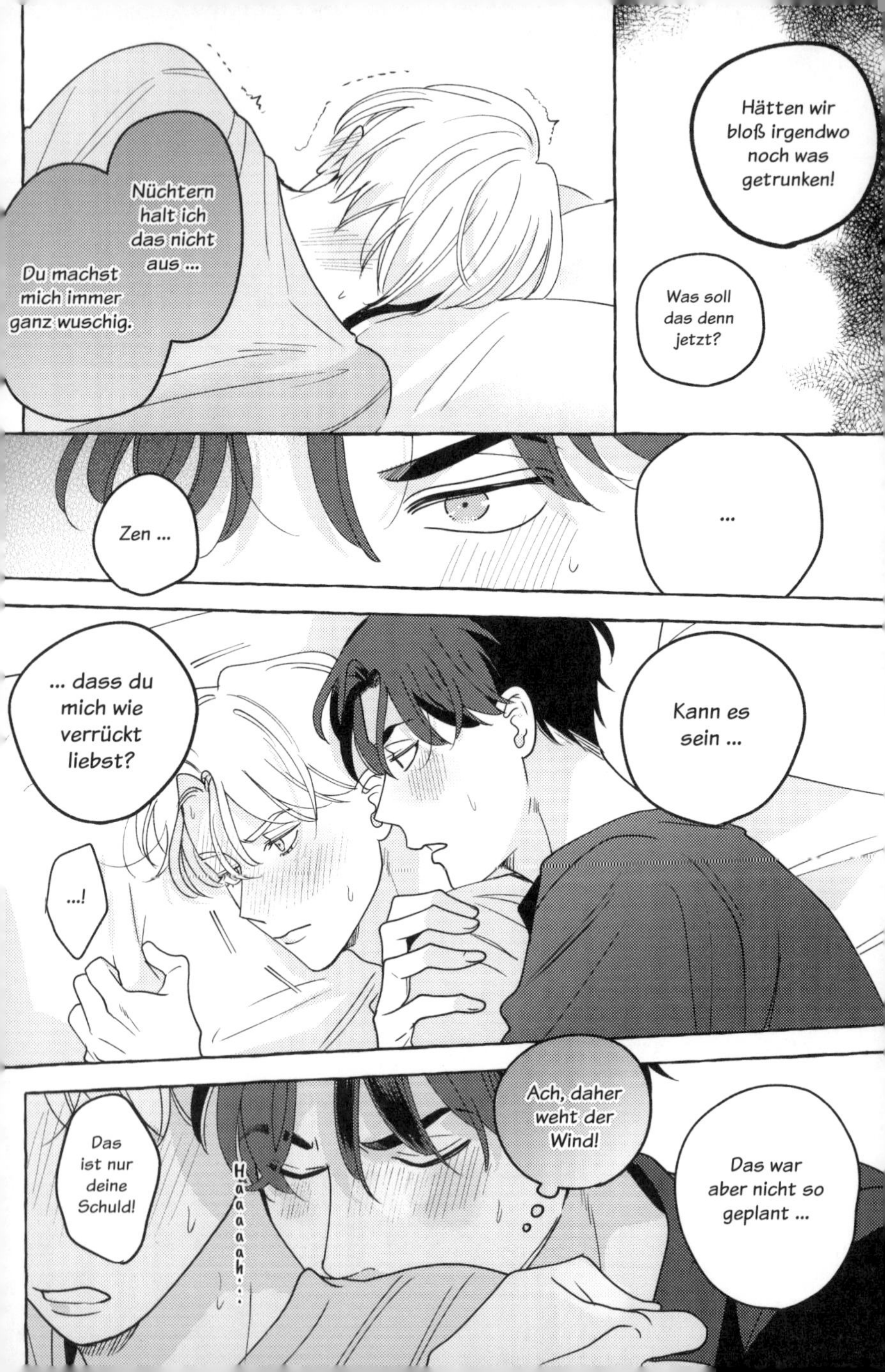
Hätten wir bloß irgendwo noch was getrunken!
Was soll das denn jetzt?
Nüchtern halt ich das nicht aus ...
Du machst mich immer ganz wuschig.
...
Zen ...
Kann es sein ...
... dass du mich wie verrückt liebst?
...!
Das war aber nicht so geplant ...
Ach, daher weht der Wind!
Häaaaah...
Das ist nur deine Schuld!

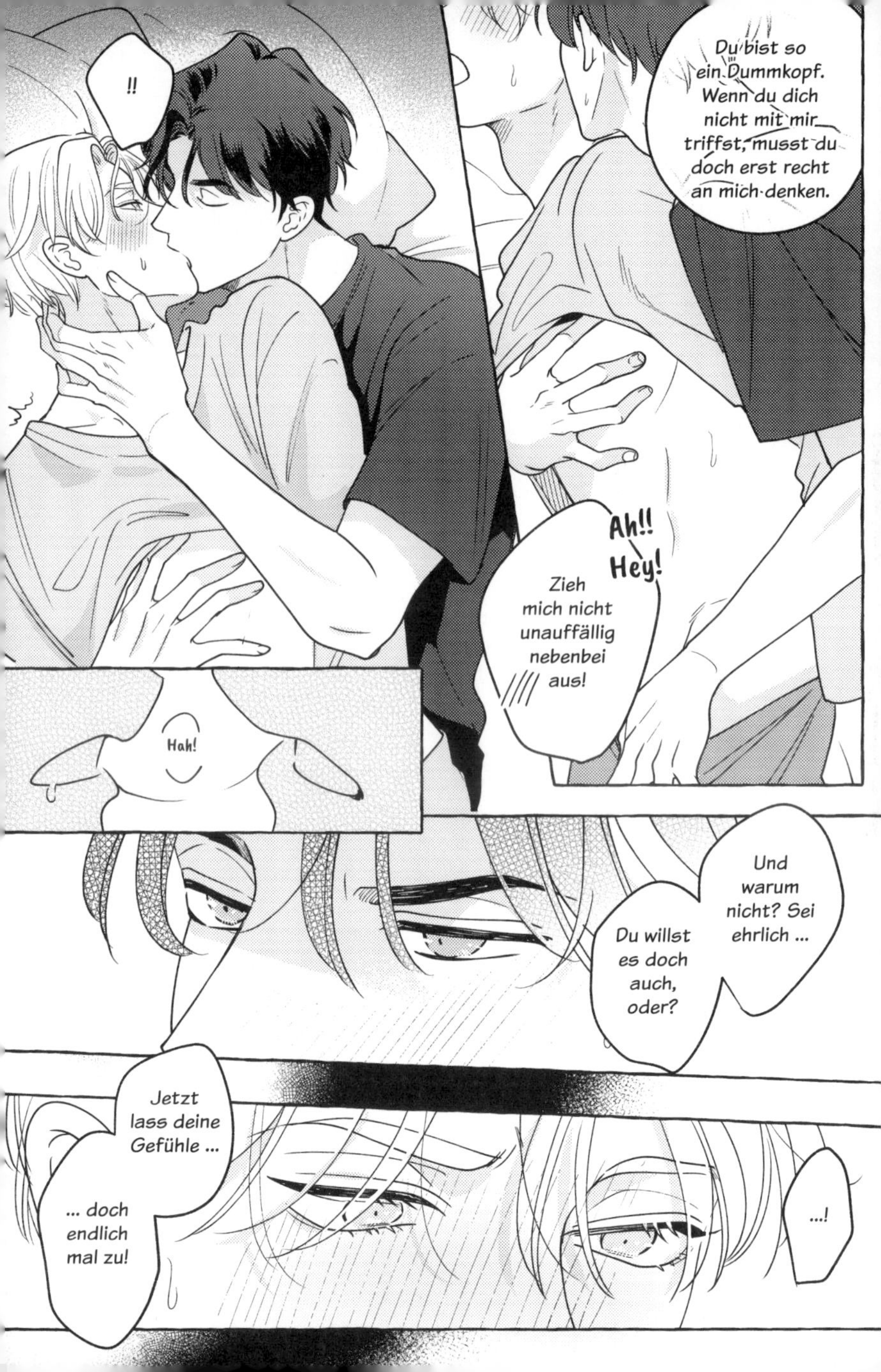
Du bist so ein Dummkopf. Wenn du dich nicht mit mir triffst, musst du doch erst recht an mich denken.
Ah!! Hey!
Zieh mich nicht unauffällig nebenbei aus!
!!
Hah!
Und warum nicht? Sei ehrlich ...
Du willst es doch auch, oder?
...!
Jetzt lass deine Gefühle ...
... doch endlich mal zu!

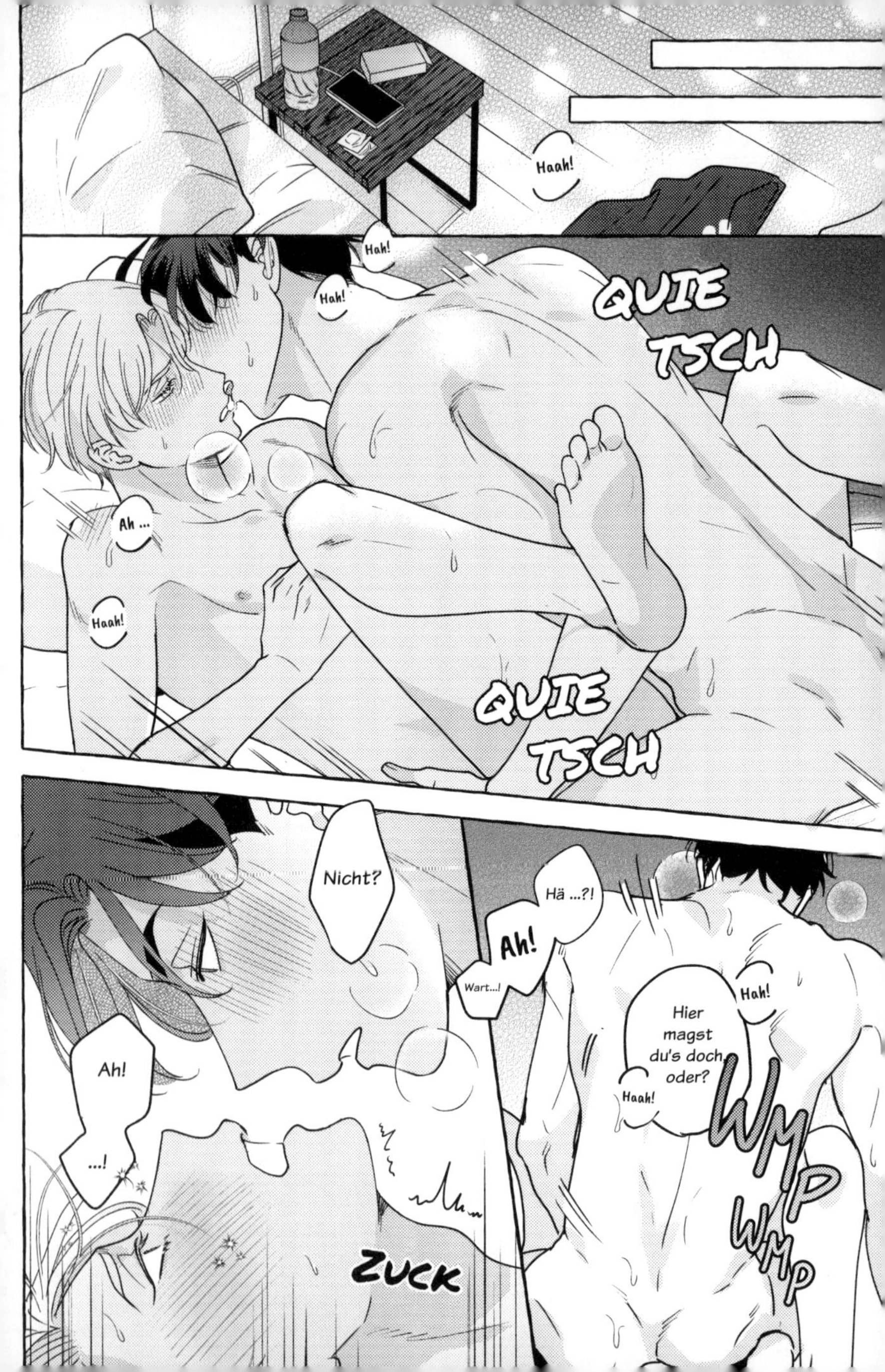
Haaah!
Hah!
Hah!
QUIE TSCH
Ah ...
Haah!
QUIE TSCH
Hä ...?!
Ah!
Wart...!
Hah!
Hier magst du's doch, oder?
Haah!
WMP
WMP
Nicht?
Ah!
...!
ZUCK

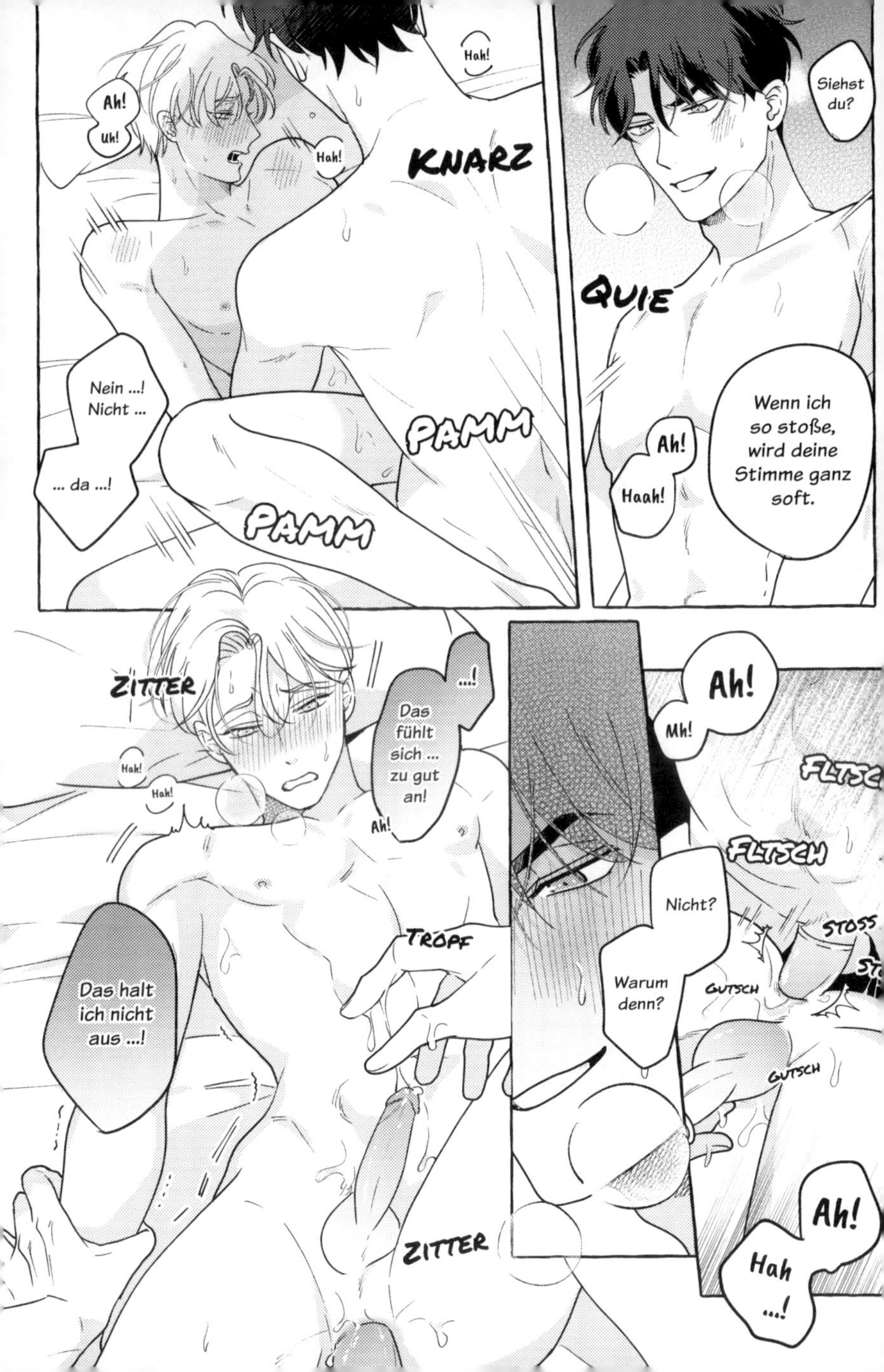
Siehst du?
Hah!
Ah!
Uh!
Hah!
KNARZ
QUIE
Nein ...!
Nicht ...
... da ...!
PAMM
PAMM
Wenn ich so stoße, wird deine Stimme ganz soft.
Ah!
Haah!
Ah!
Mh!
FLTSCH
FLTSCH
Nicht?
Warum denn?
STOSS
GUTSCH
GUTSCH
Ah!
Hah ...!
...!
Das fühlt sich ... zu gut an!
Ah!
ZITTER
Hah!
Hah!
TROPF
Das halt ich nicht aus ...!
ZITTER

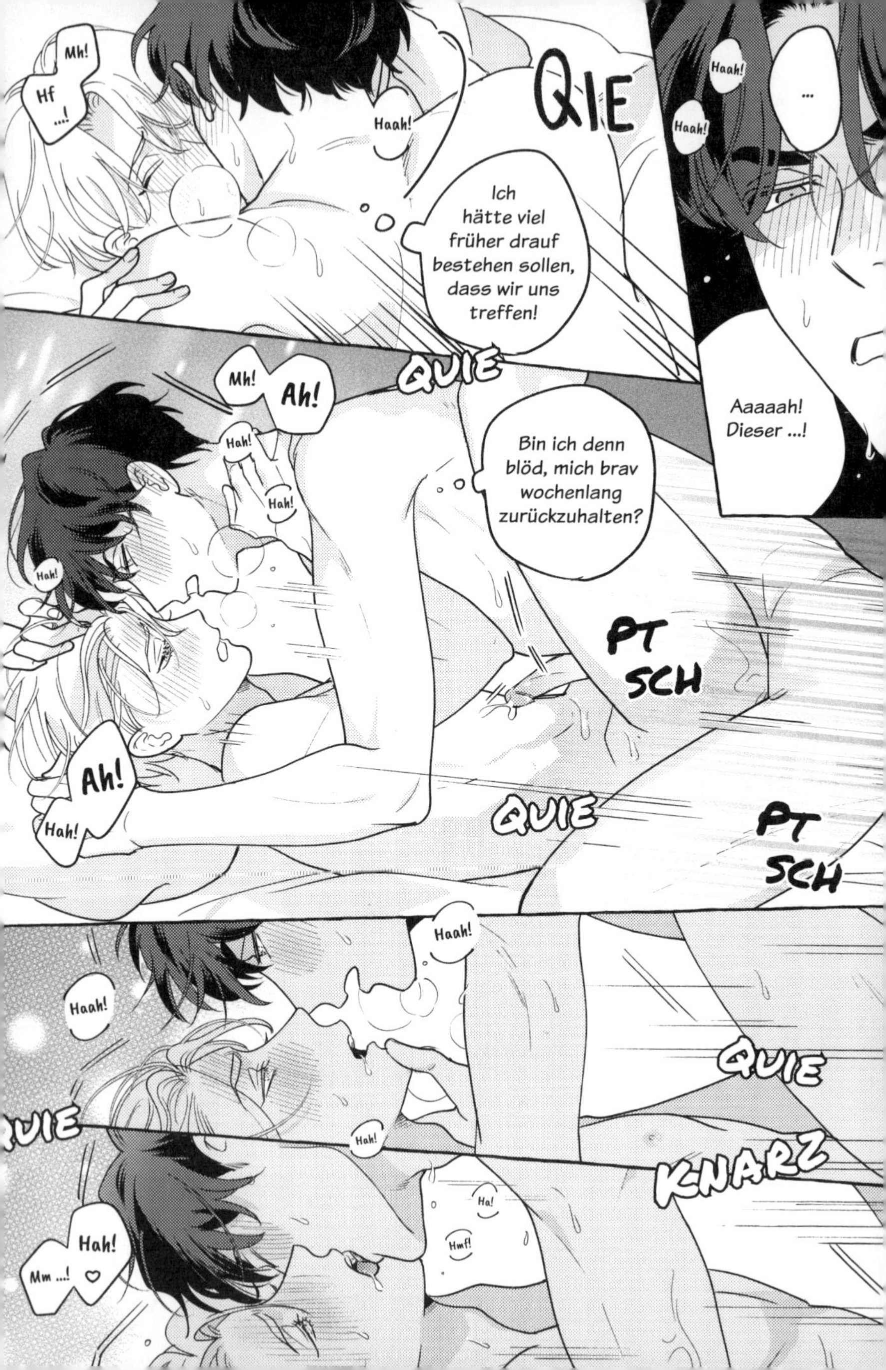

Haah!
Haah!
...
QIE
Haah!
Mh!
Hf ...!
Ich hätte viel früher drauf bestehen sollen, dass wir uns treffen!
Aaaaah! Dieser ...!
QUIE
Bin ich denn blöd, mich brav wochenlang zurückzuhalten?
Ah!
Mh!
Hah!
Hah!
Hah!
PT SCH
QUIE
Ah!
Hah!
PT SCH
Haah!
QUIE
Haah!
QUIE
KNARZ
Hah!
Ha!
Hmf!
Hah!
Mm ...! ♡

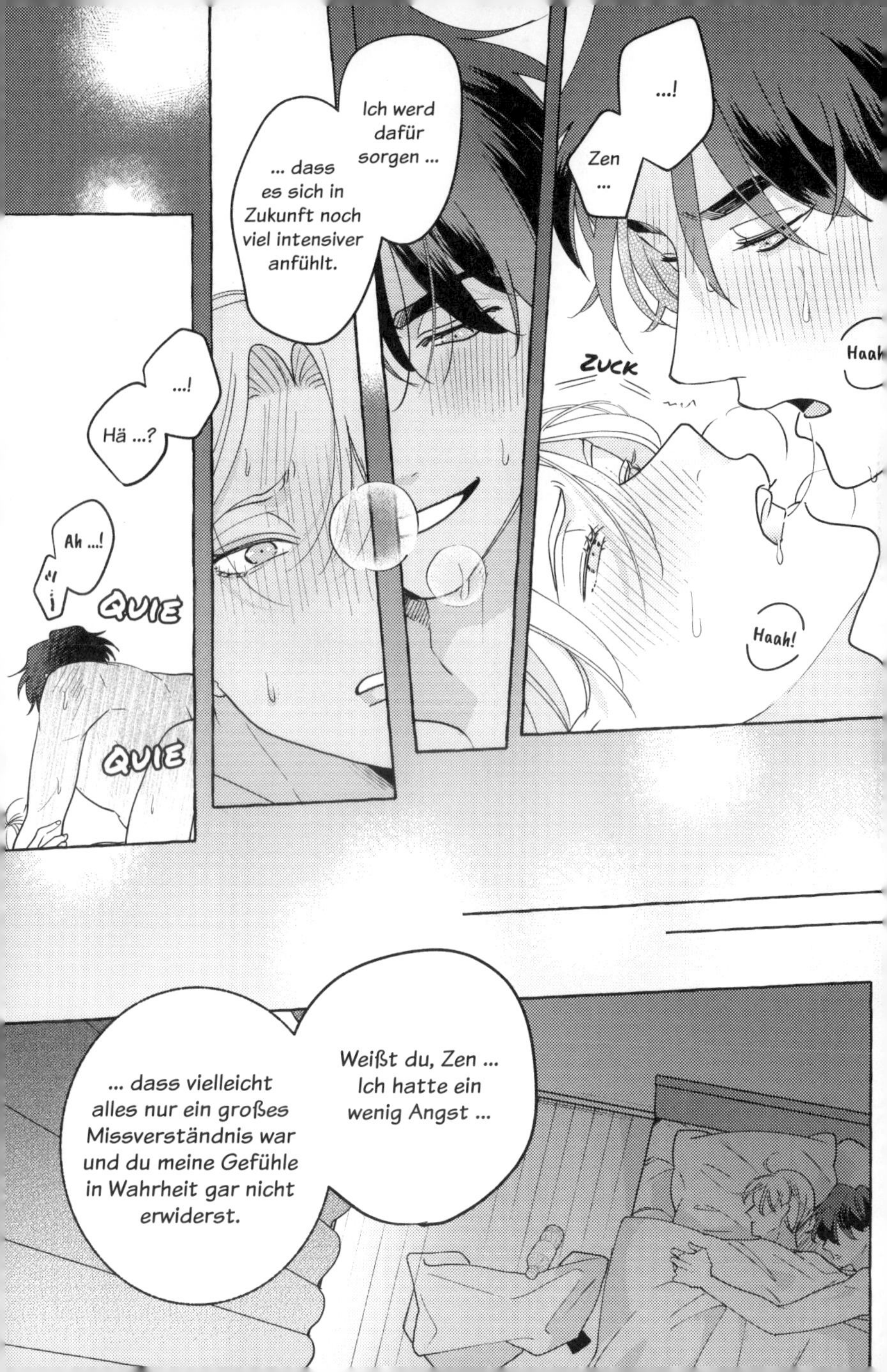
...!
Zen ...
Haah
ZUCK
Haah!
Ich werd dafür sorgen ...
... dass es sich in Zukunft noch viel intensiver anfühlt.
...!
Hä ...?
Ah ...!
QUIE
QUIE
Weißt du, Zen ... Ich hatte ein wenig Angst ...
... dass vielleicht alles nur ein großes Missverständnis war und du meine Gefühle in Wahrheit gar nicht erwiderst.

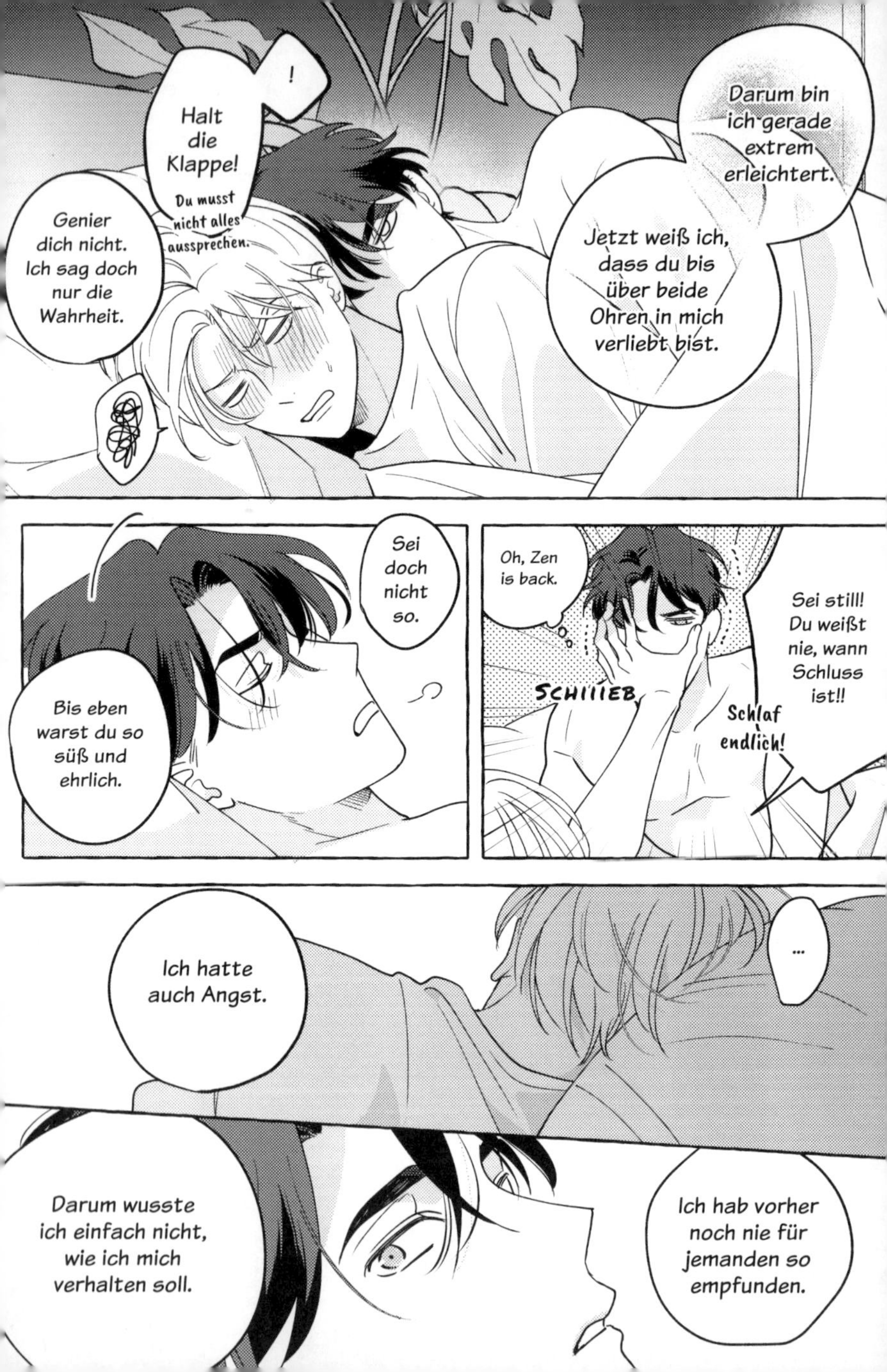
Halt die Klappe!
!
Du musst nicht alles aussprechen.
Genier dich nicht. Ich sag doch nur die Wahrheit.
Darum bin ich gerade extrem erleichtert.
Jetzt weiß ich, dass du bis über beide Ohren in mich verliebt bist.
Sei doch nicht so.
Bis eben warst du so süß und ehrlich.
Oh, Zen is back.
SCHIIIEB
Sei still! Du weißt nie, wann Schluss ist!!
Schlaf endlich!
Ich hatte auch Angst.
...
Darum wusste ich einfach nicht, wie ich mich verhalten soll.
Ich hab vorher noch nie für jemanden so empfunden.

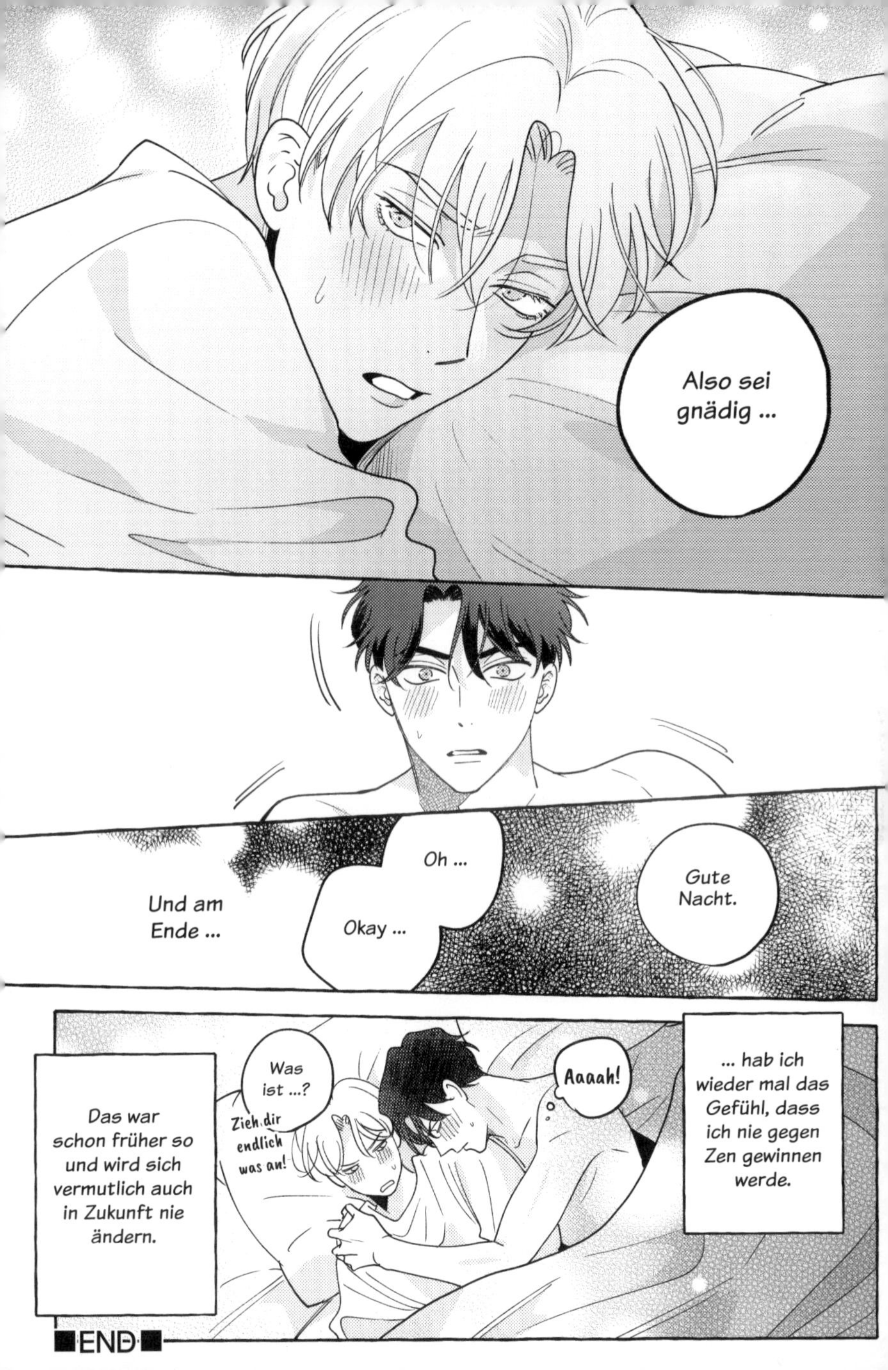
Also sei gnädig ...
Oh ...
Okay ...
Und am Ende ...
Gute Nacht.
... hab ich wieder mal das Gefühl, dass ich nie gegen Zen gewinnen werde.
Aaaah!
Was ist ...?
Zieh dir endlich was an!
Das war schon früher so und wird sich vermutlich auch in Zukunft nie ändern.
END

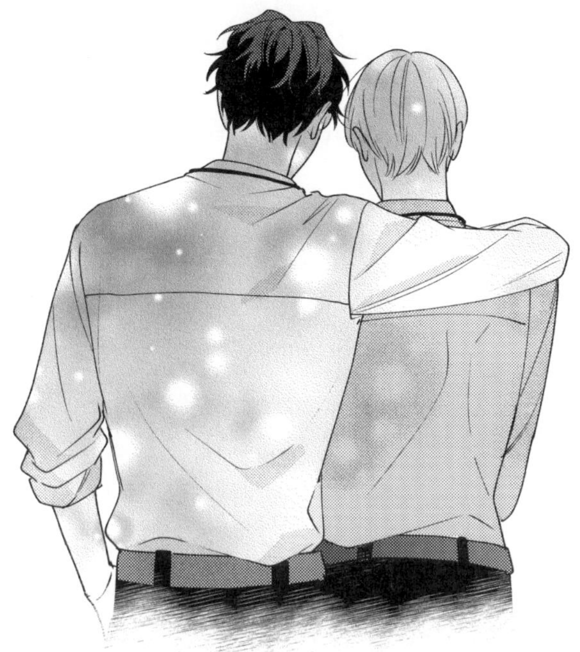

Hallo, hier ist Suehiro!

Vielen Dank, dass ihr zu *Fake Fact Lips* gegriffen habt! Dies ist nun schon mein fünfter Manga beim Label QPA, aber mein erster, der mehr als vier Kapitel umfasst. Und es ist auch meine erste Geschichte, die völlig ohne Fantasy-Elemente auskommt, weswegen ich anfangs etwas nervös war, aber ich hatte großen Spaß daran, sie zu zeichnen!

Ich hatte irgendwo gehört, dass selbst die größten Genies gewaltig an Intelligenz einbüßen, wenn sie vor der Person stehen, die sie lieben. Das fand ich total süß!! Also dachte ich, zwei erwachsene Menschen, die vor lauter Liebe zueinander einfach keinen kühlen Kopf bewahren können, wenn sie miteinander interagieren, wären doch ein super Ausgangspunkt für eine Geschichte. Und so entstanden Ryo und Zen, die dauernd in kindische Streitereien verfallen und einfach nicht zu ihren Gefühlen stehen wollten. Trotzdem hatte ich bis zum Schluss großen Spaß daran, die zwei zu zeichnen!

Es würde mich glücklich machen, wenn ihr beim Lesen auch ein wenig Spaß hattet!

Machi Suehiro

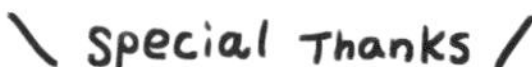

Meiner Redakteurin, der gesamten Redaktion, Nagayama-sama fürs Design und meinen Freunden!

Sowie euch für eure rege Unterstützung während der Veröffentlichung im Magazin und allen Personen, die an der Entstehung dieses Buches beteiligt waren!

Ich würde mich freuen, wenn wir uns irgendwann wiedersehen!

IRRITATED BARE SKIN

Yuho Okita

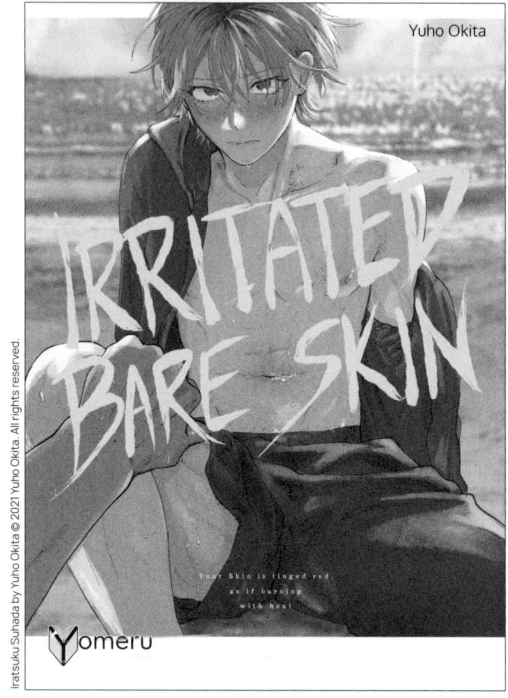

September 2024

Seto ist in seinem ersten Jahr an der Universität und bereits das Ass im Beachvolleyballclub. Seine Selbstdisziplin und Strenge haben ihm zu diesem Titel verholfen. Als er jedoch das neue Mitglied Umimoto trifft, regt ihn seine schlampige Art so sehr auf, dass er ihn mit einem Match in die Schranken weisen möchte. Seto ist sich anfangs seines Sieges sicher, denn aus Umimotos weißer Haut schließt er, dass er wohl nie trainiert. Doch während des Spiels erkennt er dessen Agilität und Anmut, die ihn sofort in ihren Bann ziehen...

FAKE FACT LIPS

FAKE FACT LIPS

2. Auflage, 2024
Deutschsprachige Ausgabe / German Edition

Aus dem Japanischen von Anne Klink

Redaktion: Michaela Mader
Lettering: Michaela Mader
Soundword-Lettering: Michaela Mader
Korrektorat: Daniel Esche
Lektorat: Steffen Seifner

Druck: Standart Impressa UAB, Vilnius (www.standart.lt)
Printed in Lithuania

Print-ISBN: 978-3-911024-01-3

www.yomeru.de

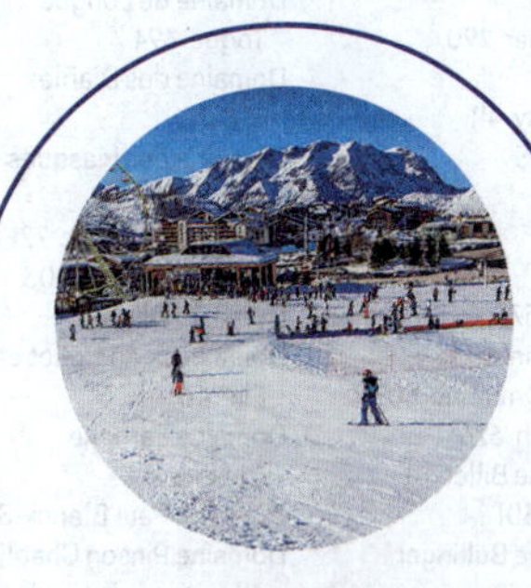

„Die Hochlage, verlässliche Schneehöhen und rund 250 km Pisten für jedes Niveau machen Alpe d'Huez (S. 497), König unter den Skiorten des Oisans, so beliebt."

NICOLA WILLIAMS

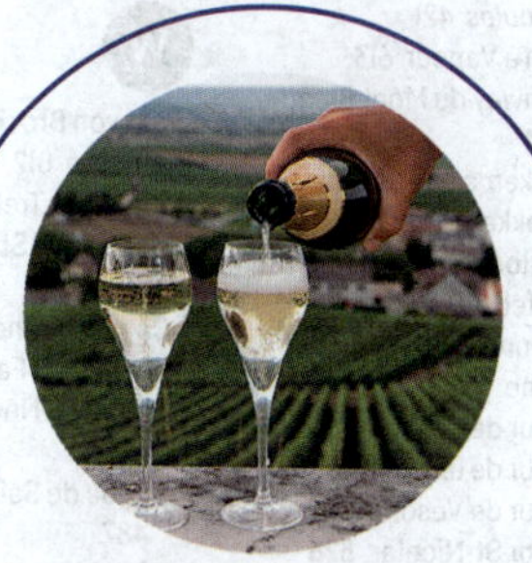

„Natürlich schätze ich ein Glas Champagner. Aber ich denke, eine Reise in die Champagne (S. 284) verleiht dem berühmtesten Schaumwein der Welt eine ganz neue Dimension."

NICOLA LEIGH STEWART

LINKS: ELINAXXIV/SHUTTERSTOCK ©, RECHTS: BARMALINI/SHUTTERSTOCK ©

ÜBER DIESES BUCH

Lonely Planet Global Limited
Digital Depot, Roe Lane (off Thomas Street)
Digital Hub
Dublin 8
D08 TCV4
Ireland

Verlag der deutschen Ausgabe:
MAIRDUMONT
Marco-Polo-Str. 1
73760 Ostfildern

www.lonelyplanet.de, www.mairdumont.com, lonelyplanet-online@mairdumont.com

Frankreich
9. deutsche Auflage
Juli 2024 übersetzt von *France*, 15th edition, Mai 2024, Lonely Planet Global Limited

Deutsche Ausgabe © Lonely Planet Global Limited, Juli 2024

Fotos © wie angegeben 2024

Printed in Poland

Redaktion:
Annegret Gellweiler, Simone Härter, Sophie Härter, Guido Huß, Susanne Junker, Cosima Kroll, Olaf Rappold, Romina Sance, Katrin Schmelzle, Christina Seibold, Lisa Spägele, Stephanie Ziegler (red.sign, Stuttgart)

Übersetzung:
Tobias Ewert, Derek Frey, Marion Gref-Timm, Sonja Hofmann, Gabriela Huber Martins, Marion Matthäus, Julie Rinkel-Bacher, Dr. Christian Rochow, Beate Staib

MIX
Papier | Fördert gute Waldnutzung
FSC® C018236

Dieses Buch wurde auf FSC® zertifiziertem Papier gedruckt. FSC® ist ein internationales Zertifizierungssystem für nachhaltigere Waldwirtschaft. Das Holz für diese Papier kommt aus Wäldern, die verantwortungsvoller bewirtschaftet werden.